In der Luisenstadt

IMPRESSUM

In der Luisenstadt. Copyright 1983 by Bauausstellung Berlin GmbH (IBA). :TRANSIT Buchverlag, Berlin. Layout RRR. Umschlaggestaltung Ursula v. Ristok. Gesetzt in Futura. Satz Hoheisel, Dortmund. Reprographie, Druck und Bindung Fuldaer Verlagsanstalt. ISBN 3-88747-016-8

IN DER LUISENSTADT

**Studien zur Stadtgeschichte
von Berlin-Kreuzberg**

Christiane Bascón-Borgelt, Astrid Debold-Kritter, Karin Ganssauge, Kristiana Hartmann.

Herausgegeben von der Bauausstellung Berlin GmbH (IBA).

Internationale
Bauausstellung
Berlin

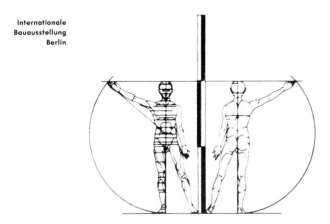

:TRANSIT

INHALT

Einleitung — 7 —

A. DIE BAULICHE UND SOZIALE ENTWICKLUNG DER LUISENSTADT BIS ZU BEGINN DES 20. JAHRHUNDERTS

Die Luisenstadt um 1800 — 12 —

Ihre Lage im Stadtgebiet — 12 —
Die Bebauung und ihre Bewohner — 13 —
Die Luisenstadt als Gewerbestandort — 16 —

Absolutistische Siedlungs- und Baupolitik, deren Auswirkung auf die bauliche und soziale Entwicklung in der Luisenstadt — 17 —

Rahmenbedingungen zur Planung und Bebauung der Luisenstadt — 19 —

Wirtschaftliche und politische Voraussetzungen — 19 —
Soziale Voraussetzungen — 19 —

Die Planungsgeschichte — 21 —

Die Planung von Mandel — 22 —
Die Planung von Schmid — 22 —
Der Bebauungsplan für die Umgebung Berlins von Schmid, 1830 — 25 —
Der Kronprinzenplan und das Gutachten von Schinkel — 25 —
Die Planungen von Peter Josef Lenné — 25 —
Planungen außerhalb der Stadtmauer – der Bebauungsplan von 1862 — 31 —

Der Verstädterungsprozeß — 31 —

Phase 1800-1850 — 31 —
Phase 1850-1875 — 36 —
Phase 1875-1914 — 40 —

Die Wohnverhältnisse, Arbeits- und Lebensbedingungen gegen Ende des 19. Jahrhunderts — 46 —

Die Wohnverhältnisse in Zahlen — 47 —
Sozialstruktur in den Stockwerken — 51 —
Miete — 51 —
Konsequenzen für die Mieter — 51 —

B. DER HEINRICHPLATZ

Der Heinrichplatz im Lennéplan — 55 —

Die Bebauung — 56 —

Der Bebauungsprozeß — 56 —
Der Verwertungsprozeß — 56 —
Die Nutzungs- und Gebäudestruktur — 57 —
Grundrißstruktur — 58 —
Ausstattung — 60 —
Qualität der Bebauung — 61 —

Bauliche Verdichtung — 61 —

Eigentümerstruktur — 62 —
Gebäude- und Grundrißstruktur — 62 —
Ausstattung — 63 —
Weitere Veränderungen im 20. Jahrhundert — 64 —

Fassaden am Heinrichplatz — 64 —

Die ersten Fassaden am Heinrichplatz — 66 —
Veränderungen der Fassaden im 19. Jahrhundert — 68 —
Herstellung der Fassaden — 69 —
Kritiken an den Fassaden — 69 —
Veränderungen der Fassaden im 20. Jahrhundert — 70 —

Leben, Wohnen und Arbeiten am Heinrichplatz — 72 —

Der Platz — 75 —

Zusammenfassung — 78 —

Hauskartei Heinrichplatz — 80 —

Oranienstraße 12 — 80 —
Oranienstraße 13 — 80 —
Oranienstraße 14 — 81 —
Oranienstraße 14a — 82 —
Oranienstraße 15 — 82 —
Oranienstraße 16 — 83 —
Oranienstraße 17 — 83 —

Oranienstraße 18 — 84 —
Oranienstraße 191 — 84 —
Oranienstraße 192 — 84 —
Oranienstraße 193 — 85 —
Oranienstraße 194 / Mariannenstraße 7a — 85 —
Oranienstraße 195 — 85 —
Oranienstraße 196 — 86 —
Oranienstraße 197 — 86 —
Oranienstraße 198 — 87 —

C. DER BLOCK 121 AM SCHLESISCHEN TOR

Vorbemerkung — 88 —

Die städtebauliche Entwicklung am Schlesischen Tor — 89 —

Die städtebauliche Lage des Blocks 121, erste Besiedlung im 18. Jahrhundert — 89 —
Die Situation des Gebietes am Anfang des 19. Jahrhunderts — 91 —
Die erste Erweiterungsplanung für die Umgebung Berlins von J.C.L. Schmid — 91 —
Der zweite Bebauungsplan für die Umgebung Berlins — 95 —

Die Entstehung des Blocks 121 — 98 —

Die bauliche Entwicklung — 98 —
Bevölkerungsentwicklung und soziale Situation — 100 —
Berufsstruktur im Block 121 — 101 —

Die Entwicklung der Infrastruktur — 101 —

Die soziale Infrastruktur — 101 —
Die hausbezogene Infrastruktur — 103 —
Verkehr — 104 —

Die Entwicklung im Gebiet um den Block 121 seit dem Ende des 19. Jahrhunderts — 104 —

Die bauliche Entwicklung — 104 —
Verkehrsplanung zwischen den beiden Weltkriegen — 105 —
Das Schlesische Tor — Vom Stadttor zum Hochbahnhof — 105 —

Bauhistorische Analyse des Blocks 121 — 107 —

Parzellenstruktur — 109 —
Fassaden — 110 —
Grundstücksüberbauung, Haustypen — 112 —

Grundrisse in Vorderhäusern, in Querhäusern und in Seitenflügeln — 115 —
Besitzerstruktur — 120 —
Mieter — 121 —
Verhältnis von Wohnung und Arbeitsplatz — 121 —
Hofräume — 122 —

Auswertung — 126 —

ANMERKUNGEN — 126 —

SYSTEMATISCHE BIBLIOGRAPHIE — 132 —

BILDQUELLEN — 138 —

AUS DEM : TRANSIT BUCHPROGRAMM — 140 —

EINLEITUNG

Seitdem die Bauausstellung GmbH in den südöstlichen Quartieren des Berliner Stadtteils Kreuzberg Sanierungsplanung betreibt, erinnert man sich wieder an die "Luisenstadt", ein ehemaliges Stadterweiterungsgebiet des 19. Jahrhunderts. Von dieser "Luisenstadt" handelt das Buch.[1]

Seit Hegemanns Buch "Das steinerne Berlin", geschrieben unter dem Einfluß wohnungspolitischer Vorstellungen der Zwanzigerjahre, gilt Kreuzberg als Inbegriff der "größten Mietskasernenstadt der Welt". Die Entstehungsgeschichte der Luisenstadt wurde in seiner Anklageschrift ungeheuer verkürzt. Für die schon seit den Siebzigerjahren des 19. Jahrhunderts, verstärkt jedoch um die Jahrhundertwende erkannten Wohnungsmißstände machte Hegemann in generalisierender Weise und mit allen erdenklichen moralischen Verurteilungen James Hobrecht, den Planer von 1858/62, verantwortlich. Dem großen "Verbrechen" Hobrechts, dem Stadterweiterungsplan von 1862, lastete man die Alleinschuld an den Wohnungszuständen an.

Die Nachwirkungen dieses Geschichtsurteils setzen sich bis in die Nachkriegszeit fort. Der Wiederaufbau der Fünfzigerjahre ging nicht von einer Bewertung des stadträumlichen Erbes aus; man wollte auf den durch Kriegsschäden freien Flächen in möglichst rationeller und effizienter Weise dem Übel zu Leibe rücken. Die fast vollständig erhaltene ehemalige Luisenstadt sollte nach der verkehrsplanerischen Ideologie jener Jahre neu geordnet werden. Mit der Erklärung zum Sanierungsgebiet 1963 wurde die Realisierung dieser Planung gesetzlich eingeleitet. Elf Jahre danach, 1972, ernannte man das östlich davon liegende Quartier, die äußere Luisenstadt am U-Bahnhof Schlesisches Tor, zum "Sanierungsverdachtsgebiet". Das Hegemann'sche Verdikt schien (zwei Generationen später) praktische Folgen zu haben. Desinteresse an nötiger Instandhaltung, Vandalismus und Förderungsspekulation waren die Konsequenzen.

Seit 1970 wehren sich die Mieter und Gewerbetreibenden mit zunehmend radikaleren Forderungen gegen die stadträumliche und wohnungspolitische, bau- und entwicklungspolitische Vernachlässigung Kreuzbergs, deren Stationen der Totalabriß und Neubau im Verbund mit brachialer Straßenplanung (als extremes Ziel) und die Entkernung der Blöcke (als entschärfte, aber immer noch boden- und mietpreistreibende Lösung) sind.

Trotz des Bürgerprotestes wurde noch jahrelang bedingungslos an den alten "Ordnungszielen" festgehalten. Millionen wurden in die Zerstörung der Luisenstadt investiert, öffentliche Steuergelder füllten die Kassen von Grundstücks- und Baugesellschaften. Die verteilungspolitische Ungerechtigkeit wurde auch dann nicht revidiert, als sich herausstellte, daß der gesetzlich geforderte Modernisierungsstandard zwar bauwirtschaftlich interessant, sozialpolitisch jedoch nicht vertretbar ist, da die weniger finanzstarken Alteinwohner dadurch zwangsweise verdrängt werden. Modisch gestrichene, total modernisierte Sanierungsbauten förderten eher noch den Verslumungsprozeß. Nicht nur die Mieter und Bewohner Kreuzbergs litten unter diesem "Abrutschen" ihres Quartiers, die Verwahrlosung verunsicherte darüberhinaus das kleine und mittlere Gewerbe. Der hundertfache Wohnungsleerstand zog seit Februar 1979 eine Instandbesetzergeneration an. Das brachliegende Potential Stadt wurde mit Ideen und Arbeit erfüllt. Die große Welle der Instandbesetzungen erhöhte die Zahl der besetzten Häuser zwischen Frühjahr 1980 und Mai 1981 auf insgesamt 170 Häuser.

Die zunehmende Kritik an den Sanierungsprozessen zwang nicht nur zu einer Neuorientierung der Stadtgeschichtsschreibung, sondern auch zu einer Veränderung der städtebaulichen Zielsetzung, zu einer Neuformulierung von tradierten Qualitäten und Chancen auch für diese geschundene Stadt. In diesem Sinn ist die Bauausstellung GmbH vor einigen Jahren angetreten, "dem veränderten Verständnis von Städtebau zu baulicher und sozialer Realität" zu verhelfen. In Kreuzberg wären diese Realitäten: Neue Formen der subventionierten Trägerschaft des Wohnens suchen, behutsam, d.h. ohne Verdrängung, ohne baukünstlerische Vergewaltigung, schrittweise, hausweise, problembezogen vorgehen. Die von der Arbeitsgruppe Planungs- und Sozialgeschichte erarbeiteten Kreuzberger Fallbeispiele "Heinrichplatz" und "Schlesisches Tor", vor allem das einleitende Kapitel zur Planungsgeschichte der Luisenstadt, soll diesem Umdenkungsprozeß einen historischen Rahmen geben, soll die seit Jahrzehnten verschütteten planungsgeschichtlichen Zusammenhänge aufdecken helfen.

Die Entstehungsgeschichte der Luisenstadt kann erst seit kurzem rekonstruiert werden. Erst jetzt wird deutlich, daß der Bebauung des Köpenicker Feldes eine langwierige Planungsdiskussion vorausgegangen ist, an der nicht nur zwei Könige, Friedrich Wilhelm III. und Friedrich Wilhelm IV., eine staatliche und kommunale Verwaltung, sondern auch namhafte Stadt- und Landschaftsgestalter, Johann Carl Ludwig Schmid, Karl Friedrich Schinkel und Peter Joseph Lenné und erst zuletzt James Hobrecht beteiligt gewesen waren. Diesen Experten waren die Probleme der frühen Industriestadt, die sie zum Teil auch in England studiert hatten, wenn nicht von ihren Ursachen, so doch von ihren Wirkungen her, präsent. Ebenso hatten sie Erfahrungen mit Erweiterungsplänen anderer Städte gemacht. Besonders Lenné scheint frühzeitig, lange vor seiner Beauftragung für das Köpenicker Feld, über Erholungszonen in gewerblich geprägten Quartieren nachgedacht zu haben. Sein Reisebericht aus London, 1822, beschäftigt sich mit Plätzen und öffentlichen Anlagen, die er zu einer Planung auf dem Köpenicker Feld in Beziehung setzte.

Im frühen 19. Jahrhundert begann die Diskussion um Planung und Entwicklung des zentrumsnahen Stadterweiterungsgebietes im Südosten Berlins. Von der Mitte des Jahrhunderts setzte die Bebauung, wenn auch vorerst zögernd, ein. Die langandauernden Kontroversen um Planungsziele und Durchführungsmodalitäten resultierten zunächst aus den in der Stein'schen Städteordnung aufgelegten Kompetenzschwierigkeiten zwischen Staat und Kommune. Dazu kam, daß beide Instanzen die aufkommenden privatwirtschaftlichen, kapitalistischen Interessen und Beteiligungsinitiativen im Hinblick auf den Planungsprozeß unterschiedlich bewerteten. Während der Magistrat an der Kapitalisierung von Grund und Boden Interesse hatte und seine städtischen Entwicklungsziele vor allem in der Schaffung von Bauland sah, verfolgte der Staat, seinen engen finanziellen Rahmenbedingungen entsprechend, entweder nur steuerpolitische Ziele oder er verstand sich, nach 1840, immer deutlicher als Verantwortlicher für eine hauptstädtische Repräsentationsplanung. Wie sich herausstellen sollte, waren weder die reinen Straßenplanungen der Kommune, noch die noblen Stadtraum-Angebote der Krone die geeigneten Mittel, um die neuartigen Probleme eines kapitalistischen Ansturms auf die Stadt zu bewältigen.

1826 wurde nach längerem Hin und Her der erste Bebauungsplan für das Köpenicker Feld, den der Oberbaurat Schmid in Anlehnung an zeitgenössische klassizistische Planungen erstellt hatte, vom König genehmigt. Das spätere Urteil von Schinkel zeigt, daß Schmid nicht nur bezüglich der funktionalen und technischen Anforderungen, sondern auch der städtebaulichen und freiräumlichen Gestaltung bei namhaften Fachkollegen Anerkennung fand. Eine nachfolgende langwierige Diskussion um die Übernahme der Erschließungskosten und um Separationsmodalitäten verzögerte, ja vereitelte die praktische Umsetzung der Schmid'schen Vorschläge, die zu Teilen jedoch in späteren Planungen Eingang fanden.
Interessant für die folgende Entwicklungsetappe wurde nun die Rolle des Königs Friedrich Wilhelm IV., der persönliche Vorstellungen mit dem neuen Stadtteil verband, die er schon als Kronprinz Mitte der Dreißigerjahre formuliert hatte. Sein Entwurf fand jedoch, wie aus einer amtlichen Stellungnahme Schinkels ersichtlich, die im Sinne kommunalpolitischer Zielsetzungen vor allem die Entwicklung von Gewerbe, Industrie und Wohnungsbau befürwortete, keine Anerkennung bei der staatlichen Fachbehörde. Friedrich Wilhelm IV. zog deshalb, unmittelbar nach seinem Regierungsantritt 1840, personelle Konsequenzen. Er beauftragte den Landschaftsarchitekten Peter Joseph Lenné mit der Abfassung eines neuen, seinen eigenen Anregungen entsprechenden Bebauungsplanes.

Der Schwerpunkt des neuen Konzepts lag in der Durchgrünung des Stadtbildes. In dem neu entstehenden Berliner Viertel sollten Mängel, wie sie in englischen Industriestädten vorgefunden wurden, also Enge, Einförmigkeit, fehlende Grünflächen, soziale Ghettos vermieden werden. Die Lenné'schen Pläne für das Köpenicker Feld stellten in fast tragischer Verkennung der realen Verhältnisse die romantischen Grundzüge des Landschaftsgartens — mit Promenaden, Schmuck- und Sternplätzen, mit Wasserläufen — in den Vordergrund. "Der fleißige Handwerker, der tätige Fabrikarbeiter", sollten, so Lenné in seinem Erläuterungsbericht, "nach überstandenem Tagewerk sich abends und sonntags" in öffentlichen Grünanlagen und auf Spazierwegen "ergehen können". Der zukünftige Nutzer des Köpenicker Feldes sollte also durchaus der Industriearbeiter und der einfache städtische Handwerker sein. Die sozialpolitische Auswirkung von Landschaftsgrün wurde jedoch in jener frühindustriellen Periode mit Gewißheit überfordert.

Im Unterschied zu seinem Vorgänger leistete Friedrich Wilhelm IV. jedoch einen wesentlichen finanziellen Beitrag für die Erschließung und die Infrastruktur des Erweiterungsgebietes; er verhalf damit der Lenné'schen Planung zum Durchbruch. Die bereits im Vorschlag von Schmid enthaltenen Kanalplanungen, die sowohl funktional als auch stadträumlich als grundlegend für die städtebauliche Entwicklung anzusehen sind, kamen erst 1845 und 1848 zur Ausführung. Einen maßgeblichen Impuls für die Siedlungstätigkeit und zugleich einen städtebaulich repräsentativen Akzent setzte der König mit der Stiftung des Diakonissenkrankenhauses Bethanien am Mariannenplatz. Der konzeptionellen und finanziellen Protektion durch den König ist es zu verdanken, daß, wie Springer in seinem Stadtführer 1861 schreibt, "durch die Bebauung dieses innerhalb der Ringmauer zwischen dem Schlesischen Thor und dem Halleschen Thor gelegenen Feldes ... einer der schönsten Stadttheile Berlins entstanden" war. Eine repräsentative stadträumliche Erweiterung der Residenzstadt Berlin — so wollte es der König — begann sich abzuzeichnen — für die einen. Die Kehrseite der Medaille waren jedoch wohnungspolitische Probleme, wie sie schon in der Wohnungszählung von 1861 hervorgehoben wurden.

1862 erlangte der zweite Bebauungsplan für die Umgebung Berlins, der erst in der Folge von Hegemanns Schriften als Hobrechtplan bekannt wurde, Rechtskraft. Weitere acht Jahre danach war die katastrophale städtebauliche und wohnungspolitische Entwicklung Berlins und der Luisenstadt bereits Anlaß erbitterter Anklagen: Übermäßige Zentralisation, Monotonie, zu dicht bebaute, enge Höfe, Kellerwohnungen, Uniformität, fehlende Grünanlagen, mangelnde Verkehrsplanung waren die Hauptkritik einer vielbeachteten Aufsatzreihe Ernst Bruchs in der Deutschen Bauzeitung von 1870. Andere Beobachter beunruhigten vor allem die negativen Auswirkungen dieser Stadtstruktur auf die Bewohner: Die zunehmende Kriminalisierung, der Alkoholismus, die Prostitution und schließlich die verminderte Wehrbereitschaft wurden als Großstadtprobleme an sich angeprangert. Die Konflikte lagen auf der Straße.

Die 1853 von dem "Hausbesitzerparlament" (so wurde das Stadtparlament Berlins entsprechend seiner Zusammensetzung genannt) verabschiedete Bauordnung hatte die privatwirtschaftliche Ausnutzung der Baufreiheit unermeßlich gefördert. Angesichts der bereits bei Aufstellung der Bebauungspläne einsetzenden Bodenspekulation und der zu geringen staatlichen und kommunalen Investitionen wurden vor allem an dem 1862 verabschiedeten Bebauungsplan der Umgebungen (außerhalb der ehemaligen Zollmauer) noch Abstriche gemacht, die sich auf öffentliche Plätze und Grünanlagen bezogen. In den siebziger Jahren wuchsen insbesondere in Spekulationsgebieten nahe dem Görlitzer Bahnhof dichteste Wohnquartiere mit minimalen Grundrissen in die Höhe. Gleichzeitig wurden im Kern der Luisenstadt, im Herzstück der Lennéplanung, die tiefen Blockinnenflächen mit Seiten- und Querflügeln für Wohnen und Gewerbe noch intensiver als bisher überbaut. Zugegebenermaßen entsprachen auch hier die schon in den Fünfzigerjahren erstellten Wohnungen zum großen Teil nicht den Repräsentationsvorstellungen des Königs, vielmehr erfüllten sie die Ziele einer hohen Mietrendite. Die Kommune, die im frühen 19. Jahrhundert noch vorbehaltlos die Kapitalisierung von Grund und Boden unterstützt hatte, war seit der Verabschiedung des Fluchtliniengesetzes von 1875 alleinverantwortlich für diese Entwicklung. Sie hatte jedoch alle Instrumente der Steuerung aus der Hand gegeben und gab sich mit der "Nachtwächterfunktion" zufrieden. Die Kritik an der Mietskasernenstadt hat jedoch, das wurde eingangs schon erwähnt, die Einsicht in den differenzierten Planungsvorgang einerseits und in die stadträumlichen Qualitäten andererseits, die sich trotz der hemmungslosen Bodennutzung bis heute erhalten haben, verdeckt. Die schweren Zerstörungen im Zweiten Weltkrieg, die kriegsbedingte Teilung der Stadt Berlin gehören zur Geschichte wie zur Gegenwart der Luisenstadt. In diese Luisenstadt ist viel Planungshoffnung, viel Phantasie investiert worden, sie hat andererseits auch hohe Renditeerwartungen befriedigt. Die Summe all dessen bedeutet: Die Luisenstadt ist für den Westteil der Stadt *der älteste zusammenhängende, noch relativ intakte Stadtbereich der Metropole* geblieben. Seit Berlin Wiederaufbau plant, spricht man jedoch mit Wehmut vom "Filetstück", dem ehemaligen Diplomatenviertel am Landwehrkanal. Mit planerischem und finanziellem Engagement nahm man sich schon seit den späten Fünfzigerjahren auch der südlichen Friedrichstadt als ehemaligem Nobelquartier an. Erinnert sei hier nur an die Amerika-Gedenkbibliothek, plaziert an prominenter Stelle, an der südlichen Tangente des ehemaligen Rondells (Belle-Alliance-Platz).

Die Luisenstadt blieb, Hegemanns Verdikt war da immer noch wirksam, das Stiefkind. Trotz Bomben und politischer Stadtzerstörung ist hier jedoch noch immer, vielleicht auch gerade wegen eines langjährigen Schattendaseins, ein programmatisches Stadtkonzept erlebbar: Ein klares, unverwechselbares stadträumliches Angebot mit Kanalachse, Grünplanung und Stadtplätzen, aber auch mit unvergleichlich problematischen Wohn- und Lebensbedingungen. Sanierung darf hier nicht Ausradieren von Geschichte, das heißt auch überlieferter Qualitäten, bedeuten. Dieser Stadtteil war von Anfang an Heimat für Gewerbetreibende, Industriearbeiter, Handwerker und deren Familien. Ihnen soll Kreuzberg erhalten bleiben.

Die Arbeitsgruppe Stadterneuerung der Bauausstellung hat sich dies zur Aufgabe gestellt: Die Sicherung der Wohnungsbestände, den Verzicht auf durchgehende Umstrukturierung zu Gunsten akzeptabler Mieten, die Rücksichtnahme auf Besonderheiten in der Lebensführung der hier wohnenden Bürger, die Gewerbebestandssicherung und Infrastrukturverbesserung, schließlich die Beteiligung der Mieter, der Gewerbetreibenden und Eigentümer in diesem Sanierungsprozeß. Im Reigen der seit 1910 in Berlin veranstalteten Bauausstellungen ist solche "Selbstbeschränkung" ein Novum. Alle vorangegangenen Bauausstellungen gingen, mit verschiedenen Vorzeichen zwar, von einem "Zur-Schau-Stellen" des Bestmöglichen, was ins Architektonische umgesetzt das jeweils "Schönste" war, aus.

Die Ausstellung von 1910 galt der Prämierung des schönsten Bebauungsplanes für ein zukünftiges Groß-Berlin, die von 1931 einer "Lehrschau" von Errungenschaften der ersten republikanischen Zeit, 1957 wollte man im Hansaviertel ein architektonisches Fanal der "freien Welt" setzen. Belehrungen, Beteuerungen, Beweisführungen. Es waren "Schaut-auf-die-Stadt"-Allüren. Mit Ausnahme der Städtebau-Ausstellung von 1910, die noch unter dem begeisterten Eindruck der neuen Disziplin Städtebau dem internationalen Fachpublikum die Möglichkeiten dieser praxisbezogenen Wissenschaft zwischen Technik und Sozialstatistik vorführen konnte, begnügte man sich in den darauffolgenden Ausstellungen mit dem Vorzeigen von Architektur-Objekten in vager stadtentwicklungsplanerischer Konsequenz. Berliner Städtebau- und Bau-Ausstellungen waren fast ausnahmslos davon geprägt, gutes Neues zu zeigen, ohne das Schlechte-Alte überwunden oder bewältigt oder auch nur hinterfragt zu haben. Es entsprach und entspricht der Tradition von Ausstellungen großen Stils überhaupt, die mit der Weltausstellung von 1851 in London begann, nach außen wirksame (kapitalisierbare) Leistungen vorzuzeigen. Während diese Tendenz aber bei Gewerbe- und Industrie-Ausstellungen aus der Natur der Sache her erklärt und verstanden werden kann, ist sie für Städtebau- und Bau-Ausstellungen gefährlich. Die Ergebnisse von Bau- und Stadtplanung sollten nicht unter vorrangig wirtschaftspolitischen Zielvorstellungen gehandhabt werden, wie Ergebnisse von Industrie und Gewerbe. Schon bei der naturbedingten Unmöglichkeit, Grund und Boden immer aufs Neue zu vermehren, darüberhinaus vor dem Hintergrund der inzwischen anerkannten sozialpolitischen Aufgabenstellung der Planung sind Wohnung und Boden, Architektur und Städtebau keine beliebige Ausstellungsware. Gerade eine historische Studie über ein solches "Ausstellungsstück" sollte auf diese Zusammenhänge, auf die Unbrauchbarkeit der Stadt als "Ausstellungsware" hinweisen.

Die Quartiere, die Untersuchungsmethoden und die Quellen

Die vorliegende Arbeit umfaßt ein Kapitel zur Entwicklung der Luisenstadt bis zum Beginn des 20. Jahrhunderts und zwei Studien der Quartiere Heinrichplatz und Block 121 am Schlesischen Tor. Die Auswahl dieser beiden Fallbeispiele wurde vom Auftraggeber getroffen, der in diesem Gebiet durch unterschiedliche eigene Aufgabenstellungen engagiert ist.

EINLEITUNG

Der Heinrichplatz ist einer der wenigen noch erhaltenen Plätze in der ehemaligen Luisenstadt. Die geschlossene Vorderhausbebauung am rhombenförmigen Platz entspricht der Lenné'schen Konzeption aus den Vierzigerjahren des 19. Jahrhunderts. Funktional bestimmend ist die den Platz durchquerende geschäftige Oranienstraße, die Mischung von Wohnen und Gewerbe und die Verbindung zum nördlich gelegenen Mariannenplatz mit seinen Grünanlagen. Der Block 121 am Schlesischen Tor veranschaulicht in unterschiedlich gestalteten gründerzeitlichen Straßenfluchten und einer vielfältigen Parzellierung verschiedene Stadien der Berliner Stadterweiterung des 19. Jahrhunderts. Die den Block umgebenden Straßen haben unterschiedliche Funktionen: Die Schlesische Straße, eine ehemals grünplanerisch gestaltete Ausfallstraße — sie ist heute durch die Mauer blockiert —, die Wrangelstraße, eine quartiersbezogene Einkaufsstraße und zwei verkehrsberuhigte Wohnstraßen.

Am Heinrichplatz läßt sich die Verunsicherung, die durch den jahrelangen Sanierungsprozeß mit wechselnder Zielsetzung hervorgerufen wurde, ablesen: Die Häuser verfielen, die angestammte Bevölkerung und die Gewerbetreibenden wurden weitgehend verdrängt. Das etwas abgelegene Quartier am Schlesischen Tor wurde nicht als Sanierungsgebiet ausgewiesen. Einzelne Bebauungspläne, die nicht mehr den aktuellen Zielperspektiven entsprechen, existieren nach wie vor und produzieren Unsicherheit. Die bauliche und soziale Entwicklung hat sich hier jedoch nur allmählich verschlechtert. Im Unterschied zum Heinrichplatz ist die Mehrzahl der Grundstücke im Block 121 im Besitz von Einzelnen, alle Häuser sind bewohnt, fast die Hälfte davon durch Ausländer. Im Blockinneren hinterließen Kriegszerstörungen größere zusammenhängende Freiflächen.

Heinrichplatz und Block 121 unterscheiden sich auch in ihrer historischen Entwicklung: Der Heinrichplatz wurde nach einer langwierigen Planungsphase auf der Grundlage des Bebauungsplanes von Lenné ab 1860 in relativ kurzer Zeit einheitlich mit Vorderhäusern bebaut. Die unmittelbar vorausgehende Nutzung als Acker-, Gemüse- und Obstgelände hat in seinem Bereich kaum Spuren hinterlassen. Im letzten Viertel des 19. Jahrhunderts wurde die zum Platz hin orientierte Bebauung im Erdgeschoß durch Ladeneinbauten verändert und im Blockinnern durch den Anbau von Wohnhäusern, Gewerbebauten und Stockwerksfabriken äußerst verdichtet. Der Block 121 entstand entlang einer alten Ausfallstraße, der Schlesischen Straße, auf dem Gelände einer Vorstadtsiedlung mit Gärtneranwesen aus dem 18. Jahrhundert. Nur in den Ansätzen wurde ein erster Bebauungsplan von 1830 (Schmid) verwirklicht; auf ihn geht jedoch die am Beginn der Schlesischen Straße ausgeweitete Baufluchtzurück. Den heutigen Blockumfang legte dann der zweite Bebauungsplan von 1862 (Hobrecht) fest. Die Parzellierung und Grunstücksüberbauung wurde in verschiedenen Phasen, in einem Zeitraum von insgesamt 30 Jahren vorgenommen. Im Unterschied zum Heinrichplatz entstand die rückwärtige Bebauung gleichzeitig mit den Vorderhäusern. Eine Differenzierung der insgesamt dichten Wohn- und Gewerbebenutzung war von Beginn an vorhanden.

Die ursprünglichen Bewohner des Heinrichplatzes waren kleine Handwerker und Beamte, von denen manche auch in ihren Wohnungen oder auf dem gleichen Grundstück arbeiteten. In den Achtzigerjahren erfuhr der Platz im Zuge der Verdichtung und verkehrsmäßigen Anbindung an das Zentrum eine Aufwertung, die sich auch an der Bewohnerschaft der Vorderhäuser abzeichnet (Fabrikanten, Ärzte und Architekten). Mit Zunahme von störenden Gewerbebetrieben begann Ende des 19. Jahrhunderts die Abwanderung der sozial besser Gestellten; Arbeiter und kleine Angestellte traten an ihre Stelle. Im Gegensatz dazu bildete sich am Schlesischen Tor eine blockseitenweise Differenzierung der Eigentümer und Mieterstruktur heraus. In der Oppelner Straße siedelten sich vorrangig Handwerker und Arbeiter in den Kleinwohnungen an. Entlang der Wrangelstraße und der Schlesischen Straße entstanden auch größere Wohneinheiten, die auf eine Durchmischung mit einer gehobenen Eigentümer- und Mieterschicht schließen lassen. Bezeichnend ist die vergleichsweise kontinuierliche Besitzstruktur und die Tatsache, daß die Eigentümer häufig im Hause wohnten und auf dem eigenen Grundstück ihr Gewerbe betrieben.

Die angedeuteten Unterschiede der beiden Quartiere begründen auch Abweichungen in der Untersuchungsmethode: Die Bearbeiterinnen des Fallbeispiels Heinrichplatz nahmen sich vorwiegend der Lebens- und Arbeitsbedingungen an diesem Ort, der Funktion des Platzes als öffentlicher Raum und der Bedeutung seiner Gestaltung an. Die Autorin der Untersuchung zum Block 121 am Schlesischen Tor hat sich im wesentlichen auf den materiellen und strukturellen Bestand konzentriert, um die Vielfalt dieses kleinräumigen Bereiches herauszustellen.

Bauliche und soziale, parzellenbezogene Informationen konnten den seit dem Bauantrag geführten Bauakten grundstücksweise entnommen werden. Für den Heinrichplatz wurde eine Hauskartei angelegt, in der die Informationen nach: Objektbeschreibung — baulichen Veränderungen — Nutzungen und Verwertung — Eigentümer- und Mieterstruktur — besondere Ereignisse — chronologisch systematisiert enthalten sind. Nach gleichen Gesichtspunkten wurde auch der Häuserblock am Schlesischen Tor untersucht und im Zusammenhang mit einer strukturellen Analyse von Parzellen, Fassaden, Grundstücksüberbauung, Wohnungsgrundrissen, Besitzern und Mietern ausgewertet.

Die Bauakten sind eine wichtige Quelle für die Mängel im Wohn- und Arbeitsbereich; sie enthalten bezeichnende Vorgänge, vor allem Beschwerden über unzureichende Ausstattung und mangelhafte Wartung der Häuser, über Fehlbelegungen von zum Wohnen ungeeigneten Räumen sowie Störungen im Wohnumfeld und Gewerbe. Diese haus- bzw. grundstücksweise festgehaltenen Einzeltatbestände werden durch allgemein sozialkritische Untersuchungen und zeitgenössische

Pamphlete zur Wohnungssituation in Berlin, speziell in Berliner Arbeitervierteln, ergänzt.

Neben den Informationen aus den Bauakten wurden Angaben über Besitzer und Mieterbelegung in den in Abständen von wenigen Jahren laufend erschienenen Adreßbüchern entnommen. Die derart gewonnenen parzellenscharfen Informationen bedurften zur Interpretation noch der Gegenüberstellung und Überprüfung mit den umfassend ermittelten Wohnungs- und Sozialdaten, die sich jedoch auf vergleichsweise ausgedehnte und in sich nicht unbedingt homogene Bereiche beziehen. Die Einzeldaten der beiden Fallbeispiele geben interessante Einblicke in kleinräumliche Differenzierungen innerhalb der Luisenstadt, die sich statistisch nicht abbilden.

A. DIE BAULICHE UND SOZIALE ENTWICKLUNG DER LUISENSTADT BIS ZUM BEGINN DES 20. JAHRHUNDERTS

1 / Blick vom Kreuzberg auf Berlin und das Köpenicker Feld, um 1825, Ölgemälde von J.H. Hintze

DIE LUISENSTADT UM 1800

Ihre Lage im Stadtgebiet

Die Luisenstadt — früher Köpenicker oder Cöllnische Vorstadt — erhielt 1802 ihren Namen nach der Königin Luise, der Gemahlin Friedrich Wilhelms III. Die Luisenstadt zählte zu Beginn des 19. Jahrhunderts zu den unmittelbar vor der Stadt Berlin gelegenen Vorstädten im ländlichen Umfeld. Den eigentlichen Stadtkern bildeten Berlin, Cölln, Neukölln und der Friedrichswerder. Das gesamte Stadtgebiet wurde von der Zollmauer, einem Palisadenzaun mit Toreingängen, umgrenzt, dem Friedrich Willhelm I. im Jahre 1734 bauen ließ, um zu verhüten, daß Waren unverzollt eingeführt werden. Die Vorstädte gehörten erst nach 1808 zum Gemeindeverband. Erst von da an mußten die Einwohner der Luisenstadt als Bürger oder Schutzverwandte zu den städtischen Lasten, zur Haus- und Mietsteuer, sowie zur Einquartierung der Soldaten beitragen.[2]

Erste kleinere Wohnbereiche, Chausseehäuser, Meiereien, Kattunbleichen, Wind- und Lohnmühlen, Invalidenhäuser, Friedhöfe, Gärtnereien und Holzmärkte siedelten sich zunächst entlang der von den Stadttoren ausgehenden Landstraßen an. Diese Ansiedlungen erhielten ihre Namen häufig nach den nahen Stadttoren oder den sie durchziehenden Landstraßen. So hieß die Luisenstadt bis zu ihrer Umbenennung entweder Köpenicker oder Cöllnische Vorstadt — weil sie an der Köpenicker Straße lag, die vom Köpenicker Tor nach Köpenick führte; sie erstreckte sich jenseits des Festungsgrabens südöstlich von Cölln und Neukölln.[3]

2 / Blick vom Kottbusser Tor auf Berlin, um 1750,

Im Stadtkern konzentrierten sich Handel, Handwerk und Gewerbe. Die westlich angrenzenden Stadtgebiete, die Friedrichstadt, Dorotheenstadt und zum Teil der Friedrichswerder waren — neben dem Stadtkern — Sitz der Regierung und der Verwaltung. Die wichtigsten gesellschaftlichen und kulturellen Einrichtungen: Das Schloß, das Museum, das Zeughaus, die Bank und das Münzgebäude befanden sich dort; in der Friedrichstadt standen die Akademie, die Universität und das Schauspielhaus.[4]

Die Dorotheenstadt und die Friedrichstadt waren Ende des 17. Jahrhunderts unter dem Großen Kurfürsten als repräsentative Ergänzung der Residenzstadt planmäßig angelegt worden. Sie unterschieden sich mit dem regelmäßigen, in Blöcke aufgeteilten Stadtgrundriß von den beiden mittelalterlichen Stadtkernen mit ihren engen Straßen. Für die prinzlichen Palais und die Häuser der Aristokratie wurden hier bevorzugte Bauplätze gefunden. Aber auch die bürgerliche Oberschicht, zugewanderte Religionsflüchtlinge und die mittleren und höheren staatlichen und städtischen Beamten[5] siedelten sich hier an.

Während im Stadtkern und den unmittelbar angrenzenden Stadtgebieten eine enge städtische Bebauung vorherrschte, überwogen in den Vorstädten zu Beginn des 19. Jahrhunderts noch landwirtschaftliche Flächen mit einer spärlichen Bebauung. Eine Ausnahme bildete das nordwestlich vor der Zollmauer gelegene "Voigtland". Dort lebten die seit der Mitte des 18. Jahrhunderts vorwiegend unter Friedrich II. angesiedelten Bauhandwerker, die auf den zahlreichen Baustellen der Residenzstadt beschäftigt waren. Aus dieser ersten Arbeiterkolonie entwickelten sich die Arbeiterviertel der Oranienburger und Rosenthaler Vorstadt — des heutigen Wedding.[6]

Die später dazugekommenen westlich gelegenen Stadtteile lagen landschaftlich reizvoll, beispielsweise in der Nähe des Tiergartens. Hier entstanden allmählich die Villenwohnviertel der Mittel- und der Oberschicht.
Mit ihrem innerhalb und außerhalb der Zollmauer gelegenen spärlich bebauten Gelände bot die Luisenstadt eine große Anzahl gärtnerisch und landwirtschaftlich genutzter Flächen. An der Köpenicker Straße befanden sich darüber hinaus die ersten Gewerbebetriebe, königliche Magazine und Kasernen.[7]

Clauswitz beschrieb den "doppelten" Charakter Berlins um 1800:

"Die Stadt war zum Teil eine Landstadt mit ausgedehnter Feldwirtschaft innerhalb und außerhalb der Mauer und mit dem Betriebe ländlicher Gewerbe, so daß man in zahlreichen Häusern und Höfen und in den Straßen das Landleben vor Augen hatte. Andererseits bot sie das Bild der würdig und schön ausgestatteten Residenz eines ansehnlichen Staates mit einer Einwohnerschaft, wie sie der Sitz des Hofes und der Staatsregierung voraussetzen lassen. Die beiden ungleichartigen Bestandteile schieden sich aber räumlich durchaus. Die Ackerstadt beschränkte sich auf den Osten, Altberlin mit seinen Vorstädten und auf die kölnischen Vorstädte, die Luisenstadt und die Köpenicker Vorstadt; hier hatte auch die Fabrikbevölkerung ihren Sitz genommen. Zur Residenzstadt war Altköln und der damalige Westen bis an die Stadtmauer zu rechnen, die Stadtteile, die ihre Anlage und Ausstattung vornehmlich den preußischen Königen zu verdanken hatten."[8]

Die Bebauung und ihre Bewohner

Die Abgrenzungen der Cöllnischen oder Köpenicker Vorstadt kennzeichnete Friedrich Nicolai 1786: *"Sie liegt südöstlich vor Neukölln, wovon sie durch den Festungsgraben getrennt wird. Nach Nordosten wird sie von der Spree vom Oberbaum bis zum Festungsgraben, nach Süden von der Stadtmauer vom Schlesischen bis ans Hallische Thor; nach Westen von der Lindenstrasse auf der Friedrichstadt und nach Nordwesten vom Festungsgraben begrenzt."*[9]

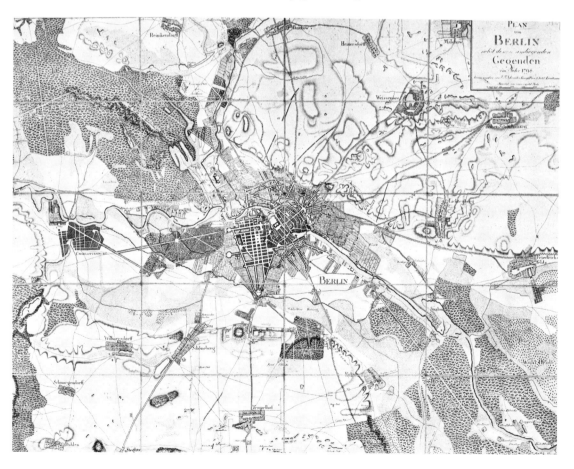

3 / "Plan von Berlin nebst denen umliegenden Gegenden im Jahr 1798" von Schneider

LUISENSTADT

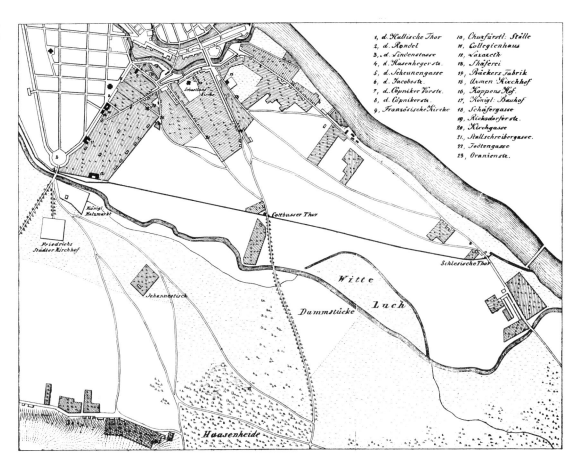

4 / Die Cöpnicker Vorstadt um 1750

5 / "Marchant des Savonettes tres renomme a Berlin, age 82 ans." Kupferstich von Daniel Chodowiecki, Einwanderer. Der dargestellte Händler Henry Gierart verkaufte in den Straßen Berlins Parfümerien, Seife, Pomade und Puder.

Obwohl Weideflächen, Gärten und Äcker das Landschaftsbild bestimmten, nahm Ödland in der Luisenstadt einen größeren Flächenanteil als in den anderen Vorstädten ein, weil der Boden stellenweise überfeuchtet war. Die Felder waren Gemeindeland, das der Cöllnischen Ackerschaft verpachtet wurde.[10] Sie verliefen, um besser entwässert zu werden, senkrecht zur Spree. Bei der späteren Umwandlung von Ackerland in Bauland orientierte sich die Parzellierung der Baublöcke an dem Verlauf dieser Felder.

Außerhalb der barocken Befestigung hatte sich entlang der Straßenzüge eine unregelmäßige Bebauung entwickelt. Das zweigeschossige Bürgerhaus war vorherrschend. Die Alte und Neue Jakobstraße, die Köpenicker Straße, die Schäfergasse, die Dresdener Straße, die Kürassier-, Hasenheger- und Feldstraße waren Wegeführungen, die bereits im 17. Jahrhundert, wenn auch zum Teil noch unter anderen Namen, locker bebaut waren. Gegen Ende des 17. Jahrhunderts entstand an der Ecke Jacob- und Sebastianstraße die Sebastian-Kirche, die spätere Luisenstädtische Kirche. Sie war die erste Gemeindekirche vor den Toren der Residenzstadt. Französische Protestanten (1685), Waldenser (1686), Wallonen und Schweizer (1698/99), die unter dem Großen Kurfürsten und Friedrich I. angesiedelt wurden, waren willkommene, hochqualifizierte religiöse Flüchtlinge; sie ließen sich als Goldschmiede, Seidenwirker, Hut- und Handschuhmacher in Berlin nieder. Vor allem aber Gärtner kamen in die Köpenicker Vorstadt. Es entstand eine französische Gemeinde, die sich 1700 eine eigene Kirche, die

6 / Die Luisenstädtische Kirche

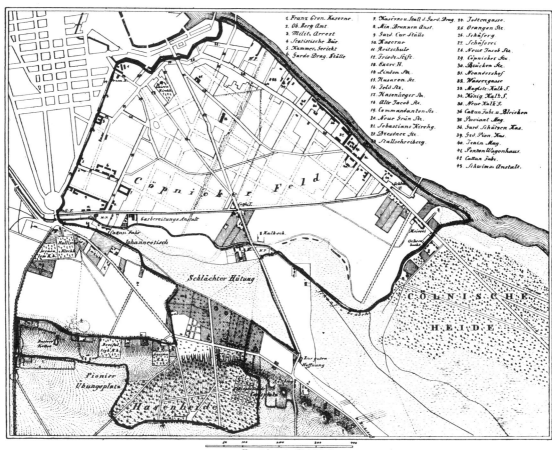

7 / Die Luisenstadt 1838

Französische Kirche, in der Scheunengasse baute.[11] "Mit den französischen Kolonisten zogen dann westliche Kultur und feine Sitte ... hier ein; sogar vornehme Leute, Grafen und Ratsherren, haben sich hier Lustgärten und schöne Sommerhäuser gebaut."[12]

Ein Zeitgenosse schilderte die Vorstadt im 18. Jahrhundert: "Zur Rechten von der Kirche sieht man fast Nichts als Gärten und Häuser, so sich ziemlich weit erstrecken, weil der Boden sich sehr gut zum Gartenbau schickt. Wendet man sich zur linken Hand nach der Spree, so erblickt man daselbst gleichfalls viele Gärten, feine Häuser und Wohnungen, wie auch die Kalkbrennerei, und das Ufer der Spree ist mit Floß- und Brennholz zum Verkauf in großer Menge besetzt. Etwas weiter hinauf findet man schöne Felder, Wiesen und Holzungen, so einen angenehmen und lustigen Anblick gewähren. Die Äcker, deren viele wegen der guten Düngung von Jahr zu Jahr besäet werden, sind fetter als die anderen um Cöln und Berlin, und füllen Scheuern und Böden besser,

8 / Die Späthsche Gärtnerei um 1830 in der Köpenicker Straße

wie denn auch der Tabak daselbst besser geräth. Kommt man in die Gärten, so siehet das Auge an den schönsten Lustgärten, der herrlichsten Einrichtung, den Statuen und unzähligen Blumen, Baum- und Erdfrüchten sich nimmer satt. Und wer sollte glauben, daß diese Gärten zu allen Jahreszeiten vielerlei Früchte und Salate, theils durch die Natur, theils durch Kunst getrieben, anschaffeten? Gehet man auf die Berge, so prangen dieselben mit schönen Weinbergen, welche guten, wohlschmeckenden Wein und andere Früchte tragen."[13] Bachmann, der Prediger der Luisenstadtkirche, fuhr in seiner Geschichte über die Luisenstadt, die er 1838 geschrieben hatte, fort: "Zu dieser Cultur des Gartenbaus, der Küchengewächse und des Obstes hatte Friedrich Wilhelm I. nicht minder thätig beigetragen, indem er auch darauf sein besonderes Augenmerk richtete. Berühmt in unserer Vorstadt waren schon damals in der Scheunen-Gasse der Justinsche, nachmalige Jouannesche, jetzt Toussaintsche Kaffeegarten, in der Lindenstraße der Avemannsche, Müllersche und besonders der Zeidlersche Garten; in der Stallschreibergasse der Gräflichen Schafgotschische, dann Katschische und Stürmersche Garten; in der Cöpnickerstraße endlich die Gärten von Giebel und Herold. Letzterer wurde unter seinem nachmaligen Besitzer, dem Banquier Daniel Itzig, durch den Königlichen Gärtner Heidert aus Potsdam in einen Park umgeschaffen, welcher außer den Hecken und Bogengängen und schattigen Anlagen einige tausend der besten Fruchtbäume, ein Gartentheater unter freiem Himmel und verschiedene Statuen von Knöfler aus Dresden enthielt. Ein Paar Jahrzehnte später zeichneten sich in unsrer Gemeinde besonders durch ihren Blumenflor *aus die Gärten von Spielberger und vom Königlichen Münzmeister Melcker, am Cöpnicker Holzmarkt gelegen, ..."*[14]

Nachdem die benachbarte Friedrichstadt erbaut war, zogen die bessergestellten Bewohner dorthin, besonders französische Kolonisten, weil in ihr das Wohnen angenehmer und billiger war. Die ärmere Bevölkerung — Gärtner, Ackerbürger, Handwerker und ausgemusterte Soldaten — blieben in der Köpenicker Vorstadt.

"Im Jahre 1803 zählte die Luisenstadt in ihren zwei Polizeirevieren in 590 Häusern:
2538 Männer, die ein eigenes Hauswesen bildeten
2406 verheirathete Frauen
  56 geschiedene Frauen
1465 Söhne   unter 10 Jahren
1557 Töchter
1009 Söhne   über 10 Jahren
1121 Töchter
 854 unverheirathete
 184 verheirathete   Gesellen
 202 Lehrlinge
 197 männliche
 600 weibliche   Dienstboten
   7 verheirathete
  80 Tagelöhner
 108 Tagelöhnerinnen
13220 Einwohner; darunter 1108 Bürger, 227 Franzosen, 18 Böhmen und 11 Juden."

Der Krieg gegen Frankreich im Jahr 1806 brachte auch die Bewohner der Luisenstadt in Not und Elend. Dazu gab Bachmann folgende Beschreibung:
"Die meisten Kirchen dienten zu Kasernen für die feindlichen Truppen, ja zu Pferdeställen oder Magazinen, obwohl die unsrige gnädig vor solcher Entweihung geschützt blieb. Die blühenden Gewerbe lagen auf einmal darnieder und die, welche sie betrieben, waren ohne Arbeit, sowie fast alle Beamten ohne Besoldung. Die meisten Häuser, vorher voll Lust und Freude, waren nun in Trauer und Wehklage, und gar manche Familie, die Sorge und Angst um das tägliche Brod nie gekannt hatte, sahe sich in drückende Noth und Armuth versetzt, wenn auch einzelne Personen bei den Lieferungen für das feindliche Heer ansehnlich verdienten... Jeder hatte vollauf mit seiner eigenen Noth zu thun, und auch die Luisenstadt machte in vieler Beziehung nur Rückschritte. Was etwa geschah, war selbst Folge der Noth, wie z.B. die Stiftung einiger wohlthätiger Anstalten,... Auf allen Straßen, Plätzen und Brücken sah man nemlich brodlos gewordene Handwerker und namentlich zerlumpte, dem Elende preis gegebene Kinder umherschleichen; unter diesen Kindern theils solche, deren Väter im Kriege waren, theils Kinder anderer armer Eltern."[16]
Deshalb wurden nach dem Krieg in der Luisenstadt zwei Stiftungen für Kinder eingerichtet, die von Spenden und durch die Arbeit der Kinder unterhalten wurden. Für Soldatenkinder wurde das Friedrichstift an der Communikation am Halleschen Tor Nr. 4 und 5 errichtet. Für "Knaben bürgerlichen Standes" gab es das Luisenstift, Probstgasse 7, später Husarenstraße 16.[17]

Die Luisenstadt als Gewerbestandort

Die Dresdener Straße — sie hieß ursprünglich Rixdorfer Straße — war eine die Köpenicker Vorstadt von Norden nach Süden durchquerende Heerstraße, die über Rixdorf nach Cöpenick und Mittenwalde führte. Über die seit dem 16. Jahrhundert bepflasterte Köpenicker Straße, eine Nebenstraße, erreichte man ebenfalls Cöpenick. Neben mehreren Wohnhäusern und Gärten gab es hier bereits im 17. Jahrhundert eine Meierei auf dem sogenannten Holzmarkt (in der kleinen Holzmarktgasse), den Magistrats-Holzmarkt, die Magistrats-Kalkscheune und den Luisenhof — ein Lusthaus mit Garten.[18] Ende des 18. Jahrhunderts entstand in der Nähe des Schlesischen Tors eine Kaserne für das von Pfuhlsche Regiment und ein Montierungs-Magazin.[19]

Unter der Förderung Friedrich II. entwickelten sich in der Vorstadt Manufakturen und Fabriken, vor allem des Textilgewerbes. Einige wohlhabende Fabrikanten und Geschäftsleute ließen sich mit Vorliebe entlang der Köpenicker Straße nieder. Ihnen folgte eine große Anzahl von Arbeitern.[20]
"Die Seidenwirkermeister Kling und Staberoh, arbeiteten seit 1759 auf 49 Stühlen jährlich 1950 Stück für 53,970 Thlr.; die Witwe Schnal in der Ricksdorferstr. verfertigte auf 3 Stühlen 1248 Paar wollene Strümpfe für 1050 Thlr.; Der Flor- und Gage-Fabricant Querhammel in der Jacobstraße fertigte auf 28 Stühlen 1456 Stück für 15,600 Thlr.; Johann Conrad Dötsch in der neuen Commandantenstraße arbeitete auf 11 Stühlen seidene Strümpfe. In der Cöpnickerstraße hatte die Seehandels-Gesellschaft eine Manchester- und baumwollene Sammet-Manufactur errichtet, die 1782 an Hotho und Welper verkauft wurde. In der neuen Jacobstraße hatte Lutz seit 1754 seine bedeutende Lederfabrik, die er zu großer Vollkommenheit brachte, so daß er auch gemalte Westen von Leder fertigte. Ihm gehörte vor dem Schlesischen Thore eine Lohmühle und eine Leder-Walkmühle, und im Jahre 1780 fertigte er 10,740 Stück an Werth für 33,491 Thlr. — In der Cöpnickerstraße arbeiteten die Königlich und die Städtische Kalkbrennerei, in der Kirchgasse die Gipsbrennerei von Milchan; vor dem Schlesischen Thore war auf der Itzigschen Meierei eine bedeutende Mannheimer Bierbrauerei von Zep, und in der Hasenhegergasse wird schon Mai als ein vorzüglicher Töpfermeister genannt."[21]

Seit Beginn des 19. Jahrhunderts siedelten sich entlang der Köpenicker Straße viele Fabriken an, um die Standortvorteile der parallel dazu verlaufenden Spree als Transportweg oder als Wasserzulieferer auszunutzen.
Der Stadtverordnete Kochhann gibt für die Luisenstadt zu Beginn des 19. Jahrhunderts folgende Beschreibung:
"Die Dresdener Straße... war wenig über unser Haus hinaus zusammenhängend bebaut. Es wechselten Wohnhäuser mit Mauern und Zäunen,... Am Knie der Straße, wo ehemals ein Försterhaus stand, befand sich eine Scheune, welche den Anfang des Köpenicker Feldes bezeichnete. Durch dasselbe führte bis zum Kottbusser Tor ein Damm, dessen Pflaster total zerfahren war und zu

dessen Seiten gekappte Weidenbäume standen. Diese ganze Strecke blieb im Sommer wegen des tiefen Sandes, in den anderen Jahreszeiten des grundlosen Schlammes halber schwer zu begehen. Die von der Alten Jakobstraße, parallel der Dresdener Straße, abzweigende Stallschreibergasse hatte nur einstöckige Gärtnerhäuser und sehr viele Zäune. Sie endete gleichfalls mit einer Scheune am Ausgang zum Köpenicker Feld; ein schmaler Sandweg leitete zum Kottbusser Tor. Die Schäfergasse, zu der wir durch unseren Garten einen Zugang hatten, war im eigentlichen Sinne ein Ackerweg für das daselbst gelegene Gutsamt, welches seine zahlreiche Schafherde auf diesem Wege auf das nahe Köpenicker Feld entsandte. Ein Feldweg, mit Weiden bepflanzt, brachte den Wanderer durch tiefen Sand ungefähr zu der Stelle der Köpenicker Straße, wo jetzt der Kanal dieselbe durchschneidet und wo auf dem Magistratsholzplatze ein Kalkofen sich befand...

Die Schäfergasse befand sich ... oft in einem unglaublichen Zustand. Jeder angrenzende Besitzer ... hielt sich für berechtigt, alles Unkraut des Gartens und alle Abgänge des Hauses auf den ungepflasterten Damm der Gasse hinauszuwerfen und so diesen noch grundloser zu machen als er schon war. Eigenes Bedürfnis und Mitleid mit den Passanten veranlaßte die Anwohner zuweilen, die entstandenen bergartigen Ungleichheiten zu ebnen, auch zur Regenzeit Gangsteine für die Fußgänger auszulegen...

Die Spree bildete im Osten eine unüberbrückbare Grenze. Zwischen dem Oberbaum und der Waisenbrücke vermittelten Kähne den Personenverkehr mit dem Stralauer Viertel, in dessen zahllosen Gassen ausschließlich Gärtner wohnten. Eine solche vielbenutzte Überfahrt war an der Stelle der jetzigen Jannowitzbrücke. Für 3 Pfennige Fährgeld gelangte man dort von der Holzmarktstraße durch die Wassergassen in die Jakobstraße. Die Überfahrtstellen wurden häufig mit sogenannten Aufschwemmen verbunden, ausgetieften Uferstellen, von welchen die Floßhölzer vermittelst eiserner Ketten durch Pferde auf das Land gezogen und auf langgestreckte Wagen geladen wurden."[22]

ABSOLUTISTISCHE SIEDLUNGS- UND BAUPOLITIK, DEREN AUSWIRKUNGEN AUF DIE BAULICHE UND SOZIALE ENTWICKLUNG IN DER LUISENSTADT

Die Bevölkerungs- und wirtschaftspolitischen Maßnahmen verwandelten die ehemalige Ackerbürgerstadt des Mittelalters in eine blühende Verwaltungs- und Kulturstadt und in eine Manufakturstadt des 18. Jahrhunderts.

Der preußische absolutistische Staat griff in die wirtschaftliche, soziale und räumliche Entwicklung der Residenzstadt Berlin mit einer Vielfalt von dirigistischen Maßnahmen ein. Berlin sollte als Zentrum des preußischen Staates zur prachtvollen Residenzstadt und zum Ort wirtschaftlichen Wachstums ausgebaut werden. Im Rahmen einer gezielten Bevölkerungspolitik setzte der preußische Staat die Kolonisation des Mittelalters durch eine umfangreiche Ansiedlungspolitik fort. Die Anwerbung von Siedlern, eingeleitet durch das Potsdamer Edikt von 1685 mit seinem Ziel der Ansiedlung von verfolgten Protestanten unter Zusicherung von Landvergabe, Religionsfreiheit und Steuernachlaß war Grundlage einer wachstumsorientierten Wirtschaftspolitik. Die Siedler aus weiterentwickelten Wirtschaftsgebieten (Schweizer, Franzosen, Pfälzer) verfügten über technisches Wissen und führten neue Gewerbezweige ein. Ihre Gewerbetätigkeit ließ auf dem inneren Markt die Nachfrage steigen, damit auch den Umsatz. Und höhere Umsätze versprachen schließlich höhere Steuereinnahmen. Neben der Siedlungspolitik verfolgte der preußische Merkantilismus eine Wirtschaftsförderung durch:

— Gründung neuer Manufakturen (z.B. Einführung der Baumwoll-, Seiden- und Porzellanmanufaktur), Schutz vor Konkurrenten durch Import-Zölle, umfangreiche Staatsaufträge
— Ausbau der Infrastruktur, insbesondere des Wasserstraßennetzes
— Ankurbelung der Bauwirtschaft durch staatliche Bautätigkeit (Bau der Friedrichstadt)
— Steuernachlässe.[23]

Die Bautätigkeit versuchte schon der Große Kurfürst (1640-1688) nach dem Dreißigjährigen Krieg durch direkte staatliche Förderung — Steuererleichterungen und kostenlose Gewährung von Baumaterialien — zu beleben. Diese als erfolgreich anerkannte Baupolitik wurde unter seinen Nachfolgern mit folgenden Förderungsmaßnahmen fortgeführt:

— Befreiung von Grundsteuern und Abgaben (Der Verlust der Steuereinnahmen wurde ausgeglichen durch die Einführung der Verbrauchssteuer (Akzise).)
— unentgeltliche Vergabe von Baumaterialien
— Bauprämien (Baukostenzuschüsse bis 20 Prozent aus der Akzisekasse)
— Bau von Häusern auf Staatskosten, die teilweise unter Bauzwang errichtet wurden (Die Baugelder wurden als Geschenk und nicht als Vorschuß auf die Hypothek gewährt.)
— Schenkung von städtischem Grund und Boden an Baulustige
— Vergabe von städtischem Gemeindeland und königlichem Besitz in Erbpacht an Siedler (Gärtner, kleine Handwerksbetriebe und Manufakturen)
— gestalterische Auflagen (Gebäudehöhe und -stellung; Fassadengestaltung).[24]

Resultat dieser Förderungsmaßnahmen war die soziale und räumliche Weiterentwicklung der Residenzstadt. 1790 lebten in Berlin immerhin schon 145.000 Einwohner in 6.500 Häusern.[25] Die staatlichen Maßnahmen belasteten allerdings die angestammte Bevölkerung, die die Verluste an steuerlichen Einnahmen und die direkte Vergabe von Baugeldern aus der Akzisekasse durch Zahlung von Verbrauchersteuern ausgleichen mußten. Mit dem Beginn der Überführung von feudalem und gemeinschaftlichem Grundeigentum in privates Eigentum unter Friedrich II. (1740-1786) war die Grundlage geschaffen für die zaghaft einsetzende, erst später sich intensivierende Spekulation mit Grund und Boden, Gebäuden und Wohnungen.

Die absolutistische Baupolitik wurde durch folgende Instrumente geregelt:

Die Bauordnung von 1641, die bis zur Verabschiedung der Bauordnung von 1853 galt, regelte Nachbarschaftsrechte, Grenzverhältnisse, Feuerschutz und minimale hygienische Vorschriften. Eine Beschränkung der Bebaubarkeit in der Höhe, Breite und in der Grundstückstiefe gab es nicht.
Genau festgelegte Gestaltungsprinzipien (Gebäudehöhe, Festlegung der Fassadengestaltung) ergaben jedoch beim Ausbau der neuen Stadtteile auf dem erwähnten rasterförmigen Grundriß ein einheitliches Stadtbild. Auf dem hinteren Grundstücksteil wurden zunächst in der Regel Wirtschafts- und Stallgebäude errichtet. Schon in den letzten Jahrzehnten des 18. Jahrhunderts begann man jedoch, auf den schmalen und tiefen Grundstücken Hintergebäude und Seitenflügel auch für Wohnzwecke zu erstellen. In seiner Beschreibung Berlins berichtet Friedrich Nicolai 1790, *"daß fast die Hälfte der Häuser ansehnliche Seiten- und Hinterhäuser haben, welche in manchen Gegenden der Stadt beynahe stärker bewohnt sind, als die Vorderhäuser."*[26]
Die relativ dichte Bebauung war Resultat der liberalistischen Baufreiheit, wie sie auch in anderen Städten üblich war. Sie wurde im Allgemeinen Preußischen Landrecht von 1794[27] zum ersten Mal rechtlich verankert. Die Bestimmungen gestanden jedem Grundeigentümer zu, seinen Grund und Boden optimal auszunutzen. "In der Regel ist jeder Eigenthümer seinen Grund und Boden mit Gebäuden zu besetzen oder sein Gebäude zu verändern wohl befugt" (§ 65 ALR); allerdings muß er zuvor "der Obrigkeit zur Beurteilung Anzeige machen" (§ 67 ALR). Damit wurde das bisher vorwiegend staatlich gelenkte und geförderte Baugeschehen schon damals weitgehend den Privatinteressen der Grundbesitzer überlassen.

Durch die Einführung der preußischen Hypothekenordnung von 1772 wurde die gesetzliche Grundlage geschaffen, fremde Kapitalien für den Bau zu mobilisieren, um damit, entsprechend der eingeführten Baufreiheit, den Grund und Boden optimal zu verwerten und die private Bautätigkeit anzukurbeln. Hegemann sah in der Einführung der preußischen Hypothekenordnung die Ursache für die hohe Verschuldung von Grund und Boden und die Verteuerung der Mietwohnungen. Die Möglichkeit hoher Belastungen, die zur Zeit Friedrich II. noch gering war, wurde seit Mitte des 19. Jahrhunderts für den Bau von Mietskasernen voll ausgenutzt. Die Einführung des Hypothekenrechtes durch Friedrich II. schuf die Möglichkeit der Kapitalisierung des Bodens und wurde deshalb Grundlage für die monströse Entwicklung der Berliner Mietskaserne im 19. Jahrhundert. *"Das soziale Elend und der wirtschaftliche Schaden, die Friedrich II. damit über das deutsche Volk gebracht hat, sind so groß und unheilbar, daß sie sogar von einigen unbefangenen Vertretern der amtlichen deutschen Wissenschaft bemerkt werden mußten... Durch die Forschungen der Professoren Eberstadt (Berlin) und Weyermann (Bern) wurde als 'Sündenfall' des preußisch-deutschen Hypothekenwesens das Gesetz Friedrichs II. von 1748 ermittelt, das die bis dahin bestehende absichtliche Zurücksetzung der Bodenkaufpreishypothek gegenüber den Baugläubigern ersetzte durch die noch heute geltende einfache Zeitfolge der Hypotheken. Sie ergab außer schwerster Gefährdung der Baugläubiger auch die frevelhafte Hochtreibung der deutschen Bodenpreise."*[28]

Im Zusammenhang mit der Hypothekenordnung entstand ein weiteres staatliches Reglement zur Absicherung der Bautätigkeit: die städtische Feuersozietät von 1719. Sie sollte im Brandfall eine Entschädigung sichern. Voraussetzung dafür war eine einheitliche Werttaxierung durch Bausachverständige. Diese Feuertaxe bildete gleichzeitig die Bemessungsgrundlage für den Verkaufspreis und die Höhe der möglichen Hypotheken.[29] Im Zusammenhang mit dem sich allmählich entwickelnden Hypothekenwesen gewann die Festlegung der Feuertaxe an Bedeutung: Indem die Gebäude übertaxiert wurden, konnte die Beleihung hinaufgesetzt werden. Daraus ergaben sich Spekulationsgewinne für den Verkauf. Am Ende des 19. Jahrhunderts wurde diese wechselseitige Wirkung von Feuertaxe und Hypothek durch die kapitalistische Verflechtung von Hypothekenbanken und Feuerversicherungsgesellschaften noch unterstützt.[30]

Die preußische Siedlungs- und Baupolitik entsprach den Prinzipien des Merkantilismus: staatliche Lenkung und finanzielle Unterstützung im Rahmen der Gewerbe- und Bauförderung. Der rigide staatliche Eingriff konnte jedoch die später einsetzende Spekulation und die den Boden- und Mietpreissteigerungen folgende Wohnungsnot nicht verhindern.
Im Gegenteil: Das staatliche Rechtsinstrumentarium zur Beleihung von Grund und Boden (Hypothekenordnung und Reglement der Feuersozietät) und zur freien Verfügung über Art, Höhe und Dichte der Bebauung (Bauordnung von 1641 und das Allgemeine Preußische Landrecht von 1794) schufen die Voraussetzungen für das in der zweiten Hälfte des 19. Jahrhunderts schnell voranschreitende Städtewachstum mit seinen gravierenden Wohnungsproblemen.

Der staatliche Eingriff des Preußenkönigs konzentrierte sich auf den repräsentativen Ausbau der nördlichen und südlichen Friedrichstadt. Die benachbarte Köpenicker Vorstadt entwickelte sich gleichzeitig scheinbar planlos entlang den vorhandenen Ausfallstraßen und Feldwegen. Indirekt wirkten jedoch auch hier die staatlichen Maßnahmen und Instrumente. Flurstücke — vorwiegend an der Köpenicker Straße — wurden parzelliert und an Einwanderer zur freien Nutzung und Bebauung in Erbpacht weitergegeben; die Grundstücke sind dann in der Mitte des 19. Jahrhunderts durch Ablösungssummen in Privateigentum umgewandelt worden.[31] Außerdem entstanden im Zusammenhang mit der regen Bautätigkeit am Ufer der Spree staatliche Holzmärkte, Kalkscheunen und andere Baumaterialienlager, die den Beginn der sich entwickelnden Gewerbe- und Industriezone in der Köpenicker Straße markierten. Die übrige Feldmark, das Köpenicker Feld, blieb vorerst in der alten Agrarverfassung und wurde erst Mitte des 19. Jahrhunderts in Privateigentum mit uneingeschränkter Verwertungsfreiheit umgewandelt.

RAHMENBEDINGUNGEN ZUR PLANUNG UND BEBAUUNG DER LUISENSTADT

Wirtschaftliche und politische Voraussetzungen

Im ersten Drittel des 19. Jahrhunderts erfuhr das Sozial- und Wirtschaftsleben in Berlin mit der beginnenden Industriellen Revolution einen entscheidenden Wandel. Herkömmliche Produktionsformen wurden verdrängt und mit den sich ausbreitenden Fabriken entstand neben dem Bürgertum als Träger der Industrialisierung die industrielle Arbeiterschaft.[32]

Die industrielle Revolution — mit ihr die Ausdehnung der Stadt und die Herausbildung von Wohn- und Industriestandorten — begann in Berlin unter folgenden Voraussetzungen:
Mit der Niederlage gegen das napoleonische Frankreich (1806) und dem gleichzeitigen Erstarken des Bürgertums und des Wirtschaftsliberalismus konnten die für die Berliner Wirtschaft entscheidenden Reformen von oben durchgesetzt werden. Gefördert wurde diese Entwicklung durch die Stein-Hardenbergschen Reformen; diese schufen die Grundlage für die Durchsetzung bürgerlicher Rechte, wie Freizügigkeit der Person, Gewerbefreiheit; sie erweiterten darüberhinaus die private Verfügbarkeit über Grund und Boden (Edikte von 1807 und 1810). Gleichzeitig verschärften sich aber die Arbeitslosigkeit und die Wohnungsnot, denn die Befreiung der Bauern von feudaler Abhängigkeit erzeugte einen unerwarteten Zustrom von Menschen ohne Wohnung und Arbeit. Die erhöhte Nachfrage auf dem Wohnungsmarkt führte zu Mietpreissteigerungen und Obdachlosigkeit.
Außerdem leitete die Einführung der Gewerbefreiheit einen Konkurrenzkampf ein, der für viele Handwerksmeister den Verlust selbständiger Arbeit, der Werkstatt und der Wohnung bedeutete. Mit den Meistern standen eine Vielzahl von Gesellen, Lehrlingen und Verlagsarbeitern in Arbeits- und Wohnungsnot.

Die Umwandlung von feudalem und genossenschaftlichem Grundbesitz in Privateigentum schuf die Grundlage für die bald einsetzende Boden- und Bauspekulation. (Edikt zur Regulierung gutsherrlicher und bäuerlicher Verhältnisse von 1811 und Gemeinheitsteilungsgesetz von 1821)

Die Einführung der Steinschen Städteordnung,[33] die den Grundstein für die kommunale Selbstverwaltung lieferte, eröffnete vor allem den Haus- und Grundbesitzern erhöhte Einflußnahme auf die Stadterweiterungsplanung und deren rechtliche Durchführungsverordnungen.

Berlin war bereits seit dem 17. Jahrhundert wichtiger Standort der gewerblichen Produktion. Ende des 18. Jahrhunderts war die Stadt durch die Förderungspolitik der preußischen Könige ein Manufakturzentrum, in dem vor allem das Textilgewerbe blühte. Es entstanden große Woll- und Kattunmanufakturen, aber auch weniger bedeutende Gewerbezweige, z.B. die Porzellanherstellung, die Zuckerraffinerie und das Gewerbe mit Gold- und Silberwaren.[34] Schon vor Beginn der Industrialisierung bestand ein leistungsfähiges Wasserstraßennetz, das durch den späteren Ausbau der Kanäle noch verbessert wurde.[35] Wesentlich beschleunigt wurde die Industrielle Revolution durch den Bau der Eisenbahnen seit Mitte der dreißiger Jahre.[36] Diese Investition sicherte eine gute Kapitalanlage und schuf die Möglichkeit, Berlin mit den für die Produktion erforderlichen Roh- und Brennstoffen zu versorgen und an die Absatzmärkte anzuschließen.[37]

Trotz dieser positiven Bedingungen begann die industrielle Entwicklung gegenüber England um ein halbes Jahrhundert verspätet. Die preußischen Reformen ließen sich nur langsam durchsetzen. Deutschland war in ökonomischer und politischer Hinsicht zersplittert — obwohl immerhin seit dem Zollgesetz von 1818 ein geschlossener Binnenmarkt für Preußen bestand.[38] Mit der Gründung des Zollvereins im Jahr 1834 konnte wenigstens wirtschaftlich eine Einheit für den größten Teil Deutschlands — ein nationaler Markt — hergestellt werden.[39]

Soziale Vorausetzungen

In dem Maße, wie sich Berlin zu einem industriellen Zentrum entwickelte, zog es große Bevölkerungsmassen an, die als Arbeitskräfte der Industrie zur Verfügung standen und somit ihrerseits eine wesentliche Voraussetzung für die Industrielle Revolution bildeten. Das Wachstum der Berliner Bevölkerung geschah in verschiedenen Phasen, die sich analog zur wirtschaftlichen Entwicklung abzeichneten.
Die Einwohnerzahlen stiegen von 1801 bis 1846 erst allmählich, dann rapide an. In der Zeit von 1846 bis 1855 verzeichneten sie durch ökonomische Krisen und die Revolutionsjahre einen Rückschlag. Der Bevölkerungsanstieg zwischen 1858 und 1875 beschleunigte sich dann aber noch einmal bis um die Jahrhundertwende. 1801 hatte Berlin 173.440 Einwohner, 1846 397.001, 1875 966.858, 1910 2.071.907.[40]
Das Anwachsen der Einwohnerzahlen rührte nach 1820 überwiegend aus Wanderungsgewinnen, d.h. aus dem Zuzug der ländlichen Bevölkerung, her.

Bevölkerungsvermehrung in Berlin 1815 bis 1850 (nach Liebchen)[41]

Jahr	Bevölkerung	Zunahme (nach 5 Jh.)	Geburtenüberschuß absolut	in % der Zunahme	Wanderungsgewinn absolut	in % der Zunahme
1815	193 000	—	—	—	—	—
1820	199 510	6 510	4 893	75,16	1 617	24,84
1825	218 968	20 458	6 727	32,88	13 731	67,12
1830	247 500	27 532	7 654	27,80	19 878	72,20
1835	272 005	24 505	3 215	13,12	21 290	86,88
1840	322 626	50 621	5 437	10,74	45 184	89,26
1845	380 040	57 414	13 505	23,52	43 909	76,48
1850	418 733	38 693	9 855	25,47	28 838	74,53

Zunahme der Berliner Bevölkerung von 1860-1875 (nach Baar)[42]

Jahr	Bevölkerung	Zunahme im Jahrfünft	Geburtenüberschuß	Zuzugsüberschuß	Geburtenüberschuß in %	Zuzugsüberschuß in %
1860	528 876	1860-65 128 802	25 739	103 063	19,98	80,02
1865	657 678	1865-70 116 820	25 568	91 252	21,89	78,11
1870	774 498	1870-75 190 041	34 316	155 725	18,06	81,94

Durch die Aufhebung der Leibeigenschaft und die darauffolgenden Rationalisierungen der Landwirtschaft verloren viele kleine Bauern und Landarbeiter ihren Arbeitsplatz. Aber auch zahlreiche ländliche Handwerker büßten durch die wachsende Konkurrenzsituation ihre Lebensgrundlage ein. Wer konnte, entfloh dem Hunger und der Unterdrückung der preußischen Großgrundbesitzer, um sein Glück in den Städten zu suchen, wo genügend neue Arbeitsplätze vorhanden zu sein schienen. Die meisten Zuwanderer kamen aus der benachbarten Provinz Brandenburg. Viele zogen aber auch aus den östlichen preußischen Provinzen zu, aus Schlesien, Sachsen, Pommern und Posen. Seit den siebziger Jahren strömten die Einwanderer aus allen Teilen Preußens nach Berlin. Der Anteil der Nahwanderer blieb nach wie vor am höchsten,[43] denn das nahegelegene Berlin wirkte mit seinen Arbeitsmöglichkeiten und den vergleichbar höheren Löhnen auf die unmittelbar umliegenden Gebiete besonders anziehend.

Unter den Zuwanderern waren hauptsächlich Dienstboten, Tagelöhner, Handwerker und junge Leute, die in der Hauptstadt ihre Ausbildung vollenden wollten.[44]

10+11 / Bücklingsverkäuferin und Armenwächter, von Franz Burchard Doerbeck, um 1830

9 / Die Polizei um 1870

Die Struktur der Berliner Bevölkerung wurde nicht nur durch den Zuzug der ländlichen Einwanderer beeinflußt, sondern auch durch die Auswirkungen, die die Industrialisierung auf bestimmte Branchen der zahlreichen kleinen selbständigen Handwerker (einfache Warenproduzenten) in der Stadt hatte. Diese konnten häufig der Konkurrenz der Fabriken nicht mehr standhalten, wurden arbeitslos und mußten ihren Lebensunterhalt als Fabrikarbeiter verdienen. Dem gleichen Prozeß waren die eingewanderten Handwerker unterworfen, wenn sie nicht mehr in der ihnen gewohnten Weise oder in ihrem Beruf arbeiten konnten.[45] Andere Handwerker, aus dem Nahrungs- und Genußmittelgewerbe, Fleischer und Bäcker beispielsweise, waren davon nicht betroffen. An der hohen Zahl der zugewanderten Dienstboten zeigt sich auch die Zunahme wohlhabender, bürgerlicher Bevölkerungsschichten, die einen hohen Bedarf an Bediensteten hatten.

Ein großer Teil der nach Berlin zugewanderten Tagelöhner fand eine Beschäftigung beim Eisenbahnbau. Sass gibt ein erschütterndes Bild über die Arbeitsbedingungen der schlesischen Tagelöhner:
"Wie man im ganzen preußischen Staate bei den Erdarbeiten der Eisenbahnen auf eine große Anzahl ausgewanderter Schlesier stößt, so auch in Berlin bei allen schweren, mit kargem Lohne verbundenen Arbeiten, bei der Ramme, bei Handlangern, bei Karrendiensten. Den Berliner Proletarier beseelt, dieser armen Bevölkerung gegenüber, der Hochmuth. Er stellt sich mit ihnen, selbst in seinem elendesten Zustande, nicht leicht auf dieselbe Stufe; nur die schrecklichste Noth treibt ihn zu ihnen in dieselbe Beschäftigung, welche hier höchstens mit 8 Groschen pro Tag gelohnt wird. Während der Berliner damit kaum zu leben weiß, versteht der Schlesier davon zu sparen, und zur Winterzeit bringt er einige sauer erworbene Thaler in seine Heimat zurück. Dafür lebt er aber dann, wie der Ire in London. Acht bis zehn Mann liegen Nachts zusammen in einem stinkigen Loche, in einer elenden Bretterbude. Die Nahrung besteht aus Abfall, aus Kartoffeln und Hering, von Schmutz starrt der Körper. Aber die Leute scheinen sich in diesen Verhältnissen, im Vergleich zu ihrer Heimath, ganz wohl zu fühlen. Ihre gutmüthige heitere Natur bricht selbst in ihrem Elende hervor und in ihrem Gesichte entdeckt man niemals jene schrecklichen Züge, welche uns aus dem Gesicht eines vollendeten Proletariers entgegenstarren."[46]

Obwohl die Landbevölkerung in der Hauptstadt oft weder Unterkunft noch geeignete Arbeit fand, nahm die Einwanderung noch weiter zu. Große Teile der Arbeiter- und Handwerkerschaft des Textilgewerbes zogen — als diese Branche Absatzschwierigkeiten hatte — in andere Gebiete ab und versuchten, als ungelernte Arbeiter in anderen, sich entwickelnden Industriezweigen, z.B. in der Konfektion oder in der Maschinenbauindustrie, unterzukommen. Häufig arbeiteten sie noch für einen Verlag[47] als Heimarbeiter, um an ihrer Standeswürde festzuhalten, bevor sie zum Fabrikarbeiter "abstiegen". Dann galten sie zwar noch als "selbständig", zahlten aber keine Gewerbesteuern — ein Indiz für den Weg in die Abhängigkeit.[48] Die Berliner Industrie konnte ihre Arbeitskräfte aus den überzähligen arbeitslosen und verarmten Handwerkern und den Zuwanderern rekrutieren. Bei einem derartigen Überangebot von Arbeitskräften war es für die Berliner Unternehmen leicht, die Löhne sehr niedrig zu halten. Ein großer Teil der Bevölkerung lebte am Rande des äußersten Existenzminimums, abhängig von der Berliner Armenpflege.

DIE PLANUNGSGESCHICHTE

Trotz der starken Zuwanderung hatten die Stadtverordneten zunächst kein Interesse an einer Vergrößerung des Gemeindebezirks, weil sie mit der Erschließung neuer Wohngebiete sowohl Kosten für den Straßenbau und die Beleuchtung als auch Kosten für die Armenpflege auf sich zukommen sahen, die den kommunalen Haushalt zusätzlich belasten würden. Eine planmäßige Stadterweiterung war dennoch unumgänglich: Die industrielle Entwicklung erforderte neue Gewerbestandorte; das Bevölkerungswachstum erzeugte eine hohe Wohnungsnachfrage, und die ersten sich außerhalb der Residenzstadt entwickelnden wildwüchsigen Siedlungen mußten unter Kontrolle gebracht werden. Die Situation in der Gesamtstadt war gekennzeichnet durch Bodenknappheit, hohe Baudichte und Überbelastung der Straßen.

Eine der wenigen noch brachliegenden oder landwirtschaftlich genutzten Flächen innerhalb der Stadtmauer war das Köpenicker Feld in der Luisenstadt. Es bot für den Ausbau der Stadt entscheidende Vorteile, denn es grenzte unmittelbar an die Friedrichstadt, in der die Zulieferbetriebe für dort angesiedelte Konsumgüterindustrie lagen und das Stadtzentrum mit seinen Märkten. Das Köpenicker Feld ermöglichte durch seine Lage an der Spree den Transport von Rohstoffen und die Entnahme von Brauchwasser für die Industriebetriebe und besaß ein billiges Angebot qualifizierter Arbeitskräfte, arbeitsloser Handwerker, Heim- und Verlagsarbeiter: Tischler, Drechsler, Weber, Färber usw.
Die erste Aufforderung zur Aufstellung eines Bebauungsplanes für das Köpenicker Feld und die übrigen Flächen ging schon 1812 vom Innenministerium an den für die Kontrolle des Bauwesens in Berlin zuständigen Polizeipräsidenten. Obwohl die Steinsche Städteordnung (1808) die Planungshoheit den Kommunen übertragen hatte, behielt es sich der preußische Staat zunächst vor, die Verantwortung für die Planung der Hauptstadt selbst zu übernehmen.
Von 1816 bis Ende 1821 fiel die Aufgabe, einen Bebauungsplan aufzustellen, vorübergehend in die Kompetenz der Kommune. Der Berliner Magistrat hatte für diesen Zeitraum den Status einer Königlichen Regierung für Berlin erhalten. 1875, mit der Verabschiedung des Fluchtliniengesetzes, wurde die Verantwortung für die Stadtentwicklung endgültig den Kommunen übertragen.

Mit dem Bebauungsplan für das Köpenicker Feld sollte zunächst weiteren Unregelmäßigkeiten in der Bebauung vorgebeugt werden. In seinem Schreiben an den Polizeipräsidenten Le Coq vom 8.10.1812 betonte der Chef der Abteilung Handel und Gewerbe im Innenministerium, Sack, daß *"insbesondere bei den noch unbebauten Gegenden dieser Stadt diese Aufmerksamkeit"* der Stadtpolizei nötig sei:
"Der freie noch unbebaute Raum, welcher sich auf dem Köpenicker Felde innerhalb der Ringmauern Berlins befindet und die unregelmäßige Bebauung desjenigen Teils vom Stralauer Viertel, welcher zwischen der Spree und der Frankfurter Straße gelegen ist, machen es in dieser Beziehung vorzüglich notwendig, auf Mittel zu denken, wie noch größeren Unregelmäßigkeiten vorgebeugt werden könne. Dies wird nur dadurch geschehen können, wenn jetzt im voraus planmäßig festgesetzt wird, in welchen Richtungen die Straßen zur Erhaltung der Verbindung zwischen den teils vorhandenen, teils etwa noch zu errichtenden Gebäuden gehen sollen, im Gleichen, daß die Grenzen bestimmt werden, innerhalb welcher keine Gebäude aufgeführt werden dürfen, damit durch solche die Anlage regelmäßiger Straßen nicht verhindert werden kann."[49]

Damit beschränkten sich die offiziellen Planungsziele auf die Festlegung von Baufluchtlinien und Verbindungsstraßen und unterschieden sich von der Planung des Absolutismus, welche die Nutzungen und die

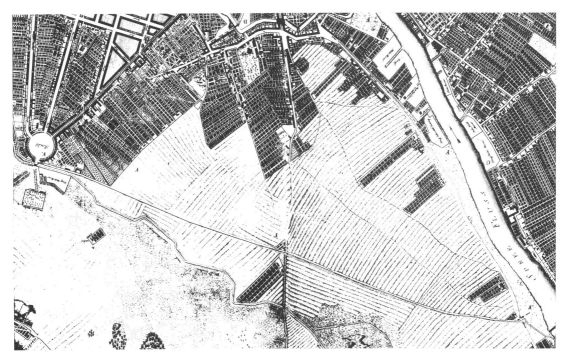

12 / **Das Köpenicker Feld 1748, Plan von Schmettau (Ausschnitt) (der Plan ist gesüdet)**

Gestaltung vorschrieb und die Bautätigkeit durch öffentliche Förderungen ankurbelte. Doch selbst mit dieser Aufgabe schien das Polizeipräsidium überfordert gewesen zu sein und kam der Aufforderung aus dem Innenministerium nicht nach. Für die Durchführung eines Bebauungsplanes fehlten noch wesentliche Voraussetzungen:

Die gemeinschaftlich genutzten Felder mußten aus der alten Agrarverfassung herausgehoben, die Nutzungsrechte aus der cöllnischen Ackerschaft abgelöst und die im Gemenge liegenden Felder zusammengelegt werden.[50] Dieses Verfahren, genannt Separation, begann etwa 1820 und wurde nach 1845 abgeschlossen. Die Überführung des genossenschaftlichen Eigentums in privaten Grundbesitz und die Zusammenlegung der verstreuten Flurstücke bildeten die Voraussetzung für die Festlegung von Baublöcken, für die Parzellierung in Baustellen und für die Vermessung und den Kauf des öffentlichen Straßenlandes. Entlang der Köpenicker, Linden- und Dresdener Straße und der Stallschreibergasse gab es dagegen umfangreichen gärtnerisch genutzten Privatbesitz. Ehemals städtisches Gemeindeland war bereits im 17. und 18. Jahrhundert an Ansiedler in Erbpacht vergeben worden. Ebenso war der staatliche Besitz an der Spree an Fabrikanten verkauft worden, um Schulden tilgen zu können. Die Planung mußte nun den schon vorhandenen Privatbesitz berücksichtigen, um die Entschädigungssummen niedrig zu halten.[51]

Die Frage, wer für die Kosten der Anlage und Pflasterung der Straßen verpflichtet werden konnte, mußte darüberhinaus geklärt werden. Seit Berlin befestigt war, kam der Fiskus für die Pflasterung der Straßen auf, der dafür die Einnahmen aus der Akzisekasse verwendete. Mit der Einführung der Städteordnung war dieses als städtische Aufgabe definiert worden; sie wurde jedoch vom Magistrat nicht akzeptiert. Erst ein Kammergerichtsurteil von 1823 klärte die Zuständigkeit endgültig: Die Stadt hat die Erschließungskosten für alle Straßen und Plätze zu übernehmen, die nach 1820 neu angelegt worden sind.[52]
Die seit 1641 gültige Bauordnung mußte den Anforderungen an eine moderne Stadterweiterung und dem einsetzenden Städtewachstum angepaßt werden. Ab 1821 wurde in Zusammenarbeit von Magistrat und Polizeipräsident ein Entwurf für eine neue Bauordnung erarbeitet, die aber erst 1853 als Ergebnis jahrzehntelanger Diskussion zwischen städtischen Grundbesitzern und staatlichen Instanzen verabschiedet werden konnte.

Nachdem zumindest einige dieser Voraussetzungen durch entsprechend eingeleitete Verfahren erfüllt und die Zuständigkeit der Planungshoheit endgültig geklärt worden war, wurde die Bebauungsplanung für das Köpenicker Feld von staatlicher Seite wieder aufgenommen.

Die Planung von Mandel

Der erste, nach dem städtischen Baurat Mandel bezeichnete Bebauungsplan wurde 1823 veröffent-

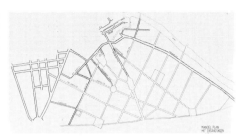

13 / **Plan von Mandel für das Köpenicker Feld, 1823,** Skizze von M. Hecker, 1981

licht.[53] Angesichts der schlechten wirtschaftlichen Situation nach den Befreiungskriegen orientierte er sich an den vorhandenen Straßen und Feldwegen, die bis zur Akzisemauer verlängert wurden. Zusätzliche Nord-Süd-Achsen folgten den noch unseparierten Flurstücken und gliederten das Gebiet in große Blöcke. Prämisse für den Plan war es, die Entschädigungssummen für das Straßenland möglichst gering zu halten, d.h. sich weitgehend nach den vorhandenen Grundbesitzverhältnissen und nach der alten Geländeordnung zu richten und grundsätzlich die Kosten für die Anlage der Straßen möglichst gering zu halten. Die pragmatische Sparplanung Mandels stand im Gegensatz zum Wunsch einiger Magistrats-Mitglieder nach Alternativen, z.B. nach einer großangelegten, zukunftsorientierten und differenzierten Stadterweiterung, die auch die Gebiete außerhalb der Stadtmauer einbeziehen und eine private Bautätigkeit ankurbeln würde. Der Oberbürgermeister schlug vor, weitere Tore zwischen dem Halleschen und dem Kottbusser Tor anzulegen und die auf die Stadtmauer führenden Straßen nach Süden weiterzuleiten. Der Landwehrgraben sollte darüberhinaus schiffbar gemacht werden, um außerhalb der alten Residenz größere Gewerbeansiedlungen zu ermöglichen. Gegenstimmen gaben wiederum zu bedenken, daß durch die Ausweitung des Stadtgebietes die außerhalb der Stadtgrenze liegenden Felder ebenfalls aufgeteilt werden müßten und dadurch einem Teil der Nutzer die wirtschaftlichen Grundlagen entzogen würden. Der Magistrat entschied sich schließlich für die Verabschiedung des Entwurfes von Mandel, um überhaupt eine geordnete Bebauung zu ermöglichen. Er hoffte aber, anschließend, im Zusammenhang mit der Separation, seine Vorstellungen von einer umfassenderen Erweiterung durchsetzen zu können. Nachdem die Planungshoheit wieder an den Staat zurückgegeben worden war, wurde der Geheime Baurat Schmid vom Handelsminister von Bülow schon am 27.2.1824 mit der Überarbeitung des Bebauungsplans beauftragt. Mitglieder des Magistrats, des Polizeipräsidiums und der Baukommission waren beratend beteiligt.

Die Planungen von Schmid

Nach den neuesten Untersuchungen und Ausführungen von Manfred Hecker,[54] der sich als erster eingehender mit dieser Planungsphase beschäftigt hat, stellt sich der langwierige, zwischen Staat und Kommune ausgehandelte Planungsprozeß so dar: Während der Beratungen um den neuen Bebauungsplan ließ der Staat immer wieder deutlich werden, daß er außer an der Schiffbarmachung des Landwehrgrabens kein Interesse

14 / Plan von Schmid für das Köpenicker Feld, 1826, Skizze von M. Hecker, 1981

an einer umfangreichen Stadterweiterung habe. Dagegen bestand der Magistrat auf einem den Vorortbereich umfassenden Bebauungsplan; zumindest sollte im Zusammenhang mit dem geplanten Landwehrkanal die Ringmauer zwischen dem Kottbusser und dem Halleschen Tor abgetragen werden. Die Anlage zur Uferstraße einerseits und die mit dem Kanalbau zu erwartende Bebauung andererseits sollte dadurch ermöglicht werden. Die kontroversen Verhandlungen zogen sich bis Mitte des Jahres 1825 hin. Der Staat begründete seine Haltung mit dem Argument, ein Abbruch der Akzisemauer bedeute eine Durchbrechung der Steuergrenze und käme überhaupt nicht in Betracht.

Der Kompromiß, auf den man sich schließlich einigte, beinhaltete, daß die Verlängerungen der Straßen bis zum Landwehrgraben nicht verbaut werden dürften. Damit wurde zunächst auf einen städtebaulichen Entwurf für diesen Außenbereich verzichtet. Der Entwurf vom 27.8.1825 orientierte sich vorerst am Straßensystem des Mandelplans. Schmid führte in Ost-West-Richtung eine neue Straße zwischen der Köpenicker Straße und der Schäfergasse ein, die er in der Kreuzung mit einem nord-südlich verlaufenden Kanal durch eine Promenade erweiterte. Dieser Nord-Süd-Kanal sollte die Spree mit dem ausgebauten Landwehrkanal verbinden und dem Wassertransport für gewerbetreibende Anlieger dienen. Am Kreuzungspunkt mit der Dresdener Straße sah Schmid ein Hafenbecken mit einem davorgelagerten Marktplatz und weiter östlich einen zentralen Kirchplatz vor. Durch das gleichförmige Wegeraster, das die Unregelmäßigkeiten der gewachsenen Straßen aufnehmen sollte, entstanden an bestimmten Straßenschnittpunkten zum Teil besondere Platzformen, wie Rhomben oder Dreiecke. Der spätere Moritzplatz war hier schon in seiner Grundstruktur angelegt.

Bei der Diskussion um diesen Entwurf in den entscheidenden Gremien wurde der Wunsch nach weiteren Markt- und Kirchplätzen ausgesprochen. Außerdem wiederholte der Magistrat seine Vorstellungen über eine Fortsetzung der Planung südlich der Ringmauer bis zum Landwehrkanal. In dem am 3.11.1825 vorgelegten, endgültigen Plan von Schmid wurden diese Vorschläge endlich berücksichtigt. Die Straßenachsen wurden in der Verlängerung über die Ringmauer hinaus in den Plan eingezeichnet. Der Wunsch nach mehr Plätzen und Hafenbecken führte gegenüber dem ersten Entwurf zu erheblichen städtebaulichen Veränderungen. Mit Ausnahme des Bereichs der gewachsenen Struktur im Nordwesten hatte der Plan ein annähernd rechtwinkliges Straßenraster mit unterschiedlichen Rastergrößen, die entsprechend unterschiedliche Funktionen übernehmen sollten. Die kleinen Quartiere waren für eine künftige Gewerbenutzung gedacht, die großen sollten Gartenansiedlungen aufnehmen. Die gesamte Planung erhielt durch die betonte Ost-West-Orientierung eine stärkere — vom Magistrat seit langem angestrebte — Verbindung zur südlichen Friedrichstadt. Der Nord-Süd-Kanal, mit weiten Plätzen und Hafenbecken versehen und mit Bäumen besetzt, wurde als Promenade projektiert.

Im Norden wurde die Platzfolge am Kanal durch eine kurze, ost-westlich verlaufende Promenade begrenzt. Unregelmäßigkeiten, die sich an den Schnittpunkten des geplanten Straßenrasters mit den gewachsenen Straßenzügen ergaben, versuchte Schmid durch eine besondere Anordnung von Bäumen oder Gebäuden zu verdecken. Hecker würdigt dessen Leistung so:

"Die von Schmid verwandten Gestaltungselemente entsprachen den stadtplanerischen Möglichkeiten der 20er Jahre des 19. Jahrhunderts, die von der Finanznot des

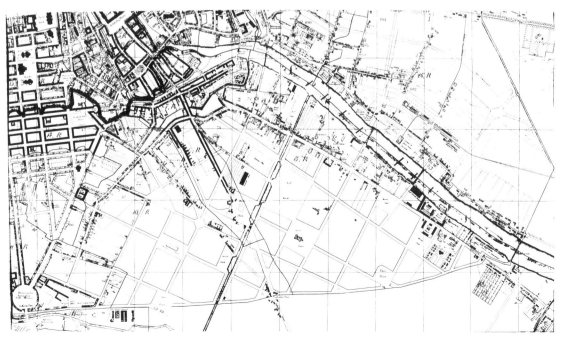

15 / Grundriß von Berlin, Ausschnitt des Köpenicker Feldes mit dem Bebauungsplan von Schmid, 1826, berichtigt 1841, aufgenommen und gezeichnet von J.C. Selter

LUISENSTADT

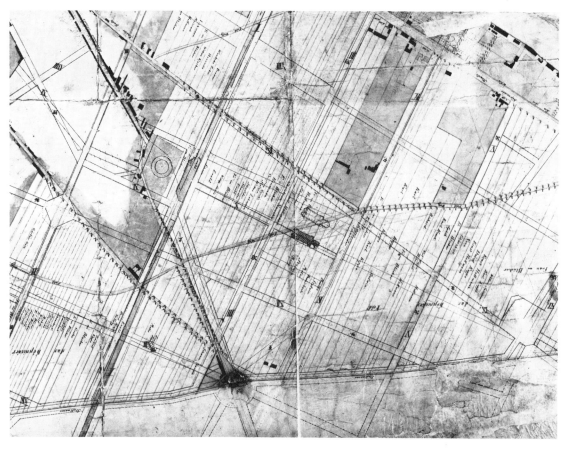

16 / Brouillon des Köpenicker Feldes, 1821/22 (Ausschnitt), gezeichnet von Laut. Die Karte zeigt die Bodenbesitzverhältnisse des noch nicht separierten Köpenicker Feldes.

Staates, aber auch von der Ästhetik aus der Funktion bestimmt wurden."[55]

Schmid ging mit seiner Planung über einen einfachen Baufluchtlinien- und Verkehrsplan hinaus, indem er das Gebiet gestalterisch gliederte und öffentliche Nutzungen festlegte. Zeitgenosse Bachmann wußte 1838 über die Planung des Köpenicker Feldes folgendes zu berichten: *"Jetzt wird größtenteils noch Gemüse und Getreidebau darauf betrieben, und da der Boden sehr kultiviert ist, so sind die Plätze den Baulustigen zu teuer. Nach einem 1826 abgestochenen Plan sollen darauf erstehen: 31 Straßen, die zusammen eine Länge von 3 1/4 Meilen haben würden und die 4 bis 15 Ruthen breit werden sollen, 11 größere und 6 kleinere öffentliche Plätze namentlich auch der Wollmarkt, 2 Kirchen, 1.200-1.500 Häuser, 2 Landthore, das eine zwischen dem Halleschen und Cottbusser, das andere zwischen diesem und dem Schlesischen Thore, ferner ein 520 Ruthen langer und 34 Ruthen breiter Canal, aus der Spree nach dem Landwehrgraben geführt, mehrere Brücken über die Spree und diesen neuen Kanal und wegen dieses letzteren auch noch ein Wasserthor. Der Anfang zu diesem Anbau ist bereits mit den fünf Häusern der neuen Orangenstraße und am Ende der Schäfergasse mit dem Exercierhaus gemacht, dem gegenüber nächstens eine Caserne für dasselbe Regiment sich anschließen wird."*[56]

Der Bebauungsplan für das Köpenicker Feld wurde 1826 vom König verabschiedet und in Selters "Grundriß von Berlin" eingezeichnet. Die Bebauung setzte jedoch nur zögernd ein. Folgende Tatsachen könnten Grund für den langsamen Entwicklungsprozeß gewesen sein:

Der "Brouillon des Köpenicker Feldes und der angrenzenden Straßen" von 1821/22[57] zeigt die Bodenbesitzverhältnisse, den alten Privatbesitz mit Gebäuden und großem Gartenland und die entweder noch verpachteten oder schon abgelösten Ackerflächen. Beide Möglichkeiten sind denkbar. Die schmalen Flurstücke gehörten unterschiedlichen Nutzern, Ackerbürgern und Berliner Bürgern, die noch neben sonstigem Gewerbe Landwirtschaft betrieben. Es mußte ein langwieriges Verfahren eingeleitet werden, um die Grundstücke abzulösen und sie so zusammenzulegen, daß Parzellen für die Einrichtung von Baustellen abgesteckt, die Straßen vermessen und das Straßenland von den verschiedenen Grundeigentümern aufgekauft werden konnten.

Die Möglichkeit, eine profitablere Nutzung durch Umwandlung des kultivierten Bodens in Baustellen zu erreichen, war damals — wie Clauswitz für den Norden beschreibt — auch den cöllnischen Ackerbürgern vermutlich noch unvorstellbar.
"An die Wahrscheinlichkeit, den Grund und Boden zu Baustellen verwerten zu können, dachte von den Eigentümern niemand, denn die einzelnen waren bestrebt, ihre Anteile in möglichst weiter Entfernung von der Stadt zu erhalten, um die Flurschäden zu vermeiden, die ihnen die Städter zufügen könnten. Später stiegen natürlich diejenigen Grundstücke am meisten im Preise, die der Stadt am nächsten lagen. Man wehrte sich auch gegen die Einfügung neuer Wege, um kein Ackerland zu verlieren, während doch das Vorhandensein von Wegen für die Benutzung als Bauland die hauptsächlichste Vorbedingung ist."[58]

Obgleich nun ein Bebauungsplan vorlag, wurde das Köpenicker Feld also weiterhin landwirtschaftlich genutzt. Es fehlten wesentliche Voraussetzungen für eine massiv einsetzende Bautätigkeit. Das noch knappe, private Kapital wurde vorwiegend in der sich entwickelnden Industrie, in Handel und Gewerbe angelegt. Eine Ausnahme bildete der Bau der von Wülknitzschen Familienhäuser am Rosenthaler Thor. Schon um 1820 wurde dort aus der Wohnungsnot Profit geschlagen.[59] Außerdem fehlten die notwendigen staatlichen Mittel für die Kosten der Abfindung für öffentliches Straßenland und den Bau öffentlicher Einrichtungen (Kirch-, Marktplätze, Kanal und Hafenbecken). Nur vereinzelt entstanden auf der Grundlage des Schmidplanes Neubauten, und zwar vorerst auf den schon lange im Privatbesitz befindlichen Gärtnergrundstücken. Ein wichtiges Beispiel, die Böllertschen Häuser in der Orangenstraße, der späteren Oranienstraße, wird später ausführlich dargestellt.

Der Bebauungsplan für die Umgebung Berlins von Schmid, 1830

Trotz der zögernd einsetzenden Bautätigkeit wurde Schmid im darauffolgenden Jahr vom Magistrat beauftragt, seine Planungen auf die Umgebung Berlins auszudehnen. 1830 wurde der von ihm aufgestellte "Bebauungsplan für die Umgebung Berlins" in fünf Abteilungen aufgegliedert und vom König genehmigt.[60]
Die südlich vor dem Köpenicker Feld liegenden Flächen, die "zwischen der Spree und dem aus dem Halleschen Tor nach der Hasenheide führendem Wege" liegen, gehören zur Abteilung III. Die Planungen gingen weit über die Weichbildgrenze[61] hinaus. Der Plan der Abteilung III zeichnet sich durch lange Straßenachsen und durch ein großflächiges Straßenraster aus. An der Stadtmauer zwischen dem Kottbusser und dem Halleschen Tor wurde ein weiterer Torplatz und am projektierten Landwehrkanal die geforderte Uferstraße vorgesehen. Die Anordnung von Straßen und Plätzen zielte auf eine vorstädtische Bebauung hin.

Der Kronprinzenplan und das Gutachten von Schinkel

Hinweise für weitere Planungen für das Köpenicker Feld sind dem Gutachten von K.F. Schinkel zu entnehmen, das er 1835 als Direktor der Technischen Oberbaudeputation gefertigt hatte.[62] Daraus ergibt sich, daß der Kronprinz, der spätere König Friedrich Wilhelm IV., eigenmächtig einen neuen Plan entworfen hat, obwohl ein gültiger Bebauungsplan existierte. Das Konzept für das Köpenicker Feld hatte er in den dreißiger Jahren entwickelt. Im Gegensatz zum Plan von Schmid sah es einen parkartigen Vorortbereich vor. Der Plan ist verlorengegangen; aber aus dem Schinkelchen Gutachten für die beiden vorliegenden Pläne für das Köpenicker Feld lassen sich die Vorschläge des Kronprinzen herauslesen. Er forderte darin wesentlich größere Baublöcke, die eine lockere, durchgrünte Bebauung aufnehmen sollten, eine Uferstraße an der Spree, mehrere große Hauptstraßen und ein Justizgebäude. Nach Ansicht Schinkels war der Kronprinzenplan jedoch nicht mehr zu verwirklichen, weil entsprechend dem bestehenden Bebauungsplan bereits Grundstücke gekauft und mehrgeschossig bebaut worden waren. Eine vorgesehene Uferstraße hätte sämtliche an der Spree liegenden Fabrikgrundstücke zerschnitten. Es wären hohe Entschädigungssummen erforderlich geworden, darüberhinaus wäre die weitere Gewerbeentwicklung erheblich behindert worden. Ebenso hätten die beabsichtigten Hauptstraßen die Grundstücke diagonal zerteilt, wodurch die Kosten für die Abfindung enorm gestiegen wären. Schinkel hielt den Entwurf vor dem Hintergrund einer expandierenden Großstadt für unrealistisch:
"Bei den angenommenen großen Quartieren zwischen den wenigen Hauptstraßen ist zugleich zugesprochen, daß der Ackerbau hier innerhalb der Mauern für immer die Hauptsache bleiben soll."[63]
Demgegenüber würdigte Schinkel den Plan von Schmid. Als besonderen Vorteil stellte er dessen Bemühen heraus, die geometrischen Blöcke und Plätze mit den vorhandenen Straßen, Feldwegen und Bodenbesitzverhältnissen in Einklang zu bringen, gleichzeitig den Grundbesitzern Raum für eine profitable Verwertung von Grund und Boden zu sichern.
"Es wird sich keine Gesetzgebung denken lassen, wonach den Grundbesitzern auf der äußeren Seite, von der Hauptstraße befohlen werden könnte, nur ländlich kleinere Gebäude daselbst zu errichten. Alles was irgend auf Spekulation neu baut, muß, wenn einigermaßen Vorteils dabei sein soll, wenigstens drei Etagen hoch bauen, so ist auch überall bereits im Köpenicker Feld und namentlich am Ende der Oranienstraße angefangen zu bauen."[64]

Die Planungen von Peter Josef Lenné

Kaum zum König gekrönt (1840), nutzte Friedrich Wilhelm IV. seine Einflußmöglichkeiten. Indem er sich völlig über Schinkels Kritik hinwegsetzte, beauftragte er seinen Gartenarchitekten Peter Josef Lenné, auf der Grundlage seines eigenen Konzepts einen neuen Bebauungsplan für das Köpenicker Feld zu entwerfen. In seinem ersten Entwurf von 1840 gliederte Lenné die Luisenstadt in einen städtischen Bereich mit gewerblichen Niederlassungen im Westen und in einen östlichen, weiträumigen Vorortbereich zur Naherholung. Der Plan besteht aus sehr großen rechteckigen Blöcken und dem von Schmid übernommenen, aber umgestalteten Kanal, der viertelkreisförmig als flußartige Verbindung vom Landwehrkanal in die Spree mündet und durch Hafenbecken erweitert wird. Sein Ufer bildet eine Allee, die sich über die Spreebrücke hinweg ins Stralauer Viertel fortsetzt. Der Naherholungsbereich war mit großen Boulevards und sternförmigen Rundplätzen geplant. Ebenso wie der Kronprinz orientierte sich Lenné nicht an den bestehenden Straßen. Er entwarf entsprechend den ästhetischen Vorstellungen seiner Zeit einen Idealplan. Das war nur möglich, weil er vom König persönlich unterstützt wurde, der nicht nur den Staat in einem großzügigen Städtebau repräsentiert sehen wollte, sondern mit der Stadtplanung auch staatliche Vorleistungen zum Wohle der Allgemeinheit verband. Die negativen Entwicklungen der engli-

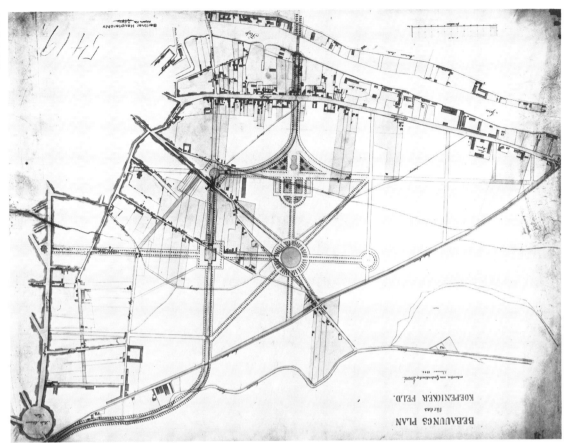

17 / Bebauungsplanentwurf für das Köpenicker Feld von P.J. Lenné 1840 (der Plan ist gesüdet)

schen Industriestädte sollten in Preußen nicht fortgesetzt werden. Infolge des städtebaulichen Engagements des Königs war der Staat jetzt auch bereit, zumal angesichts des reduzierten Straßennetzes, sich an den Pflasterungskosten der Kommune zu beteiligen.[65] Dies war eine wichtige Voraussetzung für die baldige Verabschiedung des Bebauungsplans.

Der erste Lenné'sche Entwurf entsprach jedoch, wie voraussehbar, nicht den Anforderungen einer sich ausdehnenden Großstadt. Wieviele Grundstücke von der neuen Stadtanlage betroffen sein würden und für welche demnach staatliche Abfindungssummen zu zahlen wären, wird in einem Plan des Vermessungsrevisors Meyer deutlich, der die Grundbesitzverhältnisse von 1835 auf den Lenné'schen Plan von 1840 projiziert.

Im gleichen Jahr noch legte Lenné deshalb einen Alternativplan für das Köpenicker Feld als Teil seines für den ganzen Stadtbereich konzipierten Planes "Schmuck- und Grenzzüge von Berlin" (1840) vor.

Nach der Grundidee des Gesamtplanes sollten die neuen Stadterweiterungsgebiete im Köpenicker Feld, in Moabit und im Tiergarten mit einem übergeordneten Promenadengrünzug verbunden werden. In seinem Erläuterungsbericht machte Lenné deutlich, daß der vorliegende Plan nicht auf die Bedürfnisse der Gegenwart, sondern vielmehr auf die einer fernen Zukunft gerichtet sei:

"Den Hauptzug in dem Gesamtplan (soweit er das Köpenicker Feld betrifft) bildet ein schiffbarer Wassergraben (der Luisenstädtische Kanal) der von der Spree oberhalb der Jannowitzbrücke bis zur südlichen Stadtmauer zwischen dem Kottbusser und dem Halleschen Tore geleitet ist. Sein Zweck ist sowohl auf die Entwässerung des Köpenicker Feldes gerichtet, als auch der immer mehr sich erweiternden Industrie eine bequeme Fahrstraße zu verschaffen. Mit diesem Kanal ist es nicht zweifelhaft, daß der Gewerbefleiß auf dem Köpenicker Felde sich immer mehr ausdehnen werde, während ohne denselben nie die Hoffnung dazu vorhanden sein kann. Zwei Bassins, ein rundes und ein viereckiges, und anschließende Marktplätze dienen vorzugsweise zum Ein- und Ausladen der Fahrzeuge; aber beide Bassins schließen nicht die Möglichkeit aus, daß der eine oder andere Fabrikunternehmer von diesem Hauptkanal einen Nebenkanal auf die Hofräume seiner Fabrik ziehe.

Doch der Entwurf zu diesem Schiffahrtskanal würde unvollständig sein, wenn er ähnlich einem sal de sac an der Stadtmauer endigen sollte. So ansehnlich der Raum auch ist, der längs dieses Grabens der Industrie geboten wird, so steht doch zu erwarten, daß er in nicht gar entfernter Zeit so besetzt sein werde, wie die beiden oberen Ufer der Spree es schon sind.

Deshalb ist darauf Bedacht genommen, jenen Kanal zu verlängern, und dazu bietet sich auch die natürlichste Weise seine Vereinigung mit dem Landwehrgraben und die Schiffbarmachung dieses letzteren Grabens. Wenn man erwägt, daß schon jetzt die untere Mündungsgegend des Landwehrgrabens zwischen dem Tiergarten und der Stadt Charlottenburg mit mehr als einer Fabrik besetzt ist, so tritt die Wahrscheinlichkeit hervor, daß der Gewerbefleiß eine Reihe von Werkstätten längs des Landwehrgrabens errichten werde, wenn derselbe in eine fahrbare Wasserstraße verwandelt sein wird. Ja, die Wahrscheinlichkeit dürfte zur absoluten Gewißheit werden, wenn ferner erwogen wird, daß an diesem Graben die Anfangspunkte zweier Eisenbahnen liegen:

1. der Anhaltischen Bahn, 2. der Potsdamer Bahn, deren Verlängerung nach Magdeburg und Hamburg in Aus-

PLANUNGSGESCHICHTE

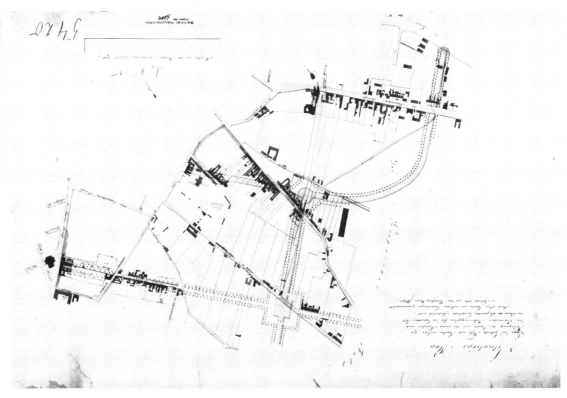

18 / "Lage der Gebäude, Höfe und Gärten, welche zur Anlegung des Canals und der neuen Straßen nach dem Lennéschen Bebauungsplan für das Cöpenicker Feld vom 1. Januar 1840 als privative Grundstücke erforderlich sind", gezeichnet vom Vermessungsrevisor Meyer (der Plan ist gesüdet)

sicht gestellt ist, auf denen die Produkte des Berliner Gewerbefleißes ihren Weg auf die großen Marktplätze Leipzig, Magdeburg und Hamburg finden werden.
Aber nicht bloß die künftige Ausbreitung der Industrie und des Handels sprechen für die Schiffbarmachung des Landwehrgrabens, die Bedürfnisse der Gegenwart, der Schiffahrt, welche Berlin passiert — machen sie schon jetzt zur entschiedenen Notwendigkeit. Die Kanalisation des Landwehrgrabens und die Verbindung desselben mit der oberen Spree vermöge des über das Köpenicker Feld geführten Schiffgrabens stellt sich hiernach in meinem Projekt als den ersten und denjenigen Teil dar, welcher von der dringendsten Notwendigkeit geboten wird." [66]

Neben der Schaffung günstiger Standortbedingungen für Industrie und Gewerbe war es Lennés Hauptanliegen, für öffentliche Spazierwege zu sorgen.
"Überall war es bei vorliegendem Projekt mein Bemühen, die Verteilung des gegebenen Raums so zu leiten,

19 / Schmuck- und Grenzzüge von Berlin und nächster Umgebung von P.J. Lenné, 1840

daß neben dem Nutzen, welcher der Gemeinde aus den neuen Anlagen geschafft werden soll, auch dem Vergnügen der Einwohner sein Recht widerfahre. Denn je weiter ein Volk in seiner Kultur und in seinem Wohlstande fortschreitet, desto mannigfaltiger werden auch seine sinnlichen und geistigen Bedürfnisse. Daher gehören dann auch die öffentlichen Spazierwege, deren Anlage und Vervielfältigung in einer größen Stadt nicht allein des Vergnügens wegen, sondern auch aus Rücksicht auf die Gesundheit dringend empfohlen werden muß."[67]

"Die in Antrag gebrachten Alleen dürfen nicht als Luxus, sondern sie müßten als eine wesentliche Hauptbedingung betrachtet werden, die von dem ganzen Projekt ebenso unzertrennlich sind, als der Schiffahrtskanal. Dazu gesellen sich die ästhetischen Grundsätze der Gartenbaukunst, welche, soweit es der beschränkte Raum gestattet hat, in dem Projekt Anwendung gefunden haben."[68]

Lenné vereinigte in seiner Planung Ästhetik und Zweckmäßigkeit, indem er den öffentlichen Raum gestaltete und ihm bestimmte Funktionen zuwies: Der Luisenstädtische Kanal als Verbindungsstück zwischen der Spree und dem geplanten Landwehrkanal sollte dem Transport von Baumaterialien, Rohstoffen und fertigen Produkten der niedergelassenen Gewerbebetriebe ebenso dienen, wie der öffentlichen Erholung; die Plätze waren für die Naherholung und den Markt vorgesehen und sollten Orte öffentlicher Kommunikation sein. Die Art der Nutzung der großen Blöcke wollte Lenné bewußt offen lassen, so sind "in Bezug auf das Bedürfnis verhältnismäßig wenig Straßen projektiert worden, um den Raum für große Gewerbe-Etablissements und -Niederlagen nicht zu beschränken, deren Anlage hier in Aussicht steht, und es der Zukunft anheim gegeben, nach Bedürfnis und im Interesse der einzelnen Besitzer zu parzellieren."[69]

Lenné machte keine Aussagen über die Art der Bebauung und die Gestaltung der Blockinnenbereiche. Vermutlich hatte er sich eine geschlossene oder teilweise halboffene Randbebauung vorgestellt. Art und Maß der Bebauung sollten weitgehend der Privatinitiative überlassen bleiben, die im Sinne des Liberalismus notwendigerweise Motor der Stadtentwicklung war.[70]

Der im Gesamtplan von 1840 enthaltene Entwurf für das Köpenicker Feld hat sich an das kleinteilige Straßenraster des Schmidplans angeglichen, dessen Blockgröße jedoch das der Friedrichstadt bei weitem überschreitet. Ebenso nimmt der Entwurf Bezug auf die vorhandene Geländeordnung und die bestehenden Hauptstraßen. Das Wegenetz ist jedoch nicht gleichförmig; vielmehr sind unterschiedliche Bereiche erkennbar. Die als Allee ausgebildete Oranienstraße unterteilt die Luisenstadt in einen nördlichen, überwiegend gewachsenen Bereich, der in seinem östlichen Teil große Quartiere für anzusiedelnde Gewerbebetriebe und den späteren Mariannenplatz als charakteristischen Schmuck- und Grünbereich enthält, und in einen südlichen Bereich, dem Lenné durch die nochmalige Unterteilung der Blöcke die eigentliche städtische Entwicklung zugedacht hat. Die Oranienstraße wird durch den in diesem Plan wieder mehr zur Mitte des Köpenicker Feldes verlegten Kanal — in seiner gebogenen Form beibehalten — gekreuzt. Am Kreuzungspunkt wird die Oranienstraße in Anlehnung an den Marktplatz von Schmid zu einem großen Platz, dem heutigen Oranienplatz, erweitert. Der gerade Teil des Kanals mündet an den Endpunkten in große Hafenbecken, dem späteren Engel- und dem Wassertorbecken. Die Kanalachse wird im Norden durch die Anlage eines Kirchenplatzes, des späteren Michaelkirchplatzes, optisch verlängert. Am südlichen Hafenbecken entsteht ein neues Tor, das spätere Wassertor. Ein weiteres neues Tor liegt am späteren Lausitzer Platz; es wurde schon von Schmid

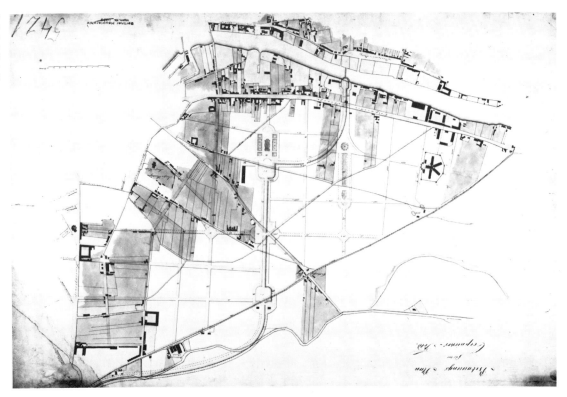

20 / Der entgültige Bebauungsplan für das Köpenicker Feld von P.J. Lenné, 1842 (der Plan ist gesüdet)

21 / Der Bebauungsplan des Köpenicker Feldes mit den angrenzenden Stadtvierteln, gezeichnet 1843

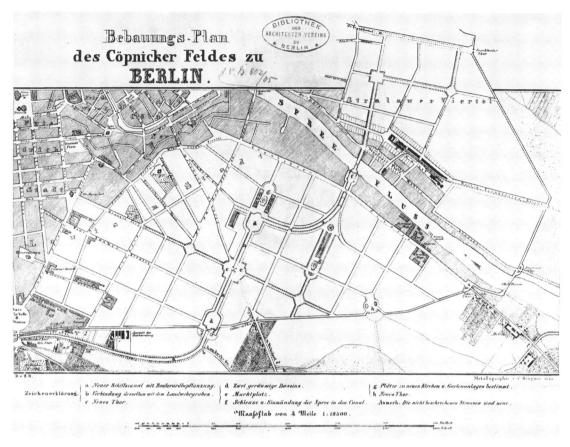

22 / Entwurf des Mariannenplatzes von Lenné, 1853

vorgesehen und nun im Rahmen einer großzügigen Platzanlage gestaltet.

1841 entstand der endgültige Bebauungsplan für das Köpenicker Feld, der 1842 vom König Friedrich Wilhelm IV. verabschiedet wurde. In der überlieferten Zeichnung von 1841, die wahrscheinlich von Lenné selbst stammt, ist noch der Standort für ein geplantes Mustergefängnis eingetragen, der kurze Zeit später in den Berliner Norden verlegte worden ist. Im Gegensatz zum Entwurf von 1840, bei dem Lenné bewußt auf eine Gleichförmigkeit des Wegesystems verzichtete und das Köpenicker Feld in Gebiete mit unterschiedlichem Charakter aufteilte, schuf er 1841 ein gleichwertiges Straßenraster. Die charakteristischen Elemente des vorangegangenen Entwurfs — der Kanal, die Hafenbecken, der große Platz am Kanal und der spätere Mariannenplatz — wurden übernommen. An den Kreuzungen der Nord-Süd-Verbindungen mit der Oranienstraße wurden zwei rhombenförmige Plätze vorgesehen, der spätere Moritzplatz — er tauchte bereits im Plan von Schmid auf — und der spätere Heinrichplatz. Die Platzfolge Moritz-, Oranien- und Heinrichplatz erhält ihre Ergänzung durch die im rechten Winkel dazu angeordnete Achse Heinrichplatz-Mariannenplatz.

Der Bebauungsplan für das Köpenicker Feld von 1842 war ein positiver Kompromiß zwischen jenen Staatsvertretern, die mit diesem Instrument lediglich die private Bautätigkeit ankurbeln wollten, und denen, die durch die Gestaltung des öffentlichen Raums soziale Ziele in einem Stadtteil durchsetzen wollten. Er prägt noch heute das Gebiet: Die differenzierten öffentlichen Räume und Straßenfluchten öffnen sich zu Plätzen, münden in Grünzüge, lockern die dichte, gleichförmige Bebauung der Straßenränder auf und ermöglichen eine Vielfalt von Kommunikation und Nutzung.

Im Interesse einer baldigen Realisierung hatte sich der Staat bereit erklärt, die Straßen zu finanzieren.[71] Die Bürger übernahmen als Anlieger die Kosten für die Bürgersteige. Die Separation war 1845 endlich abgeschlossen. Der Landwehrkanal wurde 1845 und der Luisenstädtische Kanal 1848 — als Arbeitsbeschaffungsmaßnahme — fertiggestellt. In der gleichen Zeit ließ König Friedrich Wilhelm IV. das Bethanienkrankenhaus errichten. Trotz dieser staatlichen Vorleistungen und des großen Engagements des Königs begann die Bebauung nur zögernd. Die Gründe dafür lagen in der wirtschaftlichen und politischen Krise um 1848. Die hohen Bodenpreise im Vergleich zur Rosenthaler Vorstadt, in der seit Abschluß der Separation eine rege Bautätigkeit eingesetzt hatte, verhinderten eine zügige Bebauung. Außerdem beeinträchtigte die schlechte Verkehrsverbindung im Gegensatz zu den Gebieten, wo Eisenbahnhöfe entstanden (Anhalter- und Potsdamer Bahnhof), eine rege Bautätigkeit. Als weiterer Hinderungsgrund muß die hinauszögernde Verabschiedung der zur Bebauung notwendigen Bauordnung von 1853 genannt werden.

Im Verwaltungsbericht der Stadt Berlin von 1861-1875 wird über das Verhältnis staatlicher Planungsvorleistungen und privater Verwertung von Grund und Boden folgendes ausgeführt: "Hatte im Westen und Südwesten erst seit der ersten Hälfte der 60er Jahre durch die Weichbilderweiterung und durch die Niederlegung der Stadtmauer die städtische Bauspekulation ein ausgedehntes Terrain erworben, so war ihr im Südosten schon früher ein innerhalb der Stadtmauern belegenes, bis in die vierziger Jahre als Ackerland benutztes Areal von 160.671 ha Umfang durch die im Jahre 1847 zur Ausführung gekommene Separation des sogenannten Köpenicker Feldes gewonnen worden. Der Plan, nach welchem diese Teilung im Gemenge liegender Ackerstücke und die Ablösung der auf denselben ruhenden Hütungsgerechtigkeiten durchgeführt worden war, hätte der Natur der Sache nach nicht wie sonst bei solchen Auseinandersetzungen nach landwirtschaftlichen Gesichtspunkten, sondern mit Rücksicht darauf festgestellt werden müssen, daß auf diesen bisherigen Ackerfeldern ein Stadtteil im Anschluß an die jene Felder umgebenden Straßen entstehen und daß ein schiffbarer Kanal diesen künftigen Stadtteil durchschneiden sollte. Das zur Anlegung eines solchen Kanals und zur Auslegung der vorgesehenen Straßen und Plätze erforderliche Areal von 41.043 ha blieb von der Teilung ausgeschlossen und wurde zu jenen öffentlichen Zwecken von den Separations-Interessenten hergegeben. Der Rest von 119.628 ha verblieb der Bauspekulation. Sie ergriff von demselben Anfangs zögernd, später aber in immer lebhafterem Tempo Besitz, so daß noch in der ersten Hälfte unserer Berichtsperiode durch die fortschreitende Bebauung jenes früheren Ackerfeldes die Lücke zwischen der Stadtmauer und den schon früher vorhanden gewesenen Straßen der Luisenstadt und Friedrichstadt fast vollständig ausgefüllt war."[72]

In den sechziger Jahren setzte in der Luisenstadt endlich die längst erwartete Bautätigkeit ein. 1867 bestanden hier schon 3671 Häuser bei 149.652 Einwohnern, ohne daß damit alle Flächenreserven erschöpft waren. Bis 1875 waren die Blöcke auf dem Köpenicker Feld geschlossen, nun griff die Bautätigkeit auch auf die äußere Luisenstadt über.
War die Bebauung bis in die fünfziger Jahre noch geprägt durch eine Vorderhausbebauung mit kleinen Werkstätten im Hof und gewerblich genutzten Gärten, setzte sich bis 1875 der vier- bis fünfgeschossige Mietwohnungsbau mit Läden in Hochparterre und Souterrain und vereinzelten Stockwerkfabriken in den Hinterhöfen durch. Mit der Spezialisierung vorhandener Branchen, mit der Gründung neuer Fabrikationsstätten und der Ausweitung des Handels stieg auch die Nachfrage nach billigen Kleinwohnungen für Arbeiter und Angestellten in der Luisenstadt. Die weiteren baulichen Maßnahmen zielten auf eine Verdichtung und Umnutzung der vorhandenen Baustruktur:
Die Bebauung von Hof- und Gartenflächen mit Wohnräumen und Stockwerksfabriken, der Abriß alter Bausubstanz für den Neubau von Verwaltungsbauten, Handelsgebäuden und Fabriken und die Umnutzung von Wohngebäuden zu gewerblichen Zwecken.
Bis 1910 war die höchste Bebauungsdichte in der Luisenstadt erreicht.

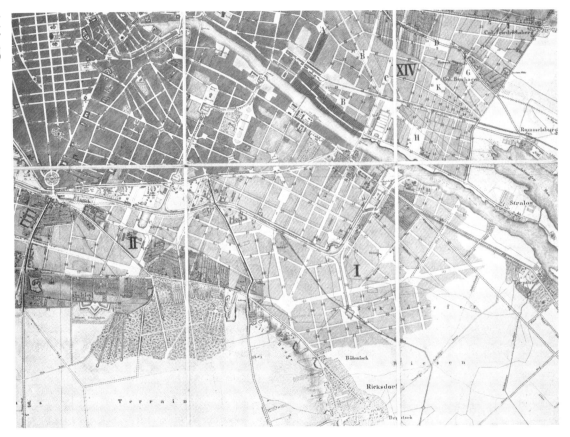

23 / "Bebauungsplan für die Umgebungen Berlins" von J. Hobrecht, 1862 (Ausschnitt)

Planungen außerhalb der Stadtmauer —
Der Bebauungsplan von 1862

Mitte des 19. Jahrhunderts war der Bebauungsplan von Schmid für die Umgebung Berlins von 1830 überholt, und die Planungsüberlegungen Lennés[73] für die gesamte Stadt bedurften einer Revision. Die Entwicklung der Eisenbahnen und die sich über einen langen Zeitraum hinziehenden Ablösungen feudaler Rechte hatten die Planungen ungültig gemacht. Deshalb wurde ab 1852 im Polizeipräsidium intensiv an der Revision des Bebauungsplanes für die Umgebung Berlins gearbeitet. 1858 wurde ein "Kommissarium zur Ausarbeitung der Bebauungspläne für die Umgebung Berlins" der Leitung von James Hobrecht unterstellt. Er sollte einen Gesamtplan für die ringförmige Erweiterung Berlins unter Berücksichtigung verschiedener Teilplanungen aus der Vergangenheit ausarbeiten. Statt in bisher fünf Abschnitte wurde der Bebauungsplan in 14 Abteilungen gegliedert. Das Planungsgebiet ging über die erweiterte Weichbildgrenze von 1861 hinaus und bezog die "Stadt und Feldmark Charlottenburg nebst Lietzow sowie Teile der Feldmarken von Rixdorf, Wilmersdorf, Reinickendorf, Weißensee, Lichtenberg und Buxhagen"[74] mit ein.

Der Plan von James Hobrecht enthält Festlegungen, welche Grundstücke bebaut werden durften und welche Flächen für öffentliche Straßen und Plätze freizuhalten waren. Die zu bebauenden Blöcke sollten drei bis viermal so groß wie die der Friedrichstadt werden. Damit war die ursprüngliche Vorstellung, die Blockgrößen aus der Friedrichstadt zu übernehmen, revidiert worden. Die innere Erschließung blieb der Bauspekulation überlassen.

Dieser Bebauungsplan entstand vor dem Hintergrund veränderter politischer und ökonomischer Verhältnisse. Ab Mitte der fünfziger Jahre diente Stadtplanung wieder einzig dem Interessenausgleich zwischen der privaten Verwertung von Grund und Boden und der Bereitstellung öffentlicher Verkehrsflächen. Der Bebauungsplan wurde zahlreichen, darauffolgenden Revisionen zugunsten privater Bautätigkeit und zu Lasten öffentlichen Straßenlandes unterzogen.

DER VERSTÄDTERUNGSPROZESS

Die bauliche Entwicklung Berlins verlief nicht kontinuierlich bis zu ihrer vollendeten Verdichtung, sondern konzentrierte sich in bestimmten Phasen in Abhängigkeit von den ökonomischen Zyklen. Auch in der Luisenstadt läßt sich beobachten, daß in Krisenzeiten die Bautätigkeit stagnierte mit der Folge hoher Verschuldungen, von Konkursen und Zwangsversteigerungen. In Hochkonjunkturzeiten nahm, unterstützt durch günstige Hypothekenzinsen und abgesichert durch die steigende Nachfrage neuer Einwanderer und neuer Betriebsgründungen, die Bautätigkeit im Wohnungs- und Gewerbebau sprunghaft zu. Diese Erkenntnis legt es nahe, den Verstädterungsprozeß in den drei historischen Phasen auf der Grundlage der ökonomischen Zyklen zu beschreiben.[75]

24a / Die Bautätigkeit von 1840-1871

	Feuerversicherungssumme am 1. Oktober. In Millionen Mk.	Vermehrung pro Mille	Die im Mietssteuerkataster vorhand. Wohn. und Gelasse vermehren sich um
1840	273	—	
1841	282	4,2	2837
1842	294	4,1	2388
1843	306	4,9	2403
1844	321	3,7	2231
1845	333	5,4	2205
1846	351	0,8	1509
1847	354	3,4	1946
1848	366	2,4	2216
1849	375	1,6	1461
1850	381	1,0	910
1851	385	0,5	370
1852	387	1,8	888
1853	394	2,8	1250
1854	405	1,2	1689
1855	410	2,4	586
1856	420	3,5	1550
1857	435	3,7	2196
1858	451	4,0	2011
1859	469	4,2	4642
1860	489	4,2	3852
1861	536	4,5	3320
1862	577	5,1	7551
1863	630	8,7	8594
1864	686	8,6	9163
1865	736	7,0	7725
1866	787	7,0	8352
1867	817	2,5	2307
1868	837	3,5	4317
1869	868	3,4	3087
1870	897	3,5	2387
1871	927	5,8	4462

24b / Die Bautätigkeit von 1871-1900

	Bauerlaubnisscheine	darunter				Vom 1. Oktober bis September in der Feuerversicherung aufgenommene Neubauten	Die im Mietssteuerkataster vorhandenen Wohnungen u. Gelasse vermehr. sich um
		Vordergebäude	Seitengebäude	Quergebäude	Fabriken		
1871	—	—	—	—	—	218	4 462
1872	—	—	—	—	—	308	32 67
1873	—	—	—	—	—	571	8 313
1874	3437	1039	1088	520	105	608	15 319
1875	3349	1092	971	576	32	717	20 008
1876	2779	699	810	334	101	670	17 646
1877	2508	801	872	412	24	523	15 839
1878	1889	497	579	153	10	508	12 329
1879	1752	370	467	192	16	358	8 263
1880	1840	493	612	234	32	248	6 200
1881	2013	543	738	289	27	214	7 443
1882	1970	548	624	254	53	278	7 705
1883	2346	675	920	381	63	296	8 358
1884	?	683	1061	580	67	320	7 980
1885	2857	872	1286	646	67	291	11 499
1886	3139	1025	1608	820	48	289	9 867
1887	2256	525	657	408	44	400	12 992
1888	3000	1056	1365	890	54	503	16 893
1889	3117	1191	1580	1083	62	508	19 132
1890	2557	802	1143	730	40	618	21 644
1891	2328	731	1072	649	33	522	18 690
1892	1837	505	730	448	23	456	16 408
1893	2086	563	765	521	25	353	12 225
1894	1777	497	694	444	29	306	11 580
1895	2141	709	902	561	21	330	—
1896	1780	572	860	524	67	412	—
1897	—	—	—	—	—	380	—
1898	—	—	—	—	—	285	—
1899	—	—	—	—	—	286	—
1900	—	—	—	—	—	237	—

24c / Gebrauchsfertig abgenommene Neubauten in Berlin

	Neubauten	darunter Wohnhäuser	Neuentstandene Wohnungen	Davon hatten unter 100		
				2 Zimmer	3 bis 4 Zimmer	5 und mehr Z.
1901	589	335	7 889	77	20	3
1902	604	440	10 840	80	18	2
1903	685	524	14 357	83	15	2
1904	913	673	19 827	84	14	2
1905	856	652	20 162	85	14	1
1906	910	677	22 303	86	13	1
1907	664	450	14 110	86	12	2
1908	646	374	11 156	84	14	2
1909	394	221	6 499	83	14	3

Phase 1800-1850

Soziale Entwicklung

In der Luisenstadt wohnten und arbeiteten Ende des 18. Jahrhunderts ca. 12.000 Menschen in 577 Häusern; 1827 ca. 16.000 in 631[76] und 1867 schon 149.000 Menschen in 3.671 Häusern.[77] In den 40er Jahren wuchsen auch die anderen Berliner Vorstädte schnell, das Spandauer Viertel, die Königstadt, das Stralauer Viertel ebenso wie die Luisenstadt. Diese Vorstädte im Norden, Osten und Süden bildeten einen Dreiviertelring um den

LUISENSTADT

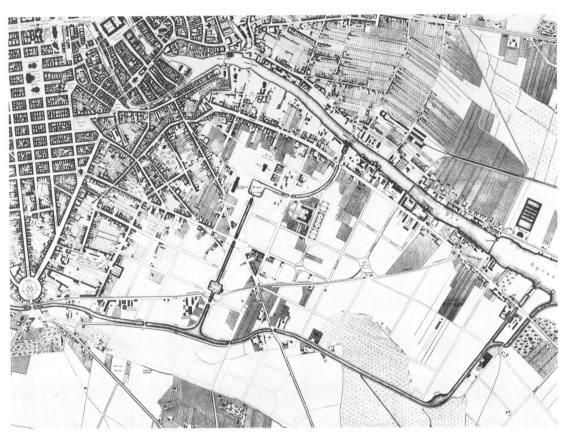

25 / Luisenstadt um 1850 (Ausschnitt)

Stadtkern herum. Hier siedelten hauptsächlich die Zugewanderten, das zukünftige Proletariat, die Arbeiter des Berliner Produktions- und Dienstleistungssektors. Die Verteilung der Berliner Armenquartiere, die sich zwar über das gesamte Stadtgebiet ausbreiteten, stimmten in Bezug auf die Vorstädte mit dem Dreiviertel-Ring überein.[78]

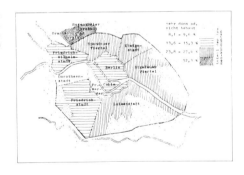

26 / Die räumliche Verteilung der Armenquartiere in Berlin um 1830

Die Vorstädte unterschieden sich in ihrer sozialen Zusammensetzung. Die nördlichen Viertel wiesen eine eher homogene Struktur auf, weil sich dort frühzeitig große Metall- und Maschinenbaubetriebe niedergelassen hatten, die eine Vielzahl von Arbeitskräften aufnahmen. In der Luisenstadt entstanden die kleinen und mittleren Betriebe; mit ihnen kamen auch Handwerksmeister, Fabrikanten und wohlhabende Kaufleute. Trotzdem zählte die Luisenstadt zu jenen Stadtvierteln, in denen vorwiegend die weniger bemittelten Bevölkerungsschichten lebten, die kleinen Handwerksmeister, Gesellen, aber auch Tagelöhner und die Almosenempfänger.

Nach 1820 folgte mit zunehmender Gewerbetätigkeit eine immer stärkere Durchsetzung der bisher vorwiegend ackerbautreibenden Bevölkerung mit Kleinhandwerkern und Fabrikarbeitern. Zwar gab es noch lange — vereinzelt bis in die siebziger Jahre — landwirtschaftliche Betriebe und Gärtnereien, doch war schon um 1835 die Zahl der Gewerbetreibenden höher als die der Ackerbürger.[79]

Ende der 30er Jahre ließ sich in der Luisenstadt eine Konzentration bestimmter Berufe erkennen. 25 % der Beschäftigten waren in der Textilbranche tätig.[80] In den sogenannten Böllertschen Häusern in der Oranienstraße 48-51 lebten beispielsweise 1841 überwiegend Mieter, die in der Textil- und Bekleidungsindustrie tätig waren. In einem der beiden Doppelhäuser waren von 21 Mietern 19 entweder Weber, Seidenwirker, Posamentierer oder Strumpfwirker.[81]

27 / Aus dem Adreßbuch von 1841: Mieter der Böllertschen Häuser

Böllertsches Haus.
Benecke, Registrator.
Böllert, Tischler. E.
Böhm, Tischler Ww.
Gersbeck, Tischler.
Haseler, Handelsmann.
Hennig, Porzellan Mal
Lange, Gürtler.
Noack, Hülfslehrer.
Preiß, Seidenwirker.
Puls, Schankwirth.
Richter, Kanzlist.
Röhl, Posamentirer.
Schramm, Bäcker.
Tinius, Posamentier.
Tondeur, Seidenwirker.
Wolff, Seidenwirker.
Zeyer, Weber.

Böllertsches Haus.
Aja, Weber.
Böllert, Tischler. EO.
Christoph, Weber.
Dähne, Seidenwirker.
Freyer, Strumpfwirker.
Heinrici, Posamentier.
Jacobo, Seidenwirker.
Langer, Seidenwirker.
Matthes, Obsthdl.
May, Weber.
Pfeiffer, Weber.
Riedel, Weber.
Schmidt, Seidenwirker.
— Strumpfwirker.
Weber.
Schubert, Posamentier
Schweitzer, Seidenwirke
Siegel, We.
Wolff, Seidenwirker.
Unger, Seidenwirker.
Zeich, Weber.
Ziehm, Schuhmacher.

In der Köpenicker Straße wohnten unmittelbar benachbart zu den an der Spree liegenden Kattundruckereien und Färbereien mehr Färber und Kattundrucker als in anderen Straßen. Es ließen sich hier aber auch zahlreiche selbständige Handwerker und Beschäftigte von den in der Luisenstadt ansässigen Betrieben nieder, den Buch- und Steindruckereien oder den Bauunternehmen.[82]

Dienstboten waren über das gesamte Berliner Stadtgebiet verteilt, die meisten lebten bei der Herrschaft in den "besseren" Vierteln. Aber auch in der Luisenstadt gab es zahlreiche Dienstboten, die in Stellung bei wohlhabenden Bewohnern waren, d.h. eher in den westlichen, in der Nähe des Stadtzentrums liegenden Bereichen.

Bau- und Nutzungsstruktur

Ein enges Nebeneinander unterschiedlicher Sozial-, Nutzungs- und Baustrukturen zeichnet die Luisenstadt bis heute aus. Besonders kontrastreich läßt sich dies schon sehr früh entlang der Köpenicker Straße feststellen: Sie galt als die vornehmste und schönste Straße in der Luisenstadt, "nur in ihrem ältesten stadtauswärts liegenden Teil hatte sie ein kleinbürgerliches Aussehen".[83] Hier wohnten die Fabrikbesitzer in ihren Villen, umgeben von Gärten mit einer Extrazufahrt zu ihren auf dem gleichen Grundstück gelegenen Fabriken, Kalkscheunen und Holzmärkten; z.B. der Lederfabrikant Möser, der Kalkscheunenbesitzer Schilling, in einer Villa die Familie Treibel, die an Fontanes Roman Jenny Treibel erinnert. Gleichzeitig lebten hier aber auch viele Arbeiter, die aufgrund hoher Arbeitslosigkeit und der damit verbundenen Wohnungsnot in dem "ersten Familienhaus",[84] in der ehemaligen Pfuhlschen Kaserne zusammengepfercht hausten oder in einem von Bachmann genannten Gebäude in der Köpenicker Straße 115, "welches mit seinen zwei Hinterhäusern zwei große Höfe umschließt und von 52 Familien und 242 Seelen bewohnt wurde"[85] und die Kinderbewahranstalt des Luisenstädtischen Wohlfahrtsvereins beherbergte. Stadteinwärts befanden sich Bürger- und Handwerkerhäuser, stadtauswärts große Gärtnereien, Lust- und Kaffeegärten und eine Schwimmanstalt neben Kasernen und militärischen Depots. Fabrikanten, Kaufleute, Handwerksmeister und Gärtnereibesitzer wohnten hier neben einer Masse von Arbeitern und Soldaten. Traditionelle Bürgerhäuser standen neben Fabrikantenvillen und ersten Bauten des Massenwohnungsbaus. Die anderen Straßen der Luisenstadt waren nicht so ausgeprägt, zeigten aber ebenso differenzierte Bau- und Nutzungsstrukturen. Hier reihten sich Bürgerhäuser mit kleinen Fabrikgebäuden, Werkstätten, Ställe und Gärten und öffentliche Bauten, wie Kammergericht, Kasernen, Kirchen und Armenschulen, Stifte und Waisenhäuser aneinander und bildeten anmählig eine geschlossene Randbebauung.

"Fast gegen Ende der Stallschreibergasse erheben sich links von derselben, sie unter einem spitzen Winkel schneidend, in gerader Flucht mit der Orangenstraße 5 schöne, große, im Jahr 1826 erbaute Häuser, als der Anfang der neuen Orangenstraße, das erste der Witwe Pützner, die 4 anderen dem Tischler und Maler Böllert gehörig und daher gewöhnlich die Böllertschen Häuser genannt. Arg contrastirt gegen die von außen so stattlichen Gebäude der vor denselben befindliche Cloak, der im

28 / Köpenicker Straße, zwischen Brückenstraße und Wassergasse, um 1850

29 / Späths Wohnhaus, Köpenicker Straße 154

30 / Die Kaserne in der Köpenicker Straße Anfang des 20. Jahrhunderts

Sommer die ganze Gegend verpestet, aber nicht weggeschafft werden kann, solange dieser Theil der Stallschreibergasse ungepflastert bleibt."[86]

Die Böllertschen Häuser, Oranienstr. 48-51, sind ein Beispiel für den in der Luisenstadt vereinzelt einsetzenden Mietshausbau als reines Renditeobjekt, wie er in großem Umfang im Norden Berlins vorkam. Sie tauchen bereits 1826 im Plan von Selter auf, indem bereits der Schmidsche Bebauungsplan eingezeichnet worden ist. Die Böllertschen Häuser bildeten — wie aus dem Schmidschen Bebauungsplan hervorgeht — den Anfang der damals projektierten Oranienstraße.

Der Tischlermeister Johann Heinrich Böllert und — vermutlich sein Bruder — der Maler Christian Böllert hatten durch ihre florierenden Handwerksbetriebe ein beträchtliches Vermögen angespart, von dem sie sich im Jahr 1826 ein vormals als Gartenland genutztes Grundstück kauften, um darauf Mietshäuser mit Nebengebäuden zu errichten. Bevor der Bauantrag des Malers genehmigt werden konnte, mußte noch vor der Verabschiedung des Bebauungsplanes die Trasse der neuen Oranienstraße festgelegt werden. Der Bauherr drängte auf Beschleunigung des Verfahrens, da Zeitverlust auch Geldverlust bedeutete, was einem "nur minderbemittelten Mann", wie er sich in einem Briefwechsel mit der Behörde selbst bezeichnete, nicht zugemutet werden könne.[87]

Die Grundrisse der Böllertschen Häuser knüpften noch an die Tradition des Bürgerhauses aus dem 18. Jahrhundert an. Ein in der Mitte liegendes offenes, gewendeltes Treppenhaus führte auf jeder Etage in zwei abgeschlossene Dreizimmerwohnungen. Die einzelnen Zimmer waren ohne Flure miteinander verbunden. Die drei Normalgeschosse, Souterrain und Dachetage waren bewohnbar, es lebten mindestens zehn Mietparteien im Haus. Die Gebäude wichen etwa Ende der achtziger Jahre des vorigen Jahrhunderts neuen Wohn- und Geschäftshäusern, die dem inzwischen um den Moritzplatz entstandenen Einkaufszentrum adäquat waren. Teile des Böllertschen Grundbesitz blieben noch bis vor einigen Jahren in den Händen der Familie, bis die Grundstücke im Zuge der Sanierung von einer Wohnungsbaugesellschaft aufgekauft wurden.

31 / Bauherr A. Böllert und Familie, um 1900

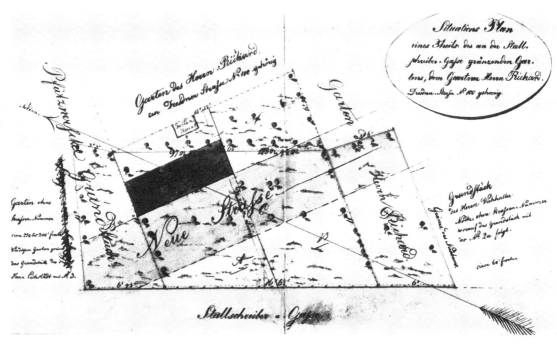

32 / "Situationsplan eines Theiles des an der Stallschreibergasse gränzenden Gartens, dem Gärtner Herrn Richard Dresdener Straße 100 gehörig", Lageplan der Böllertschen Häuser, 1825

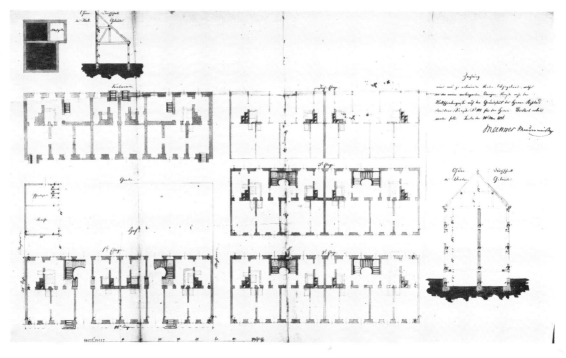

33 / Grundriß und Schnitt der Böllertschen Häuser, Oranienstr. 50-51, 1826

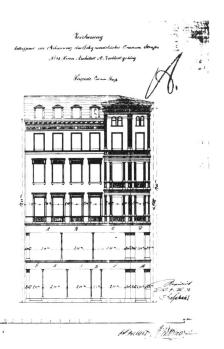

34 / Neubau eines Geschäfts- und Wohnhauses, Oranienstr. 48, Bauherr: Architekt A. Böllert, 1872

35 / Oranienstraße 48, um 1950

Nach abgeschlossener Separation entstanden in der Luisenstadt ab 1845 drei- bis viergeschossige Miethäuser — z.B. in der Dresdener Straße nahe dem Kottbusser Tor. Das Köpenicker Feld wurde bis zur Mitte des 19. Jahrhunderts noch weitgehend für den Anbau von Obst, Gemüse und Getreide benutzt.

Da es in Berlin während der Industriellen Revolution noch keine Personenbeförderungsmittel gab, die für Arbeiter erschwinglich waren, siedelten sich die neuen Betriebe am Rande der Arbeiterwohngebiete an, dort, wo noch unbebaute Grundstücke vorhanden waren und möglichst dort, wo sich ähnliche Branchen niederließen, um in der Nähe der Arbeiter mit den jeweils erforderlichen Qualifikationen zu sein.[88]

Umgekehrt war es zweckmäßig, Arbeiterwohnungen in der Nähe von Betrieben zu errichten. So erklärt sich auch das charakteristische Nebeneinander von Wohnen und Arbeiten in der Luisenstadt, welches wohl auch wesentlich durch die Struktur der Industriezweige bestimmt wurde: Vor allem das Verlagssystem der Textil- und Bekleidungsindustrie ermöglichte und verlangte es, daß die Arbeitsgänge außerhalb der Fabriken — in den Wohnungen — durchgeführt wurden.[89] Die große Anzahl der Handwerksbetriebe befand sich ebenfalls in Wohnungen oder in Werkstattgebäuden auf dem gleichen Grundstück. Kleinere Fabriken der feinmechanischen Industrie entstanden in ein- bis zweigeschossigen Seiten- und Quergebäuden unmittelbar in der Nähe zu den Wohnungen im Vorderhaus. Die großen Produktionsstätten der Maschinenbau- und Textilindustrie lagen vor allem im Bereich der Köpenicker Straße an der Spree, im hinteren Bereich der Grundstücke.

In dieser Phase entstanden größere Betriebe, die die Entwicklung der Luisenstadt zum Gewerbestandort einleiteten: 1812 gründet J.F. Dannenberger in der Köpenicker Straße eine Wollzeugdruckerei, 2 Jahre später eine Kattunfabrik. 1819 errichtete Karl Heckmann eine kleine Werkstatt in der Schlesischen Straße, die 1869 zu einem großen Werk, dem "Berliner Kupfer- und Messingwerk", ausgebaut wurde. 1820 wurde mit der Gründung der Hollauerschen Fabrik zur Verarbeitung von Bronze, Kup-

36 / Die Goldschmidtsche Kattunfabrik in der Köpenicker Straße

37 / Das Industriegebiet an der Spree, Nähe Köpenicker Straße, um 1850

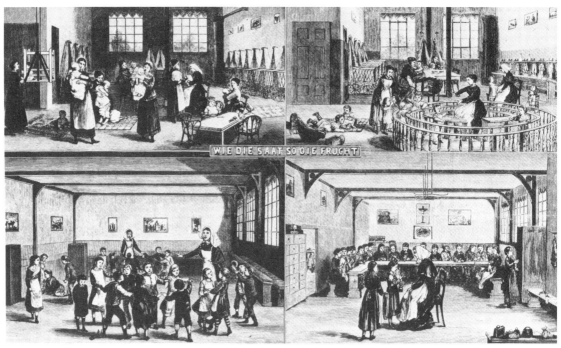

38 / **Berliner Kinderbewahranstalt zu Beginn des 19. Jahrhunderts**

fer und Messing der Grundstein für die Entwicklung der Werkzeugmaschinenindustrie (feinmechanische Industrie) gelegt. 1824 erfand Henninger das Neusilber und errichtete die erste Neusilberfabrik in der alten Jacobstraße. 1826 wurde die erste Gasanstalt in der Gitschiner Straße von einer englischen Gesellschaft eröffnet, die die Berliner Straßen mit Gas versorgen sollte. 1844 gründete Hoppe eine Maschinenbauanstalt und Eisengießerei in der Köpenicker Straße.[90]

39 / **Privatschule zu Beginn des 19. Jahrhunderts — der Klassenraum befand sich in der Wohnung des Lehrers**

Staatliche Vorleistungen

Staatliche und städtische Initiativen zur Unterstützung der baulichen Entwicklung bestanden neben der Bebauungsplanung, der Vermessung der Grundstücke und der Anlage der geplanten Straßen in dem Ausbau der technischen und sozialen Infrastruktur: Die meisten Straßen wurden gepflastert und mit Gasbeleuchtung versehen. Es wurde durchgesetzt, daß die Bürgersteige von den Anliegern mit Granitplatten belegt wurden. 1838 gab es in der Luisenstadt eine höhere Bürgerschule, zwei Communal-Armenschulen, die auch abends Unterricht für erwerbstätige Kinder gaben, zwei Erwerbsschulen für Mädchen, in denen Unterricht und Erwerbstätigkeit kombiniert wurden, mehrere Privatschulen und fünf von Kirchen und Wohltätigkeitsvereinen unterhaltene Kinderbewahranstalten.[91] Für Freizeit und Erholung der Bewohner der Luisenstadt wurde die Pfuhlsche Schwimmanstalt an der Spree und der Schlesische Busch vor dem Schlesischen Tor als Park angelegt.

Phase 1850-1875

Die wirtschaftliche Entwicklung in dieser Periode war gekennzeichnet durch die volle Entfaltung der industriellen Produktionsweise sowohl in den Großbetrieben der Schwerindustrie als auch in mittleren und kleinen Betrieben der feinmechanischen Industrie. Gleichzeitig entwickelte sich das Bankwesen, der Handel weitete sich aus, viele neue Aktiengesellschaften wurden gegründet. Berlin wurde zum Industrie-, Handels- und Verwaltungszentrum des 1871 gegründeten Deutschen Reiches. Die Bevölkerung von Berlin verdoppelte sich von ca. 420.000 auf 960.000 Einwohner. Fast ein Viertel davon wohnte und arbeitete in der Luisenstadt.

Entwicklung der gewerblichen Standorte

Neben einigen der größeren Betriebe der Textil- und Maschinenbauindustrie nutzten auch zahlreiche kleinere Betriebe, die die Nähe zum Stadtzentrum und damit zum Absatzmarkt suchten, den Standortvorteil der Luisenstadt. Es entstanden vorwiegend die Fabrikationsstätten der Konsum- und Luxusgüterindustrie, des Maschinen-, Apparate- und Instrumentenbaus, der Ver-

40 / **Die Pfuel'sche Badeanstalt, erbaut 1817 (Foto um 1910)**

arbeitung von Edelmetallen, der Leder- und Papierindustrie, des Buch- und Kunstdruckes, des Möbelbaus und anderer arbeitsintensiver Branchen.[92]

Im Gegensatz zur Rosenthaler Vorstadt, dem Standort der flächenintensiven Schwerindustrie, entwickelte sich in der Luisenstadt die schon in der ersten Phase beobachtete kleinteilige Hinterhofindustrie fort. Auch die Tradition der hochqualifizierten Handwerksbetriebe wurde dadurch weitergeführt. Die Produktionsstätten der feinmechanischen Industrie, deren Raumbedarf aufgrund geringer Arbeiter- und Maschinenzahl kleiner war, befanden sich in den angemieteten Stockwerksfabriken. Je nach Größe der Betriebe wurden ein oder mehrere Geschosse oder ganze Gebäude gemietet.

Als größere Betriebe sind zu nennen:
- 1855 Schaeffer u. Walcher, Fabrik zur Herstellung von Beleuchtungskörpern, Armaturen und Heizkörpern, Lindenstraße;
- 1855 Wild und Wessel, Lampenfabrik, Alexandrinenstraße;
- 1865 Kramme, Fabrik für Beleuchtungsgegenstände aus Bronze, Messing, Kupfer und Schmiedeeisen, Gitschiner Straße;
- 1865 Krause, Papierfabrik, Skalitzer Straße;
- 1870 Arnd u. Maron, Bronzewarenfabrik, Oranienstraße;
- 1864 Fister u. Rossmann, Nähmaschinenfabrik, Skalitzer Straße;
- 1870 Elsner, Buchdruckerei und Verlagsbuchhandlung, Oranienstraße.[93]

Mit dem Anwachsen der Bautätigkeit entstanden viele Bauunternehmen und Betriebe mit Werkstätten des Baunebengewerbes. Die Produktion der Bekleidungsindustrie fand zum größten Teil in Wohnungen statt: Hier arbeiteten die Frauen neben ihrer Hausarbeit als Strickerinnen, Posamentiererinnen, Weißnäherinnen und Putzmacherinnen. Hier befanden sich auch die Werkstätten der Zwischenmeister, der selbständigen Schneider, der Konfektions- und Maßschneidereien mit ihren ein bis zwei Gesellen und Näherinnen.

"In der Regel war in diesen Wohnungen die Küche gleichzeitig der Bügelraum, oft bot sie zusätzlich noch dem Zuschneidetisch Platz. Im Zimmer saßen die Handnäherinnen und Stepperinnen möglichst in Fensternähe. Nicht nur die Familienmitglieder schliefen zwischen den Arbeitsgeräten, auch in Kost und Logis stehende Näherinnen und Gesellen hatten dort ihre Schlafstätten."[94]

Bauliche Entwicklung

Mit den zahlreichen Gründungen von Fabrikationsstätten und der rapide anwachsenden Bevölkerung in der Luisenstadt setzte eine umfangreiche Bautätigkeit ein, die nach der Überwindung der wirtschaftlichen Krise 1847/48 Anfang der fünfziger Jahre begann, sich während des wirtschaftlichen Aufschwungs 1861-64 voll entfaltete und ihren Höhepunkt im Gründerjahreboom Anfang der siebziger Jahre fand. Von 1845 bis 1867 nahm die Bebauung so schnell zu, daß die in der ersten Hälfte des Jahrhunderts noch dünn besiedelte Luisenstadt (1827 631 Häuser, 1850 9632 Wohnungen) mit nun 3671 Gebäuden und 21.394 Wohnungen die mei-

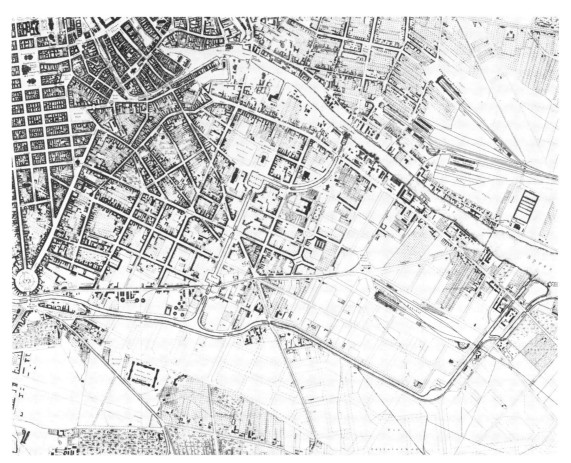

41 / Die Luisenstadt um 1867, Plan von Liebenow (Ausschnitt)

42 / **Bautätigkeit in den Gründerjahren**, Gemälde von F. Kaiser, um 1875

sten in einem Stadtviertel aufwies, ohne daß das Köpenicker Feld vollständig bebaut war. Eine Randbebauung umschloß die Blöcke von Westen und Osten bis über den Heinrichplatz hinweg. Zwischen den vier bis fünfgeschossigen Mietshäusern mit vereinzelt vier-, vorwiegend aber ein- bis zweigeschossigen Hofgebäuden, gab es noch größere gewerblich genutzte Gärten. Noch 1875 zählte man 67 landwirtschaftliche Betriebe in der Luisenstadt.[95] Bis zu dieser Zeit waren fast alle Blöcke umbaut, lediglich im Nordosten in der Muskauer Straße und der Pücklerstraße gab es noch freie Flächen.

Eine Voraussetzung für den massenhaft einsetzenden Mietwohnungsbau war die Verabschiedung der Bauordnung von 1853, die im wesentlichen die allgemeine Baufreiheit, wie sie im Allgemeinen Preußischen Landrecht eingeführt worden war, bestätigte. Die Schranken einer maximalen Ausnutzung der zu bebauenden Grundstücke setzten lediglich die Bestimmungen zur Feuersicherheit: Die mit Hofgebäuden bebauten Grundstücke von mehr als 31,40 m Tiefe mußten zum Transport der Löschgeräte eine Durchfahrt von 2,51 m Breite und 2,81 m Höhe aufweisen. Die vorgeschriebene Mindesthofgröße von 28,52 qm sollte das Wenden einer Feuerlöschpumpe gewährleisten. Um Beschädigungen der gegenüberliegenden Häuser im Brandfalle zu verhindern, durfte die Höhe der Gebäude maximal die Straßenbreite haben. Die Höhe von 2,51 m für Wohnräume wurde als ausreichend für die Versorgung mit Licht und Luft angesehen. (Die etwas befremdenden Maße erklären sich aus zeitgenössischen Fußmaßen, die hier in Metermaße umgerechnet sind.) Kellerwohnungen waren erlaubt, wenn die Kellerdecke ca. einen Meter über dem Erdreich lag.

Außerdem wurde festgelegt, daß nur an öffentlichen, bereits angelegten Straßen und Plätzen gebaut werden durfte, d.h. auch nur dort, wo Bebauungspläne existierten.[96]

Erst das Zusammenwirken von Bebauungsplan einerseits, der lediglich Straßenfluchten und öffentliche Plätze definierte, Art und Umfang der Bebauung der Blöcke jedoch der Privatinitiative überließ, und der Bauordnung andererseits ermöglichte die dichte Bebauung der Grundstücke, die die Luisenstadt heute noch prägt.

Staatliche Vorleistungen

Neben der Aufstellung des Bebauungsplanes und der Bauordnung übernahm der Staat bzw. die Stadt je nach Zuständigkeit die Aufgabe,[97] die notwendigen infrastrukturellen Voraussetzungen und Verbesserungen für die private Bautätigkeit zu schaffen. Es wurden neue Straßen auf der Grundlage des Bebauungsplans vermessen und gepflastert. In den sechziger Jahren unterteilte man einzelne größere Blöcke durch zusätzliche Straßen (z.B. Naunystraße, Muskauer Straße und Fürstenstraße). Aufgrund des entstehenden hohen Verkehrsaufkommens mit der einsetzenden Funktionstrennung — die Stadtmitte wurde Zentrum von Handel, Banken und Dienstleistungen, in den Vorstädten konzentrierten sich das Gewerbe und die Arbeiterwohnungen bzw. das gehobene Wohnen des Bürgertums — mußten erste Straßenverbreiterungen (Alte Jacobstraße, Kommandantenstraße, Alexandrinenstraße) und -durchbrüche vorgenommen, neue Brücken gebaut bzw. hölzerne ersetzt werden.

1867 wurde die Akzisemauer eingerissen, statt dessen ein breiter Boulevard angelegt. Die Mauer war überflüssig und räumlich ein Hindernis geworden, nachdem 1861 das Stadtgebiet weit über sie hinaus erweitert worden war. Die beiden zwischen 1845 und 1850 ausgebauten Wasserwege — der Luisenstädtische und der Landwehrkanal — waren wichtige Transportsysteme für die massenhaft benötigten Baumaterialien und für die Rohstoffe der sich ansiedelnden Gewerbebetriebe. Der Ausbau der Kanäle wurde vom Staat finanziert und

43 / **Der Luisenstädtische Kanal**, Blick vom Engelbecken nach Süden, Foto um 1902

44 / **Die Zuschüttung des Luisenstädtischen Kanals** im Zusammenhang mit dem U-Bahnbau als Arbeitsbeschaffungsmaßnahme, 1926

45 / **Parkanlage zwischen den Ufermauern**, Engeldamm, Foto um 1928

als "Notstandsarbeit" in Zeiten der wirtschaftlichen Krise und politischen Unruhen 1847/48 für Arbeitslose eingerichtet, *"um das Elend der Arbeiter zu lindern und ihre Unzufriedenheit nicht noch größer werden zu lassen"*.[98] Zu beiden Seiten des Kanals wurden breite Uferstraßen als Alleen angelegt. Im Winter wurde das Engelbecken zum Schlittschuhfahren freigegeben. Am Landwehrkanal gab es mehrere Badestellen. Ebenso wie der Ausbau der Kanäle geschah der Bau des Bethanien-Krankenhauses auf Initiative des Königs als Anreiz für die Entwicklung eines neuen Stadtteiles. Noch bis 1855 lag der große Krankenhauskomplex umgeben von weiten Feldern als einziges Gebäude zwischen Bethanienufer und dem Mariannenplatz, der erst zwei Jahre zuvor von Lenné angelegt worden war. Das Krankenhaus konnte 350 Kranke versorgen, gleichzeitig war es Ausbildungsstätte von Diakonissinnen. Bethanien sollte nicht nur Ausgangspunkt der Besiedlung sein, sondern auch Vorbild christlich-religiösen Lebens.[99]

46 / **Das Bethanienkrankenhaus am Mariannenplatz, um 1850**

47 / **Das Bethanienkrankenhaus am Mariannenplatz, um 1900**

1851 ließ die Regierung eine Verbindungsbahn zwischen den im Privatbesitz befindlichen Berliner Kopfbahnhöfen erstellen. Die Bahnstrecke führte in der Luisenstadt über die Brommy-Brücke in die Eisenbahnstraße, dann über den Lausitzer Platz in die Skalitzer Straße. Sie war ausschließlich dem Güterverkehr und Truppentransport vorbehalten. Diese eingleisige, ebenerdige Bahn war für den sich entwickelnden Straßenverkehr ein Hindernis. 1871 wurde sie an die Peripherie verlegt. 1875

48 / **Der Görlitzer Bahnhof, um 1920**

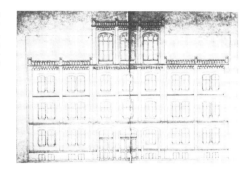

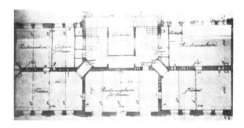

49 / **20. Gemeindeschule in der Oranienstraße, erbaut 1866, ab 1902 Blindenanstalt**

erhielt die Berliner Pferdeeisenbahn die Erlaubnis, die Gleise der alten Verbindungsbahn zu nutzen.

Schon Ende der sechziger Jahre setzte ein reger Personennahverkehr ein. Fünf Pferdebuslinien gingen von der Luisenstadt in Richtung Zentrum in den Westen. 1865 wurde noch auf freiem Feld der Görlitzer Bahnhof als erstes Gebäude in der äußeren Luisenstadt gebaut. Schon bald war er umgeben von fünfgeschossigen Mietskasernen. Er stellte eine wichtige Verbindung mit dem Rohstoff- und Industriegebiet in der Oberlausitz her und war Ankunftsort vieler Zuwanderer.

In diesem Zeitraum entstanden in vielen Blöcken Gemeindeschulen, nachdem die allgemeine Volksschule ohne Schulgeld, die Gemeindeschule, eingeführt worden war, so z.B. die 20. Gemeindeschule in der Oranienstraße, die 1902 als Blindenanstalt umgenutzt wurde. Außerdem wurde das Luisenstädtische Gymnasium in der Brandenburgstraße (1864) und die Gewerbeschule in der Dresdener Straße (1867) errichtet. Der Bedarf nach akademischer Ausbildung bzw. gewerblicher Weiterqualifi-

50 / **Die Michaelskirche, um 1860**

LUISENSTADT

51 / Die Thomaskirche am Luisenstädtischen Kanal, 1925

kation in der Luisenstadt sollte damit gedeckt werden. Weiterhin wurden militärische Einrichtungen gebaut, z.B. die Train-Kaserne in der Waldemarstraße, die bereits Ende der achtziger Jahre wieder zugunsten einer sehr dicht bebauten Mietshausanlage abgerissen wurde. Neue kirchliche Gemeinden entstanden: 1859 wurde die katholische Michaeliskirche am Engelbecken, 1869 die Thomaskirche am Mariannenplatz vollendet.

Phase 1875-1914

Industrielle Entwicklung

Mit dem Ausbau des Berliner Verkehrswesens[100] waren wesentliche Produktionsvoraussetzungen für die Expansion der Industrie geschaffen:
Durch den Bau der Ringbahn 1877, der Stadtbahn 1882 und durch die Erweiterung des Eisenbahn- und Wassernetzes (Teltowkanal 1906, Neuköllner Schiffahrtskanal 1914) wurden neue Standorte an der Peripherie erschlossen, die den Vorteil billiger Bodenpreise und die Möglichkeit der Flächenausdehnung boten, gleichzeitig aber auch den Transport von Rohstoffen, Arbeitskräften und die Zirkulation fertiger Produkte ermöglichten.
Berlin wurde Verkehrsknotenpunkt des Deutschen Reiches, gleichzeitig Sitz des Bankwesens, der Konzernleitungen und staatlicher Behörden. Industriebetriebe schlossen sich zu Monopolen zusammen, besonders in der sich schnell entwickelnden Elektroindustrie. Die sich abzeichnende Verflechtung der Banken mit der Industrie ermöglichte die Neugründung großer Produktionsstätten. Zu den bedeutendsten Industriezweigen in Berlin entwickelten sich (neben der schon traditionellen Bekleidungs-, Maschinenbau-, Instrumentenbau- und Apparatebauindustrie) die Elektro- und Chemieindustrie. Durch die beginnende Aufrüstung um die Jahrhundertwende wurde die industrielle Expansion besonders gefördert.[101]
Der Ausbau der Infrastruktur unterstützte die charakteristische Funktionstrennung in der Stadt: Das Stadtzentrum entwickelte sich endgültig zum Verwaltungs-, Banken-, Handels- und Kulturzentrum; in den ehemaligen Vorstädten setzte sich der Prozeß der Verflechtung von mittleren und kleineren Betrieben mit Wohnraum fort,[102] wobei allerdings die Wohnungsnutzung zunehmend verdrängt wurde.[103] Die äußeren Vororte im Nordwesten und Südosten wurden bevorzugte Standorte großer Industriebetriebe; im Westen und Südwesten entstanden ausgedehnte Villenviertel.

Um 1890 war das Stadtgebiet innerhalb der Ringbahn fast geschlossen bebaut; im Nordwesten reichte es mit dem dicht besiedelten Wedding bereits über die Ringbahn hinaus. Charlottenburg, Lichtenberg und Treptow wurden schwerindustrielle Zentren. Nach 1895 konzentrierten sich die neuen Industrieanlagen im Bereich Spandau-Tegel, Oberschöneweide und Treptow entsprechend der günstigen Lage an Wasser und Eisenbahn. Deutliche Verkehrsvorteile ergaben sich auch im Südosten in der erweiterten Luisenstadt, wo der Landwehrkanal, die Görlitzer Bahn, der Ring, die Spree und die Stadtbahn auf engem Raum zusammengedrängt waren. Der Bereich innerhalb des Ringes war Standort der Bekleidungsindustrie und der nach wie vor arbeitsintensiven mittleren Gewerbe- und Zulieferungsbetriebe und Handwerksstätten. Hier wohnten 60 Prozent aller Einwohner auf engstem Raum zusammengedrängt in Mietskasernen in unmittelbarer Nähe zum Geschäfts- und Repräsentationsviertel der Großfinanz und des Staates.[104]

Der Ausbau des Verkehrswesens erzeugte in der Luisenstadt eine Peripheriewanderung der Wohnbevölkerung und der größeren Industriebetriebe und veränderte damit die Nutzungs- und Sozialstruktur: Die reicheren Kaufleute und Fabrikanten, die höheren Beamten und Angestellten, die bis dahin vorzugsweise im nordwestlichen Bereich wohnten, zogen in die von der Ring- und Wannseebahn erschlossenen Vororte. Die von ihnen

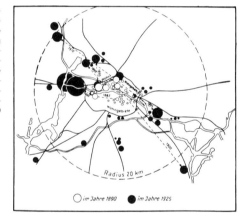

52 / Die Randwanderung der Berliner Großindustrie seit der Eröffnung des Stadtbahn-Ringbahn-Systems im Jahre 1882 und der Aufnahme des Vorortpendelverkehrs um 1890

freigemachten Wohnungen wurden entweder in Kleinwohnungen aufgeteilt oder gewerblich genutzt. Aufgrund der steigenden Bodenpreise und der geringen Ausdehnungsmöglichkeiten in der dicht bebauten Luisenstadt wanderten auch größere Industriebetriebe ab. Die Fa. Loewe & Co. zum Beispiel, die in der Hollmannstraße Nähmaschinen und später Werkzeugmaschinen und Waffen produziert hatte, verlagerte 1898 ihren Betrieb nach Moabit. Ende des 19. Jahrhunderts waren auf dem 63.000 qm großen Betriebsgelände 5.000 Arbeiter beschäftigt.[105]
In der Luisenstadt entwickelte sich das "Exportviertel Ritterstraße", das von der Lindenstraße bis zum Görlitzer Bahnhof und von der Köpenicker Straße bis zum Landwehrkanal reichte zum Zentrum klein- und mittelbetrieblicher Luxusgewerbe. Dort konzentrierten sich Lager und Fabriken für bestimmte Exportgüter der Konsumindustrie: Lampen, Lampenschirme, feine Lederwaren, wie z.B. Handtaschen, Galanterie- und Schmuckwaren, Bronze-

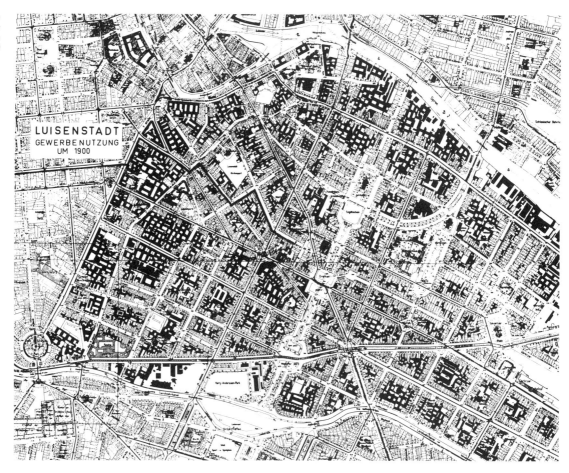

53 / **Die Gewerbenutzung in der Luisenstadt um 1900**

plastiken und künstliche Figuren, Haus- und Küchengeräte u.a. Die citynahe Umgebung um die Ritterstraße wurde zum zentralen Einkaufsplatz für diese Artikel. Seine Blüte erlebte das Exportviertel vor dem Ersten Weltkrieg: in 24 Straßen waren 1914 1.391 Fabrikanten, 2.943 Vertreter, 92 Exporteure und 21 Speditionsfirmen ansässig, des weiteren boten 1.344 ausländische Firmen dort ihre Waren zum Verkauf an.[106]

Bauliche Entwicklung

Eine rege Bautätigkeit setzte in Berlin nach dem Gründerkrach erst wieder in den Jahren 1886 bis 1889 ein. Bis 1883 wirkten sich noch die Folgen der Überproduktion aus. Der Leerstand von Wohnungen war bald beseitigt, die Mieten zogen wieder an, nachdem die Nachfrage durch den Schub neuer Einwanderer, die der Konjunkturentwicklung folgten, gesichert war. Ein erster Höhepunkt der Bautätigkeit war 1886 noch vor der Verabschiedung der neuen Bauordnung erreicht, die die Ausnutzung der Grundstücke drastisch eingeschränkt hatte. In dieser Zeit entstanden auch in der äußeren Luisenstadt bis zu sechs- und siebengeschossige Gebäudekomplexe mit minimalen Hofräumen.

"Was die Höhe anbetrifft, so sind die 6- bis 7-stöckigen Häuser fast durchweg erst in der Zeit entstanden, als die Tage der 53er Bauordnung bereits gezählt waren und in der Hetze hergestellt, um der noch geltenden Bauordnung abzugewinnen, was die neue sicher nicht mehr hergab. Da diese Häuser in ihrer Überbauung natürlich viel mehr Ertrag abwerfen als die nach späteren Bestimmungen hergestellten, werden wir auf ihre Beseitigung noch viel länger warten können, als die normale Lebensdauer der Häuser es an sich mit sich brächte."[107]

Die Verabschiedung der neuen Bauordnung von 1887 und 1897 geschah ohne die Zustimmung des Magistrats, der durch die Einschränkung der Flächennutzung die Interessen der Hausbesitzer und der in dieser Zeit aktiv in den Vororten tätigen Terraingesellschaften bedroht sah. Das Gesetz wurde durch Eingriff des Staates rechtskräftig, der damit auf die massive Kritik an den gesundheitsgefährdenden Wohnverhältnissen in den Mietskasernen, die auch die bürgerliche Klasse bedrohten, reagierte.

Resultat der Bauordnung von 1887 war eine relative Verbesserung der Belichtungs- und Belüftungsverhältnisse und der Ausstattung der Wohnungen, ohne daß jedoch der Bautyp der Mietskaserne abgeschafft wurde: Nun war jedoch nur noch eine 2/3-Überbauung bei einer minimalen Hoffläche von 60 qm und eine Gebäudehöhe von fünf Geschossen zulässig. Kellerwohnungen wurden nur genehmigt, wenn der Fußboden nicht mehr als 50 cm unter dem Erdreich lag. Außerdem wurden *"vorschriftsmäßige, ausreichende und für alle Beteiligten leicht zugängliche Bedürfnisanlagen und Wasseranschlüsse"* gefordert. Der Hausbesitzer war allerdings nicht verpflichtet, diese Einrichtungen einzubauen.[108]

Während die Bauordnung von 1887 einheitliche Bestimmungen für das gesamte Stadtbild enthielt und damit auch in den Vororten eine dichte Bebauung durchsetzbar wurde, legte die neue Bauordnung von

54 / Arbeiterwohnungsbau im Wedding, 1874, Meyers Hof, Ackerstraße 132/133

1897 eine Differenzierung der Bebauung im Stadtgebiet (Bauzonen) und auf den einzelnen Grundstücken (Staffelbauweise) fest. Außerdem wurde die Mindesthoffläche auf 80 qm erweitert und Kellerwohnungen nur bei einer Geschoßhöhe von 2.80 m zugelassen.[109] Eine maximale Ausnutzung konnte nur bei breiteren Straßenfronten und größeren Tiefen erreicht werden, was allerdings höhere Anliegerkosten und aufwendigere Erschließungssysteme mit sich brachte.

Trotz der wesentlichen Einschränkungen der Baufreiheit wurde weiterhin in den Wohnungs- und Gewerbebau investiert:
— in den Bau von Großwohnungen in bürgerlichen Vierteln des Westens und in die von Terraingesellschaften neu erschlossenen Vororte,
— in den Bau von Kleinwohnungen in Arbeitervierteln, z.B. im Wedding und der äußeren Luisenstadt,
— in den Bau von Fabrikgebäuden und Gewerbehöfen auf bis dahin noch nicht verdichteten Grundstücken oder nach Abriß vorhandener Bausubstanz.

Der Aufschwung der Bautätigkeit wirkte sich auch auf die Entwicklung der Luisenstadt aus: In dem Stadtplan von Liebenow von 1888 wird ersichtlich, daß inzwischen fast alle Straßen in der Luisenstadt innerhalb der Stadtmauer bebaut sind. Nur im östlichen Bereich um den Lausitzer Platz, in der Muskauer Straße, der Pückler- und Eisenbahnstraße gibt es noch große freie Flächen. In den Blöcken des nordwestlichen Bereichs und südlich der Oranienstraße hat sich auch die Bebauung im Blockinnenbereich zusehends verdichtet; daneben bestehen jedoch nach wie vor große Gartenflächen.

Der Stadtplan von Straube (1902-1910) verdeutlicht die fortgeschrittene Verdichtung. Fast alle Blöcke sind mit einer geschlossenen Randbebauung eingefaßt, auch die letzten unbebauten Flächen in den Blockinnenbereichen, die bis dahin mit ein- bis zweigeschossigen Werkstattgebäuden und Remisen bebaut oder noch gärtnerisch genutzt waren, sind nun maximal ausgenutzt: Es entstanden vier- bis fünfgeschossige Gewerbehöfe, Seitenflügel und Quergebäude mit Kleinwohnungen und Schulgebäude, zum Beispiel der Engelbeckenhof, 1903, die Michaelis-Realschule, 1891.

Die ersten Sanierungsmaßnahmen wurden ebenfalls in diesen Jahren vorgenommen:
"Nachdem um 1876 die letzten Flächenreserven für jene spezialisierten Kleinbetriebe mit geringen Transportvolumina und Flächenbedarfen, die von der City-Randlage besondere Vorteile hatten, erschöpft waren, wurden in großem Maßstab in den letzten beiden Jahrzehnten des 19. Jahrhunderts in der Luisenstadt bereits die erst weni-

55 / Die Luisenstadt, 1902-1920, Plan von Straube (Ausschnitt)

56 / Fabrikgebäude auf dem Hinterhof, Engelbeckenhof, Leuschnerdamm, erbaut 1903

ger als ein halbes Jahrhundert alten Bauten — insbesondere in den Stadtkern-nahen Blöcken durch gewerbliche Neubauten ersetzt, die die Grundstücke intensiver nutzen."[110]

Beispiele für (solche) rein gewerblichen Spekulationsbauten, die eine höhere Rendite versprachen als Wohnungen und die überall in der Luisenstadt entstanden, waren u.a. der 1905 errichtete Oranienhof in der Oranienstraße 183, das 1894 eröffnete Warenhaus Wert-

57 / Warenhaus Wertheim am Moritzplatz, um 1910

heim am Moritzplatz und das 1898 in Betrieb genommene Druckereigebäude der Fa. Elsner in der Oranienstraße 141. Am Heinrichplatz wurden zwanzig Jahre alte Wohnhäuser zugunsten eines neuen Wohngebäudekomplexes mit einer repräsentativen Fassade, großen Schaufensterfronten und großen Wohnungen im Vorderhaus, Kleinwohnungen im engen Hof in den Hintergebäuden abgerissen. In nicht so exponierten Lagen entstanden weiterhin fünfgeschossige Wohnhäuser mit Seitenflügeln und Quergebäuden über mehrere Höfe mit einer Konzentration von Kleinwohnungen entsprechend dem Bedarf und der Zahlungsfähigkeit vieler Arbeiter in der Luisenstadt (z.B. Meyers Hof im Wedding).

In der Naunynstraße 7-11 entstand 1888 auf dem ehemaligen Gelände der Trainkaserne ein solcher Wohngebäudekomplex. Der neue Besitzer, ein Hauptmann a.D. von Stuckard, reichte für das in zwölf Parzellen aufgeteilte Grundstück eine Planung zur Genehmigung ein. Das Baugesuch wurde mit dem Hinweis auf die neue Baupolizeiordnung von 1887 abgelehnt. Die Baudichte war zu hoch; für jede Parzelle mußte ein gesonderter Bauantrag eingereicht werden. Nachdem dem Einspruch des Hauptmanns nicht stattgegeben wurde, verkaufte dieser

die Parzellen ohne Plan. Ab 1888 wurden die Grundstücke nacheinander mit fünfgeschossigen Vorderhäusern, Seitenflügeln und zwei Quergebäuden mit vorwiegend Stube-Küche-Wohnungen in den Hinter- und Zwei- bis Dreizimmerwohnungen in den Vorderhäusern bebaut.[111] Im Zuge der Sanierung des 20. Jahrhunderts wurden sämtliche Gebäude abgerissen und durch Neubauten ersetzt.

Eine relative Verbesserung der Wohnverhältnisse war zwar, wie schon angemerkt, nach den Bauordnungen von 1887 und 1897 eingetreten. Oft wurden die Wohnungen, teilweise auch in den Hintergebäuden, mit Balkonen und Erkern versehen, die Höfe wurden größer, Podest-WCs wurden eingebaut. Dennoch waren die Wohnverhältnisse nach wie vor bedrückend. Die hohen Mieten führten zur Überlegung; trotz Verbots der Vermietung von Kellerwohnungen lebten dort nach wie vor viele Menschen. Die Nähe der Fabriken beeinträchtigte das städtische Klima und führte zu hohen Lärmbelästigungen.

Staatliche Vorleistungen

Seit den siebziger Jahren vollzog sich eine eindeutige Aufgabenteilung zwischen Staat und Kommune. Der Staat lenkte mit dem Instrument der Bauordnungen Art, Umfang und funktionale Differenzierung der Bebauung und förderte den Ausbau des Verkehrswesens. Die Stadt, die mit dem Fluchtliniengesetz von 1875 die Planungshoheit besaß, sorgte für die Durchführung des Planes von James Hobrecht mit den notwendig gewordenen Revisionen, überließ jedoch die Aufstellung von neuen Bebauungsplänen den Terraingesellschaften und beschränkte sich ansonsten auf den Ausbau der technischen und sozialen Infrastruktur: Instandhaltung, Verbreiterung und Erweiterung der Straßen, Ausbau der Kanalisation und der bisher privat geführten Wasserversorgung, Ausbau des öffentlichen Schulwesens, des Gesundheitswesens und der Naherholung.

58 / Wohnhaus mit Balkons, erbaut um 1900, Foto um 1920

LUISENSTADT

59 / Hoch- und U-Bahnnetz, 1909

Mit der baulichen und der sozialen Verdichtung der Luisenstadt und der Entwicklung des Exportviertels Ritterstraße mußte auch der öffentliche Nahverkehr ausgebaut werden. 1896 begann der Bau der Hochbahn, die als südliche Ergänzung der Stadtbahn geplant war und die vom Zoologischen Garten über den Potsdamer Bahnhof zur Warschauer Brücke führen sollte. Der Bau wurde gegen den Protest von Bewohnern und Hauseigentümern durchgesetzt.
"Die neu angelegte, mit jungen Bäumen bepflanzte breite Gürtelpromenade im Zuge der alten Stadtmauer von dem Halleschen bis zum Schlesischen Tor wurde durch den Bau zerstört; die Anwohner klagten über das lästige Geräusch und die Hauseigentümer über die Entwertung der Vorderwohnungen."[112]
1902 wurde der östliche Teil der Strecke dem Verkehr übergeben. Sie war der Anfang des U-Bahnbaus, der erst in den zwanziger Jahren verstärkt einsetzen sollte. Der intensive Verkehr auf den Straßen förderte die Niederlassung von Einzelhandelsgeschäften, den Ausbau von Läden mit repräsentativen Schaufensterfronten an den Hauptverkehrsstraßen, z.B. in der Oranienstraße. 40 von insgesamt 93 Straßenbahnlinien und 15 von insgesamt 30 Pferdebuslinien in Berlin verbanden die Luisenstadt vor dem Ersten Weltkrieg mit dem Zentrum, dem Westen, dem Stralauer Viertel im Norden und der äußeren Luisenstadt/Neukölln im Südosten.[113]
Altmann charakterisierte die Situation:
"Als am 1. Mai 1896 die ersten Straßenbahnwagen ohne Pferde durch die Luisenstadt sausten, staunten die Bewohner die neuen Fahrzeuge nicht nur bewundernd an, sondern jeder fühlte unbewußt, daß jetzt ein großer Umschwung im Straßenverkehr erfolgen würde."[114]

Entsprechend der anwachsenden Bevölkerung wurde auch das öffentliche Schulwesen durch den Bau neuer Schulen ausgedehnt. Am Mariannenplatz wurde 1876 das zweite Gymnasium in der Luisenstadt gebaut, 1890 eine Realschule auf einer bis dahin noch gärtnerisch genutzten Fläche in der Mariannenstr. 47 errich-

60 / Hochbahnhof Kottbusser Tor, erbaut 1902

61 / Hochbahnhof Kottbusser Tor, abgerissen 1927

62 / Straßenbahnen auf dem Oranienplatz

DER VERSTÄDTERUNGSPROZESS

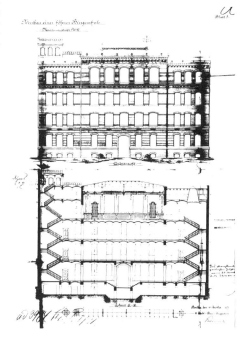

63 / Bauantragszeichnung für die höhere Bürgerschule, Mariannenstraße 47, 1891

tet. Zwischen 1870 und 1900 entstanden 25 Gemeindeschulen, überwiegend auf noch unbebauten Blockinnenflächen. Mit der Anlage des Treptower Parks 1876 erhielt die Luisenstadt ein weiteres Naherholungsgebiet. Hier fand 1896 die Berliner Gewerbeausstellung statt, die zwar mit einem großen Defizit abschloß, jedoch zu einem weiteren Aufblühen des Gewerbes in der Luisenstadt führte.[115]

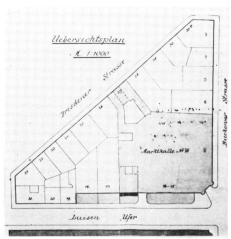

64 / Markthalle Nr. VII, erbaut 1888

65 / Markthalle Nr. VII, Eingang Dresdener Straße

Zur Unterstützung des Einzelhandels war der Magistrat in den achtziger Jahren dazu übergegangen, aus hygienischen Gründen die öffentlichen Märkte zu beseitigen und durch Markthallen zu ersetzen. 1888 wurde die Markthalle am Luisenufer/Dresdener Straße als Ersatz für den öffentlichen Markt am Oranienplatz und 1891 eine weitere Markthalle in der Eisenbahnstraße/Pücklerstraße in Betrieb genommen.[116]

"So hat es die Luisenstadt in einer 250jährigen Entwicklung nur zu einem Stadtteil der Arbeit gebracht. Wenn man morgens oder am Nachmittage die Straßen, die zur inneren Stadt führen, oder die Plätze beobachtet, wo einst die Tore der Stadtmauer standen — das Schlesische, Kottbusser oder Hallesche Tor —, zu denen einst die Soldaten in bunter Uniform und in blitzender Wehr aus- und einzogen, so sieht man heute dort nur die gewaltigen Heere der Arbeit in breitem Strome dahineilen. Des Morgens fluten die Massen stadteinwärts, hinein in die Fabriken, Geschäftshäuser und Verkehrsanstalten, des Abends wieder zurück in die meist engen und dürftigen Wohnungen. Stätten der Arbeit, wo täglich unerhöhte Warenmengen geschaffen werden, Geschäftshäuser, wo diese Waren verhandelt und versandt werden, Wohnhäuser für all die fleißig schaffenden Menschen: das sind die Gebäude der heutigen Luisenstadt. Da gibt es keine Luxushäuser und prächtigen Gärten mehr, ganz selten nur bessere Wohnhäuser, nirgends aber schmucke Villen oder Prachthäuser, die von behaglichem Lebensgenuß in der Luisenstadt zeugen könnten. Arbeit und Schaffen, daß ist ihr Zweck und Inhalt."[117]

66 / Lausitzer Platz mit Emmauskirche und die Hochbahnstrecke

67 / Der Mariannenplatz, um 1935

68 / Blick auf das heutige Fraenkelufer, um 1900

DIE WOHNVERHÄLTNISSE, ARBEITS- UND LEBENSBEDINGUNGEN GEGEN ENDE DES 19. JAHRHUNDERTS

Die Luisenstadt war um 1875 durch eine geschlossene Randbebauung mit vier- bis fünfgeschossigen Mietshäusern mit gleichförmigen, an der Schinkelschule orientierten klassizistischen Fassaden, mit Schaufensterfronten im Erdgeschoß und direkten Zugängen zu den kleinen Läden im Souterrain geprägt. Die sich hinter der vorderen Bebauung befindlichen Nutzungen wurden nur durch die Durchfahrten signalisiert, die zu den vielfältigen Arbeitsstätten der "Hinterhofindustrie" und zu den Kleinwohnungen mit den typisch Stube-Küche- und Stube-Küche-Kammer-Wohnungen in Vorder- wie Hinterhäusern führten. Obgleich von verschiedenen Einzelbauherren erstellt, ähnelte sich die Bebauung in Fassade, Grundriß und Nutzung bis auf unterschiedliche Ornamente der Fassade, der Lage der Durchfahrt und der besonderen Hervorhebung durch Überhöhungen an den Eckgrundstücken. Der profitable Massenwohnungsbau hatte sich durchgesetzt. Die vier- bis fünfgeschossigen Vorderhäuser mit Seitenflügeln waren von ihrer Struktur her am Massenbedarf an Wohnraum angepaßte Bürgerhäuser aus dem 18. Jahrhundert, wie sie noch in dem älteren Teil der Luisenstadt zu finden waren.

Der Anteil der von Hauseigentümern bewohnten Wohnungen sank zwischen 1843 und 1875 von ca. 9 Prozent auf ca. 4,5 Prozent. Die Berliner Wohnungen wurden während der Industriellen Revolution zu etwa 95 Prozent zum Zweck der Vermietung gebaut.[118]

Die hohen Investitionen im Rahmen der umfangreichen privaten Bautätigkeit waren abgesichert durch die große Nachfrage nach Gewerbebauten und Wohnungen (vorwiegend Kleinwohnungen) für die zahlreichen Arbeiter und Angestellten der neugegründeten Gewerbe-, Handels- und Dienstleistungsbetriebe.

Mit dem Abschluß der Separation war der freie Bodenmarkt ermöglicht, mit der Verabschiedung des Bebauungsplanes wurde das ehemals landwirtschaftlich genutzte Land Bauerwartungsland mit der Folge von Bodenwertsteigerungen. Der Boden avancierte zum Spekulationsobjekt, der Mietshausbau zur gutverkäuflichen Ware.

Das "Bauen auf Spekulation" erfaßte weite Kreise der Bevölkerung. Die Überbauung der Grundstücke mit mehrgeschossigen Gebäudekomplexen sicherte hohe Gewinne. An diesem Geschäft verdienten die Grundbesitzer, die den Grund und Boden in Erwartung hoher zu realisierender Gewinne durch eine intensive Bebauung an den Baustellenhändler verkauften; dieser machte das Grundstück baureif und veräußerte den Grund an den Bauunternehmer; der wiederum erstellte die Gebäude und verkaufte sie mit Gewinn an den Hauseigentümer, der über die Vermietung seinen Gewinn realisieren konnte. Die Finanzierung des Bodens und der Bauproduktion wurde meist ausschließlich über Hypotheken gesichert. So gerieten die Häuser, da zwar hohe Zinsen, aber keine Tilgung der Schulden gezahlt werden mußten, in eine Dauerverschuldung. Die Miete mußte die Zinsen für die Hypotheken decken, Gewinne für die Vermieter garantieren und zusätzlich die Kosten der Instandhaltung einschließen.[119]

Maximale Ausnutzung des Grundstücks, billige Bauweise, niedrige Ausstattung, eine dichte Belegung und ständige Mietpreissteigerungen ermöglichten eine höchstmögliche Rendite, bis die Grenze der Zahlungsfähigkeit der Mieter erreicht war. Der berüchtigte Berliner "Mietscontract"[120] verhalf dem Hausbesitzer zur absoluten Macht gegenüber den Mietern, damals als "Wohnungsfeudalismus"[121] angeprangert.

Anhand von verschiedenen historisch belegbaren Indikatoren soll im folgenden ein Bild der Wohnverhältnisse in der Luisenstadt gezeichnet werden. Kennzeichen der Wohnverhältnisse waren die Einwohnerdichte insgesamt, die Dichte der Bebauung auf den Grundstücken, die Wohnungsgröße und vor allem die Dichte der Belegung der einzelnen Wohnung, aber auch das Verhältnis von Miete zu Einkommen, die Zahl der Umzüge, die Art des Mietvertrages.

69 / Typische Bebauung der Luisenstadt, Dresdener Straße, um 1900

Wichtiges Material lieferte u.a. die von Richard Boeckh zusammengestellte Wohnungsstatistik aus dem Jahr 1875,[122] deren Daten sich auf einzelne Stadtteile und Bezirke beziehen. Dabei mußte berücksichtigt werden, daß die Statistik nur Durchschnittswerte angibt, die die krassen Wohnungsmißstände nivellieren, die um diese Zeit auch in der Luisenstadt geherrscht haben; von diesen Mißständen waren die unteren Einkommensschichten besonders betroffen.

1875 gehörte die Luisenstadt zu jenen Vierteln Berlins, die die schlechteren Wohnverhältnisse aufwiesen. Dies kann aus der in der Statistik aufgestellten Rangfolge herausgelesen werden. Dort wird noch zwischen der Luisenstadt diesseits und jenseits des Luisenstädtischen Kanals unterschieden. Die jenseitige Luisenstadt steht auf der Skala ganz unten: Sie hat die höchsten Gebäude, die meisten kleinen Wohnungen, die meisten Einwohner pro Haus und die zweithöchste Sterblichkeitsziffer; in ihr wohnten die meisten wenig Einkommensteuer zahlenden, minderbemittelten Bevölkerungsgruppen.[123]

Folge der Stadttheile nach:

der Wohlhabenheit (Einkommensteuerschätzung)	dem Vorwiegen des weibl. Geschlechts	der Dichtigkeit der Bevölkerung	der Behausungsziffer (Einw. pro Haus)
Dorotheenstadt(Kpl.), Friedrichs-Vorstadt, Friedrichstadt, Friedrichswerder, Cöln (Alt- u. Neu-), Schöneberger Vorst., Berlin, Luisenstadt, diess. = = = = Spandauer Viertel, Fr.-Wilhelmstadt, Tempelhofer Vorst., Moabit, Königs-Viertel, Stralauer Viertel, Luisenstadt, jens., Oranienburger Vorst., Rosenthaler Vorstadt, Wedding.	Friedrichs-Vorstadt, Schöneberger Vorst., Friedrichstadt, Spandauer Viertel, Rosenthaler Vorstadt, Luisenstadt, diess., Dorotheenstadt(Kpl.), Königs-Viertel, Cöln (Alt- u. Neu-), = = = = Stralauer Viertel, Luisenstadt, jens., Fr.-Wilhelmstadt, Friedrichswerder, Tempelhofer Vorst., Oranienburger Vorst., Berlin, Wedding, Fr.-Wilhelmstadt, Moabit.	Moabit, Wedding, Tempelhofer Vorst., Dorotheenstadt(Kpl.), Friedrichs-Vorstadt, Schöneberger Vorst., Luisenstadt, diess., Königs-Viertel, Oranienburger Vorst. = = = = Rosenthaler Vorstadt, Stralauer Viertel, Fr.-Wilhelmstadt, Friedrichstadt, Friedrichswerder, Cöln (Alt- u. Neu-), Luisenstadt, diess., Berlin, Luisenstadt, diess., Spandauer Viertel.	Cöln (Alt- u. Neu-), Berlin, Friedrichswerder, Friedrichs-Vorstadt, Dorotheenstadt(Kpl.), Friedrichstadt, Schöneberger Vorst. = = = = Spandauer Viertel, Tempelhofer Vorst., Luisenstadt, diess., Königs-Viertel, Moabit, Rosenthaler Vorstadt, Fr.-Wilhelmstadt, Stralauer Viertel, Wedding, Oranienburger Vorst., Luisenstadt, jens.

der Sterblichkeit	der Wohnungsziffer (pro Haus)	der Durchschnittshöhe der Gebäude	der Hausgartenfläche (pro Haus)
Friedrichs-Vorstadt, Dorotheenstadt(Kpl.), Friedrichstadt, Friedrichswerder, Fr.-Wilhelmstadt, Schöneberger Vorst., Berlin, Luisenstadt, diess., Spandauer Viertel, Cöln (Alt- u. Neu-), Tempelhofer Vorst., Moabit, = = = = Königs-Viertel, Stralauer Viertel, Oranienburger Vorst., Rosenthaler Vorstadt, Luisenstadt, jens., Wedding.	Berlin, Friedrichswerder, Dorotheenstadt(Kpl.), Cöln (Alt- u. Neu-), Friedrichstadt, Wedding, Spandauer Viertel, Schöneberger Vorst., = = = = Tempelhofer Vorst., Fr.-Wilhelmstadt, Luisenstadt, diess., Moabit, Königs-Viertel, Friedrichs-Vorstadt, Stralauer Viertel, Rosenthaler Vorstadt, Oranienburger Vorst., Luisenstadt, jens.	Moabit, Wedding, Berlin, Friedrichswerder, Königs-Viertel, Spandauer Viertel, Dorotheenstadt, Friedrichstadt, Oranienburger Vorst., = = = = Tempelhofer Vorst., Stralauer Viertel, Luisenstadt, diess., Friedrichs-Vorstadt, Schöneberger Vorst., Rosenthaler Vorstadt, Cöln (Alt- u. Neu-), Luisenstadt, jens.	Moabit, Wedding, Tempelhofer Vorst., Friedrichs-Vorstadt, Schöneberger Vorst., Rosenthaler Vorstadt, Stralauer Viertel, = = = = Oranienburger Vorst., Königs-Viertel, Friedrichstadt, Dorotheenstadt(Kpl.), Luisenstadt, jens., Luisenstadt, diess., Fr.-Wilhelmstadt, Friedrichswerder, Spandauer Viertel, Cöln (Alt- u. Neu-), Berlin.

Entwicklung der Behausungsziffer:

	1867	1871	1875
Luisenst. j.	70	83,1	84,9
d.	60,6	64,2	61,8
Berlin gesamt	51,2	56,8	57,9

Die Wohnverhältnisse in Zahlen

Die höchsten Werte der *Behausungsziffer* — die Zahl der Einwohner auf dem Grundstück — wurden in der jenseitigen Luisenstadt erreicht. Sie lagen 1875 durchschnittlich bei 84,9 Einwohner je Grundstück. In den östlichen Gebieten lebten 55 Prozent der Bewohner auf Grundstücken mit mehr als 100 Einwohnern.[124] Der jenseitigen Luisenstadt folgten in Bezug auf diesen Indikator die Oranienburger Vorstadt mit 79,4 und das Stralauer Viertel mit 73,4 Einwohnern. Die geringste Behausungsziffer wiesen im Gegensatz dazu die südliche Friedrichstadt (31,3), der Königsplatzbezirk (30,2) oder auch die Altstadt (34,8) auf, Stadtteile, für die ihre niedrigen, in der Regel zwei- bis dreigeschossigen Häuser und die vielen Läden charakteristisch sind.

Die durchschnittliche statistisch feststellbare *Belegungsdichte* — die Anzahl von Bewohnern pro Wohnung — zeigt in der gesamten Luisenstadt eine fallende Tendenz. Betrug sie 1861 noch 5,0, war sie 1875 auf 4,4 gesunken.[125] Sie bewegte sich damit in etwa innerhalb des Berliner Durchschnittes. Es ist anzunehmen, daß der Grund für das Abnehmen in der zunehmenden Bautätigkeit zu sehen ist, die — allgemein gesehen — eine Verbesserung bedeutete. Über zyklisch eintretende, relative Verschlechterungen, von denen viele Bewohner betroffen waren, sagt diese Zahl nichts aus.

1875 wies die jenseitige Luisenstadt die meisten Häuser über drei Geschosse auf, es folgte die diesseitige Luisenstadt, die Rosenthaler Vorstadt und das Stralauer Viertel. Im Zuge der weiteren *Überbauung* Berlins nahm der Anteil der Häuser mit drei, vier und fünf Geschossen beständig zu; das betraf vor allem die Stadterweiterungsbereiche in den äußeren Zonen der Vorstädte. So erklärt es sich, daß die Bebauung der Luisenstadt in östlicher Richtung immer dichter wurde.
Noch 1861 gehörte die Luisenstadt mit nur 27 Prozent der in Hinterhäusern gelegenen Wohnungen zu den relativ gering mit Hofgebäuden besetzten Vierteln. Bis 1878 erfolgte eine Verdichtung, so daß mit 36 Prozent Hinterwohnungen der Berliner Durchschnitt überschritten wurde.[126] Diese Tendenz der verdichteten Bebauung setzte sich in den nächsten Jahren weiter durch.

1875 hatten etwa die Hälfte aller *Wohnungen* in der Luisenstadt nur ein heizbares Zimmer, mehr als 25 Prozent waren Zweizimmerwohnungen. Die mittelgroßen Drei- bis Vierzimmerwohnungen lagen mit 12,5 und 5,1 Prozent über dem Berliner Durchschnitt; sie wurden von vielen Zwischenmeistern als kombinierte Arbeits- und Wohnplätze genutzt.[127] Die diesseitige Luisenstadt hatte wiederum mehr große Wohnungen mit über fünf heizbaren Zimmern, während die jenseitige Luisenstadt den höheren Anteil an Einzimmerwohnungen aufwies.[128] Auch hier zeigt sich das West-Ost-Gefälle des Gebietes.

Mit dem starken Anwachsen proletarischer Bevölkerungsgruppen wuchs in Berlin — seit 1880 — der Anteil an Kleinwohnungen insgesamt. Die Bevölkerung nahm vorrangig im Norden und Osten der Stadt zu, also in den reinen Arbeitervierteln, während die wohlhabende Bevölkerung aus dem Westen und dem Stadtzentrum immer mehr in die westlichen Vororte abwanderte. In nördlichen und östlichen Vorstädten fanden sich die meisten Kleinwohnungen, z.B. wies Rixdorf 88 Prozent aller Wohnungen als Kleinwohnungen auf.[129]

1875 wurde in der Luisenstadt, wie in den meisten Stadtbezirken, *Gasleitungen* verlegt. Ausgenommen waren Moabit und Wedding. Etwa jedes zweite Haus war an die städtische *Wasserleitung* angeschlossen. "Waterclosets" hatten vor allem die wohlhabenden Viertel, die Luisenstadt folgte etwa in der Mitte, die wenigsten Waterclosets hatten der Wedding, Moabit und die Oranienburger und Rosenthaler Vorstadt.[130]

Von 22.846 Wohnungen in der jenseitigen Luisenstadt hatten 16.801 eine "besondere Küche", 2.043 hatten einen Gasanschluß, 12.551 eine Wasserleitung, 1.952 ein Watercloset. In der diesseitigen Luisenstadt zählte man 26.414 Wohnungen, 21.486 davon hatten eine "besondere Küche", 5.290 Gasanschluß, 18.816 eine Wasserleitung und 5.000 ein WC.[131] Die meisten Wohnungen hatten Ofenheizungen. In der Regel hatten die Bewohner also keine Toilette in der Wohnung. Die Häuser wurden mit sogenannten "Abtrittgebäuden mit Tonnensystem" erbaut, die separat im Hof standen. Später wurden die Hofaborte an die Kanalisation angeschlossen. Ganz vereinzelt baute man schließlich WCs in die Häuser ein, erst auf die Treppenpodeste, dann in die Wohnungen.

Ein eindrucksvolles Zeugnis für den Kampf um hygienische Verbesserungen bzw. Toiletten und für die Argumentationen der Hausbesitzer ist dem folgenden Einspruch des Medicinalraths Stryck zu entnehmen, der als Hausbesitzer von der Polizei aufgefordert wurde, den Mangel an ausreichenden Toiletten zu beheben:
"Berlin, den 5. März 1887 — Klage des Dr. med. Stryck, hier, Ritterstraße 19, gegen das Königliche Polizeipräsidium zu Berlin, wegen des Verlangens zur Herstellung von noch 2 Wasserklosets in dem Quergebäude des Hauses Adalbertstraße 74.
Durch Verfügung des Königlichen Polizei-Präsidiums vom 18. Februar d.J., behändigt am 22. Februar, welche in Abschrift beiliegt, war mir aufgegeben, in dem Quergebäude meines Hauses Adalbertstraße 74 für die Herstellung von noch 2 Klosets Sorge zu tragen, da dort nur 2 Klosets vorhanden und auf jede dieser Anlagen die Bewohner von 10 Wohnungen angewiesen seien.
Richtig ist, daß die Miether von 10 Wohnungen auf je ein Kloset angewiesen sind. Aber diese Wohnungen bestehen nur aus 1 Stube und 1 einfenstrigen Küche, und zwar 4 Wohnungen aus nur 1 einfenstrigen Stube und 1 einfenstriger Küche; 6 Wohnungen haben 1 einfenstrige Stube. Diese Wohnungen sind selbstverständlich nur von einer Familie bewohnt, also von 2 erwachsenen Personen und den etwaigen Kindern.
Dazu kommt, daß sämtliche männliche Personen ihre Arbeitsstelle außer dem Hause haben, mithin von 5-5 1/2 früh bis 6 1/2 bis 7 Uhr Abends nicht zu Hause sind. Diese benutzen also gewiß in den seltensten Fällen das Closet im Haus, da der Stuhlgang meist im Laufe des Tages erfolgt.

70 / Proletarisches Wohnen im Keller. Blick in den Schlafraum, Köpenicker Straße 55b, Quergebäude

71 / Schusterwerkstatt um 1900, Fotografie von Heinrich Zille

Dasselbe ist bei den schulpflichtigen Kindern der Fall, die wohl auch meist ihr Bedürfnis in dem Schulgebäude befriedigen. Da die kleinen Kinder gewöhnlich ein Töpfchen zu dem Geschäfte benutzen, so bleiben also nur die Frauen übrig und davon sind in jeder Wohnung durchschnittlich nur eine. Es würden also auf je ein Kloset 10, resp. 11 Personen kommen. Nimmt man aber die doppelte Zahl, also 20 Personen an, die ein Closet benutzen, so könnten auch hieraus kaum Unzuträglichkeiten entstehen. Denn eine solche Sitzung nimmt im Durchschnitt incl. Ordnung der Kleider, was bei den Frauen wohl nicht notwendig sein dürfte, 3-4, oder auch 5 Minuten, in Anspruch; rechnet man auf eine jede Sitzung sogar 10 Minuten, so würden 12 Tagesstunden allein schon Zeit genug bieten zur Benutzung des Closets für 72 Personen, wobei angenommen wird, daß jede Person täglich einmal Stuhlgang hat, was bekanntlich insbesondere bei den Frauen nicht der Fall ist, von denen die meisten nur alle 2-3 Tage einmal Stuhlgang haben.

Nach dieser Richtung hin können also kaum Unzuträglichkeiten entstehen, sind auch bisher nicht entstanden; wenigstens sind dem Kläger auf seine speziellen Erkundigungen niemals Beschwerden darüber zu Ohren gekommen. Andere Gründe giebt das Königliche Polizei-Präsidium nicht an, daß z.B. durch allzustarke Benutzung Verstopfungen der Closets und in Folge dessen gesundheitsgefährliche Zustände eingetreten seien, oder daß die Wasserspülung eine ungenügende sei. Was letzteres anbelangt, so werden durchschnittlich pro Jahr 1.640 Kubikmeter Wasser in dem Hause verbraucht, ein Quantum, welches selbst die städtische Verwaltung der Wasserwerke für sehr groß hält, die deshalb anstatt der 4maligen Kontrolle im Jahre eine 8malige angeordnet hat. Diese Angabe wird erforderlichen Falls unter Beweis gestellt werden.

Es bleibt also nur ein Grund für das Königliche Polizei-Präsidium übrig, 'daß nämlich 10 Wohnungen auf 1 Closet angewiesen seien'.

Wie oben nachgewiesen, reicht ein Closet für die vorhandenen Personen aus und es wird daher beantragt zu erkennen, daß das Königliche Polizei-Präsidium gehalten sein soll, die Verfügung vom 22. Dezember v.J. zurückzunehmen, demselben auch die Kosten des Verfahrens aufzuerlegen. gez. Stryck

An den Bezirks-Ausschuß zu Berlin. — Eingereicht bei dem Königlichen Polizei-Präsidium. Abtheilung III, Hier."

Diesem Einspruch wurde nicht stattgegeben. Am 15. April 1887 entschied der Bezirksausschuß, daß zwei Closets für 77 Personen nicht ausreichend seien. Im August 1887 wurden schließlich die Toiletten gebaut.[132]

1875 wurden in der Luisenstadt 17,3 Prozent der Wohnungen geschäftlich genutzt, in der diesseitigen waren es 20 Prozent und in der jenseitigen nur 13 Prozent. Mehr als 18 Prozent der Bewohner lebten in Wohnungen, die zugleich Arbeitsstätten waren.[133]

Die Statistik von 1875 gibt nicht nur Auskunft über die horizontale Aufteilung der Luisenstadt nach Bezirken und Stadtteilen, sondern auch über die vertikale; d.h. über die Verteilung der Wohnungen in den einzelnen Stockwerken, ihren durchschnittlichen Mietwert und darüber, ob sie geschäftlich oder nur zum Wohnen genutzt werden. Die erste und die zweite Etage waren die gesündesten, bequemsten und die teuersten. Mit zunehmender Höhe wurden die Wohnungen kleiner und die Ausstattung schlechter. In den Seitenflügeln und Hinterhäusern lagen in der Regel ebenfalls kleinere und schlechtere Wohnungen, die etwas billiger waren als die Vorderhauswohnungen.

Luisenstadt 1875

	jenseits	diesseits
Wohnungen	22.846	26.414
geschäftlich genutzte Wohnungen	2.988	5.530
Einwohner	99.700	118.405
Wohnungen i. VH.	14.389	17.255
Einwohner	65.051	80.153
Wohnungen i. HH.	8.479	9.159
Einwohner	34.649	38.252

	Kellerwohnungen		I. Geschoß		III. Geschoß		Dachgeschoß	
	jenseits	diess.	jens.	diess.	jens.	diess.	jens.	diess.
Wohnungen	2125	2892	3908	5049	4099	2931	346	618
davon gesch. gen.	1015	1477						
Zimmer	3766	5506	8049	15614	5649	5410	467	934
Ø Wohnungsgröße	2,7 Zi	1,9 Zi	2,5 Zi	3,1 Zi	1,4 Zi	1,8 Zi	1,3 Zi	1,5 Zi
heizbare Zi	2912	4005	7301	13585	5200	4835	382	752
Ø Größe, heizbar	1,3 Zi	1,4 Zi	1,9 Zi	2,9 Zi	1,3 Zi	1,7 Zi	1,1 Zi	1,2 Zi
EW	9464	12888	16949	22635	17470	12954	1332	2311
EW/WE	4,5	4,5	4,3	4,5	4,3	4,4	3,8	3,7
EW/ZI	2,7	2,4	1,7	1,5	3,1	2,4	2,9	2,5
EW/ZI, heizbar	3,5	3,2	2,3	1,7	3,3	2,6	3,4	3,1
Ø Mietwert/J	462 M	416 M	582 M	968 M	306 M	406 M	235 M	255 M

Die Zahl der *Kellerwohnungen* ist ein wichtiger Indikator für die Ermittlung der Wohnverhältnisse — je mehr Keller bewohnt waren, desto größer war auch insgesamt die Wohnungsnot. Der Anteil der Kellerwohnungen machte in der jenseitigen Luisenstadt immerhin 9,3 Prozent und in der diesseitigen fast 11 Prozent aus. Der Berliner Durchschnitt betrug jedoch schon 10,1 Prozent.[134]

In den Kellerwohnungen lebten nicht nur vorwiegend arme Arbeiter, sondern auch Handwerker, die entweder in der Wohnung selbst oder in Nebenräumen ihre Werkstätten hatten. Schwabe, der damalige Leiter des statistischen Büros, charakterisierte die Bewohnerschaft 1871 folgendermaßen:

"Man kann die gesammte Bewohnerschaft der Kellerwohnungen in 4 Hauptklassen bringen, sie besteht: zu 34 pCt. aus kleinen Handwerkern, namentlich Schuhmacher, Klempner, Schlächter etc., zu 32 pCt. aus Bestandtheilen der sogenannten arbeitenden Klassen und persönliche Dienste Leistenden, namentlich Handarbeiter, Tagelöhner, Wäscherinnen, Arbeiterinnen, Portiers, Dienstmännern, Briefträger etc., zu 20 pCt. aus kleinen Handelsleuten, endlich zu 14 pCt. aus Schankwirthen und Budikern etc."[135]

Die durchschnittliche Belegungsdichte lag etwa bei 4,5 Einwohnern pro Kellerwohnung. Diese Zahl entspricht sowohl der durchschnittlichen Belegungsdichte in der gesamten Luisenstadt, als auch der Dichte in den unterschiedlichen Geschossen. Betrachtet man dazu die durchschnittliche Wohnungsgröße, so verändert sich das Bild: Für die 4,5 Einwohner standen Kellerwohnungen zur Verfügung, die im Durchschnitt nur aus 1,7 (jenseits) bzw. 1,3 (diesseits) heizbaren Zimmern bestanden.

Hinzu kommt, daß etwa die Hälfte der Kellerwohnungen 1875 geschäftlich genutzt wurden. Ein Großteil dieser Wohnungen lag im Vorderhaus. Das bedeutete für die Familien, daß sie noch enger zusammenrücken mußten, um in ihrer kleinen Wohnung noch Platz für das Geschäft oder den Gewerbebetrieb zu schaffen.

In den darauffolgenden Jahren sank der Anteil an Kellerwohnungen in Berlin, was zum einen auf die strengeren Bestimmungen der Bauordnung von 1887 und zum anderen auf die zunehmend schlechtere Vermietbarkeit von Kellerwohnungen zurückzuführen ist.

Über den unmenschlichen Zustand der Kellerwohnungen schrieb A. Braun noch 1893:

"Diese gelten im Allgemeinen nicht mit Unrecht für wenig behaglich und nur dann für die Gesundheit nicht nachtheilig, wenn Licht und Luft genügend Zutritt haben und eine zweckmäßige Bewirthschaftung der Räume stattfindet. Gerade aber diese ist besonders in den Wohnungen der Armen fast unmöglich. Kellerwohnungen haben mit seltenen Ausnahmen gegen Feuchtigkeit zu kämpfen, deren man selbst bei tadelloser Anlage der Außenmauern nicht immer Herr wird, und je tiefer der Raum unter die Oberfläche hinabgeht, je näher seine Sohle dem Grundwasserspiegel kommt, desto schwieriger wird es, die Wände trocken zu erhalten. Fehlt dann noch die nöthige Beleuchtung, so haftet den Wohnungen von vornherein etwas Unheimliches an, das durch die modrige Beschaffenheit der Wände noch erhöht wird. Nur regelmäßig zugeführte Luft macht derartige Räume einigermaßen erträglich. Wo soll diese herkommen? Liegen nicht die Kellerwohnungen in ihrer Mehrzahl nach kleinen Höfen zu, die, bei früheren Bauanlagen wenigstens, rings von hohen Stockwerken eingeschlossen sind, meist Müllkasten, Aborten u.s.w. Raum geben müssen, und oft noch mit Stallungen bebaut sind? Da nützt auch die beste Ventilation nichts, und es ist unnötig zu erwägen, ob die Luft der Wohnungen durch die vom Hofe eindringende nicht noch verschlechtert wird. Soviel ist gewiß, daß ohne Noth kein Mensch in dieser Atmosphäre verweilen mag."[136]

"Nicht günstiger liegen die Verhältnisse der in der 'Kreuz-Zeitung' geschilderten Dachwohnungen. Zu der ersten, welche die Gewährsmänner besuchten, führen anderthalb Treppen mit sehr mangelhafter Beleuchtung; des Abends versucht eine kleine Petroleumlampe mit geringem Erfolge mit der Dämmerung zu ringen, so daß dann der Aufgang nicht ungefährlich ist. Hat man sich an einem Küchenschranke, der den Vorraum einengt, vorbeigewunden, so gelangt man in eine schmutzige, dunkle und dumpfige Dachkammer, die 2,75 m breit, 3,50 m lang und 2 m hoch ist. Dieser Raum wird durch ein kleines Fenster an der Decke und ein noch kleineres an der rechten Wandseite, 1/2 m über dem Fußboden, erhellt. Nur durch das Fenster an der Decke kann man den freien Himmel sehen. Inhaberin ist eine Witwe, die sich als Wäscherin nährt, mit vier Kindern — drei Söhnen von 14-7 Jahren und einer dreizehnjährigen Tochter. Die Ausstattung ist sehr mangelhaft, die Ernährung höchst dürftig, da die Mutter alles erarbeiten muß. Die kleine Wohnung kostet monatlich 7,50 Mark."[137]

Dagegen waren die Verhältnisse in den Wohnungen der übrigen Geschosse durchschnittlich etwas besser. Sie hatten 2,5 bzw. 1,9 heizbare Zimmer in der jenseitigen und 3,1 bzw. 2,7 heizbare Zimmer in der diesseitigen Luisenstadt. Beim Vergleich zwischen Vorder- und Hinterhaus unterschieden sich die Werte noch einmal zu ungunsten des Hinterhauses. Im Gegensatz dazu bestanden die Wohnungen der sogenannten "besseren Viertel", z.B. am Königsplatz, im Durchschnitt aus 5,3 bzw. 4,8 heizbaren Zimmern; in der Friedrichstadt hatten sie sogar 5,2 bzw. ebenfalls 4,8 heizbare Zimmer.

Sozialstruktur in den Stockwerken

"Der Volksstaat" vom 20.7.1873 gab Aufschluß darüber, wie sich die unterschiedlichen Bevölkerungsgruppen auf den verschiedenen Stockwerken verteilten:
*"Sobald heute ein Hausbesitzer sein Haus nicht ausschließlich für sich gebrauchen will (...), sondern dessen Räume zum Vermieten bestimmt, läßt er so viele Stöcke auf einander pfropfen, als überhaupt tunlich ist. Vier bis fünf Etagen ist das Gewöhnliche.
Erste Etage: Bewohnt der Hausbesitzer und Bourgeois höchstselbst mit Familie. Ist hübsch geräumig, von allen Etagen die gesündeste und die bequemste.
Zweite Etage: Kommt der ersten so ziemlich gleich. Hier wohnt eine 'Herrschaft', 'die es machen kann' und welcher der Herr Bourgeois und Hausbesitzer deshalb ungeheure Bücklinge macht, denn der 'Herrschaft', die Geld genug hat, ist es gleichgültig, ob sie alljährlich mit 50 Talern übersetzt wird oder nicht. Mietpreis 500-600 Taler.
Dritte Etage: Wenn keine 'Herrschaft' sich findet, wird die dritte Etage an verschiedene Familien verteilt. Der Hausbesitzer ist hier noch höflich, aber vergibt sich durchaus nichts von seiner Bourgeois-Würde. Ist sein Rücken von der zweiten Etage noch etwas krumm, so wird er in der dritten augenblicklich bilzgerade und steif. Mietpreis für eine Familie 300-400 Taler.
Vierte Etage: Der Herr Hausbesitzer hat nicht Zeit, sich mit all den Leuten abzugeben, die hier wohnen; er sieht sie nur bei seiner 'Arbeit', beim Einstreichen des Mietzinses, und vergißt deshalb, da er sie nicht kennt, zuweilen in der vierten Etage ihren Gruß zu erwidern; Rücken korporalsmäßig steif. Mietpreis 150-200 Taler.
Fünfte Etage: Man kennt sich gar nicht. Der Mietzins wird mit abgewandtem Gesicht empfangen. Überhaupt ist es nur der besonderen 'Humanität' der Herren Hausbesitzer zu verdanken, daß man da oben solche Leute wohnen läßt. Mietzins 80 bis 120 Taler.
Unter der Erde: Habenichtse, Arbeiter, die eigentlich gar keine Wohnung brauchten, wenn die Herren Hausbesitzer nicht wieder so 'human' wären und ihnen ihre stinkenden, feuchten dumpfen Kellerlöcher überließen. Bei der geringsten 'Störung der Hausordnung' werden sie mit bekannter Humanität auf die Straße geworfen. Mietpreis 40-50 Taler."*[138]

Auch in der Luisenstadt konnte sich diese durchmischte Wohnform, die z.B. von Hobrecht und anderen konservativen Wohnungsreformern angestrebt worden ist, ausbilden. Reine Arbeiterviertel, so befürchtete man, seien ein unkontrollierbares politisches Konfliktpotential. Jedoch nahm diese Durchmischung der Schichten gegen Osten hin ab. Insbesondere in der nach 1870 entstandenen äußeren Luisenstadt, außerhalb der Zollmauer, entwickelte sich ein reines Arbeiterviertel mit Kleinwohnungen in Vorder- und Hinterhäusern.

Miete

Der Durchschnittswert der Miete von 1875, dies zeigte schon das Zitat aus dem "Volksstaat", schwankte je nach der Lage der Wohnung. Dachwohnungen waren in der Regel am billigsten, dann folgten die Kellerwohnungen. Wohnungen mit nur einem heizbaren Zimmer waren die relativ teuersten, während Zweizimmerwohnungen relativ am billigsten waren. Durch die ständigen Mietpreissteigerungen sank der Bestand von billigen Wohnungen. Mieter, die wegen Mieterhöhungen ausziehen mußten, fanden oft keine ihrem Einkommen angemessene Wohnung mehr. Engel verdeutlichte die Mietpreissteigerungen anhand einer Untersuchung über das *Verhältnis Miete zu Einkommen*, die vom Leiter des städtischen statistischen Büros, Dr. Schwabe, 1867 durchgeführt wurde; danach wurde deutlich, je niedriger das Einkommen, desto größer die Auslagen für Wohnung und Nahrung. Dazu folgende Tabelle:[139]

Einnahmen	Ausgaben für die Wohnung	
300 Thr.	72,3 Thlr. =	24,10 Procent
500 Thr.	110,55 Thlr. =	22,11 Procent
750 Thr.	150,00 Thlr. =	20.00 Procent
1.000 Thr.	275,50 Thlr. =	27.50 Procent
1.500 Thr.	350,85 Thlr. =	23.39 Procent
2.000 Thr.	401,20 Thlr. =	20.56 Procent
2.500 Thr.	471,75 Thlr. =	18.87 Procent
3.000 Thr.	522,00 Thlr. =	17.40 Procent
3.500 Thr.	568,75 Thlr. =	16.25 Procent
4.000 Thr.	604,80 Thlr. =	15.12 Procent
4.500 Thr.	641,25 Thlr. =	14.25 Procent
5.000 Thr.	673,50 Thlr. =	13.47 Procent
7.500 Thr.	807,75 Thlr. =	10.77 Procent
10.000 Thr.	920,00 Thlr. =	9.20 Procent

Diesen Zahlen stellte nun Engel die jährlichen Ausgaben für die "normale, keinesfalls luxoriöse Ernährung einer Durchschnittsfamilie" gegenüber:

Einnahmen	Ausgaben für die Ernährung	
von 300 Thlrn	214,44 Thlr =	71,48 % des Einkommens
von 500 Thlrn	344,25 Thlr =	68,85 % des Einkommens
von 750 Thlrn	496,27 Thlr =	66,17 % des Einkommens
von 1.000 Thlrn	640,00 Thlr =	64,00 % des Einkommens
von 1.500 Thlrn	911,35 Thlr =	60,75 % des Einkommens
von 2.000 Thlrn	1.173,30 Thlr =	58,65 % des Einkommens

"... so kann man wohl fragen, was bleibt nach Bestreitung von Nahrung und Wohnung noch zur Deckung der übrigen Bedürfnisse übrig? Die Antwort ist: die Familien werden durch die steigende Wohnungsausgabe auf eine tiefere Lebensnorm herabgedrückt; sie müssen an Kleidern, Erziehungsausgaben und Ausgaben für Gesundheitspflege, leibliche und geistige Erholung sparen, was sie nothgedrungen für das Obdach mehr aufzuwenden gezwungen sind, wenn sie die Wohnung nicht fort und fort mit einer billigeren vertauschen und alle damit verbundenen... Nachtheile in den Kauf nehmen wollen."[140]

Konsequenzen für die Mieter

Die Verteuerung der Grundstückspreise und der Häuser sowie die mangelhafte Ausstattung mußten letzten Endes die Mieter tragen. Adolf Braun vermerkte

72 / **Werkstatt und Wohnung einer Drechslerfamilie, Blücherstraße 13**

dazu: "Die Wohnungen werden vermietet, bevor sie auch nur halbwegs ausgetrocknet sind, Fenster und Thüren sind aus billigstem, oft noch feuchtem Holze verfertigt, sie werden bald zu klein, schützen nicht genug vor Wind und Wetter; Abtritte, Wasserleitung und Ausguß und hie und da auch Küchen und Korridore müssen von mehreren Parteien gemeinsam benutzt werden. Für Reparaturen in den Wohnungen wird vom Hausherrn nichts angewandt, die Wände sind oft verschmiert und verrußt, die Öfen unbrauchbar, die Dielen verfault."[141]

Um ihre Wohnungen behalten zu können, waren viele Familien gezwungen, entweder unterzuvermieten oder Schlafburschen bzw. Chambregarnisten aufzunehmen. Das Schlafstellenwesen war vor allem bei den unteren sozialen Schichten, bei kinderreichen Familien oder alleinstehenden Frauen mit Kindern verbreitet. In der Luisenstadt nahmen 1875 22,6 Prozent aller Haushalte Schlafleute auf; absolut: Auf 49.260 Haushalte kamen 11.112 Schlafleute.[142] "Viel losere Verbindung mit dem Haushalt haben die sogenannten Schlafleute, welche nur zum Zweck des Nachtquartiers die Wohnung betraten. Sie beanspruchten keinen eigenen Raum, sondern hatten nur ein Recht auf ihr gemietetes Nachtlager, daher bildeten sie die unterste Klasse der Bevölkerung in Ansehung der Wohnverhältnisse",[143] so die zeitgenössische Berichterstattung.

Adolf Braun berichtete 1893 über die Berliner Schlafstellen: "Kinder beiderlei Geschlechts müssen mit Eltern und oft mit Fremden im gleichen Raume, oft auch im gleichen Bette hausen, die Vorteile der Häuslichkeit gehen verloren, das Wirtshaus bietet vielen eine angenehmere Erholung, als das Zusammensein mit Frau und Kind in einem Wohnraume, der mit Fremden geteilt werden muß, in dem die Gelegenheit zu Zank und Streit in Folge eines engen Aneinanderwohnens ununterbrochen besteht. ... Bei dem Theilen der Wohnungen mit Fremden kann von Sauberkeit, guter Erhaltung der Wohnungen und des Hausraths nicht die Rede sein, ... Das enge Zusammenwohnen erzeugt Krankheiten und bietet Gelegenheit, daß Epedemien rasch um sich greifen, ..."[144]

Es gab aber auch Hausbesitzer, die mit der Vermietung von Schlafstellen das große Geschäft zu machen hofften. Sie richteten für diesen Zweck die oberen Stockwerke entsprechend ein. Friedrich Sass schilderte bereits 1846 eine solche Schlafstelle — Verhältnisse, die sich mehr als hundert Jahre lang fortgesetzt haben: "Suchen wir einmal eine Berliner Schlafstelle auf. ... Drei Treppen hoch auf dem Hofe. Das Vorderhaus ist elegant eingerichtet, glänzende Spiegelfenster, breite, bequeme Treppen, hohe Salonthüren, aber eilen wir hindurch und treten wir in den Hof, rings umbaut von Wohnungen, welche die ärmere Klasse bewohnt, während vorne vielleicht der Reichthum schwelgt. Es fehlt aller Luftzug, die Luft ist deshalb schwül und verdorben durch die verschiedenartigsten Ausdünstungen; ... Seitwärts zu beiden Seiten, führen die Treppen in die Wohnungen einher, aber welch ein Unterschied zwischen diesen Treppen und denen im Vorderhause. Sie sind steil, roh und fast gänzlich dunkel, es ist ihnen nur der geringste Platz gelassen. ... Aber gehen wir weiter und suchen wir, um diese (anderen, sich im Haus befindlichen, Anm.) 'selbständigen Wohnungen' unbekümmert, die Schlafstellen auf. Sie sind die Zugabe zu diesen Lokalen der Armuth. Die Armuth theilt hier mit der Armuth. Wir steigen durch das schmutzige Küchenlokal einer dem Elende preisgegebenen Familie und durch das Wohnzimmer derselben, wo-

73 / Barackenkolonie obdachloser Familien am Kottbusser Damm, 1872

rin sie sich von der alten blinden Großmutter bis zum neugeborenen Säugling bewegen muß. Nebenan ist noch ein kleiner Raum: treten wir durch die niedrige Thür ein, dieses hier ist nun eine Schlafstelle. Hier wohnen zwei Handwerksgesellen. Das ärmliche Bett, in dem sie gemeinschaftlich schlafen, nimmt fast den ganzen Raum ein. Ein Fensterchen, welches kaum den Namen eines solchen verdient, geht über die Dächer hinaus. Am Nagel hängt ein Ränzel, vielleicht ist auch noch irgendwo eine Kiste zu bemerken. Aus dem mit Kalk bedeckten Schurzfelle, welches über dieselbe ausgebreitet liegt, schließen wir, daß der eine Bewohner ein Maurergeselle ist. Die Wände des engen Raumes sind getüncht, die Feuchtigkeit sickert von den Wänden, an Ungeziefer, besonders an Wanzen, fehlt es hier nicht. Nicht die geringste Bequemlichkeit ist zu entdecken, alles ist Armuth, alles ist Öde. Nebenan schreien die Kinder."[145]

Eine andere Form des Zusammenlebens kam eher in bürgerlichen Kreisen vor. Dort, wo die Wohnungen genügend Raum boten, wurden möblierte Zimmer — häufig von Witwen — an Chambregarnisten vermietet. In der Luisenstadt gaben 1875 7,8 Prozent der Haushalte ein Zimmer an Chambregarnisten ab.[146]

"Das Chambre-garnie-Vermiethen ist in Berlin zu einem einträglichen Geschäfte geworden und nicht wenige Familien leben ausschließlich davon; das 'Geschäft', welches sie sonst noch betreiben, besteht nur des Scheines wegen, dem Namen nach. Nicht bloß Hauseigenthümer treiben dieses Geschäfts, sondern ebenso stark auch die Miether, welche ihre Wohnungen gleich zu diesem Zwecke einrichten. So ein 'Chambregarnist', wie man hier zu sagen pflegt, muß dann nur allzuhäufig den ganzen Miethzins tragen. Wie viele Chambre garnies es in Berlin geben mag, können wir nicht anführen, es muß derselben jedoch eine Unzahl sein ... "[147]

Im Zusammenhang mit dem großen Bevölkerungszustrom und der Arbeitslosigkeit in den Städten war die Wohnungsnot eines der eklatantesten Probleme, die bis ins 20. Jahrhundert reichten. Davon war auch die Luisenstadt mit ihrer überwiegend proletarischen Bevölkerung betroffen. Im Verlauf eines wirtschaftlichen Krisenzyklus verschlimmerte sich in der Regel die Wohnungsnot noch und griff auch auf wohlhabendere, bürgerliche Schichten über. Der große Aufschwung von 1870/71, verbunden mit den blühenden Geschäften der Grundstücksspekulanten und Bauunternehmer brachte zum Beispiel die Kehrseite der Medaille, eine besonders schwere Wohnungsnot, mit sich. Es war die Zeit, in der sich die Barackensiedlungen vor dem Kottbusser Tor rasch ausweiteten. Diese, für die bürgerliche Gesellschaft bedrohlichen Entwicklungen ließen sich kaum allein in statistischen Daten erfassen. Deshalb wurden den offiziellen Statistiken Situationsschilderungen hinzugefügt:

"Man machte sich mit allen möglichen improvisierten Surrogaten der Wohnung vertraut; man bat um Einrichtungen von Schiffen während des Winters und um Überlassung von Eisenbahnwagen. Unter den Drehscheiben der Bahnhöfe waren regelmäßige Schlafstellen eingerichtet. 'Gute und billige Wohnungskasten' wurden wörtlich im Intelligenzblatte zum Kauf angeboten. — Mehrere Bau- und sonstige augenblicklich unbenutzte Plätze in der Gegend der Andreas- und Koppenstraße waren mit den Habseligkeiten Obdachloser bedeckt, welche sich troglodytenartig einzurichten gezwungen waren und leerstehende Fuhrwerke usw. als sehr willkommene

Schlafstellen betrachteten. — An der Verbindungsbahn, namentlich an den Stellen, an welchen wegen der vorhandenen Straßen, Feldwege usw. Viadukte errichtet werden mußten, fand man zahlreiche Familien, die sich so gut wie möglich häuslich eingerichtet hatten. Vor dem Stralauer Tor, in der Nähe der Spree, hatten einige Familien eine alte Zille umgestürzt, parzelliert und zu Wohnungen eingerichtet. — Am deutlichsten aber wurde die Not durch den neuen Stadtteil am Kottbusser Damm auf der sogenannten Schlächterwiese illustriert. In wenigen Wochen war die Ansiedlung auf 52 Wohnungen mit mehr als 90 Familien gestiegen."[148]

Der Staat duldete diese Form der Selbsthilfe nicht: *"Nachdem die Bewohner der Baracken mehrmals amtlich zu Protokoll verwarnt worden waren, sich ein anderes Unterkommen zu verschaffen ... wurde in der Nacht zum Dienstag die ganze disponible Schutzmannschaft, eine Abteilung der Feuerwehr und mehrere Möbel- und Arbeitswagen aufgeboten, um dem Gebote Nachdruck zu verschaffen. Die reitenden Schutzleute sperrten in der Nähe des Barackenlagers sämtliche Zugänge ab, die zu Fuß bildeten einen sich immer mehr verengenden Ring um die moderne Blockstadt, und wie auf ein geheimes Zeichen wurden die Bewohner sämtlicher 23 Hütten aus dem Schlafe aufgescheucht. Kaum waren sie im Freien, so drangen die Feuerwehrleute in die Baracken ein, transportierten das dürftige Mobiliar vor die Tür und rissen die leichtgezimmerten Hütten nieder ... Die Mobilien der Obdachlosen wurden vorläufig im Friedrich-Wilhelm-Hospital asserviert und den Leuten bedeutet, im Arbeitshaus vorläufig Wohnung zu nehmen."*[149]

Als die Wohnungsnot auch für die bürgerlichen Schichten unerträglich wurde, gab sie Anlaß zu einer Flut von Schriften und Zeitungsartikeln vor allem bürgerlich-konservativer Reformer, die sich mit den Erscheinungen und vermeintlichen Ursachen dieser "modernen" Wohnungsnot auseinandersetzten.
In einem Vortrag aus dem Jahr 1872 faßte der Reformer Ernst Engel die Merkmale der Wohnungsnot zusammen, die sich nicht nur in dem Mangel an preiswerten Wohnungen zeigten, sondern sich auch in gesundheitsgefährdenden baulichen Mängeln, in ständigen, unberechenbaren Mieterhöhungen, die laufend Wohnungswechsel zur Folge hatten, und in der totalen Abhängigkeit des Mieters vom Eigentümer äußerten. Außerdem habe sie auch auf bemittelte und wohlhabende Familien übergegriffen.[150]
"Bei der jetzt schon mehrere Jahre andauernden, für die Vermiether günstigen Wohnungsconjunctur ist es deren Gewohnheit geworden, Privatwohnungen nicht länger als auf ein Jahr, Geschäftslocalitäten für schweres Geld höchstens nur auf 2 bis 3 Jahre zu vermiethen."[151]

Zur Illustration des Elend zitierte er die Beschreibung der vierteljährlichen "Ziehtage" durch den Berliner Korrespondenten der Augsburger Allgemeinen Zeitung vom 2.4.1872.
*"Fast halb Berlin ist wegen des leidigen Wohnungswechsels seit acht Tagen in fieberhafter Bewegung. Nur wenige Häuser hat der gegenwärtige Umzugstermin unberührt gelassen. Viele haben ihre Insassen vollständig gewechselt, andere zur Hälfte. In einem Hause von 16 Miethern verblieb nur ein einziger, und dieser nur Dank der Unterwerfung unter eine enorme Mietsteigerung.
In einzelnen Stadtgegenden Berlins, beispielsweise vor dem Halleschen Thore, in der Belleallience-Strasse, auf dem Köpenicker Felde, im sogenannten Weberviertel etc. wechselten die Häuser durchschnittlich die Hälfte ihrer Insassen. In einem Hause der Stallschreiberstrasse blieb von 16 Parteien nur eine einzige wohnen. Kein Wunder daher, dass selbst Familien des Mittelstandes obdachlos und genöthigt wurden, auf freiem Felde zu campieren. So entstand die Barackenstadt auf der Schlächterwiese vor dem Cottbusser Thore, eine bunte Reihe der jämmerlichsten Hütten aus den werthlosesten Ausschußbrettern und Abbruchgegenständen zusammengenagelt, überall mit grossen und kleinen Öffnungen, durch welche der kalte Wind den Regen peitscht und das Fundament dieser Hütten, den rohen Erdboden, in Brei und Schlamm verwandelt. Wenn dann die glühende Sonnenhitze des hohen Sommers ungeschwächt eindringt, macht diese den Aufenthalt in den Hütten zur Qual. 260 Menschen, davon die Hälfte Kinder, zum Theil im zartesten Alter, leben Wochen und Monate lang in einer Erbärmlichkeit, gegen welche das Prunken und die Schwelgerei der im Milliardenstrome Schwimmenden um so greller absticht."*[152]

Die hier angeführten Daten und Schilderungen sind Beweis für die relativ schlechten Wohnverhältnisse in der Luisenstadt. Darüberhinaus zeigen sie das für dieses Viertel spezifische Ost-West-Gefälle: je weiter die Wohnungen im Osten liegen, desto kleiner waren sie, desto dichter waren die Grundstücke bebaut, desto mehr Einwohner lebten auf einem Grundstück und desto homogener war ihre soziale Struktur. Auf eine kleinteilige sozialräumliche Differenzierung nehmen die Zahlen jedoch keine Rücksicht; so konzentrierten sich etwa an größeren Straßenzügen, Schmuckplätzen oder an den Ufern des Kanals auch ansehnliche Wohnungen für höhere Beamte, Ärzte und Bourgeois — mitten in einem Arbeiterviertel.

Schon kurz vor der Jahrhundertwende versuchte die von C.W. Hoffmann und U.A. Huber gegründete "Berliner Gemeinnützige Baugesellschaft"[153] auch in der Luisenstadt Wohnungsbau zu erstellen. In der Ritter-, Alexandrinen- und Michaeliskirchstraße entstanden nach 1847 jene frühen Modellversuche, Wohnungsbau für weniger bemittelte Bewohnergruppen aus dem allgemein üblichen Kapitalmarkt herauszuziehen. Vorerst mußte dieser philantropische Versuch, obwohl daraus wichtige Impulse für spätere Entwicklungen ausgegangen sind, am Mangel an Kapital und an der Einsicht möglicher Aktionäre scheitern.[154]

Christiane Bascón-Borgelt, Karin Ganssauge

B. DER HEINRICHPLATZ

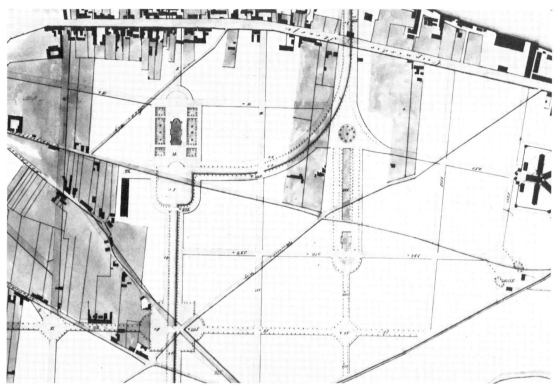

74 / Platzfolgen im Lennéplan, Ausschnitt aus dem Bebauungsplan von Lenné, 1842

Die Fallstudie Heinrichplatz will die geschilderten historischen Voraussetzungen und die Phasen der baulichen Entwicklung der Luisenstadt an einem Ausschnitt konkretisieren. Die baulichen und sozialen Auswirkungen einer Stadtplanung, die im Laufe ihrer Realisierung von ihrem ursprünglichen Ziel einer klassizistisch durchgestalteten, durchgrünten Stadtlandschaft zugunsten einer industriell geprägten Stadterweiterung weichen mußte, können durch das beispielhafte Herausstellen eines kleinbürgerlichen Bereiches schärfer nachvollzogen werden.

Der untersuchte Zeitraum umfaßt die Verabschiedung des Bebauungsplans im Jahre 1842, die Bebauung des Heinrichplatzes von 1858 bis 1864 und den baulichen Verdichtungsprozeß bis etwa 1910. Dieses Kapitel behandelt sowohl die materiellen Aspekte, die Analyse des Platzes, der Grundrisse und Fassaden, als auch die sozialen Aspekte, die Beschreibung der Wohn- und Arbeitsverhältnisse.

DER HEINRICHPLATZ IM LENNÉPLAN

Der Heinrichplatz ist ein prägnantes Beispiel für die differenzierte Gliederung des öffentlichen Raumes, eine wesentliche Qualität, die schon die Lennéplanung von 1840 ausgezeichnet hatte. Lenné betrachtete das Straßenraster nicht nur in seiner Erschließungsfunktion, sondern als Raum für die Naherholung der dort lebenden und arbeitenden Bevölkerung und als Grundlage für differenzierte Bebauungsformen, die den öffentlichen Raum begrenzen.

Die den Heinrichplatz durchquerende Ost-West-Achse, die Oranienstraße, verbindet die Luisenstadt mit der südlichen Friedrichstadt. Die Nord-Süd-Achse wird von der Mariannenstraße gebildet, die sich im Norden in die grünplanerisch gestaltete Erholungsfläche, den Marianenplatz, öffnet. Im Osten und Süden stießen die Straßen wieder auf die Zollmauer. Entsprechend Lennés Konzept einer begrünten Stadt mit unmittelbar an Wohn- und Arbeitsplatz gelegenen Erholungsflächen sollten auch der Heinrichplatz und die ihn kreuzenden Straßen begrünt werden.

Die Straßenräume dienten als Gestaltungselemente für die langen, mit einer geschlossenen Randbebauung umsäumten Straßenfluchten. Die als Allee geplante Oranienstraße, die die beiden Grünzüge über den Heinrichplatz verbinden sollte, wurde vermutlich aus Kostengründen nicht ausgeführt. So mußte man auf eine — wie Bruch in weiser Voraussicht schon 1870 schrieb — "städtische Lebensquelle" verzichten, "die für arm und reich, die Bel-Etage und den Keller in gleicher Weise gratis produzierende Sauerstoffabrik, ohne die die Großstadt immer weniger existieren kann, je größer und ausgedehnter sie wird".[155]

Der Heinrichplatz stellt das Ende einer Platzfolge nach Osten hin dar. Der Heinrichplatz im Osten und der Moritzplatz im Westen sind symmetrisch zum Oranienplatz angeordnet und haben die Form eines über Eck gestellten Quadrates, das die Straßenkreuzung zu einem rhombenartigen Platz erweitert. Diese besondere Platzform legte auch die Parzellen- und Gebäudestruktur fest. Es entstanden zwangsläufig zwei Typen von Grundstückszuschnitten: Die etwas größeren Eckgrundstücke mit winkligen und die schmaleren mit geradlinigen Straßenfluchten. Die Art und das Maß der Bebauung waren damit im Gegensatz zu den geradlinigen Straßenfluch-

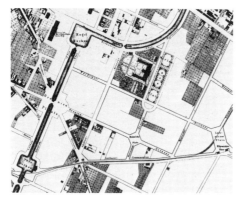

75 / Bebauung um den Heinrichplatz, um 1856, Plan von Sieneck (Ausschnitt)

76 / Bebauung um den Heinrichplatz, um 1867, Plan von Liebenow (Ausschnitt)

ten und den tiefen Parzellen entlang der Straßen schon im Plan vorbestimmt.

DIE BEBAUUNG

Der Bebauungsprozeß

Die Bebauung des Heinrichplatzes fiel in die Zeit des ersten großen wirtschaftlichen Aufschwungs nach der ökonomischen Krise von 1847/1848 zu Beginn der sechziger Jahre. Der Prozeß dauerte insgesamt sechs Jahre, von 1858 bis 1864, an. Er vollzog sich von Westen nach Osten und begann zunächst in der südlichen Hälfte des Platzes. Bis 1867 bildete die Bebauung auf beiden Seiten der Oranienstraße über den Heinrichplatz hinweg einen geschlossenen Rand, der im südlichen Teil an die Akzisemauer stieß und im nördlichen Teil an einer großen, noch landwirtschaftlich genutzten Fläche endete.[156]

Der Verwertungsprozeß

Die Grundstücke wurden unter den Bedingungen des "Bauens auf Spekulation" mit vier- bis fünfgeschossigen Miethäusern und ein- bis zweigeschossigen Hofgebäuden bebaut. War noch bis in die erste Hälfte des 19. Jahrhunderts das Vermieten von Wohnraum ein Nebenzweck für den Hausbesitzer, um sein Bankkapital zu verzinsen und damit selber billiger wohnen zu können, wurde nun die Herstellung und Vermietung von Wohnraum als Hauptzweck systematisch betrieben.

So entstanden am Heinrichplatz, wie überall in der Luisenstadt, Miethäuser als reine Renditeobjekte — orientiert an dem Bedarf des Massenwohnungsbaus — mit ähnlichen Grundrißstrukturen, Gebäudehöhen und Fassadengestaltungen.

Auf der Grundlage der Lennéplanung wurden die separierten und von allen Lasten befreiten Grundstücke vom Bodenbesitzer — teilweise noch von den ursprünglichen Ackerbürgern und Gärtnern — parzelliert und zu einem weit über dem ursprünglichen Ackerwert liegenden Bodenpreis als Baustelle verkauft. Die vermessenen und neuverkauften Parzellen wurden ins Grundbuch eingetragen, teilweise schon als Baustelle unter dem Namen des neuen Eigentümers im Adreßbuch bekanntgegeben. Der Kauf des Bodens und die Herstellung der Gebäude wurden fast ausschließlich über Hypotheken finanziert.[157] Die Bauherren, meist Zimmer- und Maurerpoliere, aber auch Kaufleute und Bauunternehmer, erstellten die Gebäude mit dem Ziel des Wiederverkaufs. Am Heinrichplatz besaßen sie in sechs Fällen sogar je zwei zusammenhängende Grundstücke, die sie gleichzeitig bebauten, um den Herstellungsprozeß rationeller gestalten und das Grundstück besser ausnutzen zu können (z. B. der Maurermeister Riehmer, Oranienstraße 193 und 194, der Bauunternehmer Nölte, Oranienstraße 12 und 13, der Kaufmann Friedrich, Oranienstraße 195 und 196). Die meisten Gebäude wurden unmittelbar, spätestens aber nach drei bis vier Jahren — bis 1865 — wiederverkauft. Die neuen Hausbesitzer übernahmen die volle Hypothekenlast, die durch aufgenommene

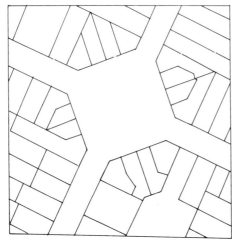

77 / Parzellenstruktur am Heinrichplatz

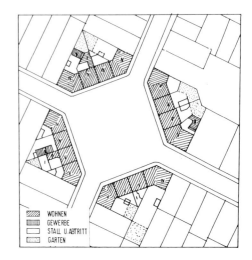

78 / Bebauung 1858-1864

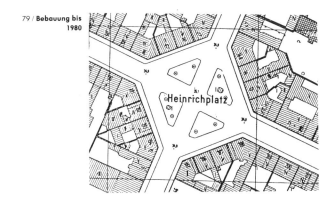

79 / Bebauung bis 1980

Kaufgelder noch erhöht wurde. Der Hauptanteil der Mieten wurde für die Zahlung der Hypothekenzinsen verwandt, der Rest floß in die Taschen der Hausbesitzer, die diesen nur in den seltensten Fällen in die Instandhaltung der Häuser investierten.[158]

Die Nutzungs- und Gebäudestruktur

Die Nutzungs- und Gebäudestruktur wurde geprägt vom traditionellen Bürger- und Handwerkerhaus,[159] welches allerdings den veränderten Nutzungsanforderungen und Verwertungsabsichten angepaßt wurde. Bis zur Mitte des 19. Jahrhunderts wurden die Bedürfnisse des Hauseigentümers berücksichtigt: Im Erdgeschoß oder im Hofgebäude befand sich in der Regel seine Werkstatt, sein Laden oder sein Kontor, im 1. Obergeschoß, der Bel-Etage, seine Wohnung und darüber eine oder zwei Mietwohnungen. Nun wurden Mietshäuser für anonyme Hausbesitzer und Bewohner konzipiert. Der Bauentwurf orientierte sich an der Nachfrage nach Wohn- und Arbeitsraum für die in die Luisenstadt strömenden selbständigen Handwerker, Kaufleute, Arbeiter, Dienstboten und Tagelöhner. Die Gebäude wurden vorwiegend als Wohnhäuser mit Nebenräumen im Hof geplant, wobei die Wohnungen meist gleichzeitig auch als Werkstatt benutzt wurden.

Die Grundstücke am Heinrichplatz wurden noch nicht — obgleich schon damals in der Oranienstraße durchaus üblich — mit mehrgeschossigen Hofgebäuden bebaut. Eine Ausnahme bildete die Planung für die Oranienstraße 193. Der Maurermeister Riehmer reichte für die Grundstücke Oranienstraße 193 und 194 ein gemeinsames Baugesuch für zwei fünfgeschossige Vorderhäuser und ein fünfgeschossiges Seiten- und Quergebäude ein. Dieser Plan wurde jedoch nicht ausgeführt, sondern es wurde nur noch ein zweigeschossiges Hofgebäude errichtet. Vermutlich scheuten sich die meisten Bauherren — im Gegensatz zu den seit den siebziger Jahren investierenden größeren Baugesellschaften — den hohen Kapitalaufwand und das Risiko des Verkaufs bei zu hoher Verschuldung der Gebäude. Die heute noch bestehende dichte Bebauung ist das Resultat eines über fünfzigjährigen Verdichtungsprozesses.

Die Mietshäuser am Heinrichplatz wurden entsprechend den "Bestimmungen der Bauordnung von 1853"[160] von "einem geprüften Baumeister oder einem am hiesigen Ort angesessenen Maurer- und Zimmermeister" geplant. Die akademisch gebildeten Architekten sahen damals ihre Aufgabe in der Planung öffentlicher Bauten, herrschaftlicher Mietshäuser und Villen, und nicht in dem sich entwickelnden Massenwohnungs- und Gewerbebau. Noch 1860 weist eine Architektentagung das Ansinnen, "die Form eines Arbeiterwohnhauses zum Wettbewerb auszuschreiben" mit der Begründung zurück, dies falle nicht in den Aufgabenbereich der Architekten.

Die Entwürfe für die Gebäude am Heinrichplatz orientierten sich in Baukonstruktion, Grundrißstruktur und Fassadengestaltung an der üblichen Bauweise von Mietshäusern, wie sie seit den fünfziger Jahren, z.B. entlang der Oranienstraße, entstanden sind. Es handelt sich um verputzte Ziegelbauten mit tragenden Außen- und Mittelwänden und nichttragenden Innenwänden auf Holzbalkendecken.[161]

Diese als Zweispänner mit mittlerer oder seitlicher Durchfahrt ausgebildeten Bauten waren direkt mit dem an der Hoffront liegenden Treppenhaus verbunden. Diese Bauweise knüpfte wiederum an die Tradition des Bürgerhauses an. Elemente des herrschaftlichen Mietshauses sind ebenfalls enthalten: So wurde z.B. das 1. Obergeschoß geringfügig erhöht und seine Fassade durch reichliche Ausschmückung hervorgehoben, als handele es sich um eine "Bel-Etage". Auch entstand zuweilen ein Berliner Zimmer, wenn die Wohnung bis in den Seitenflügel hineinreichte. Davon abgesehen, paßte sich die Bauweise an die zu erwartenden kleinbürgerlichen Nutzungs- und Sozialstrukturen an.

80 / Bebauung 1865-1887

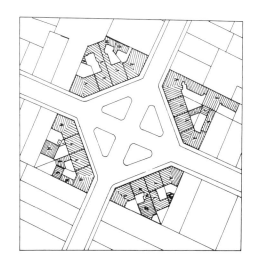

81 / Bebauung 1888-1914

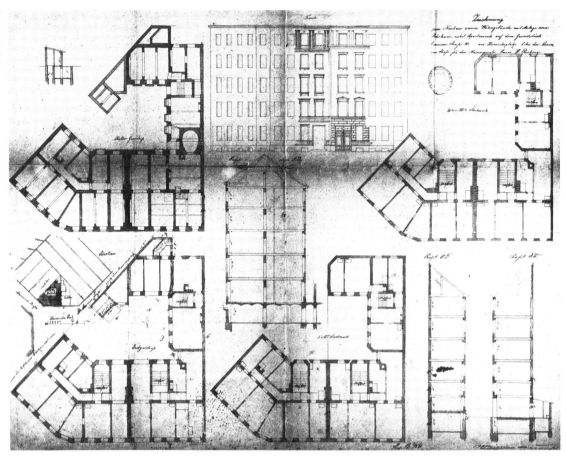

82 / Bauantrag für zwei fünfgeschossige Vorderhäuser mit Seitenflügel, Oranienstraße 193, 194; 1862

Die Anzahl der Geschosse der Vorderhäuser variiert zwischen vier und fünf. Die viergeschossigen Gebäude, wie z.B. Oranienstraße 14, haben meistens ein ausgebautes Dach, so daß auch sie sechs vermietbare Ebenen aufweisen: Souterrain, Hochparterre, drei Obergeschosse und ein Dachgeschoß.
Die Hofgebäude sind ein- bis zweigeschossig als Seitengebäude direkt an der Grundstücksgrenze oder als Quergebäude ausgeführt.

Alle Gebäude haben eine seitlich liegende Durchfahrt, von der aus das Treppenhaus des Vorderhauses zu erreichen ist und die zum Hofgebäude führt. Sie dient auch als Zufahrt der Feuerwehr — wie es die feuerpolizeilichen Bestimmungen vorsahen. Die im Souterrain und Hochparterre gelegenen Läden werden vom Platz aus über eine kurze Treppe erschlossen.

Die ehemals offene, direkt an der Durchfahrt gelegene Treppe der Bürgerhäuser wird nun als geschlossener Gebäudeteil in massiver Bauweise als zweiläufige Treppe mit Podest ausgeführt.

Grundrißstruktur

Von einem Treppenpodest können zwei bis vier Wohnungen unterschiedlicher Qualität erschlossen werden:
— zwei abgeschlossene Wohnungen mit zwei Stuben, einer Küche, z.B. Oranienstraße 14; in den Eckhäusern auch drei und vier Stuben und einer Küche, z.B. Oranienstraße 15;
— eine abgeschlossene Wohnung mit zwei bis drei Stuben und einer Küche; zwei nicht abgeschlossene

83 / Bürgerhaus aus dem 18. Jahrhundert in der Luisenstadt, Alte Jacobstraße 70

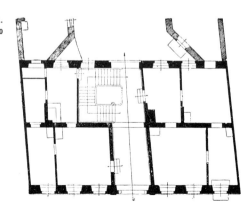

84 / Grundriß, Alte Jacobstraße 70

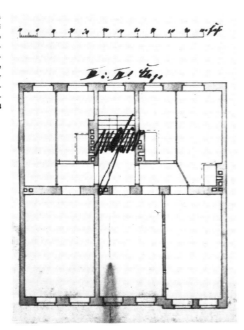

85 / Zwei- bis Dreispänner, zwei abgeschlossene Stube/Kammer/-Küche-Wohnungen; eine Stube beliebig schaltbar oder separat vermietbar, Oranienstraße 13, 1864

Die Vermietung von einer Stube war durchaus üblich und durch die Erfindung des Kochofens nicht nur für Alleinstehende, sondern auch für ganze Familien nutzbar.

Die traditionelle Form des Zweispänners mit abgeschlossenen Wohnungen wurde in mehreren Fällen zugunsten der ökonomischen Form des Drei- bis Vierspänners mit nicht abgeschlossenen Wohnungen aufgegeben. In den Eckgebäuden, aber auch in zwei anderen Gebäuden (Oranienstraße 13, 16) taucht diese Grundrißeinteilung auf. Drei Stuben liegen zur Straße, zwei Küchen und eine Kammer zum Hof, so daß zwei Wohnungen mit Stube-Küche bzw. Stube-Küche-Kammer entstanden, die über einen gemeinsamen Flur erschlossen wurden. Diese Grundrißform wurde später im reinen Arbeiterwohnungsbau, z.B. in den Blöcken des Spekulanten Haberkern in der äußeren Luisenstadt und im Meyers Hof im Wedding, zur Norm. Nitze sah darin eine wesentliche Verschlechterung der Wohnverhältnisse: *"Im Grundriß ist als erster Mangel für die Kleinwohnungen in der Mietskaserne das Aufgeben des Grundsatzes zu bezeichnen, daß jede Wohnung für sich abgeschlossen werden muß-*

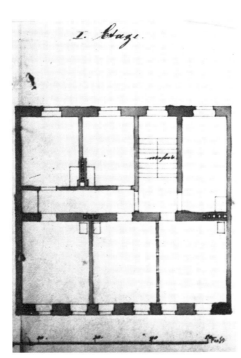

86 / Dreispänner, zwei nicht abgeschlossene Wohnungen, eine abgeschlossene Wohnung, Oranienstraße 16, 1861

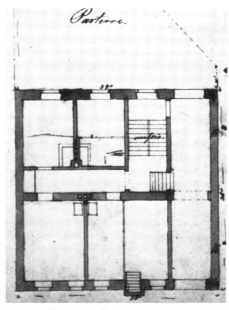

88 / Stube/Küche-Wohnung im Seitenflügel und Vorderhaus, Oranienstraße 16, 1861

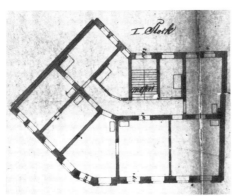

87 / Drei- bis Vierspänner, zwei nicht abgeschlossene Wohnungen, eine abgeschlossene Wohnung, eine Stube beliebig schaltbar oder seperat vermietbar, Oranienstraße 15, 1861

89 / Kochofen

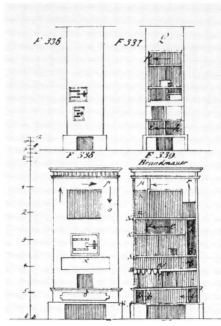

Wohnungen mit einer bis zwei Stuben und einer Küche, z.B. Oranienstraße 16, Oranienstraße 15.
Je nach Bedarf konnte eine Stube, die direkt vom Treppenpodest zugänglich war, separat vermietet werden.

te. *Hierdurch entstand eine dauernde Berührung mit einer zunächst völlig gleichgültigen Hausgenossenschaft, die dieser, ob sie gut oder böse war, eine Bedeutung für das Familienleben gab, unter der dieses und das Selbstbewußtsein der abgeschlossenen Sippe schweren Schaden nehmen mußte. War doch früher der eigene Besitz, und sei es nur der eines Hausteils, maßgebend für die Ausübung des Bürgerrechts. Der Stolz, wenigstens Herr in seinen wenn auch nur gemieteten vier Pfählen sein zu können, war hierdurch völlig zertrümmert.*"[162]
Allerdings war das Familienleben schon gestört durch die bald eintretende Überbelegung und den Zwang zur Untervermietung aufgrund der hohen Mieten und durch die Verdoppelung der Wohnung als Werkstatt, in der neben Familienmitgliedern auch noch Gesellen und Lehrlinge arbeiteten.

Der Grundriß war insgesamt flexibel:
— Ohne großen Bauaufwand konnten die am Hof gelegenen Küchen auch als Stuben umgenutzt werden, um eine größere abgeschlossene Wohnung zu erreichen.
— Alle Stuben an der Straßenfront waren meist miteinander verbunden, ein Relikt der alten Grundrißform des Bürgerhauses aus dem 17. und 18. Jahrhundert, als es noch keinen Flur gab, so daß die Stuben je nach Wohnungsgröße jeweils einer Wohnung zugeordnet werden konnten.
— Es gab meistens drei Wohnungseingangstüren, so daß ohne viel Aufwand eine nur zur Straße orientierte Kleinwohnung entstehen konnte; so entstand der später häufig auftretende Dreispänner-Typ.
— Durch den Anbau eines Seitenflügels bestand die Möglichkeit der Erweiterung der Vorderhauswohnung; das könnte der Grund gewesen sein, warum noch bis in den Anfang des 20. Jahrhunderts Seitenflügel als Ein- bzw. Zweispänner gebaut wurden, obgleich die Anlage eines vierspännigen Quergebäudes eine ökonomischere Form dargestellt hätte, wie es die Bebauung von Meyers Hof im Wedding zeigt.
— Das Konstruktionsprinzip — tragende Außen- und Mittelwand — ermöglichte den Abriß und/oder den Einbau von Trennwänden, eine häufig auftretende bauliche Veränderungsmaßnahme, die durch die Erfindung der Rabbitzwände noch vereinfacht wurde. Diese Grundrißstruktur ermöglichte die Anpassung an die sich verändernden Anforderungen des Wohnungsmarktes, an die wachsende Nachfrage nach bezahlbaren Kleinwohnungen einerseits, aber auch nach größeren Wohnungen im Zusammenhang mit der Aufwertung des Heinrichplatzes.

Die Wohnungsgrößen[163] variierten zwischen einer Stube, einer Stube und Küche (diese Form kam in der Regel vor), zwei Stuben und Küche, bis zu drei bis vier Stuben und Küche in den Eckhäusern. Die Wohnungsgrößen am Heinrichplatz bestätigen damit die Aussagen der Statistik über die Wohnungsgröße von 1875 in der Luisenstadt insgesamt: Etwa die Hälfte aller Wohnungen in der Luisenstadt hatte nur ein (heizbares) Zimmer. Die mittelgroßen Drei- und Vierzimmerwohnungen lagen mit 12,5 % und 5,1 % über dem Berliner Durchschnitt und waren durchaus keine Seltenheit; sie wurden vor allem von

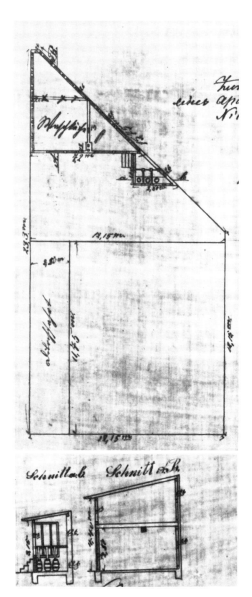

90 / Appartmentgebäude, Oranienstraße 16, 1874

vielen Zwischenmeistern als kombinierter Arbeits- und Wohnplatz genutzt. Noch größere Wohnungen tauchten nur selten auf.[164]

Ausstattung

Die Wohnungen waren durch ihre direkte Lage am Platz und durch die vorerst noch relativ geringe Hinterhofbebauung gut belichtet. Außerdem bestand in den Vorderhäusern die Möglichkeit der Querlüftung. Die Keller- und Dachwohnungen waren natürlich sowohl in der Ausstattung als auch in Bezug auf die Belichtung und Belüftung wesentlich benachteiligt. Oft besaßen sie zumindest einen nicht beheizbaren Raum; die Kellerfenster lagen nur wenig über dem Straßenniveau und hatten häufig nur Einfachfenster; die Kellerwände waren durchfeuchtet, die Wände und Decken im 4. Obergeschoß und im Dachgeschoß schlecht gedämmt.

Für die gesamte Hausgemeinschaft befand sich der Abtritt als Sammelanlage in einem separaten Gebäude, dem sogenannten "Appartmentgebäude" oder integriert in einem Werkstatt- oder Remisengebäude. Im Hof waren ein Brunnen zur Wasserversorgung, ein feuersicherer Abfallbehälter für Müll, eine Aschegrube und eine Düngergrube zur Entsorgung installiert. Fünf Gebäude am Heinrichplatz sind schon während ihrer Entstehung an die Wasserleitung angeschlossen worden und hatten eine gemeinsame Zapfstelle im Hof.[165] Außerdem wurde der Hof und evtl. auch die Durchfahrt mit Gaslaternen beleuchtet.[166] Meist befand sich noch ein Garten mit einer Laube auf dem Grundstück. Der Eigentümer war für die Herstellung und Wartung der Bürgersteige verantwortlich.

Qualität der Bebauung

Die Qualität der Bebauung lag — trotz der einfachen Grundrisse und der unprätentiösen Ausstattung — in der guten Belichtung und Belüftung. Die noch geringe Hinterhofbebauung und das besondere Privileg, am Platz zu wohnen, gehörten zu diesen Qualitätsmerkmalen. Man hatte keine glatte Häuserfront vor sich, sondern einen weiträumigen Ausblick, der das Beobachten des Lebens und Treibens auf dem Platz ermöglichte. Die Grundrißstruktur bot eine hohe Anpassungsfähigkeit. Die Wohnungen selber wiesen allerdings sowohl in ihrer Lage im Haus als auch in ihrer Größe und Form der Abgeschlossenheit Qualitätsunterschiede auf. Wohnen und Arbeiten waren integriert. Es gab im Gegensatz zur späteren Verdichtung noch relativ kleine Hausgemeinschaften.

BAULICHE VERDICHTUNG

Im Zuge des weiteren Ausbaus der Luisenstadt zum Zentrum mittlerer Gewerbebetriebe der Kon-

91 / Bebauung um den Heinrichplatz, um 1888, Plan von Liebenow (Ausschnitt)

92 / Bebauung um den Heinrichplatz, um 1900, Plan von Straube 1902-1910 (Ausschnitt)

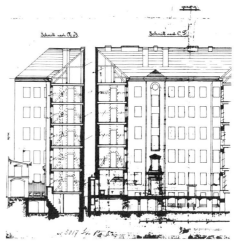

93 / Abriß und Neubau eines fünfgeschossigen Seitenflügels und Quergebäudes, Oranienstraße 193, 1882

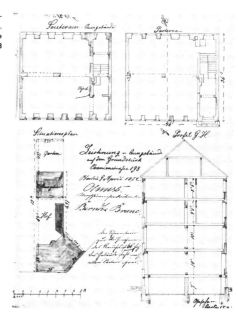

94 / Stockwerksfabrik im Hinterhof, Oranienstraße 198

sumgüterindustrie und der damit verbundenen Nachfrage nach Wohn- und Geweberäumen wurden auch am Heinrichplatz bauliche Veränderungs- und Verdichtungsmaßnahmen vorgenommen. Während in den siebziger Jahren noch relativ wenig in Bauvorhaben investiert wurde, kam es in den achtziger Jahren im Zusammenhang mit dem wirtschaftlichen Aufschwung nach dem Gründerjahrekrach zu großen Investitionen, die zur maximalen Ausnutzung der Grundstücke am Heinrichplatz führten.

Der Verdichtungsprozeß am Heinrichplatz umfaßte folgende Maßnahmen:
— Bau von fünfgeschossigen Seitenflügeln und Quergebäuden, Aufstockung und Umbau von Hofgebäuden entsprechend dem steigenden Bedarf an Kleinwohnungen (Oranienstraße 195, Oranienstraße 193, Oranienstraße 198, Oranienstraße 13, Oranienstraße 14).
— Abriß und Neubau (Oranienstraße 191), respektive Erweiterung der Vorderhauswohnungen in den Seitenflügel hinein (Oranienstraße 14) entsprechend dem Bedarf an größeren Wohnungen der sich dort niederlassenden Fabrikbesitzer und Besitzer von Einzelhandelsgeschäften.
— Bau von Stockwerksfabriken entsprechend der Nachfrage der sich entwickelnden Hinterhofindustrie (Ora-

nienstraße 15, Oranienstraße 198, Oranienstraße 193, Oranienstraße 192).
— Ausbau des Souterrains, Hochparterres und teilweise des 1. Obergeschosses entsprechend dem Bedarf an Räumen für den sich ausdehnenden Einzelhandel und für Restaurationsbetriebe im Zusammenhang mit der Entwicklung der Oranienstraße zur überregionalen Einkaufsstraße.

Eigentümerstruktur

Die Gebäude am Heinrichplatz wechselten häufig den Besitzer, insbesondere bis zur Jahrhundertwende. In der Oranienstraße 196 z.B. wechselten von 1862-1883 17 mal die Eigentümer. Mit dem Eigentümerwechsel waren auch meistens bauliche Veränderungsmaßnahmen verbunden.
Die neuen Hausbesitzer verfolgten unterschiedliche Interessen:
— Zum einen war der Hauskauf damit verbunden, daß neben dem Eigenbedarf eine zusätzliche Einnahmequelle aus Mieteinnahmen erschlossen werden konnte. Der neue Hausbesitzer wohnte und arbeitete selbst im Haus, seine Investitionen zielten auf den Bau von Werkstattgebäuden, auf den Anbau von Läden zur Eigennutzung und den Einbau von Bad und Innentoilette zur Verbesserung seiner eigenen Wohnsituation.
— Zum anderen diente der Hauskauf der reinen Kapitalanlage und war häufig gekoppelt mit größeren Investitionen zur Erhöhung der Rendite. Die Hausbesitzer wohnten nicht im Hause. Sie investierten in den Neubau von Seitenflügeln und Quergebäuden und in die Umnutzung und Aufstockung von Hofgebäuden zu Wohnzwecken bis an die Grenzen der zulässigen Ausnutzung der Grundstücke.
— Des weiteren gab es Fälle sehr kurzer Besitzzeit, während deren der Besitzer keine Investitionen vornahm bzw. einen Bauantrag zur Verdichtung des Grundstückes stellte, diesen nicht ausführte, da er entweder keinen Dispens von der Baugenehmigung bekommen oder sich verkalkuliert hatte und wiederverkaufte.

Gebäude- und Grundrißstruktur

Vorwiegend in den achtziger Jahren entstanden auf den noch teilweise unbebauten bzw. nur mit eingeschossigen Hofgebäuden versehenen Grundstücken einhüftige Seiten- und Quergebäude, ausgebildet als Zweispänner mit einfachen Stube-Küche-Wohnungen. Der traditionelle Wohnungstyp, Stube-Küche-Kammer, reduzierte sich häufig auf Stube und Küche, wobei die Stube direkt von der Küche erschlossen wurde, eine Erschließungsform, die durch die Einführung der Flure Ende des 18. Jahrhunderts eigentlich überholt war, doch am Ende des 19. Jahrhunderts wieder als typischer Grundriß des Arbeiterwohnungsbaus massenhaft neu aufgelegt wurde. Das bestätigten die Empfehlungen zum Arbeiterwohnungsbau in der Deutschen Bauzeitung von 1890:
"Wie plant man das Arbeiterhaus? Möglichst wie ein gewöhnliches Miethaus. Schon die Bauordnung sorgt für eine gewisse Übereinstimmung. Nur werden der geringeren Lebenshaltung gemäß die Wohnungen kleiner, die Räume bescheidener werden, besondere Eintrittsflure fast gänzlich ausfallen, die Aufgänge aber, die Gruppierung der Wohnungen um die Treppenführung, die Beteiligung an gemeinsamen Einrichtungen, kurzum die Gestaltung des Hauses im ganzen, wenn auch erheblich vereinfacht, sich an die hergebrachte Bauweise anlehnen müssen. Denn niemand fühlt sich leichter zurückgesetzt als der Arbeiter. Er scheut jede für ihn besonders zurechtgemachte, außergewöhnliche Anstalt, die ihn immer wieder an seine Armut erinnert, in ihm die Empfindung der Abhängigkeit wachgerufen würde.
Was muß das Arbeiterhaus enthalten? Die zweiräumige Wohnung, aus Stube und Küche bestehend, kann so recht eigentlich als das Hauptbedürfnis großstädtischer Arbeiter hingestellt werden, wie der Baugeschäftsmann längst erkannt hat. Geht man bei der Grundrißbildung davon aus, so lehrt gleich der erste Versuch auf dem Papier, wie zwanglos sich ein- und dreiräumige Wohnung einfügen lassen. Der Verfasser schlägt also als Norm vor, ortsübliche Treppen anzulegen, von jedem Treppenflur zwei Wohnungen zugänglich zu machen, deren Scheidewand auf die Mittelachse des Treppenhauses paßt. Unmittelbar an dieses stoßen Räume von möglichst 15 qm Grundfläche, zeitgemäß umgestaltete altdeutsche Dielen für ein genügsames Geschlecht. Hierauf soll sich das tägliche Leben der Familie abspielen. Hier soll gekocht, in geringem Umfang auch gewaschen werden; von hier aus betritt man die etwa 20 qm große Vorderstube, welche die Schlafstätten und das Staats-Sofa aufnimmt."[167]

In zwei Fällen, in der Oranienstraße 191 und 192, sollten im Jahr 1886 zwanzig Jahre alte Gebäude abgerissen und durch fünfgeschossige Neubauten mit repräsentativen Fassaden, relativ großen Wohnungen mit Erkern und Balkonen und großen Läden im Erdgeschoß ersetzt werden. Die Grundstücke sollten maximal ausgenutzt werden. Der Entwurf für das Haus Oranienstraße 192 sah neben dem Vorderhaus einen fünfgeschossigen Seitenflügel und ein ebenso hohes Werkstattgebäude vor. Er wurde jedoch nicht ausgeführt. Die Grundstücksgröße der Oranienstraße 191 ließ nur eine Vorderhausbebauung zu.

Die Neubaumaßnahmen wurden noch vor der Verabschiedung der Bauordnung von 1887 vorgenommen, die die Ausnutzung der Grundstücke in Zukunft

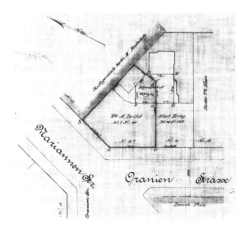

95 / Beispiel für eine Hofgemeinschaft, Oranienstraße 14 und 14a, 1903

drastisch einschränkte. Das fünfgeschossige Seiten- und Quergebäude in der Oranienstraße 14 a wurde allerdings erst 1903 gebaut, nachdem die neue Bauordnung von 1897 die Bildung einer Hofgemeinschaft mit dem Nachbargrundstück zuließ.

Die Gewerbebauten bestanden aus ein- und zweigeschossigen Seiten- und Quergebäuden, Ziegelbauten mit massiven Decken und hohem Schornstein. Oft hatten sie Verbindung zu einem im Vorderhaus gelegenen Laden. Am Heinrichplatz konnten folgende Betriebe festgestellt werden: Eine Molkerei (Oranienstraße 197), eine Schlachterei (Oranienstraße 193), eine Bäckerei (Oranienstraße 196); häufiger waren Baubetriebe, wie Tischlereien, Schlossereien usw.

In drei Fällen wurden vier- bis fünfgeschossige Fabrikgebäude nach dem Prinzip der Stockwerksfabriken in massiver Bauweise mit seitlich gelegenen Treppenhäusern errichtet, die jeweils einen großen Fabrikraum erschlossen und separat vermietbar waren (Oranienstraße 15, Baujahr 1885; Oranienstraße 198, Baujahr 1872; Oranienstraße 192, Baujahr 1886).

Der Ausbau von Läden in der Erdgeschoßzone zählte zur häufigsten Umbaumaßnahme. Waren die ursprünglichen Läden an der Fassade nur durch den se-

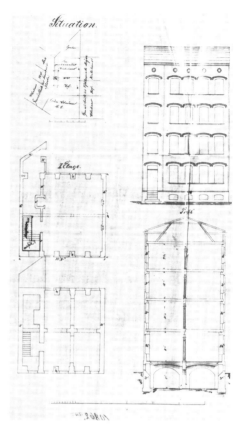

97 / Viergeschossige Stockwerksfabrik für Tischlereien, Oranienstraße 15, 1865

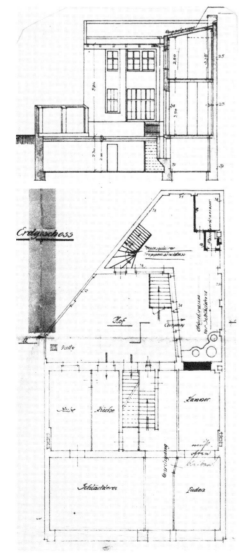

96 / Schlachterei in der Oranienstraße 17, 1917

paraten Eingang ablesbar und entsprachen einfachen Wohnungsgrundrissen, wurde in den siebziger Jahren mit dem Ausbruch von Schaufensterfronten begonnen. In den achtziger Jahren folgte des öfteren ein totaler Umbau der Erdgeschoßzone. Die Baumaßnahmen umfaßten das Absenken der Kellerdecke auf Niveaugleiche, den Ausbau des Kellers als Wirtschafts- und Lagerkeller (häufig mit interner Treppe zum Erdgeschoß) und die Öffnung der Erdgeschoßzone als gläserne Schaufensterfront mit gußeisernen Säulen oder Mauerpfeilern (z.B. Oranienstraße 15, 198). Gelegentlich wurde sogar die Durchfahrt als Laden ausgebaut und durch einen Eingangsflur ersetzt (z.B. Oranienstraße 14 a). Neben großen Einzelhandelsgeschäften und Vergnügungsstätten, die manchmal ins erste Obergeschoß hineinreichten (z.B. Bettenhaus Schonert, Oranienstraße 12; Café Gepler, Oranienstraße 13 und 14), gab es weiterhin kleinere Läden für den Nahbedarf und für Dienstleistungsbetriebe (Barbier, Zigarrenhandel, Schuhmacher) im Erdgeschoß oder im Keller.

Ausstattung

Mit dem Ausbau des Wasser- und Gasleitungsnetzes und mit der Einführung der Kanalisation seit dem Beginn der siebziger Jahre des 19. Jahrhunderts verbesserte sich die Situation. Die Abtrittgebäude wurden sukzessive durch Bäder und WCs in Wohnungen von Hausbesitzern oder wohlsituierten Mietern eingebaut. (Oranienstraße 197, 195, 193, 13). Die Neubauten erhielten grundsätzlich Podest-WCs in den Seiten- und Quergebäuden und sogar Innentoiletten in den Vorderhäusern. Bis 1890 war der Anschluß an die Wasser- und Gasversorgung vollzogen. Allerdings läßt sich nicht exakt ermitteln, inwieweit die Leitungen bis in die Wohnungen

98 / Der Heinrichplatz mit Blick auf den Mariannenplatz

geführt wurden. Zumindest kann angenommen werden, daß in den Neubauten die Wasserleitungen in die Küche verlegt worden sind.

Weitere Veränderungen im 20. Jahrhundert

Im Zuge der Verdichtungsmaßnahmen entstand am Heinrichplatz eine differenzierte Nutzungs- und Sozialstruktur. Wohnen, Gewerbe und Einzelhandel bestanden nebeneinander und in enger Verknüpfung. Während sich die Wohnverhältnisse in den Vorderhäusern tendenziell in Größe und Ausstattung verbesserten, verschlechterte sich die Wohnsituation im Hof.

Bis etwa 1910 waren die Möglichkeiten einer baulichen Verdichtung auf den Grundstücken am Heinrichplatz bis an die Grenzen ausgeschöpft. Die Qualität der Wohnsituation wurde weiterhin durch die Zunahme der Lärmbelästigung und Luftverschmutzung durch den ständig wachsenden Verkehr und durch die Hinterhofindustrie beeinträchtigt. Dennoch bedeutete das Wohnen am Heinrichplatz im Vergleich zur Wohnsituation in den anliegenden Straßen nach wie vor ein Privileg.

Nach dem Ersten Weltkrieg wurden keine weiteren baulichen Veränderungen vorgenommen, da mit der Einführung der Wohnungszwangswirtschaft 1918 — Mietpreisbindung, Kündigungsschutz und Belegungsrecht der Gemeinden[168] — bauliche Investitionen nicht mehr profitabel waren.
In den dreißiger Jahren des 20. Jahrhunderts wurden vereinzelt Wohnungen geteilt. Oder man versuchte kleine Wohnungen in leerstehende Fabrikgebäude einzubauen. In den fünfziger Jahren sind nur geringfügige bauliche Veränderungen zu verzeichnen, abgesehen von der Wiederherstellung der Fassaden fast aller Häuser, einer unrentierlichen, aber unumgänglichen Investition. In einzelnen Wohnungen wurden Bäder und Toiletten eingebaut; die Läden wurden entsprechend veränderten Bedarfsstrukturen nach der Teilung der Stadt umgebaut.

Mit der 1961 einsetzenden Sanierung wurden die Mietshäuser wieder Renditeobjekte. Hohe öffentliche Subventionen in Form von Abschreibungsgewinnen oder Sanierungsförderung waren Anreiz für Abrißaktivitäten wie für Modernisierungsvorhaben. Die Verdrängung der Bewohner war die Folge, ein Prozeß, der noch heute am Heinrichplatz mit der aufwendigen Modernisierung der Oranienstraße 191 und dem Abriß der Oranienstraße 195 fortgesetzt wird.

FASSADEN AM HEINRICHPLATZ

Die klassizistisch gestalteten Fassaden am Heinrichplatz ließen auf den ersten Blick nicht erkennen, daß sich hinter ihnen anspruchslose, einfache Wohnungen verbargen. Obwohl es sich ausschließlich um Privathäuser handelte, die von verschiedenen Baumeistern und Bauhandwerkern errichtet worden sind, wurde eine gemeinsame Grundstruktur eingehalten: Die Zusammenfassung des Souterrains und des Erdgeschosses erzielte man durch das vereinheitlichende Gesims über der Eingangstür und den kräftig profilierten Quaderputz. Die nach oben abnehmende Geschoßhöhe, die horizontale, nach oben ebenfalls geringer werdende Strukturierung der Fassade durch Fensterrahmungen, Gesimse, Friesbänder und Konsolen sind die sich wiederholenden gestalterischen Merkmale.

An einzelnen Hausfassaden wurde der vorherrschenden horizontalen Betonung durch vertikalisierende Seiten- und Eckrisalite gegengewirkt (Nr. 197, Nr. 13).

FASSADEN

99 / Einheitlichkeit klassizistischer Fassaden um den Heinrichplatz, Muskauer-, Ecke Manteuffelstraße

Die übereinstimmende Fassadengliederung erhöhte die vereinheitlichende Gesamtwirkung, die gelegentlich als monoton abqualifiziert worden ist. Die ruhige, karge und zurückhaltende Fassadengestaltung entsprach der klassizistischen Schule der Nach-Schinkel-Ära in Berlin und war für die gesamte Bebauung des Köpenicker Feldes bis in die siebziger Jahre typisch. Die Bauordnung von 1853 verpflichtete zur strikten Einhaltung der Bauflucht und versagte eine ergänzende Anbringung von Balkonen und Vorbauten. Unter bestimmten Bedingungen[169] wären auch Balkone zulässig gewesen; in der Luisenstadt waren sie jedoch deshalb nicht üblich, weil sie dem einfachen Wohnungszuschnitt widersprochen hätten.

Das stadträumliche Angebot des Lennéschen Bebauungsplanes erwies sich zwar als geeignetes Mittel, einer möglichen Monotonie entgegenzuwirken. Vom Heinrichplatz aus öffnen sich die Straßenfluchten; sie erhalten mit den charakteristischen turmartigen Überhöhungen an den Eckhäusern architektonische Akzente. Mit einer Baumallee wollte Lenné weitere belebende Effekte erzielen. Leider ist der ursprüngliche Plan bis auf acht spärlich auf dem Platz verteilte Bäume rationalisiert worden. Die stadträumliche Noblesse der königlichen Planung mußte sich auch auf dem grünplanerischen Sektor Abstriche gefallen lassen.

Das Bürgerhaus des 18. Jahrhunderts blieb während des 19. Jahrhunderts von seinem gestalterischen Ausdruck her Vorbild für den Wohnungsbau schlechthin. Wohlstand und gesellschaftlicher Einfluß des Inhabers sollten durch eine individuelle Fassadengestaltung zum Ausdruck kommen. Den Anspruch des Hausbesitzers im großen patriarchalischen System auf Aufsicht über Dienstboten, Arbeiter und andere Untergebene, die teilweise noch in der Hausgemeinschaft des Meisters, Kaufmanns usw. lebten, aber auch seine Verpflichtung, die Domestiken in Notfällen zu versorgen,[170] sollte auch sein Haus, vor allem das Gesicht des Hauses, die Fassade, kennzeichnen.

Diesen Anspruch konnte die Luisenstadt nicht mehr erfüllen. Hier wurden Mietshäuser gebaut, die für die massenhaft in die immer attraktiver werdende Großstadt strömenden Menschen benötigt wurden. Die traditionelle Art der Bauproduktion, das "Bauen auf Bestellung", wurde vom "Bauen auf Spekulation" weitgehend abgelöst, bei dem der Unternehmer für einen anonymen Markt baute, um das Haus erst nach der Fertigstellung weiter zu verkaufen.

Was sollten Mietshäuser mit individuell gestalteten Fassaden? Welcher Bauherr wollte sich jetzt noch in einer Fassade "verwirklichen" oder gar verewigen, da ihm doch vor allem am raschen Verkauf oder an guter Vermietbarkeit gelegen war. Fassadenschmuck aber mußte sein. Nicht nur, weil sich eine kahle Vorderfront schlecht verkauft hätte und bei der Einschätzung des Gebäudewertes durch die Feuerversicherung einen geringeren Wert ergeben hätte, sondern vor allem, weil die Fassadengestaltung zur Konvention jener Zeit gehörte. Auch der weniger bemittelte Bürger legte Wert darauf, Mieter in einem Hause zu sein, das wenigstens in der Fassade den Eindruck von "Bessergestellt-Sein" suggerierte. Deshalb wurde der Fassadenschmuck der Bürgerhäuser auf den Mietshausbau übertragen. Daß dieser Vorgang nicht ohne Kompromisse und Stilbrüche vor sich gehen konnte, wurde schon 1877 in "Berlin und seine Bauten" bemerkt:

"Ein künstlerischer Organismus läßt sich aus einer von Brandgiebeln erschlossenen, schmalen und in enge Achsen geteilten Fassade von vier oder mehr fast gleichwertigen Geschossen freilich niemals erzielen: Man wird zufrieden sein müssen, wenn dieselbe in klaren, gefälligen Verhältnissen gegliedert und in entsprechenden Formen einheitlich durchgeführt ist."[171]

Die Fassaden sollten bürgerlichen Wohlstand signalisieren und ließen den Betrachter nicht vergessen, welche reale soziale Situation sich hinter den Fassaden verbarg.

Mit der klassizistischen Ausschmückung, mit einem gestalterischen Kunstgriff wurde die soziale Desintegration verdeckt. Der Klassizismus hatte sich im ersten Drittel des 19. Jahrhunderts das Signum Preussischer Staatsarchitektur[172] erkämpft. Der Architekt Karl Friedrich Schinkel — der bei der Planverfassung des Köpenicker Feldes maßgebend beteiligt war — und später die nach ihm benannte Schinkelschule prägten den preußischen Klassizismus und schulten das Stilempfinden und den Geschmack unzähliger kleinerer und größerer Baumeister und Bauhandwerker.

Die staatlichen Organisationen — zu Schinkels Lebzeiten die Ober-Bau-Deputation, ab 1850 die Bauabteilung im Handelsministerium und die ihr beigegebene Technische Bau-Deputation — gaben Vorbildersammlungen heraus, so die "Vorbilder für Fabrikanten und Handwerker"[173] (seit 1821) oder die "Entwürfe zu Kirchen-, Pfarr- und Schulhäusern"[174] (seit 1847). An der von 1824 bis 1879 dem Handelsministerium unterstellten Bauakademie erhielten die künftigen preußischen Baubeamten im Schinkelschen Sinn eine auf Zweckmäßigkeit und sparsame, aber auf klassische und noble Formgebung bedachte Architekturausbildung. Neben einflußreichen Lehrern wie Stühler, Strack, Lucae und Persius (Entwerfen öffentlicher Gebäude), Stier,[175] von Armin und Adler (Entwerfen, Landbaukunst und Baugeschichte), die die Studenten jahrzehntelang mit den Formen der Berliner Schule vertraut machten, wirkten auf dem Gebiet der Ornamentik Lehrer wie Mauch,[176] Boetticher,[177] Gropius, Lohde, Spiegelberg und Jacobsthal.[178] Zahlreiche Berliner Firmen stellten Bauornamente nach den an der Bauakademie entwickelten Modellen her (Geiss: Zinkguß; Feilner und March: Terracotta; Gropius: Steinpappe).[179] Viele Musterbücher privater Architekten — z.B. die Entwürfe von Carl August von Menzel oder Ferdinand Wilhelm Holz[180] — oder die Veröffentlichungen in der "Zeitschrift für Bauwesen" der Schinkelschüler Persius, Stühler, Hitzig, der Architekten Busse und Cremer erreichten zum Teil eine noch größere Breitenwirkung und beeinflußten bis in die siebziger Jahre die große Gruppe der nicht akademisch gebildeten Gewerksmeister, Maurer und Zimmerer, die einen beträchtlichen Teil der Privatbauten ausführten.[181] Der Klassizismus Schinkels wurde mit der wachsenden Industrialisierung des Bauens ein Zweig der vorfabrizierenden Industrie.

Schinkel hatte vorausschauend bereits 1826 Modellentwürfe für den Berliner Mietshausbau vorgelegt. Allerdings mußte er sich als künftige Mieter wohlhabende und großbürgerliche Anwalts- oder Verlegerfamilien vorgestellt haben. Seine Vorlagen sind zum großen Teil nur dreigeschossig; es fehlt die Durchfahrt, die gewöhnlich darauf hinweist, daß in einem Haus nicht nur gewohnt, sondern auch produziert wird. Während Schinkels aufwendige Grundrißvorschläge für den späteren Massenwohnungsbau weniger als Anregung dienen konnten, blieben seine mit traditionalistischen Dekora-

100 / Oranienstraße 197, dekorierter Dachabschluß, 1860

tionen gegliederten Fassaden noch jahrzehntelang Vorbild. Durch das stark hervortretende Traufgesims und den darüberliegenden Drempel ließ Schinkel das Dach optisch von der Straße aus verschwinden und erzielte damit jene typisch Berlinische Blockfront.

Die ersten Fassaden am Heinrichplatz

Am Heinrichplatz sind heute nur noch die Original-Fassaden Oranienstraße 194 und 197 (Ecke Mariannenstraße 7a) erhalten. Beim Haus Nr. 197 lassen sich die Abstufungen der einzelnen Geschosse durch Dekorationselemente gut erkennen.

Die Fenster des ersten Obergeschosses, über einem Palmettenfries angeordnet, werden von korinthischen Pilastern gerahmt, die eine architravartige Bedachung tragen. Der aufwendige Schmuck des ersten Obergeschosses erinnert an die "Bel-Etage" des herrschaftlichen Bürgerhauses. Zum Dachgeschoß hin nimmt die Ornamentierung ab, obwohl Konsolen unter den Fensterbrüstungen und feingliedrige Fensterumrahmungen nach wie vor vorhanden sind. Eine horizontalisierende Wirkung erzielen die durchlaufenden Fensterbankgesimse im ersten, zweiten und vierten Geschoß. Angedeutete Sparrenköpfe und der Zahnschnitt heben das Dachgesims besonders hervor.

101 / Oranienstraße 197, Hervorhebung des 1. Obergeschosses durch Verzierungen, 1860

FASSADEN

102 / Oranienstraße 194, noch erhaltene Fassade aus der Entstehungszeit, 1861

103 / Hervorhebung des 1. Obergeschosses, Oranienstraße 194

Ähnliches gilt für das Eckhaus Nr. 194. Das erste Geschoß hebt sich ebenfalls durch die Akzentuierung der Fensterbrüstungen mit eingelassenen Friesen ab. Der Schmuck vermindert sich auch hier, ganz im Sinne der Vorbilder, nach oben hin. Die deutliche Betonung des Dachgesimses durch ein Friesband, den Zahnschnitt und die Sparrenköpfe erhöht die Gesamtwirkung, obwohl diese Fassade insgesamt bescheidener ausgestattet worden ist.

Um sich die übrigen Fassaden in ihrer originalen Wirkung vorstellen zu können, müßten die alten Bauzeichnungen herangezogen werden. Ein großer Teil dieser Vorlagen enthält allerdings nur die Andeutung einer Fassadenstruktur und keine detaillierte Zeichnung. Findet sich gelegentlich ein genauer Entwurf, ist er in seiner Vorstellung meist üppiger als die spätere Ausführung. (Bei Nr. 197 wurden z.B. die im Entwurf vorhandenen Dreiecksgiebel durch flache Fensterabschlüsse ersetzt.) Die planenden und ausführenden Bauhandwerker, Maurer- oder Zimmermeister unterzogen sich nicht der Mühe, einzelne Ornamente selbst zu entwerfen. Dekorative Elemente wie Konsolen, Kapitelle und Friesplatten konnten aus den Katalogen der Stukkateurfirmen und Gipsformerein ausgewählt und am Bau versetzt werden. Gesimse, Pilaster, Fenster- und Türrahmungen wurden von den Stukkateuren direkt am Bau hergestellt. Das 1843 gegründete Dankbergsche Institut brachte eine überwältigende Fülle von Bauornamenten auf den Markt.[182] Die städtebauliche "Würde", die anerkannte

104 / Oranienstraße 194, noch erhaltene Fassade

HEINRICHPLATZ

105 / **Fassadenentwurf Oranienstraße 12, 1864**

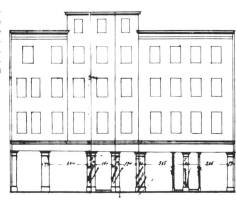

107 / **Oranienstraße 15, Eingriff in die klassizistische Fassadengestaltung durch bauliche Veränderungen im Jahr 1898**

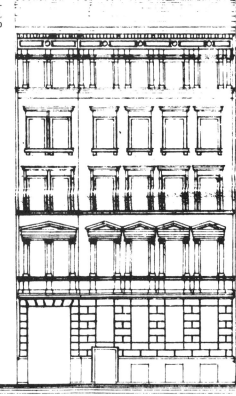

106 / **Fassadenentwurf Oranienstraße 197, 1860**

architektonische Qualität, konnte mühelos dem Versandkatalog entnommen werden. Die Baubehörden vertrauten diesem Verfahren und verzichteten auf genaue Ausführungspläne.

Veränderungen der Fassaden im 19. Jahrhundert

Die Fassaden am Heinrichplatz blieben nur wenige Jahre unverändert. Die ersten Eingriffe waren bereits Folgen größerer Umbaumaßnahmen, die in den siebziger Jahren mit der zunehmend zentralen Bedeutung des Platzes begonnen hatten. Im Erdgeschoß wurden Läden eingebaut, die größere Schaufenster benötigten. Das Souterrain wurde häufig ebenfalls zum Verkauf benutzt. Um die Jahrhundertwende besaß fast jedes Haus am Platz ein Geschäft oder eine Gaststätte. Die Vorderfront hatte sich auf Erdgeschoßhöhe bei vielen Häusern in eine gläserne Front mit Säulen oder Stützen verwandelt. Schaufenster und Reklametafeln dominierten.

Nach etwa zwanzig Jahren mußten die ersten Instandsetzungsarbeiten vorgenommen werden, denn die Qualität des Stucks ließ zu wünschen übrig. Nachdem sogar Passanten durch herunterfallende Stuckteile verletzt worden waren, wurde jeder Hausbesitzer aufgefordert, in bestimmten zeitlichen Abständen die Haltbarkeit des Stucks von einem Fachmann überprüfen zu lassen. Die den Bauakten beigehefteten "Stuck-Atteste" bezeugen dieses Verfahren.

Einige Eigentümer nutzten die Baufälligkeit der Fassade aus, um sie im Zusammenhang mit größeren Um- und Erweiterungsbauten völlig zu erneuern. Der Lampenfarikant Arlt, Oranienstraße 198, war der erste, der 1884 zur Auflösung des einheitlichen Stadtbildes am Heinrichplatz beitrug. Im Zuge des Um- und Erweiterungsbaus seines Hauses renovierte er die ganze Fassade. Er ließ zur Verschönerung seines Hauses, das er — wahrscheinlich in der Bel-Etage — mit seiner Familie bewohnte, und als äußeres Zeichen für seinen Status als Besitzer der im Hinterhof liegenden Fabrik an der Vorderfront eine barocke Risalitbekrönung errichten. Sie ist heute nicht mehr erhalten (s. Abb. 128).

Auch die reich verzierte Fassade des Hauses Oranienstraße 191 bewirkte eine "Belebung" der kargen, flächigen Straßenfront. Im Jahr 1886 wurde das ehemalige Wohnhaus durch ein neues ersetzt. Die Fassade erhielt — neben dem aufwendigen Stuck — Erker, die in den oberen Geschossen als Balkone ausgebildet waren, sowie eine großzügige gläserne Ladenfront. Offensichtlich wurde hier mit der Tradition schlichter klassizistischer Fassaden gebrochen. Der üppigere Renaissance-Stil, aber auch Anleihen aus dem Barock-Repertoire befriedigten das Repräsentationsbedürfnis des Bürgertums der Gründerzeit weit besser. Der Bauherr, Fabrikbesitzer Joers, bewohnte das Haus selbst. Die Wohnungen waren größer und besser ausgestattet als die angrenzenden Bauten. Es ist anzunehmen, daß der Besitzer Wert auf solvente Mieter legte. Dabei dachte er auch an die künftigen Mieter der teuren Geschäftsräume, die mit der zunehmenden Bedeutung des Heinrichplatzes auf einen

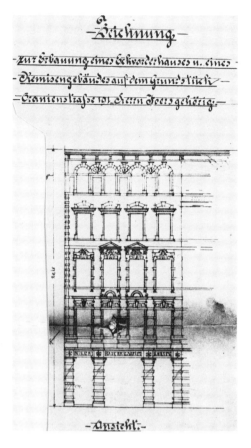

108 / Fassadenentwurf im Renaissance-Stil, Oranienstraße 191, 1886

109 / Fassadenentwurf im Renaissance-Stil für Neubau-Entwurf, 1886, Oranienstraße 192 (wurde nicht realisiert)

zahlungsfähigen Kundenstamm hoffen konnten. Für das Nachbarhaus Oranienstr. 192 wurde in demselben Jahr ein ähnlich zu bewertender Entwurf für eine Neuplanung gemacht, der bis auf den Umbau eines fünfgeschossigen Fabrikgebäudes als Seitenflügel und Quergebäude nicht realisiert wurde.

In der Oranienstraße 14 nutzte der Eigentümer die Baufälligkeit seiner Fassade aus, um sich bei ihrer Renovierung selbst ein Denkmal zu setzen — obwohl er ganz woanders wohnte. 1904, ein Jahr, nachdem der Kaufmann Albert Herzog das Wohnhaus erstanden und einen fünfgeschossigen Seitenflügel mit Quergebäude dazugebaut hatte, erneuerte er seine Hausfassade nach ''neuzeitlichem'' Geschmack und krönte sein Werk mit einer vor dem Dach angebrachten, gemauerten, mit Voluten gerahmten Tafel, die er mit seinen Initialien verzierte. Heute ist nur noch der Aufbau, nicht aber mehr die Inschrift vorhanden (s. Abb. 123).

Herstellung der Fassaden

In ''Berlin und seine Bauten'' von 1877 wird die Herstellung der zum größten Teil in Putzbau ausgeführten Fassaden genau beschrieben:

''Es ist hierbei fast ausschließlich Kalkmörtel ... verwendet. ... Beim Putzen der in Backstein vorgemauerten Gesimse, Pilaster und Gliederungen, die bei größeren Ausladungen und Verkröpfungen auch mit leichten Eisenkonstruktionen unterstützt werden, wird Gips und Kalkmörtel angesetzt, um so diese Teile besonders scharf und sauber herstellen zu können. Exponierte Gesimsteile, namentlich Balkons, Plinten oder gemauerte und kannelierte Säulen wurden in Zementmörtel gezogen bzw. geputzt. Die ornamentierten Fassadenteile werden meist als Gipsstück nachträglich angesetzt, hier und da auch aus Zementguß und gebranntem Ton hergestellt. Die weit ausladenden Teile der Hauptgesimse sind fast durchweg aus Holz und an vorgestreckten Zangen der Dachbinder und zwischen diesen an besonderen, an den Drempelwanddielen angebrachten Bohlen, Knaggen befestigt. ... Sämtliche hervortretende und dem Regen besonders ausgesetzte Gesimsteile werden in der Regel mit Zinkblech abgedeckt. ... Die geputzten Fassaden erhalten nach gehörigem Austrocknen in ihrer ganzen Ausdehnung meist einen Ölfarbenanstrich.[184] ... Der früher allgemein übliche Anstrich mit Kalkfarben ... tritt mehr und mehr zurück. Dagegen ist in der Neuzeit vielfach die Sgraffito-Malerei bei der Dekoration von Friesen, Füllungen ... zur Geltung gekommen.''

Kritiken an den Fassaden

Bis etwa 1870 beherrschten die schlichten, klassizistischen Fassaden das Straßenbild am Heinrichplatz. In der Folge veränderte sich der Zeitgeschmack. Die Bauherren begannen, die sich zunehmend verschlechternden Wohnverhältnisse mit überladenen, prunkvollen Fassaden zu verdecken, die den Häusern einen schönen Schein, den Aspekt von Palästen oder gar Schlössern verliehen.

Schon 1872 verurteilte der Kunsthistoriker Woltmann den unverhältnismäßigen und unsoliden Glanz und Schmuck der Fassaden vor allem an Privatbauten:

110 / Oranienstraße 14, dekorierte Hinterfassade

111 / Oranienstraße 14, Vorderhausfassade, 1903

"Um das zu erreichen, was man wollte, glaubte man, von jedem edleren und solideren Material absehen zu können. Gips und Zink, Verputz und Anstrich setzen die glänzenden Fassadeneffekte, die man verlangt, in Szene. Die zierlichste Dekoration, das reichste Übermaß an Ornamenten werden dadurch wohlfeil und bequem; man braucht sie nur in Zinkguß bei Geiß, in Stuck bei Dankberg zu bestellen. Die gesonderte Fabrikation des architektonischen Ornamentes, so wenig wir derselben heute innerhalb gewisser Grenzen entraten können, birgt in sich eine unverkennbare Gefahr. Das Ornament ist in zahlreichen Fällen nicht mit dem Organismus des Bauwerks verwachsen, es erscheint nicht aus ihm heraus entwickelt, sondern es ist lediglich eine äußere Zutat, die wie ein Toilettenstück angetan und wieder fortgelassen werden kann. Ja, mit der Gesellschaftstoilette hat es gewöhnlich nicht nur die Eigenschaft des Flitterhaften, sondern auch die des Schablonenhaften gemein. Dasselbe Ornament, das wir an der einen Stelle gesehen, kehrt ein paar Schritte weiter an einem ganz verschiedenartigen Gebäude wieder, wir werden überall an die Herrschaft der Gußform gemahnt. Ja, nicht bloß das eigentliche Ornament, sondern die ganze Fassade, die leider dem Bauwerk oft bloß angeputzt zu werden pflegt, sinkt in vielen Fällen zu einem Toilettenstück herab, bei dem Stoff und Herstellung leichtfertig genug sind. Es ergeht solchen Häusern wie den Ballkleidern der Damen, deren Anzug am Ende eines rauschenden Festes nicht abgerissener und abgeblühter aussehen kann, als solch ein moderner Prachtbau, wenn Regen und Schnee Anstrich schmählich abgewaschen haben, oder wenn ein lustiger Frühlingswind einherweht, die Gipshülle der aus Backstein aufgemauerten Säulen zerbröckelt und die Bruchstücke der figurenreichen Friese vor sich hertreibt."[185]

Die Veränderung der Fassaden am Heinrichplatz deuten auf die Aufwertung in der Nutzung, die sich in den größeren Einzelhandelsgeschäften und in größeren Wohnungen in den Vorderhäusern äußerte, hin. Die Fassaden wurden individueller aber auch aufwendiger gestaltet. Die einst von Lenné beabsichtigte Einheitlichkeit ging verloren. Zum Hof hin — und überall dort, wohin man vom Platz aus nicht blicken konnte, z. B. in die Keller- und Dachgeschosse — verschlechterte sich die Wohn- und Arbeitssituation durch die bauliche Verdichtung und die Überbelegung der Wohn- und Arbeitsräume. Hoffassaden waren — bis auf einige Ausnahmen, z.B. Oranienstraße 14 a — nicht besonders gestaltet; in seltenen Fällen wurden die Fensterrahmungen in den Putz eingezeichnet.

Veränderungen der Fassaden im 20. Jahrhundert

Im frühen 20. Jahrhundert wurden die Fassaden — bis auf die Überprüfung der Haltbarkeit des Stucks — ziemlich schnell vernachlässigt. Seit der Einführung der Wohnungszwangswirtschaft gab es von seiten der Hausbesitzer erst recht kein Interesse, in die Häuser zu investieren, nicht einmal, sie instand zu setzen. Putz und Ornamente bröckelten allmählich ab. Die Architekten und Planer jener Jahre setzten sich für die Instandsetzung der Häuser nicht ein, da sie — im Sinne der zeitgenössischen Planungsziele — sowohl Gegner der "Mietskasernen" als unsoziale Wohnagglomerationen als auch Gegner des, so sagten sie, "verlogenen Ornamentes" waren. Nach und nach wurden die Fassaden abgestuckt. In die Front das Hauses Oranienstraße 15 wurde im Zuge der Renovierung zwar ein einfaches geometrisches Muster im Stil der dreißiger Jahre eingeritzt; die übrigen Fassaden erhielten spätestens nach dem Zweiten Weltkrieg den typischen Berliner Kratzputz. Nun hatten die nackten Häuser nichts mehr zu verbergen. Sie waren ehrlich geworden — und häßlich.

Mit der Stadterneuerung bzw. Modernisierung, wie sie seit 1961 in Berlin betrieben wird, ist eine ökonomische Aufwertung der Häuser verbunden, die

112 / Abgestuckte Fassade am Heinrichplatz

113 / Renovierte Fassade aus den dreißiger Jahren, Oranienstraße 15

sich in den Fassaden widerspiegelt. In diesem Sinne wurde auch das erste Haus am Heinrichplatz, Oranienstraße 191, im Jahr 1981 mit öffentlichen Mitteln modernisiert. Die Wertverbesserungen zielen auf (anonyme) einkommensstärkere Mieter. Bei der Fassadengestaltung orientierte man sich — ohne die Mieter nach ihrer Meinung zu fragen — an der ehemaligen Renaissancefassade. Andere Fassaden sind in letzter Zeit — in der Nähe des Heinrichplatzes — renoviert worden; Fassaden von Häusern, über deren Verfügung die Bewohner selbst entscheiden.

Sie kamen ihrem Bedürfnis nach Schmuck und Verschönerung ihres Hauses nach und bemalten es nach eigenem Geschmack, ob der nun den Nachbarn gefällt oder nicht.

Diese beiden extremen Fälle zeigen die Spanne, zwischen der sich die Modernisierung bewegt. Bei der Instandsetzung der Fassaden am Heinrichplatz muß ein Kompromiß gefunden werden. Bei der Abwägung von Gestaltqualität und Gebrauchswert sind hier intensive Gespräche bei den Nutzern und Bewohnern zu führen.

114 / Kratzputzfassade aus dem Jahr 1958, Oranienstraße 17

"Behutsam eingreifen" würde bedeuten, den Bewohnern zu erläutern, welche Funktion die Gestaltung der Fassaden im Laufe der Geschichte hatte und welche technischen und ästhetischen Mittel und Möglichkeiten sich böten, die Fassaden zu erneuern, um schließlich (mit ihnen gemeinsam) zu einer Entscheidung für eine neue Fassadengestaltung zu kommen.

Die neue Wertschätzung von Altbausubstanz, die mit dem Europäischen Denkmalschutz-Jahr 1975 Popularität erlangt hatte, erzeugte und provozierte ein Überdenken der überlieferten Vernachlässigung von Stadtquartieren aus dem 19. Jahrhundert. Die für die zwanziger Jahre noch verständliche und erklärbare Ablehnung der Mietskasernenstadt schlug nun beinahe in ihr Gegenteil um. Die nostalgische Interpretation all dessen, was als emotional befriedigende Räumlichkeit und für den "nachmodernen Gestalter" wieder sehnsüchtig als Qualität reklamiert wird (immerhin hat ja Schinkel hier mitgewirkt bei der Planung!), muß bei einem sowohl planungs- wie sozialgeschichtlichen Ansatz überprüft werden. Die detaillierte Kenntnis jener wechselnden Geschmacksrichtungen, jener überlagernden Fassadenumbauten und "Stadtverschönerungen" muß zum Nachdenken auffordern. In jedem Fall darf die für nur eine einzige historische Epoche gültige Gestaltungsnorm (wie z. B. die klassizistische erste Variante) nicht bedenkenlos als Modernisierungsnorm erklärt werden. Gerade die kurzfristigen, wenn auch nicht immer von den humansten und sozialsten Gesichtspunkten geleiteten Richtungsänderungen (von Klassizismus zu Neobarock) sollten auch bei den heutigen Maßnahmen und Zielen noch nachvollziehbar bleiben.
Wenn "erinnert" werden soll am Heinrichplatz, dann an die ganze Geschichte seiner Entstehung und Entwicklung. Dazu gehört auch die Geschichte des abgeschlagenen Stuckes. Die Aussagekraft des rhombenförmigen Platzes mit seiner in Höhe und Gliederung gleichmäßigen Randbebauung bleibt auch dann bestehen, wenn die verschiedenen, sich sogar widersprechenden Aussageformen der gesamten Entwicklung ersichtlich sind.

LEBEN, WOHNEN UND ARBEITEN AM HEINRICHPLATZ

Nachdem die Häuser am Heinrichplatz fertiggestellt waren, zogen kleine Handwerker, Kaufleute und einfache Beamte ein. Folgende Berufsbezeichnungen tauchen am häufigsten in den Adressbüchern[186] der siebziger und achtziger Jahre des 19. Jahrhunderts auf: Schneider, Tischler, Schlosser, Kolonialwarenhändler, Posamentierer, Maurer, Schuhmacher, Glaser, Postbeamter, Schankwirt, Näherin usw. Darüber hinaus ist es auffällig, daß in jedem Haus ein Schutzmann wohnte.[187]

Viele der Bewohner betrieben ihre Werkstätten oder Geschäfte unmittelbar in ihrer Wohnung. Viele Luisenstädter wohnten in ihrem Arbeitsraum, vor allem jene, die von der Heimarbeit leben mußten. Ihr Auftraggeber war ein "Verlag", für den sie hohe Stückzahlen fertigen mußten, um sich und ihre Familie ernähren zu können. Obwohl sie noch als selbständig galten — und sich auch noch so fühlten, denn früher übten sie ihr Handwerk ohne die Zwischenschaltung eines Verlages aus —, gerieten sie immer mehr in Abhängigkeit. Aber auch selbständige Handwerker, die ihren Beruf noch traditionell ausüben konnten, lebten und arbeiteten in ein und denselben Räumen. Im Souterrain wohnten und arbeiteten meist kleine Händler. In der Regel waren dort die Läden des täglichen Bedarfs untergebracht. Die Familie hauste in der benachbarten Stube. 1875 wurden in der Luisenstadt 17,3 % der Wohnungen geschäftlich genutzt. Von insgesamt 11.598 nur gewerblich genutzten Räumen lagen etwa die Hälfte in demselben Haus wie die Wohnung. Auf 100 Wohnungen kamen 75 Läden, 66 Werkstätten oder Fabriken, 24 Comptoires, 32 Niederlagen.[188] Mehr als 18 % der Bewohner lebten in Wohnungen, die zugleich Arbeitsstätten waren.

Ein bessergestellter Handwerker richtete seinen Arbeitsraum in einem Schuppen auf dem Hof ein oder mietete sich eine Etage in den Stockwerksfabriken, die einige Jahre nach der Erbauung der Vorderhäuser in den Höfen entstanden. Konnte er sich einen Lehrling in seinem Betrieb leisten, nannte er sich sogleich "Fabrikant". In der Oranienstraße Nr. 12 gab es z.B. einen Zigarrenfabrikanten, in Nr. 191 einen Wäschefabrikanten, in Nr. 17 einen Schürzen- und in Nr. 18 einen Möbelfabrikanten. Die übrigen Mieter in den Häusern am Heinrichplatz arbeiteten in den zur damaligen Zeit überall entstehenden Gewerbebetrieben in der unmittelbaren Nachbarschaft. Vor allem Konfektions- und Baubetriebe boten Arbeitsplätze.

Später, in den achtziger Jahren, als der Heinrichplatz an zentraler Bedeutung gewann, zogen vereinzelt auch Wohlhabendere, z.B. Fabrikbesitzer, ein Rechtsanwalt, ein Arzt oder ein Architekt hierher. Die Fabrikanten hatten in die Hinterhöfe um den Heinrichplatz größere Fabriken gebaut, soweit die kleinen Parzellen hier überhaupt noch Fläche dafür boten. Die Wohlhabenden wohnten in den besseren Wohnungen der Vorderhäuser, z.B. in der Oranienstraße 191 oder 198, die zum Teil nach Abriß der ursprünglichen Häuser neu erbaut worden waren.

Mit der zunehmenden Bedeutung der Luisenstadt als Gewerbestandort konzentrierten sich am Heinrichplatz Einzelhandel und Gewerbe. 1890 hatte sie mit 8.300 Gewerberäumen den höchsten Anteil unter allen Stadtteilen.[189] Dadurch wurde zum Teil die Wohnnutzung verdrängt, und die verbleibenden Wohnungen mußten wegen des großen Wohnungsmangels immer dichter belegt werden. Die Folge war, daß die Bessergestellten, nicht mehr bereit, wachsende Umweltbelastungen zu ertragen, in den Berliner Westen, in vornehmere und angenehmere Gegenden umsiedelten. In die Luisenstadt und an den Heinrichplatz zogen nun viele Arbeiter und kleine Angestellte, die vor allem die in den achtziger und neunziger Jahren errichteten Seitenflügel und Hinterhäuser bezogen, in denen sie kleine und für sie gerade noch bezahlbare Wohnungen fanden. Mit dem Ausbau der öffentlichen Verkehrsmittel waren sie nicht mehr auf die unmittelbare Nähe zu ihren Arbeitsplätzen angewiesen.

Im wesentlichen blieb der Heinrichplatz fortan Wohnstätte für die einkommensschwächere Bevölkerung, für Arbeiter, kleine Angestellte und Beamte und für Handwerker. Innerhalb der Mietshäuser gab es ein gewisses soziales Gefälle — besonders in den Häusern, deren Vorderhauswohnungen in den achtziger und neunziger Jahren vergrößert und besser ausgestattet und deren Höfe dann gleichzeitig mit Hinterhäusern und Seitenflügeln voller Kleinwohnungen restlos vollgebaut waren. Im großen und ganzen war und blieb die Bevölkerungsstruktur aber homogen. Wohlhabende, die einst vereinzelt in besonders gut ausgestatteten Wohnungen der Vorderhäuser lebten, bildeten die Ausnahme. Diese relative Homogenität bezieht sich jedoch nur auf die wirtschaftliche Lage der Bewohner. Ihre Berufsstruktur dagegen ist äußerst differenziert; in ihr spiegelt sich die kleinteilige und vielfältige Nutzung des Gebiets um den Heinrichplatz wider.

Einige Gewerbetreibende hatten sich langfristig am Heinrichplatz etablieren können. Besaßen sie zunächst nur einen kleinen Laden oder eine einfache Werkstatt, waren sie bereits einige Jahre später imstande, ihr Geschäft zu vergrößern oder das Haus sogar zu kaufen. Ihre Betriebe blieben dann jahrelang meist als Familienbetrieb bestehen, und die Angehörigen wohnten meist auf demselben Grundstück. Sie trugen dazu bei, dem Platz ein charakteristisches Gesicht zu verleihen.

Die Molkerei mit dem Milchgeschäft im Vorderhaus, Oranienstraße 195, blieb beispielsweise fast achtzig Jahre dort. 1871 hatte der Milchhändler Zajons das Haus gekauft und seinen Laden eingerichtet. Zwanzig Jahre später verkaufte er es der Familie Huth, die dort mindestens bis nach dem Zweiten Weltkrieg ihr Geschäft betrieb. Im Eckhaus, Oranienstraße 12, hatte sich etwa seit den neunziger Jahren das Bettenhaus Schonert etabliert, das sein Geschäft nach und nach ausbaute und dafür die erste Etage und weitere Verkaufsflächen im Nachbarhaus anmieten mußte. Es verblieb dort bis in die sechziger Jahre dieses Jahrhunderts. In der Oranienstraße 191 wurde mit dem Neubau des Hauses, 1884, ein Konfektionsgeschäft für Herrenartikel eingerichtet, das heute noch besteht; die Besitzer haben allerdings gewechselt. Die Fleischerei, Oranienstraße 17, konnte sich über 100 Jahre dort halten — von 1862 bis ebenfalls Mitte der sechziger Jahre. Die Inhaber hatten mehrfach gewechselt. In dem im Jahre 1917 errichteten, zweigeschossigen Hofgebäude befanden sich die Arbeitsräume der Schlachterei und die Räucherkammer. Da der Schornstein relativ niedrig war, wurden die Anwohner durch den Rauch belästigt; sie beschwerten sich beim Polizei-Präsidium. Da der Schlachter auch der Eigentümer des Hauses gewesen ist, werden sie einen schweren Stand gehabt haben.
In der Oranienstraße 14a befanden sich von etwa 1880 bis zu den sechziger Jahren dieses Jahrhunderts eine Möbelhandlung, die sich bis in das erste Geschoß ausdehnte. "Möbel auf Kredit" war um die Jahrhundertwende groß auf der Fassade angeschlagen — Indiz für die weniger zahlungskräftigen Bewohner dieser Gegend, die sich dennoch "standesgemäß" einrichten wollten.

Seit 1881 gab es in der Oranienstraße 13 eine Konditorei: Das "Café Klein", später das "Tanz-Café Gepler". Es hat bis Ende der sechziger Jahre bestehen können. Das Café war weithin bekannt und hatte sich vor allem in seiner hohen Zeit, in den zwanziger Jahren und dreißiger Jahren, größerer Beliebtheit erfreut. Es florierte prächtig und hatte sich sogar bis ins benachbarte Haus hinein vergrößern können. Doch die Anwohner fühlten sich durch den Lärm, den das Tanz-Café verbreitete, empfindlich gestört. Beschwerdebriefe halfen nichts.

115 / Briefkopf Café Gepler, Oranienstraße 13

"Man kann Beschwerden vorbringen, was man will, es heißt nur immer 'ja, was hat denn der Hans schon wieder angestellt'. Dann geht jemand vom Revier in die Konditorei, und der schwerste Fall wird hinten erledigt. Dies wird jeder Mieter und Anwohner bestätigen. Genauso ist es mit dem Beamten der Baupolizei. Den Mietern wurden die Keller genommen, die Waschküche entfernt, der Hausflur auf nur einen guten Meter verschmälert, so daß die Leichen unten eingesargt werden müssen. (...) Einmal wollte er (Anm.: Herr Hans Gepler, der Haus- und Cafébesitzer) alle Mieter aus dem Haus entfernen, um daraus eine Absteige zu machen, doch das Wohnungsgesetz war diesmal stärker als seine amtliche Freigiebigkeit. Bis um 3 Uhr müssen die Anwohner das schreckliche Saxophon anhören (...)." hieß es u.a. in einem anonymen Brief eines Anwohners an den Polizeipräsidenten vom 2. November 1933. Ein anderer Nachbar hatte sich bereits 1926 beschwert, daß das Café nun so dicht an seiner Wohnung liege, daß man das Klavierspielen noch bis halb zwei Uhr nachts hören könne.

Sobald ein Wohnhaus fertiggestellt war, wurde vermietet. Manche Hauseigentümer waren nicht einmal bereit, die vorgeschriebenen Trockenfristen[190] einzuhalten. Zum Beispiel mußte der Eigentümer der Oranienstraße 16 im Jahr 1862 fünf Taler Strafe zahlen, weil er schon vorzeitig vermietet hatte. Andere versuchten, unter Anwendung neuester technischer Geräte — z.B. die Patent-Trockenmaschine der Firma Türk und Co. (1904, Oranienstraße 14) — die Trockenzeit zu verkürzen.

Trotz der gesundheitlichen Schäden, die das Leben in einer feuchten Wohnung verursachte, waren viele minderbemittelte Mieter daran interessiert, schon frühzeitig einzuziehen, weil sie für die Zeit des "Trockenwohnens" nur einen Teil des Mietpreises zu zahlen brauchten.

Zehn bis zwanzig Jahre später, als der Strom der Einwanderer anschwoll, die vorhandenen Wohnungen bei weitem den Bedarf an preiswerten Unterkünften nicht decken konnten, als jedes mögliche freie Fleckchen auf den Grundstücken für den Bau von Hinterhofwohnungen herhalten mußte und die Barackenlager vor dem Kottbusser Tor sich ausweiteten, wurden auch die zunehmend teurer werdenden Wohnungen am Heinrichplatz noch intensiver genutzt: Die ohnehin großen Familien, vor allem alleinstehende Frauen mit Kindern, nahmen Schlafburschen, Schlafmädchen oder Aftermieter in ihre beengten Wohnungen auf. 1875 vermieteten in der Luisenstadt 22,6 % aller Haushalte an Schlafleute; in absoluten Zahlen: auf 49.260 Haushalte kamen 11.112 Schlafstellen.[191]

Der Mangel an preiswerten Kleinwohnungen wurde für die in die Luisenstadt ziehenden Arbeiter zur Katastrophe. Die Mieten wuchsen ins Unermeßliche.[192] "Die Mietbedingungen überstiegen fast allen Glauben", stellte selbst das Städtische Jahrbuch fest[193] und brachte Beispiele dafür, wie die Hauswirte es direkt auf Vertragsbrüche anlegten, um den Mietern zu kündigen, um dann die Mieten steigern zu können. Der Berliner Mietskontrakt war berühmt und berüchtigt, weil er die totale Abhängigkeit des Mieters vom Eigentümer erzwang.[194]
Verträge für Mietwohnungen wurden nicht länger als für ein halbes oder ein Jahr abgeschlossen, für Werkstätten galten höchstens drei Jahre. Von langjährigen Mietern, die monatlich pünktlich zahlten, verlangte der Hausbesitzer plötzlich Vorauszahlungen für ein ganzes Quartal, was den meisten Mietern in der Luisenstadt — auch den schlecht besoldeten Beamten — nicht möglich war. Reparaturen wurden kaum noch ausgeführt, das Nötigste mußten die Mieter selbst übernehmen.

Unberechenbarkeit des Hausbesitzers, niedriger Lohn, Krankheit und Arbeitslosigkeit führten viele "rechtschaffende" Familien direkt ins Obdachlosenasyl, den "Ochsenkopf", das städtische Arbeitshaus. Andere suchten sich in Schuppen und Ställen eine neue Unterkunft. Der jährliche Wohnungwechsel schwankte zwischen 43 und 64 Prozent.[195] Am "Ziehtag", dem 1. April und dem 1. Oktober, spielten sich Verzweiflungsszenen ab. Der Maler Zille hat uns ein in Zeichnung, Wort und Foto anschauliches Bild überliefert. Der folgende zeitgenössische Bericht schildert einen solchen Tag:
"Ein so starker Umzug, wie er am 1. April 1871 stattgefunden hat und infolgedessen ein so buntes, bewegtes Treiben, wie man namentlich in den Mittagsstunden jenes Tages beobachten konnte, ist selbst für Berlin unerhört zu nennen. In allen Straßen, sogar im Mittelpunkt der Stadt, wo doch sonst die länger seßhafte Bevölkerung zu hausen pflegt, sah man von früh bis spät alle nur erdenklichen Transportmittel in Bewegung, um jede Art von Hausrat aus einem Mietsgelaß in das andere zu befördern. Tragbahren und Hundekarren, Wagen jeder Gestalt mit Pferden jeder Gattung, oft auch mit keuchenden Menschen bespannt oder von letzteren geschoben, bewegten sich in allen möglichen Tempos über das Pflaster hin, sperrten hier und dort die Passage, erlitten da oder da einen mehr oder minder großen Schaden. Am Ärgsten jedoch war das Treiben in den Vorstädten, ganz besonders auf der äußeren Luisenstadt vom Halleschen Tor bis zum Lausitzer Platz. Ganze Straßen waren dort zu beiden Seiten so dicht mit Möbeln besetzt, die der Abholung ... vergeblich harrten, daß man meinen konnte, es sei dort ein einziges Trödelmagazin etabliert worden. (...) Allerwärts wurde die Szenerie belebt von geschäftig oder verzweiflungsvoll umherlaufenden, oft genug in tätlichem Streit mit hartherzigen Hauswirten sich befindlichen Menschen."[196]

Ab Mitte der siebziger Jahre war das Elend in vielen Wohnungen in der Luisenstadt und am Heinrichplatz unbeschreiblich.
Wichtiger Indikator für die Wohnverhältnisse ist die Zahl der Kellerwohnungen. Die Bauordnung von 1853 erlaubte Wohnungen im Keller, wenn *"deren Fußboden mindestens einen Fuß über dem höchsten Wasserstande, deren Decke aber mindestend 3 Fuß über dem Niveau der Straße (...), der Sturz des Fensters (...) 2 Fuß über dem Niveau"* liegt (§ 89, BBauO 1853). 1875 lagen in der (jenseitigen) Luisenstadt 9,3 % aller Wohnungen im Keller. Auf ein heizbares Zimmer kamen durchschnittlich 3,5 Einwohner.[197]

Etwa die Hälfte aller Kellerwohnungen wurde gewerblich genutzt. Das bedeutete für die Familien, daß sie noch enger zusammenrücken mußten, um von ihren ohnehin kleinen Wohnungen noch einen Raum oder eine Ecke für ihr Geschäft oder ihren Handwerksbetrieb zu reservieren. Schwabe, der Leiter des Statistischen Büros, hatte 1871 erstmals die Bewohnerschaft der Keller zu charakterisieren versucht: Sie bestehe aus vier Klassen, zu 34 Prozent aus kleinen Handwerkern, zu 32 Prozent aus Angehörigen der arbeitenden Klasse, zu 20 Prozent aus kleinen Händlern und zu 14 Prozent aus Schankwirten.[198]
Zahlen und Statistiken können nur grobe Anhaltswerte vermitteln. Polizeiberichte, die in den Bauakten abgeheftet sind, sagen Konkreteres über die Zustände am Heinrichplatz aus. Sie zeigen jedoch höchstens einen Bruchteil des wirklichen Elends.

Häufig lagen die bewohnten Kellerräume tiefer unter der Erdoberfläche als vorgesehen, und es gab laufend Beschwerden, daß der Keller feucht und der Schwamm darin sei. In der Oranienstraße 17 befand sich seit 1895 ein Schuhmacherkeller mit einer dazugehörigen Stube und Küche, die von sechs Personen bewohnt wurden. Die Polizei ging dem anonymen Hinweis nach und stellte lakonisch fest, daß erstens die Räume trocken seien und es sich zweitens nur um ein Ehepaar mit drei Kindern handele. Offensichtlich durfte die sechste Person, vielleicht ein Schlafbursche, nicht entdeckt werden, weil er vielleicht keine Arbeit hatte.

Im Jahr 1891 fand die Polizei eine Tapezierwerkstatt in einem Kellerraum der Oranienstraße 16 vor, der nur 1,90 m hoch war und dessen Decke mit der Höhe des Bürgersteigs abschnitt. Dieser Raum war bereits einige Jahre zuvor für unbewohnbar erklärt worden. Dennoch konstatierte die Polizei lediglich, daß der Raum trocken und hell sei.

In der Oranienstraße 12 wurde in den neunziger Jahren der Keller als Restaurationsküche für die darüberliegende Gaststätte benutzt. Die weitere Nutzung untersagte die Polizei, weil der Keller als Aufenthaltsraum verboten war; sie verhängte eine Strafe von 50,- Mark. Im Jahr 1896 baten die Wirtsleute den Polizeipräsidenten um Dispens, da sie ohne Küche den Mittagstisch für die Gäste aufgeben müßten, was für sie einen vollständigen Ruin bedeutet hätte. Das Rheuma der Frau sei jetzt besser, da die Küche inzwischen getrocknet sei. Außerdem hätten sie eine Wohnung im Haus. (In Wahrheit wohnten sie in einem Raum hinter der Gaststätte.) Ihr geistig behinderter Sohn könne nicht zu anderen Leuten gegeben werden. Damit er der Stadt nicht zur Last falle, hätten sie ihr ganzes Hab und Gut aufgewendet, um die Restauration einzurichten. Der Sohn helfe bei leichten Arbeiten, außerdem seien sie "schon bei Jahren". — Die Polizei erteilte Dispens für ein Jahr. Ein weiteres Jahr später erreichte die Polizei die Nachricht eines aufmerksamen Anwohners, daß in demselben Restaurationsbetrieb mehrere Dienstmädchen lungenkrank seien; selbst Frau M., die Wirtin, sehe sehr schlecht aus. Der Kellerraum sei voller Schwamm. Schließlich nahm die Polizei eine Besichtigung vor. Sie stellte fest: Die Küche im Keller war sehr verkommen. Neben der Küche befand sich ein feuchter und schimmeliger Lagerraum, der den Dienstboten als Aufenthaltsraum diente. Der Fußboden war feucht, und überall verbreitete sich übler Geruch. Zwar wurden diese Räume weder zum Wohnen noch zum Schlafen benutzt, aber das Dienstmädchen hielt sich von fünf Uhr früh bis abends spät ununterbrochen dort auf. Alle waren erkrankt. — Die Jahresmiete betrug 1.950 Mark. — Die Polizei erließ eine Verfügung, die Schäden zu beheben. Die Küche durfte von dem Gaststättenbesitzer nicht mehr benutzt werden.

Jeder nur mögliche Raum wurde vermietet. Im Dachgeschoß waren die Verhältnisse nicht weniger schlimm als in den Kellerwohnungen. Selbst im Entresol wurden noch Menschen untergebracht. Das Entresol ist ein Zwischengeschoß zwischen dem Parterre und der ersten Etage. Es ergibt sich als Restraum über der Hausdurchfahrt. Die lichte Höhe beträgt 1,50 bis 1,80. Meist ist weder Gas- noch Wasseranschluß vorhanden. Noch 1930 beschwerten sich die Anwohner bei der Baupolizei, daß im Haus Oranienstraße 15 ein Ehepaar mit einem Kind im 1,60 m hohen Entresol und einer dazugehörigen Küche hausten. Die Benutzung wurde untersagt. Die Familie mußte ausziehen. Eine andere Wohnung konnte ihr die Polizei nicht nachweisen.

1905 entdeckte die Polizei in der Oranienstraße 17, daß das Gesinde des Schlächtermeisters zu viert in einem winzigen Raum mit unzulänglicher Belichtung und Belüftung und minderwertigem Fußboden, der über den Arbeitsräumen gelegen war, hausen mußte.

Die Wohnverhältnisse um den Heinrichplatz haben sich im Laufe des 19. Jahrhunderts verschlechtert. Die hohen Mieten, die starke Abhängigkeit vom Hausbesitzer, die Überbelegung der Wohnungen, die sowohl zum Wohnen als auch zum Arbeiten dienten, und der hohe Anteil an Kellerwohnungen sind die entsprechenden Faktoren. Die Wohnverhältnisse haben sich im 20. Jahrhundert nur geringfügig verbessert, denn nach dem Einfrieren des Mietpreises und dem Verbot der Kellerwohnungen nahm die Belegungsdichte vor allen nach den beiden Kriegen kaum ab. Heute sind es zum größten Teil Türken, die dichtgedrängt in diesen Wohnungen leben.

DER PLATZ

Die im Lennéplan vorgesehene Bebauung der Blockeinheiten wurde bis in die sechziger Jahre noch weitgehend ohne gefestigtes Straßennetz vollzogen. Innerhalb kürzester Zeit ist der Heinrichplatz mit vier- bis fünfgeschossigen Mietshäusern umbaut worden. Die Herstellung der Bürgersteige war Sache der Eigentümer, deren Grundstücke an der Straße lagen. Ihre Gestaltung war genau vorgeschrieben:
"In der Mitte des Bürgersteigs ist eine 6 Fuß breite Granitbahn, an der Rinnsteinkante eine Hausteinschwelle einzulegen. Im übrigen ist der Bürgersteig mosaikartig oder mit vierkantigen behauenen Feldsteinen mit glatten Köpfen zu pflastern oder mit Asphalt zu belegen. Die Pflasterung mit runden Flußkieseln ist untersagt. Dabei müssen Bürgersteig und Granitbelege pro Fuß der Breite 13 Zoll Gefälle nach dem Rinnstein erhalten."[199]

Bei der Neuanlage von Straßen mußten die Gesamtaufwendungen bis zu 26 m Breite von den Anliegern erstattet werden. Die Pflasterung der Straßen geschah systematisch erst im Zusammenhang mit der Kanalisation ab 1873.

Bis 1867 endeten die Mariannen- und die Oranienstraße im Süden an der alten Zollmauer. Eine Verbindung zu der bereits seit 1830 in die Stadterweiterungsplanung einbezogenen südlichen Umgebung war auch noch zur Zeit der Verabschiedung von Hobrechts Bebauungsplänen 1862 nur durch die drei Stadttore, das Schlesische, das Kottbusser und das Hallesche Tor, möglich. Der Abbruch der Akzisemauer bedeutete eine entscheidende Öffnung nach Süden, vor allem zu dem 1865 angelegten Görlitzer Bahnhof und damit in das Umland; ebenfalls verbesserte sich die Anbindung in Ost-West-Richtung über die Oranienstraße und über die Skalitzer Straße. Damit verlor die Luisenstadt die einseitige Orientierung auf das alte Zentrum; aus der Nähe zum Görlitzer Bahnhof, der auch als Güterumschlagplatz genutzt wurde, bezog das Quartier neue Impulse.

Unter diesen Voraussetzungen konnte das Gebiet um den Heinrichplatz eine größere Bedeutung erlangen. In der Folgezeit verbesserte sich das Verkehrssystem derart, daß es selbst ein entscheidener Faktor zur Veränderung im Gebiet wurde. Allerdings ließ die 1871 in Berlin eingeführte Pferdebahn in der Gegend um den Heinrichplatz auf sich warten. Da ihr Fahrpreis verhältnismäßig hoch war, kam sie als öffentliches Nahverkehrsmittel für die breiten Bevölkerungsschichten noch nicht in Frage. 1882 wurde die Berliner Stadtbahn eröffnet, und

75

HEINRICHPLATZ

116 / Der Heinrichplatz um die Jahrhundertwende (rechts: Oranienstraße, links: Mariannenstraße)

mit steigendem Vorortverkehr intensivierte sich der Zubringerverkehr zu den Bahnhöfen. Spätestens 1894 führten zwei Linien der Pferdebahn über den Heinrichplatz: Eine vom Görlitzer Bahnhof über den Anhalter Bahnhof und Lützowplatz zur Kaiser-Wilhelm-Gedächtniskirche und die andere vom Görlitzer Bahnhof zur Friedrichstraße. Die elektrische Eisenbahn folgte nur wenige Jahr später. 1902 wurde die Oststrecke der Hochbahn fertiggestellt, die einen zügigen Transport von Arbeitskräften in Ost-West-Richtung ermöglichte.[200]

Als Folge des Booms der Gründerjahre entwickelte sich am Heinrichplatz — als Ausläufer der Oranienstraße — vor allem der Einzelhandel und das Vergnügungsgewerbe. Neben kleinen Läden für den täglichen Bedarf, Kolonialwaren, Tabakwaren, Seifen- und Galanteriewaren bestanden Möbel-, Betten- und Konfektionsgeschäfte, die den überregionalen Bedarf befriedigten. Fast in jedem Haus hat sich einmal ein Restaurationsbetrieb oder eine Schankstätte befunden. Das Café Gepler war zu Beginn des 20. Jahrhunderts wohl eines der bekanntesten Etablissements am Heinrichplatz.

Der zunehmende Verkehr an Fuhrwerken, Omnibussen, Pferdebahnen — später auch elektrischen Straßenbahnen und Privatautos — wurde durch vier große Verkehrsinseln in geordnete Bahnen gebracht. Dort lagen die Straßenbahnhaltestellen. Auf diesen Inseln waren zur öffentlichen Benutzung verschiedene Einrichtungen installiert, die typisch für viele Berliner Plätze sind.

In den achtziger Jahren wurde auf dem Heinrichplatz ein "Pissoir" aufgestellt — eine achteckige, gußeiserne öffentliche Bedürfnisanstalt. Diese Anstalten errichteten Privatunternehmer, die sie auch betrieben und unterhielten; sie standen aber unter städti-

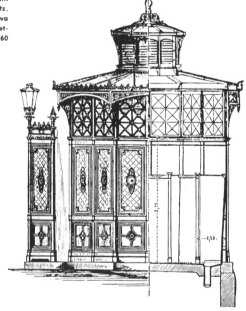

117 / Rotunden am Heinrichplatz, aufgestellt etwa 1880, Foto von etwa 1960

scher Aufsicht. Als bauliches Visavis befindet sich auf der schräg gegenüberliegenden Insel ein Kiosk, in dem Zeitungen verkauft wurden. Er ist der letzte noch erhaltene Kiosk des Architekten Grenander; der Bau zeichnet sich durch eine sorgfältige Gestaltung — besonders des barockisierenden Daches — aus.[201]

Eine große Rolle spielte auch die öffentliche Anschlagsäule, für deren Aufstellung der Buchdrucker Litfaß erstmals 1854 eine Konzession erwarb. Die "Litfaßsäule" war nicht nur Träger kommerzieller Werbung, sondern an ihr wurden auch die öffentlichen Bekanntmachungen angeschlagen. Weiter wurde das Bild des Platzes durch Straßenschilder, Uhrsäulen und Straßenbrunnen angereichert.[202]

118 / **Das städtebauliche Pendant zum Heinrichplatz: Der Moritzplatz, um die Jahrhundertwende**

Je zwei Bäume auf jeder der vier Verkehrsinseln dienten dem Schmuck und der Erholung — notwendige und wünschenswerte Relikte aus der Lennéplanung.

Die Straßenbeleuchtung setzte Akzente. Sie war am Platz repräsentativer als in den umliegenden Wohnstraßen. Um 1890 wurden auf dem Heinrichplatz die Gaslaternen durch die elektrischen Bogenlampen ersetzt, so daß der Platz auch nachts für die öffentliche Kommunikation nutzbar wurde.

Der Heinrichplatz hatte durch die steigenden Bevölkerungszahlen, durch die Zunahme des Gewerbes, des Einzelhandels und des Verkehrs sein Gesicht verändert. War er anfangs ein reiner Schmuckplatz mit einheitlichen Fassaden, so entwickelte er sich bis zur Jahrhundertwende durch die Mischung der städtischen Funktionen zu einem Ort vielfältiger Kommunikation. Sein städtebauliches Pendant, der Moritzplatz, hatte sich ganz anders entwickelt.
Ein Vergleich zeigt, welchen Einfluß die Lage zum Stadtzentrum auf die beiden formal gleichartigen Plätze hatte. Der Moritzplatz wuchs sehr schnell zu einem Verkehrsplatz und Einkaufszentrum mit nahezu ausschließlich überregionaler Bedeutung heran. Das Wohnen wurde vom Einzelhandel fast völlig verdrängt. Der Heinrichplatz hatte keinen so starken Veränderungsprozeß durchgemacht, er bildete das Ende der viertgrößten Einkaufsstraße Berlins, der Oranienstraße, die die südliche Friedrichstadt mit der Luisenstadt verband. Am Heinrichplatz hatte das Wohnen — abgesehen von der Erdgeschoßzone — immer Priorität; daneben existierten das Gewerbe und der Einzelhandel — ein akzeptables Mischungsverhältnis der städtischen Funktionen Wohnen und Arbeiten.

Nach dem Zweiten Weltkrieg, vor allem nach dem Bau der Mauer, hatte der Heinrichplatz durch die politische Lage Berlins (West) seine die Grenzen des Quartiers übergreifende Bedeutung verloren. Der überregionale Einzelhandel ging zurück. Die Einleitung der Berliner Stadterneuerung in den sechziger Jahren führte zu Unsicherheiten bei den Bewohnern, Gewerbetreibenden und Hauseigentümern. Das Resultat war die weitere Vernachlässigung und Verödung durch unterlassene Instandhaltung, durch jahrelangen Leerstand — besonders im südlichen Bereich des Platzes — und der Rückgang des Kundenstammes beim Einzelhandel. Der Heinrichplatz verlor sein schmuckes Aussehen und seine einstmalige Geschäftigkeit.

Trotz der negativen Auswirkungen des Sanierungsprozesses trugen die noch verbleibenden und neu hinzugezogenen Bewohner, Gewerbetreibenden und Einzelhändler dazu bei, die Nutzungsqualität des Platzes zu reaktivieren. Dabei half die neue Wertschätzung von Altbaugebieten. Noch immer befinden sich Läden, Kneipen und Cafés in der Erdgeschoßzone; Türken haben ihre Lokale und Geschäfte dort eingerichtet, Alternativläden siedeln sich an, kleinere Gewerbebetriebe finden preisgünstige Arbeitsräume, Wohnungssuchende greifen zur Selbsthilfe und besetzen die leerstehenden Häuser, um sie vor dem eingeplanten Verfall zu bewahren.

Die Wirkung von aktiver Aneignung, billiger Miete, vielfältigen Kontakten zusammen mit der hier gegebenen Möglichkeit der engen Verbindung von Wohnen und Arbeiten verleihen dem Heinrichplatz jene neue Qualität, die an die historisch gewachsenen Traditionen anknüpfen.

HEINRICHPLATZ

119 / Der Heinrichplatz 1981

120 / Der Heinrichplatz 1981

ZUSAMMENFASSUNG

Die Geschichte des Heinrichplatzes zeigt, unter welchen Bedingungen sich bestimmte Planungsinhalte durchsetzen konnten, andere wegfielen und wie auf der Grundlage des Planes die Bebauung entstand und in Anpassung an veränderte Bedürfnisse und Verwertungsabsichten verändert wurde.

Sowohl die Planung als auch das Maß und die Art der Bebauung orientierten sich vorwiegend an den Interessen der Hausbesitzer und Gewerbetreibenden. Obleich Lennés Hauptanliegen die Durchgrünung der Stadt und eine differenzierte Gestaltung des öffentlichen Raumes war, orientierte sich seine Planung an den zeitgenössischen gesellschaftlichen Vorstellungen: Der Motor der Stadtentwicklung war die Spekulation. Dennoch entstanden räumliche Qualitäten und Nutzungsangebote, die im Laufe der Geschichte von der dort wohnenden und arbeitenden Bevölkerung zwar mehr zwangsläufig angeeignet wurden, deren Spuren es jedoch zu sichern gilt.

Der Heinrichplatz stellte in seiner Entstehungszeit einen Schmuckplatz mit einheitlichen Fassaden ohne spezielle Nutzungsanweisung im Plan dar. Dieser öffentliche Freiraum entwickelte sich im Laufe der Zeit zum Verkehrsplatz; zu einem Zentrum des Einzelhandels und des privilegierten Wohnens am Platz, aber auch zum Ort informeller Kommunikation für die dort lebende und arbeitende Bevölkerung. Der zu erwartende anonyme Bewohner und die noch unbekannten zukünftigen Nutzungen erforderten eine von der Konstruktion und dem Grundriß her möglichst flexible Baustruktur, deren Anpassungsfähigkeit durch den Anbau von Seitenflügeln, den Neubau von Stockwerksfabriken, die Erweiterung und Verkleinerung von Wohnungen noch erweitert worden ist. Es entstand eine kleinteilige, differenzierte Mischstruktur in einem ausgewogenen Verhältnis von Arbeiten und Wohnen; es entstand ein Potential an flexiblen Raumstrukturen. Durch den Druck der Wohnungsnot Ende des 19. Jahrhunderts wurden viele Kleinwohnungen hergestellt, die heute als Reservoir billigen Wohnraums zu interpretieren und zu schützen sind.

Diese aus der geschichtlichen Entwicklung herauszulesenden Qualitäten liefern Argumente für die weitestgehende Erhaltung der Bau- und Platzstruktur. Die Geschichte zeigt aber auch die Notwendigkeit auf, die schlechten Wohn- und Arbeitsverhältnisse zu überwinden, die in der Überbelegung — damals aufgrund hoher Mieten, heute aufgrund der Diskriminierung von Bevölkerungsgruppen — zu sehen sind. Die anerkannten Qualitäten sind und waren aber auch gekoppelt an hohe Umweltbelastungen durch Verkehr und Gewerbe einerseits und durch teilweise hohe Baudichte andererseits. Die Quartiersqualität kann nur dann positiv genutzt werden, wenn die negativen Bedingungen ausgeschaltet und wenn den Bewohnern und Nutzern die Verfügung über diese Qualitäten zugesichert wird.

Christiane Bascón-Borgelt, Karin Ganssauge

HAUSKARTEI HEINRICHPLATZ

Bestandsaufnahme

der Grundstücke Orianienstr. 12, 13, 14, 14a, 15, 16, 17, 18, 191, 192, 193, 194, 195, 196, 197, 198

Zusammenstellung der wichtigsten Daten aus Bauakten, Feuerkassenbüchern und Adreßbüchern

ORANIENSTRASSE 12

1. Objektbeschreibung

Baujahr: **1864**
Objekt: Wohnhaus, 5-geschossig, Souterrain, Stallgebäude, 1-geschossig und direkt angeschlossenes Abtrittgebäude, Baukonstruktion: Hauptgesims (erhöht), Giebelwände massiv 5 Zoll stark, Stall: Asphaltdach. Abputz mindest 6 Wochen nach Rohbaumaßnahme.
Erschließung: **Durchfahrt Mitte, 4-5 Spänner, Ladeneingang im Erdgeschoß.**
Grundriß: 1 Stube, Küche und 1 Stube, Küche Kammer mit gemeinsamem Flur. Normalgeschoß: 2 Stuben, Küche und 1 Flur. 1 Stube (schaltbar). EG: 2 Läden und 1 Wohnung. Keller: 2 Wohnungen und 1 Laden.
Ausstattung: **Wasserleitung, Gaseinrichtung, Brunnen, Abtritteinrichtung, Kochmaschinen, Kamine, Öfen in jeder Stube. Ab 1865 Auflage: Senkgrube und Zungenrinnstein zur Entwässerung.**
Fassade: Betonung der Ecke durch Überhöhung des Gesimses.
Nutzung und Verwertung: **Miethaus: Wohnobjekt mit Läden. Stall: Kleinvieh**

2. Bauliche Veränderungen

1866 Ausbau eines Geschäftskellers (Trödler, Lampen, Alteisen...).
1871 Reparatur der Fassade.
1874 nach Verkauf: Gesuch für Umbau und Erweiterung des Stalles und der Remise (Fachwerkkonstruktion).
1876 Kellerräume von Grundwasser überspült: Verbot, die Räume weiter zu vermieten.
1885 Gerüst-Dachreparatur?
1887 Einrichtung eines Ladens (rechts), Vergrößerung des Schaufensters, Durchbruch zur hinteren Stube, Stuckattest.
1895 Ausbau des Ladens links als Schanklokal. Bedingung: Toiletten auf Podest belüftbar, Keller nicht als Aufenthaltsraum zu nutzen.
1897 Hauscloset auf dem Treppenpodest, an Kanalisation angeschlossen.
1898 Änderung eines Ladens.
1899 Einrichtung von Wohnräumen im Werkstattgebäude; obgleich der Abstand von 6 m zum nächsten Gebäude nicht vorhanden (Bauordnung 1897), wird dennoch ein Dispens erteilt.
1903 Verbindungstreppe vom Laden zum 1. Geschoß (später Bettenhaus Schonert).
1917 Durchbruch Türöffnung, 1. OG Or. 12 nach Or. 13 (Bettenhaus Schonert).
1930 Neuverputz Fassade.
1953 Wohnungstrennwand 4. OG.
1971 Antrag: Einrichtung einer Schankwirtschaft.
Nutzung und Verwertung: Miethausobjekt Wohnen und Gewerbe. Ausbau und Umbau des EG zu Läden (Kneipen) über 1. OG ans nächste Haus (Bettenhaus Schonert) vorher Ladenwohnung. Nutzungsänderung: Werkstatt zu Wohnen umgenutzt, obgleich von Hofgröße nicht zulässig, allerdings nur zweigeschossig. Kellerräume: Küche (Kneipe).
Feuerkassenwert: **1864: 20.929 Rthlr**
1874: 91.400 M

3. Eigentümer

1864 Erster Eigentümer: Noelte, Joh. Carl, Bauunternehmer (hat auch Nr. 13)
Eigentümerwechsel:
1864 Söhnel, Joh. Gottlieb Ernst, Restaurateur (kauft auch Nr. 13) (wohnt nicht dort).
1873 Dehnicke, Frank, Kaufmann.
1873 Haupt, Adolf August Hermann, Kaufmann.
1874 Ermanckus, Heinrich, Schlossermeister (wohnt dort).

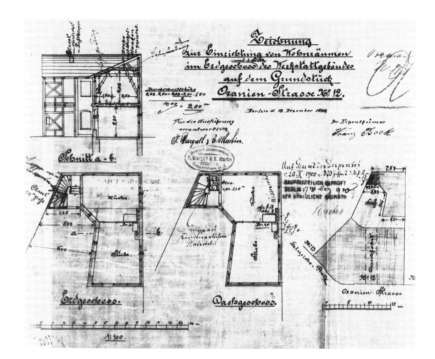

121 / Oranienstraße 12, 1899: Einrichung von Wohnräumen im Werkstattgebäude

1898 Witwe Ermanckus
1899 Bock, Franz, Rentier
1920 Frl. Genthe (wohnt dort).
um 1960 Freudenberg, priv. Besitzer (wohnt nicht dort).

Auswertung: Bauunternehmer verkauft im ersten Jahr, nach 10 Jahren mehrmaliger Wechsel, z.T. wohnen die Eigentümer in ihrem Haus; geringe bauliche Veränderungen, wenig Investitionen.

4. Mieterstruktur

1868: Schutzmann, Beamter, Kaufmann, Ökonom, Maler, Hauptmann a.D.; Eigentümer wohnt im Haus (Restaurant).
1877 Kunstschlosser = Eigentümer, wohnt im Haus; Tischler, Schneider, Münzarbeiter, Apotheker, Cigarrenfabrikant (Lagerraum im Haus, Kaufmann).
1881 Kunstschlosser, Schneider, Tischler, Klempner, Näherin, Cigarrenmacher.
1886 Schneider, Schmied, Näherin, Hebamme, Buchbinder, Kunstschlosser.
1891 3 Näherinnen, Schlosser, Zimmermeister, Hebamme, Krawattenfabrikant, Pianofabrikant, Putzhändler.
1901 Maurer, Schlosser, Schneider, Bäcker, Fahrradwerkstatt, Krawattenfabrikant, Pianist, Rentier, Privatiere.
1911 Näherin, Schneider, Wächter, Buffetdame, Bettenhändler, Fabrikant
1921 Näherinnen, Handwerker, Arbeiter, Bettenhaus Schonert.
1936 Metallarbeiter, Fahrstuhlführer, Verkäuferinnen, Näherin, Rentner, Bettenhaus Schonert, Obstgeschäft.
1943 wie oben.
1963 Putzfrau, Friseur, Kraftfahrer, Hauswart, Lagerarbeiter, Bettenhaus Schonert.
bis 1890 Handwerker, wenige Beamte (Post, Wachtmeister) Handel: Lebensmittel (Apotheke), (keine Akademiker).
ab 1890 gemischtere Struktur, auch Fabrikanten, nimmt ab 1910 wieder ab.
1910 Handwerker — Arbeiter.
1963 Handwerker, Arbeiter, Angestellte und kl. Beamte.
Mietparteien schwanken zwischen 10-15, da kaum Verdichtung, nur Ausbau eines 2-geschossigen Werkstattgebäudes zu Wohnungen

5. Besondere Ereignisse

1865: Auflage: Senkgrube zur Entwässerung.
1887: Auflage: Stuckuntersuchung, Befestigung nötig.
1893: Feuer in Lagerhalle des Zigarrenfabrikanten, Trockenofen wurde ohne polizeiliche Genehmigung installiert.
In den neunziger Jahren wurde der Keller als Restaurationsküche für die darüberliegende Gaststätte benutzt. Die weitere Nutzung untersagte die Polizei, weil der Keller als Aufenthaltsraum verboten war und verhängte eine Strafe von 50 M. Im Jahr 1896 baten die Wirtsleute den Polizeipräsidenten um Dispens, da sie ohne die Küche den Mittagstisch für die Gäste aufgeben müßten, was für sie den vollständigen Ruin bedeutet hätte. Das Rheuma der Frau sei jetzt besser, da die Küche inzwischen getrocknet sei. Außerdem wohnten sie im Haus. (In Wahrheit wohnten sie in einem Raum hinter der Gaststätte.) Sie hätten einen geistig schwachen Sohn, den sie nicht zu anderen Leuten geben könnten. Damit er der Stadt nicht zur Last falle, haben sie ihr ganzes Hab und Gut aufgewendet, um die Restauration einzurichten. Der Sohn helfe bei den leichten Arbeiten; außerdem seien sie schon "bei Jahren".
Die Polizei erteilte Dispens für ein Jahr. Ein Jahr später erreichte die Polizei die Nachricht eines aufmerksamen Anwohners, daß im demselben Restaurationsbetrieb mehrere Dienstmädchen lungenkrank seien, selbst Frau M., die Wirtin, sehe sehr schlecht aus. Der Kellerraum sei voller Schwamm.
Schließlich besichtigte die Polizei die Küche im Keller: sie sei sehr verkommen. Daneben fand sie einen feuchten und schimmeligen Lagerraum vor, der den Dienstboten als Aufenthaltsraum diente. Der Fußboden sei feucht und überall verbreitete sich übler Geruch. Zwar würden diese Räume weder zum Wohnen noch zum Schlafen benutzt, aber das Dienstmädchen hielt sich von 5 Uhr früh bis spät abends ununterbrochen dort auf. Alle seien erkrankt. Die Jahresmiete betrug 1.950 Mark.
Schließlich erging die Verfügung, die Schäden zu beheben. Die Küche konnte von dem Gaststättenbesitzer nicht mehr benutzt werden.
1902 Stuck-Attest
1930 Der Besitzer des "Bettenhauses Schonert" macht auf den schlechten Zustand der Fassade aufmerksam, er habe die Fassade bereits selbst verputzen lassen.

ORANIENSTRASSE 13

1. Objektbeschreibung

Baujahr: **1864**.
Objekt: Wohnhaus, 5-geschossig und Souterrain, 2-seitiges Dach mit Schiefer. Stallgebäude mit Abtrittgebäude, einseitiges Flachdach mit Asphalt gedeckt.
Erschließung: mit Durchfahrt, Ladeneingang im Erdgeschoß, Souterrain von der Straße aus begehbar, Mehrspänner.
Grundriß: Eine abgeschlossene und zwei nicht abgeschlossene Stube-Küche-Wohnungen pro Geschoß.

Ausstattung: **Brunnen, Wasserleitung (ab '65), Gas (ab '65).**

Fassade: **auf Zeichnung klass. Fassade angedeutet.**

Nutzung und Verwertung: **Wohnen, (evtl. Kleinvieh)** Hinter Nr. 12 und 13 liegt ein Garten.

2. Bauliche Veränderungen

1864 **Bretterzaun, Aschebehälter, Gaseinrichtung, Wasserleitung.**

1873 **Um- und Ausbau des Seitenflügels** (= des Stalls) als Gürtlerwerkstatt (Aufstockung), jetzt 2-geschossig.

1875 **Anlage eines Waschkellers.**

1883 **Anbau eines Verbindungstrakts zwischen Vorder- und Seitengebäude (1-geschossig).**

1883 **Anlage eines Schaufensters und einer Ladentür.**

1883 **Umbau des Conditorei-Backofens.**

1892 **Antrag für den Bau eines 4-geschossigen Quergebäudes und eines Hofkellers, EG: Backstube und Wirtschaftskeller, 1.-3. OG: jeweils zwei Wohnungen/Etage. Stube/Küche und Kochstube mit Podest-WC.** Dem Antrag wird zunächst nicht stattgegeben, da die Minimalabnutzmessung der Hofüberbauung von 6 m überschritten werden würde. Die Bauordnung von 1887 hätte das gestattet. Schließlich wird doch der Dispens erteilt!

1895 **Schaufensterverbreiterung, Kellertreppe in den kleinen Seitenflügel.**

1910 **Türdurchbruch, Verbindung von Oranienstraße 12 zu Nr. 613 im EG und 1. OG.**

1915 **Bauliche Veränderungen in allen Geschossen und Einbau von Bädern im II. bis IV. Geschoß beabsichtigt.** Wegen des Krieges können die umfangreichen Umbaumaßnahmen nicht gemacht werden, mit Ausnahme des Umbaus der Bäckerei.

1917 **Die beabsichtigten Umbauten werden ausgeführt.**

1920 **Einrichtung des "Kaffee Klein" (Besitzer des Hauses: Hans Gepler) in das Erdgeschoß und 1. Obergeschoß** (Umbauten werden ohne Baugenehmigung vorgenommen). Frl. Sobottka (Adreßbuch: Skrobala) ist Eigentümerin des Cafés —, die Braut des Gepler. Aufforderung des Wohnungsamtes, den Wohnraum im 1. OG wiederherzustellen, Dispens.

1924 **Erweiterung des Cafés bis zur Nr. 14, Türdurchbruch.**

1926 **Ladenausbau (Café).**

1928 **Ausbau Café.**

1929 **Verlegung von Toiletten des Cafés in den Keller.**

1953 **neuer Putz: Terranova Kratzputz.**

1974 **Umbau Erdgeschoß für ein Kontakt- und Kommunikationszentrum.**

1975 **Umbau Bierwirtschaft "Rote Harfe".**

Nutzung und Verwertung: Zunächst dient das Vorderhaus dem Wohnen und das Seitengebäude dem Handwerk (z.B. Gürtlerei). Dann bestimmt allmählich die Konditorei das Leben im Haus, sie dehnt sich in den 20iger Jahren bis in das 1. Obergeschoß und in dem Nachbarhaus, Nr. 14, aus und verdrängt das Wohnen.

Feuerkassenwert: **1864: 7.825 Rthl.**
1893: 82.200 M

3. Eigentümer

1864 **Erster Eigentümer Joh. Carl Noelte, Bauunternehmer** (wohnt nicht dort)
Eigentümerwechsel:
1864 **Söhnel, Johann Gottl. Ernst, Restaurateur** (kauft auch Nr. 12) (wohnt nicht dort).
1872 **Mahmene, C.W.H., Rentier** (wohnt nicht dort).
1872 **Stumpe, C.G., Gürtlermeister** (wohnt dort).
1881 **Mraschny, E., Konditormeister** (wohnt dort).
1883 **Klein, T., Konditor** (wohnt dort).
1915 **Irmeler, Dorothea, Anna-M. Irmgard** (wohnt nicht dort).
1917 **Norddeutsche Immobilien-Aktiengesellschaft.**
1920 **Gepler, Hans, Konditor** (wohnt dort)
1974 **Gemeinnützige Baugesellschaft/Sanierungsträger**
Besonderheiten: zweimaliger Wechsel 1872, 1881/83 und 1915/17

4. Sozialstruktur

Handwerker (Bekleidungs- und Baugewerbe), aber auch Buchbinder, Bildhauer

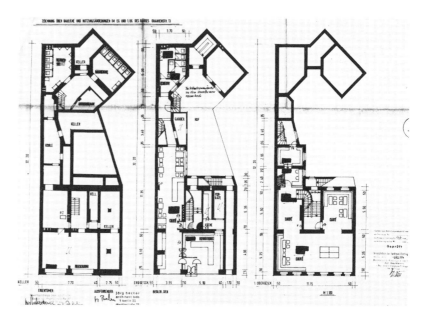

122 / Oranienstraße 13, 1974: Umbau des Café Gepler in ein Kommunikationszentrum

5. Besondere Ereignisse

Siehe "bauliche Veränderungen" 1892: Obwohl nicht mehr zulässig, wird es schließlich doch gestattet, daß der Hof lt. Bauantrag derart überbaut wird.

1907 fällt ein Stück Gesims vom 4. Stock auf den Bürgersteig. Die Polizei ordnet die Untersuchung des Putzes und des Stucks an.

1910 Durchbruch von Nr. 12.

1920 1924 Ausdehnung des Cafés: Verdrängung von Wohnraum in der 1. Etage, Durchbruch zu Nr. 14.

Das Café Gepler machte anscheinend sehr viel Unruhe. Auf alle Fälle war dort allerhand los, auch Musik und Tanz: "Conditorei und Conzert-Café H. Gepler".

ORANIENSTRASSE 14

1. Objektbeschreibung

Baujahr: **1863.**

Objekt: **5-geschossiges Wohnhaus mit Souterrain. 1-geschossiges Seitengebäude: Stall und Abtritt, Grenzmauer, Laube, Garten.**

Erschließung: **seitliche Durchfahrt, Ladenwohnung im EG direkt von der Straße zugänglich, Zweispänner.**

Grundriß: **2 abgeschlossene Wohnungen: 2 Stuben, Küche.**

Ausstattung: **Gaseinrichtung, Wasserleitung, Brunnen, Abtritt.**

Fassade: **klassizistische Fassade, nur angerissen.**

Nutzung und Verwertung: **Miethausobjekt: Wohnungen, Ladenwohnungen im EG, Kellerwohnung im Souterrain.**

2. Bauliche Veränderungen

1865 **Neubau einer Remise.**

1881 **Umbau der Remise zu Wohnzwecken mit Anschluß an das Vorderhaus.**

1880 **Neubau eines 2-geschossigen Seitenflügels mit Souterrain zu Wohnzwecken (Küche-Stube-Wohnungen), Klosettgebäude;** die vorgesehene Souterrainwohnung wird als nicht zulässig erklärt.

1884 **Unterkellerung der Durchfahrt, "Ausbruch eines Ladens" an der Front des Vorderhauses, Absenkung der Kellerdecke.**

1892 **Bauantrag "Neubau eines 5-geschossigen Seitenflügels und Quergebäudes"** mit 5 Wohngeschossen und einem Wirtschaftskeller für die Schlachterei; die Wohnungen im Vorderhaus werden über ein Berliner Zimmer in den Seitenflügel hinein erweitert (nicht ausgeführt).

1903 **Eintragung der Hofgemeinschaft mit dem Grundstück Oranienstraße 14 a ins Grundstück als Voraussetzung.**

1903 **für den Bau eines 5-geschossigen Seitenflügels und Quergebäudes, Einbau von Podest-WCs im Vorder-, Hinterhaus und Seitenflügel.**

1903 **Bau einer 1-geschossigen Werkstatt im Hof.**

1904 **Neugestaltung der Fassade.**

1909 **bauliche Veränderungen im EG des Vorderhauses: Umnutzung der Durchfahrt als Laden, da Durchfahrt über Oranienstraße 14 a möglich (Hofgemeinschaft). Ausbau eines Ladens als Restaurationsbetrieb.**

1933 **Einbau der Schankstätte Gepler und Tanzlustbarkeiten im 1. Stock.**

1958 **Einrichtung einer Bierbar.**

Nutzungsänderung: **Verdichtungsmaßnahmen: Bau von Remise, Werkstattgebäude, 2-geschoss. Seitenflügel, 5-geschossiger Seitenflügel und Quergebäude; Umnutzung: Remise zu Wohnzwecken, Durchfahrt als Laden, 1. OG als Tanzlokal.**

3. Eigentümer

1863 **Erster Eigentümer: Noelte, M. David, Zimmerpolier,** ebenfalls Besitzer des Grundstücks Oranienstraße 14 a.
Eigentümerwechsel:
1864 **Frau Legel, Kaufmann** (wohnt dort).
1890 **Engel, Hermann, Schlächtermeister** (wohnt dort).
1890 **Engel, Otto, Seemann.**
1890 **Westmann, Salomon, Kaufmann** (wohnt nicht dort).
1891 **Frau Stadthagen, Rentier** (wohnt nicht dort).
1892 **Holz, Anton Daniel Friedrich, Kaufmann** (wohnt dort).
Herzog, Albert, Kaufmann (wohnt dort).
1903 **1920-1975 Familie Schmidt** (wohnt nicht dort).
1975 **Gemeinnützige Baugesellschaft/Sanierungsträger.**
1980 **instandbesetzt.**

Auswertung: Der erste Eigentümer baut zum Verkauf, dann ca. 15 Jahre im Besitz einer Hand. Nach viermaligem Eigentümerwechsel übernimmt Frau Stadthagen das Haus, um weitergehende bauliche Verdichtungen vorzunehmen (Neubau eines 5-geschossigen Seitenflügels und Quergebäudes). Ohne den Bau auszuführen, verkauft Frau Stadthagen. Erst der übernächste Eigentümer läßt den 1893 geplanten Anbau 1903 ausführen. Er läßt die Fassade verändern und bringt an einer Bekrönung seine Initialen an.

4. Mieterstruktur

1868 Händler, Kaufleute, Eisenbahnbeamter, Maurerpolier, Schuhmacher.
1877 Musiker, Bildhauer, Schuhmacher, u.a.
1881 Agent, Feldwebel, Gürtler, Schmied u.a.
1891 Kaufmann, Lederwarenfabrikant, Postschaffner a.D., Instrumentenmacher u.a.
1901 Ökonom, Bildhauer, Verkäuferin, Buchbinder, Schriftsetzer, u.a.
1911 Pianohammerfabrikant, Kleiderhandlung, Tischlerei, Weißnäherin, Kellner u.a.
1921 Rechtsbüro, Gastwirtschaft, Buchhandlung, Kaufleute, kleine Beamte, handwerkliche Berufe.

HEINRICHPLATZ

1936 Konditorei, sanitäre Anlagen, Zigarrenhändler, Kaufleute, Kassiererin, Monteur, Isolierarbeiter, u.a.

1943 Angestellte, Kaufleute, handwerkliche Berufe.

1963 Gaststätte, Küchenhilfe, Buffetfrau, Angestellte und Arbeiter.

Zusammenfassung: Nach dem Bau des Seitenflügels und Quergebäudes erhöht sich die Anzahl der Mietparteien von 8-10 auf ca. 25. Insgesamt relativ gemischte Sozialstruktur.

5. Besondere Ereignisse

1881 Beschwerde eines Tischlers, daß die Kellerräume trotz einer lichten Höhe von 1,88 m als Wohnungen vermietet werden. Die Polizei prüft den Fall: Da die Kellerräume nicht als Wohnungen, sondern als Werkstätten vermietet werden, bestehe kein "sanitätspolizeiliches Interesse". Später stellt sich heraus, daß diese doch als Wohnräume benutzt werden. Die Besitzerin: Seit 16 Jahren wohnen nur zwei Mieter dort, niemals gab es Beschwerden oder Krankheiten. Sie brauche die Miete, aber die Vermietung werde durch die strengen polizeilichen Bestimmungen erschwert. Ende 1881 werden die Kellerräume für Wohnzwecke gesperrt.

1892 Bericht eines Polizisten: Der Inhaber eines tiefergehenden Ladens, in dem u.a. Kartoffeln und Eier verkauft werden, benutzt den angrenzenden Kellerraum zu Wohnzwecken. Nach einer Besichtigung wurde festgestellt, daß die Küche mit einer lichten Höhe von 1.90 m nicht genehmigt ist. Die Kellerräume sind feucht. Eine Wand liegt direkt neben der des Seitenflügels, welche zugleich die Abflußwand der Düngergrube ist. Der Keller wird vom Hauseigentümer nicht innerhalb der vorgegebenen Frist geräumt. Er muß 50 M Strafe zahlen; über die Räume wird nicht verfügt.

1892 Der Eigentümer hat die zum Laden gehörigen Räume wieder bewohnbar machen lassen und bittet um Aufhebung der Verfügung. Er habe auch die anderen Souterrain-Räume geändert. Er beantragt, die Kellerräume wieder zu vermieten mit dem Hinweis, daß "im Luisenstadt-Revier Kellerräume unter weit ungünstigeren Verhältnissen vermietet werden".

1895 Bericht von der Polizei, daß Laden und Kellerräume feucht sind; der Laden sei inzwischen geräumt.

1900 Gesuch eines Anwohners an die Polizei, die Kellerwohnungen zu untersuchen, da zur Zeit dort eine Familie mit einem Kleinkind unter schlimmen Zuständen hause.

1903 Beteiligung an einer Hofgemeinschaft, die die Bauordnung von 1887 zur Einhaltung der erforderlichen Hofgröße ermöglichte.

1904 Gesuch des Eigentümers, die Wohnungen noch vor der "Trockenfrist" vermieten zu dürfen, da alle Räume mit der Raum-Trockenmaschine der Firma Türk und Co. getrocknet seien.

1904 Bericht eines Polizisten: Einige Mieter seien schon vorzeitig eingezogen ("Trockenwohner").

1904 Da die Vermietung des Barbierkellers zugunsten der Anbauten im Hof untersagt wurde, bittet der Eigentümer, "mit Rücksicht auf die schon minimalen Rentabilitäten des Grundstücks und darauf, daß das Gebäude doch nur wertvoller durch den Anbau gemacht worden ist, zu gestatten, den Keller weiter als Geschäftsraum zu vermieten".

1926 Beschwerde eines Bewohners, daß das benachbarte Café so dicht an seiner Wohnung liege, daß man das Klavierspiel bis halb ein Uhr nachts hören könne.

1933 Anwohner beschweren sich über den Lärm des Cafés.

ORANIENSTRASSE 14a

1. Objektbeschreibung

Baujahr: **1863**.
Objekt: 5-geschossiges Eckwohnhaus mit Stall- und Abtrittgebäude im Hof.
Erschließung: keine Durchfahrt, Eingang direkt von der Straße aus, separate Eingänge für die Läden im EG und im Souterrain.
Grundriß: Küche-Stube-Wohnungen, nicht abgeschlossen, über gemeinsamen Flur erschlossen.
Ausstattung: Wasserleitung, Gaseinrichtung, Brunnen, Grenzmauer, Abtrittgebäude, Kochmaschine, 1 Ofen/Stube.
Fassade: nur angerissen, Ecke überhöht.
Nutzung und Verwertung: **Miethausobjekt**: Kleinwohnungen und Läden im EG und Souterrain.

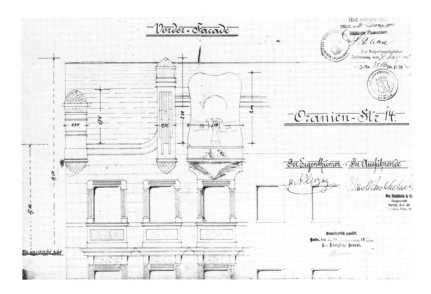

123 / Oranienstraße 14, 1904: Neugestaltung der Fassade

2. Bauliche Veränderungen

1887 Ladenausbau links: Senken der Kellerdecke, Vergrößerung der Schaufenster.

1889 Ladenausbau rechts, Antrag auf Neubau eines 3-geschossigen Seitenflügels, Einbau von Podest-WC's.

1890 Stuckattest.

1896 Vergrößerung der Schaufensterfront, Lager im Keller.

1903 Vergrößerung des Kellerfensters links, als Geschäftskeller genutzt.

1903 Eintragung der Hofgemeinschaft Oranienstraße 14 und 14a ins Grundbuch, dadurch wurde der Bau des 5-geschossigen Seitenflügels in der Oranienstraße 14 ermöglicht. (Die Bauordnung von 1897 ermöglichte den Zusammenschluß von zwei Grundstücken zu einer Hofgemeinschaft zur höheren Ausnutzung eines Grundstückes unter Gewährleistung, daß den umliegenden Bauteilen mehr Luft und Licht zugeführt werden könnte.)

1906 Umbau der Remise zu Wohnzwecken, Verbindungsgang zwischen Vorderhaus und Remise.

1907 Baugesuch für den Ausbau eines Ladens und den Neubau eines Seitenflügels mit WC und Bad; das Gesuch wird abgelehnt, da die Überbauung des Grundstücks in Zusammenhang mit der Hofgemeinschaft Oranienstraße 14 zu groß geworden wäre.

1911 Verlängerung des Bauantrages; die Eigentümerin jammert wegen zu geringer Rendite bei Ablehnung des Neubaues; Eigentümerwechsel; der Neubau wird nicht ausgeführt.

1929 Umbau eines Ladens im EG und KG, Treppe ins 1. OG zur Erweiterung der Gastwirtschaft oder Möbelhandlung.

1939 Remise wird als Tischlerei umgebaut.

1957 Neuverputzung der Straßenfassade, Antrag für die Aufstellung von Öfen.

1958 Überprüfung der Zweckentfremdung der Wohnung im 1. OG, wird als Gewerberaum (Büromaschinen) genehmigt mit dem Hinweis, daß die Räume schon seit 1920 gewerblich genutzt wurden.

1966 Einrichtung einer Gastwirtschaft und eines Konfektionsgeschäfts.

1970 Einrichtung einer chemischen Reinigung.

Nutzungsänderung: Das Keller-, Erd- und 1. Obergeschoß wird gewerblich genutzt, die Remise wird als Wohnung genutzt, ab 1906 als Werkstatt.

Feuerkassenwert: **1864** 21.650 Rthl.
1877 83.900 M

3. Eigentümer

1863 Erster Eigentümer: Noelte, M. David, Zimmerpolier (Besitzer auch von Oranienstr. 14).
Eigentümerwechsel:
1864 Schroedter, Joh. Gottfried, Schankwirt (wohnt im Haus).
1873 Schulz, Carl Robert Rudolf, Buffetier (wohnt im Haus).
1877 Dwillat, Otto, Destillateur (wohnt bis ca 1890 im Haus).
1892 Dwillat, Witwe.
etwa 1920 Paetel, P., Konrektor (wohnt nicht im Haus).
etwa 1940 Schenk, K. (wohnt nicht dort).
etwa 1958 privater Eigentümer.
Auswertung: Das Haus ist jeweils relativ lange — ca. 20 Jahre in einer Hand. Die meisten Eigentümer wohnen dort.

ORANIENSTRASSE 15

1. Objektbeschreibung

Baujahr: **1861**.
Objekt: Wohnhaus, 4-geschossig, zum Teil mit Dachabschluß mit 3 1/2 m hoher Drempelwand und zweiseitigem Dach (Dachwohnungen). Appartementgebäude im Hof.
Erschließung: mit Durchfahrt, Ladeneingang im Erdgeschoß, Souterrain von der Straße aus begehbar, Mehrspänner.
Grundriß: pro Geschoß eine abgeschlossene und zwei nicht abgeschlossene Stube-Kammer-Küche-Wohnungen, Zimmer z.T. beliebig schaltbar.
Ausstattung: Grube und Abfallbehälter im Hof, Gaseinrichtung, Brunnen.
Fassade: Keine Fassade auf Zeichnung.
Nutzung und Verwertung: Wohnen und Läden, hinter dem Wohnhaus im Hof liegt ein Garten.

2. Bauliche Veränderungen

1865 Bauantrag für 4-geschossiges Quergebäude als Fabrik für Tischlerwerkstätten (mit Dampfkessel).

1875 Einbau einer Dachwohnung und Ladenausbau (Fassade wird geändert).

1876 Anbau und Aufstockung des Stallgebäudes.

1883 neuer Kellereingang.

1886 Verbindungstreppe ins 1. OG des Vorderhauses.

1888 Bauliche Veränderungen im Keller und Erdgeschoß: Öffnung der Fassade mit einer Schaufensterfront und Lagerkeller (Möbelfabrik bzw. Modegeschäft?).

1900 Einbau einer Entwässerungsanlage.

1911 Einrichtung eines Schmelzofens im Keller.

Nutzung und Verwertung: Zum Wohnen kommt immer mehr Gewerbe hinzu: Zuerst der Fabrikbau 1865 mit den Tischlerwerkstätten. Die Tischler wohnen auch im Haus. Nachdem die Wohnräume im Keller endgültig beseitigt worden waren, richten sich Handwerker (1888 Maschinenfabrik, später Zigarrenfabrik) dort ein. Im Quergebäude befinden sich neben den Tischlereien auch Schlosserwerkstätten, Kistenfabriken, Schmiede, Instrumentenfabrik). 1896 bezog die Heilsarmee das EG des Quergebäudes. Die Kistenfabrik ist bis Ende der dreißiger Jahre dort.

Feuerkassenwert: **1865** 15.025 Rthl.
1877 98.200 M

3. Eigentümer

1861 Erster Eigentümer: Joh. Chr. Wolff, Zimmerpolier.
Eigentümerwechsel:

1864 Mader, Joh. Salomon (o. Berufsang.) (wohnt nicht dort).
1865 Hesse, Gest. Ferd., Claviator Fabrikant (wohnt dort, Fabrikbesitzer).
1880 Auerbach, Dr. Bergold (wohnte nicht dort).
1887 Mechning, Otto, Kfm. (wohnt dort).
Erben Mechning (wohnen nicht dort).
1928 Bormann, F., Prokurist (wohnt nicht dort).
um 1950 Hermann, Dr. G. (wohnt nicht dort).
1973 (GSG) Gemeinnützige Baugesellschaft/-Sanierungsträger.
Besonderheiten: Zu Beginn zweimaliger schneller Wechsel. Der Fabrikant Hesse, der die Fabrik erbaut hat, wohnt dort. Das Haus bleibt 40 Jahre in den Händen einer Familie.

4. Sozialstruktur

Bis 1886 viele Tischler und Schneider, aber auch Zigarrenfabrikant, Maschinenfabrikant, Pianofabrik (1877), auch Drechsler.
ab 1891 mehr Schneider, Näherin, einige Metallarbeiter.
ab 1911 Musiker, Glasmaler, Postbeamter, Gemüsehandel.
ab 1936 Verkäuferin, Angestellte, Bürobedarf.

5. Besondere Ereignisse

Es brennt sehr oft aufgrund der Tischlereien. Wohnungen sind durch das dichte Nebeneinander sehr gefährdet.
1880 Feuer in der Tischlerwerkstatt.
1887 Feuer im Quergebäude, 3 Treppen: Tischlerei.
1889 Feuer im Quergebäude, 4 Treppen, Tischlerei völlig ausgebrannt, ebenso der Boden mit Bodenverschlägen.
Die Polizei stellt Auflagen:
1881 soll die Verbindungswand zwischen Vorderhaus und Quergebäude erneuert werden, ebenso die Wärmeöfen.
1883 werden Kellerräume als Wohn- und Schlafräume benutzt.
1897 sollen die Bretterwände im 1. und 3. OG des Quergebäudes beseitigt werden (Zwangsvollstreckung).
1926 der Putz fällt ab, weil die Wände naß sind, Antwort der Wohnungsaufsicht: für Schönheitsmängel sei die Polizei nicht zuständig.
1930 Beschwerde eines Anwohners: Im Vorderhaus wohnen Eheleute und ein Kind in Entresol (1,60 m hoch — über der Durchfahrt) mit Küche. Die Benutzung wird untersagt.
1926 Beschwerde der Eigentümerin: Vom Nachbargiebel fällt Putz auf ihr Hofgelände.

ORANIENSTRASSE 16

1. Objektbeschreibung

Baujahr: 1861.
Objekt: Wohnhaus, 4-geschossig, Keller (Souterrain) und zweiseitiges Dach. Auf dem Hof (es wird aber nur das Wohnhaus gebaut).
Erschließung: mit Durchfahrt, Ladeneingang Erdgeschoß, Souterrain von der Straße aus begehbar, Zwei- bzw. Mehrspänner.
Grundriß: pro Geschoß eine abgeschlossene und zwei nicht abgeschlossene Stube-Küche-Wohnungen.
Ausstattung: Grenzmauer, Kalkgrube, Aschebehälter, Ziegel-Pflaster, Pissoir, Brunnen, Gaseinrichtung.
Fassade: Auf Zeichnung klass. Fassade angedeutet.
Nutzung und Verwertung: Wohnen und Läden, Eingang zum Souterrain von der Straße aus möglich.

2. Bauliche Veränderungen

1865 Einbau der Entwässerungsanlage.
1874 Bau eines Appartementgebäudes mit einer Waschküche im Hof, Kalkgrube, Abfallbehälter, Mauersteinpflaster, Wasserleitung.
1882 Bauliche Veränderungen im Erd- und Kellergeschoß zur Errichtung von Läden, dazu zwei Schaufenster, zwei Ladenteile, neuer Hauseingang.
1884 Ausbau eines Dachgeschosses zu Wohnungen.
1887 Weiterer Ausbau der Läden, Gasleitung, Wasserleitung mit häuslicher Anlage.
1897 Umbau eines Ladens in eine Kneipe.
um 1950 Einbau von Aborten für die Gaststätte.
1958 Erneuerung des Vorder- und Hinterfassadenputzes, Dacharbeiten und Modernisierung einer

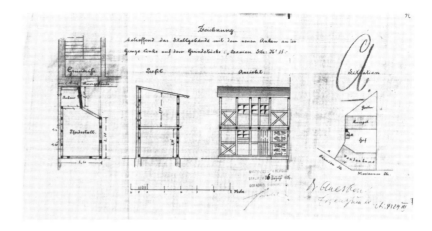

124 / Oranienstraße 15, 1876: Anbau an den Pferdestall

Wohnung im 4. Stock — Förderung mit öffentlichen Mitteln (Wohnungsbauprogramm 1958).
1963 Umbau des Fischgeschäfts.
1966 Instandsetzungsarbeiten (Küchendecken erhalten Stahlbetondielen).
1967 Toilettenumbau in der Gaststätte.
1969 Mietermodernisierung: Badeinbau mit Ölofen.
1977 Kellerdecke erneuert.
Nutzung und Verwertung: Neben dem Wohnen entwickeln sich die Geschäfte und vor allem Gaststätten; Instandsetzungsarbeiten werden auch gemacht.
Feuerkassenwert: 1862 10 400 Rthl.
1888 46 000 M

3. Eigentümer

1861 Erster Eigentümer: Neumann, Chr. Friedr., Zimmerpolier.
Eigentümerwechsel:
1862 Heinrich, Rentier (wohnt dort).
1863 Schmidt, Wilh., Bäckermeister (wohnt nicht dort).
1864 Becker, Wilh. (wohnt nicht dort).
1876 Nicolai, Carl, Mehl und .....händler (wohnt dort).
1891 Otto, Karl, Kaufmann (wohnt dort (?)).
um 1900 Otto, L., Witwe (Fam. Otto wohnt nicht dort).
um 1930 privater Eigentümer (Stettin, Bremen).

ORANIENSTRASSE 17

1. Objektbeschreibung

Baujahr: 1861.
Objekt: 4-geschossiges Wohnhaus mit Souterrain und ausgebautem Dachgeschoß, 1-geschossigem Seitenflügel und Quergebäude mit Abtritt.
Erschließung: seitliche Durchfahrt, Souterrain-Laden von der Straße begehbar, EG-Laden von der Straße begehbar, 2 Spänner.
Grundriß: 1 x 2 Stuben, 1 Küche; 1 x 3 Stuben, Küche; 1 Stube schaltbar, bzw. allein vermietbar, alle Wohnungen abgeschlossen; EG: 2 Wohnungen Stube-Küche-Laden; Souterrain: 2 Wohnungen Stube-Küche-Laden.
Ausstattung: Kochmaschine, 1 Ofen/Stube, Abtritt im Quergebäude, Gaseinrichtung, Brunnen.
Fassade: klassizistische Fassade mit Risalit und Polstermauerwerk in der Sockelzone.
Nutzung und Verwertung: 1. Verkaufsobjekt; 2. Miethausobjekt: 6 Geschosse: 10 Wohnungen, 3-4 Läden, Quergebäude und Seitenflügel: Werkstätten.

2. Bauliche Veränderungen

1866 Einrichtung einer Räucherkammer f. Schlachtermeister Weiße (Eigentümer).
1873 Wasserleitung.
1878 Baugesuch: Vergrößerung des Ladens.
1883 Anlage einer Räucherkammer im Quergebäude (81 Eigentümerwechsel Schlächter).
1885 Antrag f. 3 Schaugesimse mit Gaslaterne.
1891 Wasserleitung mit häuslichem Anschluß, Gasleitung u. Pissoir.
1904 Stuckattest.
1910 Ladenumbau: Durchfahrt verlegt (sehr eng), Kellerdecke gesenkt, Keller als Wirtschaftskeller.

1917 Um- bzw. Neubau SFl u. Quergebäude, zweigeschossig als Arbeitsräume für Schlachterei mit Räucherkammer.
1958 Einbau eines Innenbades mit WC u. Küche, Kratzputz-Fassade.
Nutzungsveränderung: Ausbau und Erweiterung der Läden durch Verkleinerung der Hofdurchfahrt... und Umwandlung der Kellerwohnungen in Läden und Wirtschaftskeller.
Feuerkassenwert: 1862: 11.200 Rthl.
1891: 49 700 M

3. Eigentümer

1862 Erster Eigentümer: Schneider, Friedr. Wilhelm, Zimmerpolier (baut für Herrn Busch, der auch Nr. 18 baut).
Eigentümerwechsel:
1862 Weiße, Schlachtermeister (wohnt dort).
1881 Weiße, Witwe und Töchter.
1881 Bohn, Schlachtermeister.
1881 Philipp, Schlachtermeister (wohnt dort).
um 1910 Gesinde, Schlachtermeister, und Erben (wohnt nicht dort).
Auswertung: Bauen zum Verkauf, Mietobjekt mit Eigennutzung, Schlachterei und Wohnung fast bis heute.

4. Sozialstruktur

1868 Weiße, Schlachtermeister, Eigentümer, Schumacher (KG?), Maler, Glaser, Schutzmann.
1877 Schlachter, Sattler, Klempner, Schuhmacher.
1881 handwerkliche Berufe und 1 Lehrer, Kaufmann.
1891 Schlachter (E), Schürzenfabrik, s.o.
1901 Privatier (E.) Schlachter (Mieter wird Eigentümer) Kürschnermeister u.a. handwerkl. Berufe.
1911 Schlachter (E) Schuhmacher und handwerkl. Berufe, Näherinnen u.a.
1936 Fleischermeister (Rentner, Postschaffner), Angestellte, Steuerberater, Arbeiterinnen.
1963 (Eigentümer wohnt nicht im Haus) Selbständiger (Dr.), Kraftfahrer, Buchhandel, Gold- und Silberwaren.
Auswertung: Schlachterei, Gewerbeunternehmen und Besitzer heute. Mieterstruktur: handwerkliche Berufe. um 1936: Angestellte und Beamte. 1963: ebenfalls.

5. Besondere Ereignisse

1887 Beschwerde eines Mieters: Schwamm in seiner Kellerwohnung, "bestialischer Gestank".
1895 anonyme Beschwerde, daß im Schuhmacherkeller 6 Personen wohnen, Beschwerde abgelehnt, mit der Begründung, daß die Wohnung trocken sei.
1904 Beschwerde über Rauch der Räucherkammer.
1905 Polizei stellt fest: Wohnräume d. Schlachtermeisters liegen über dem Arbeitsraum, in dem 4 Gesellen arbeiten: schlechter Fußboden, schlechte Belüftung und Belichtung, Treppe brüchig;
1954 Beschwerde eines Mieters: schadhaftes Klo wurde abmontiert ohne Ersatz durch ein neues.

HEINRICHPLATZ

ORANIENSTRASSE 18

1. Objektbeschreibung

Baujahr: **1861**.
Objekt: **Wohnhaus, 4-geschossiges Vorderhaus mit Souterrain und Dachgeschoß. Stall/Abtrittgebäude, 1-geschoss. Quergebäude, 2-geschoss. (Werkstatt).**
Erschließung: **seitl. Durchfahrt. Souterrain 2 Eingänge von der Straße. 2-Spänner EG, Eingang von der Straße (EG). 3-Spänner 1.-3. OG.**
Grundriß: **2-3-Stuben und Küche. 3 Stuben 2 Küchen über einem gemeinsamen Flur.**
Ausstattung: **Kochmaschinen, Ofen in Stuben, Gaseinrichtung, Düngegrube, Brunnen, Abtritt im Hof.**
Fassade: **Eckhaus, Risalit, Betonung EG-Zonen durch Polstermauerwerk, Gesimsgestaltung.**
Nutzung und Verwertung: **1. Verkaufsobjekt. 2. Mietshausobjekt. Wohnen/Läden im Souterrain und EG, 3 Geschosse Wohnen und 1 Dachstube, Werkstatt im Quergebäude.**

2. Bauliche Veränderungen

1865 **Umbau Stallgebäude zu Wohnzwecken, Erhöhung um 2 Geschosse.**
1872 **Einrichtung eines Ladens, Niederlegung eines Teils der Kellerdecke und Vergrößerung des Schaufensters.**
1873 **Wasserleitung, hölz. Pissoir.**
1887 **Ausbau von Keller und EG zur Einrichtung eines 2. Ladens, Keller und Geschäftskeller.**
1885 **Stuckattest.**
1893 **Umbau zu einem großen Laden und Wirtschaftskeller mit großen Schaufenstern.**
1953 **Neuputz der Fassade.**
1959 **Ausbau der Schaufensterfront.**
Nutzungsänderung: 1. **Aufstockung Stall und Abtrittsgebäude, Nutzung zu Wohnzwecken**
2. **Ausbau EG und Keller zu Läden**
3. **Werkstatt im Quergebäude**
Feuerkassenwert: **1861: 17 000 Rthl.**
1873: 75 000 M.

3. Eigentümer

1862 **Erster Eigentümer: Busch, Andreas, Kaufmann.**
Eigentümerwechsel:
1862 **Wachtel, Leutnant.**
1871 **Hoffmann, Destillator.**
1872 **Thomsberger, Kaufmann und Erben (wohnen bis etwa 1920 im Haus).**
um 1950 **(Krauss) (wohnt nicht dort).**
ab 1966 **Land Berlin zum Zweck der Sanierung.**

4. Sozialstruktur

1868 **vorwiegend handwerkl. Berufe.**
1877 **Möbelfabrikant, Kolonialwarenhändler, Schuhmacher (evtl. im Haus Werkstatt oder Laden), u.a. handwerkliche Berufe.**
1891
und
1901 **handwerkl. Berufe, Baugewerbe, Bekleidung, Bankbeamter u.a.**
1921/
1936/
1943 **Arbeiter und kl. Angestellte wie Verkäuferin, u.a. Berl. Lokalanzeiger.**
1963 **vorwiegend Arbeiter, ein Ingenieur.**
Auswertung: **1880er Jahre auch Fabrikanten, später vorwiegend handwerkliche Berufe, Handwerksbetriebe, Arbeiter.**

ORANIENSTRASSE 191

1. Objektbeschreibung

Baujahr: **1859**.
Objekt: **Wohnhaus mit Risalit, 4-geschossig, Souterrain; Stall und Appartementgebäude; eine Dachwohnung; (über dem Stall sind im Plan bereits eine Wohnung, im EG im "Knick" ein Laden vorgesehen).**
Erschließung: **mit Durchfahrt, Souterrain und Ladenwohnung im Erdgeschoß von Straße aus erschlossen, zwei- bzw. Mehrspänner.**
Grundriß: **Pro Geschoß eine abgeschlossene und zwei nicht abgeschlossene Stube-Küche-Kammer-Wohnungen.**

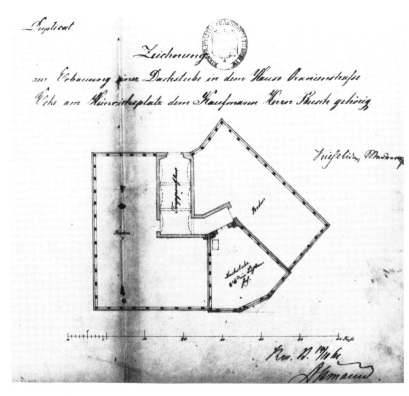

125 / Oranienstraße 18, 1861: Einbau einer Dachstube

Ausstattung: **Brunnen.**
Fassade: **Auf Bauzeichnung nur die Quadrierung angedeutet.**
Nutzung und Verwertung: **Kleinvieh (Stall?), Ladenwohnungen, Wohnen auch im Dachgeschoß.**

2. Bauliche Veränderungen (nicht systematisch nach Bauakten erfaßt)

1860 **Grenzmauer (Stallgebäude mit Abtritt).**
1871 **Gaseinrichtung, Wasserleitung.**
1875 **Werkstattgebäude, Turmaufbau auf Risalit an der Ecke, Abfallbehälter, Pissoir.**
1876 **Neuer Schornstein.**
1886 **Neubau des Vorderhauses (5-geschossig) mit Erker und Remise (Fabrikbesitzer Joers), mit Durchfahrt, große Ladenfront, im etwas höher gelegten hinteren Keller liegt eine Ladenwohnung.**
Zum Neubau 1886
Grundrißstruktur: **Kellerräume mit einer 1-Zi-Wohnung; I. und II. OG: Zweispänner, je zwei 3-Zimmerwohnungen, I., III. und IV. OG: auch Stube-Küche-Wohnungen möglich, nicht abgeschlossen.**
Fassade: **Historisierende Fassade deutlich entworfen, bereits an der Fassade läßt sich die Bedeutung der verschiedenen Geschosse ablesen.**
Ausstattung: **Wasserleitung mit häuslicher Anlage, elektrische Leitungen, Hofunterkellerung.**
Nutzung und Verwertung: **Läden, Wohnungen.**
1888 **Einbau von Bädern im 2. Stock, Einrichtung von Hofclosetts.**
1923 **Glattputz in der Ladenfront.**
1957 **Instandsetzung: Glattputzfassade.**
Nutzung und Verwertung: **Nach dem Neubau optimale Ausnutzung des Grundstücks, Wohnen und Läden, Herren- und Damenkonfektion und Möbelhändler.**
Feuerkassenwert: **1852 6.350 Rthl.**
1888 81.100 Mark

3. Eigentümer

1859 **Erster Eigentümer: Ehefrau des Maurerpoliers Kunst (wohnt nicht dort).**
Eigentümerwechsel:
1861 **Schäfer, Hedrich, Rentnerin.**
1863 **Lindemann, Kfm. und Frau (wohnt dort).**
1868 **Lindemann, Kfm. u. Tochter (wohnt dort).**
1870 **Gürtlermeister Raube.**
1872 **Rothe, Schuhmachermeister.**
1875 **Voigt, Carl, Rentier (wohnt nicht dort).**
1883 **Voigt, Rudolf, Privatier (wohnt dort).**
Neubau
1886 **Joers, H., Fabrikbesitzer (wohnt dort).**
1893 **Wustraw, M., Rentier (wohnt dort).**
um 1905 **Zallo, L., Herrenartikel (wohnt dort).**

um 1930 **Vandsberger, L., Kaufmann (wohnt nicht dort).**
um 1940 **Marcus, H., br. (wohnt nicht dort).**
um 1960 **Sharin, Ruth, New York (wohnt nicht dort).**
Besonderheiten: **Von 1861 bis 1883 wechselt der Eigentümer siebenmal! Der Fabrikbesitzer, der den Neubau erstellt, wohnt dort, später kauft der Besitzer des Herrengeschäfts "Zallo" das Haus. Herrengeschäft ist seit 70 Jahren darin.**

4. Mieterstruktur

bis 1900 **Tischler, Schneider, Schuhmacher, Maurer, Wäschefabrikant, Damen- und Herrengewerbe.**

später auch **Kellner, Architekt, Verkäuferin.**

5. Besondere Ereignisse

1883 **Neubau**

ORANIENSTRASSE 192

1. Objektbeschreibung

Baujahr: **1858**.
Objekt: **4-geschossiges Vorderhaus (es gibt eine weitere Zeichnung, in der das Vorderhaus mit 5 Geschossen vorgesehen ist), Souterrain, mit Eingang von der Straße, ausgebaute Dachetage. 2-geschossiges Seitengebäude, freistehend, mit Apartement.**
Erschließung: **mit Durchfahrt, Souterrain, von der Straße erschlossen, Mehrspänner.**
Grundriß: **Zwei-Zimmerwohnungen oder Stube-Küche-Wohnungen nicht abgeschlossen.**
Ausstattung: **Grenzmauern, Abfallgrube etc., Brunnen mit eisernem Schwengel.**
Fassade: **Quadrierung und klass. Elemente angedeutet.**
Nutzung und Verwertung: **Überwiegend Wohnen.**

2. Bauliche Veränderungen

1864 **Stall und Appartementgebäude an das Seitengebäude, Wasserleitung.**
1886 **Pläne für den Neubau eines Vorderhauses mit Seitenflügel und Quergebäude als Werkstatt (alles 5-geschossig), Hofkeller, überwölbt, Asphalt, Glasüberdachung des 2. Hofs und Unterkellerung, Gasleitung, Wasserleitung, Kanalisationsanlage.**
Grundrißstruktur: **Entweder 2-Spänner mit einer 2-Zimmer- und einer 3-Zimmerwohnung (evtl. im 1. und 2. Geschoß) oder Stube-Küche-Wohnungen, nicht abgeschlossen, auch im Keller (zum Hof geöffnet und**

begehbar) Ladenfront (zwei Läden, dahinter Stube und eine Küche).

Erschließung: Durchfahrt, Eingang ins Treppenhaus von der Durchfahrt aus.

Ausstattung: WCs im Haus ohne Entlüftung, Balkone.

Fassade: historisierend, beladen, extra entworfen.

Nutzung und Verwertung: Wohnen und Läden, im Hintergebäude Werkstätten (Tischlerei, evtl. Schmiede), Zeitungsspedition.
Dieser Entwurf wurde nicht ausgeführt, nur das Werkstattgebäude vermutlich

1886 Schaufenstereinbau.

1889 Eisenkonstruktion für Ladenschaufenster, Absenkung der Kellerdecke.

1932 Antrag auf Umbau des Werkstattgebäudes vom EG-4. OG in Wohnungen. Abgelehnt wegen Enge des Hofes, keine Querlüftung; dennoch Befürwortung unter Auflagen, die im wesentlichen die Feuersicherheit betrafen, schließlich doch abschlägiger Bescheid.

Feuerkassenwert: 1859 10.575 Taler, 1865 38.100 Mark, 1886 90.600 Mark, 1890 99.800 Mark.

3. Eigentümer

1858 Erster Eigentümer: Kunst, Frau des Maurerpoliers Kunst
Eigentümerwechsel:
1863 Noack, Witwe (wohnt dort).
1883 Schacht, Witwe (wohnt dort).
1885 Müller, Tischlermeister (wohnt od. arbeitet dort).
um 1920 Moses, E. Fr. Rechtsanwalt (wohnt später, um 1900, in Lichterfelde).
um 1930 ungenannt, Verwalter: Oranienstraße 27.
um 1960 Schmidt, Georg, Pfalzburger Str.
um 1970 Wilma Fischer, England.
Besonderheiten: Eigentümerwechsel nur zu Anfang. Bis etwa zum 1. Weltkrieg wohnen oder arbeiten die Eigentümer im Haus, später nur noch "auswärtige" Eigentümer.

4. Mieterstruktur

bis 1886 (zum Neubau), Handwerker aus dem Baugewerbe, Schuster, Kaufmann, Fahrhändler.
1886 viele Tischler, Schlosser, Gastwirt.
1911 Kronenfabrik, Möbeldrechslerei, Zeitungsspedition.
1918 Kronleuchterfabrik, Drechslerei, Tischlerei.
1943 Leihbücherei (43), Handwerker, Näherin, Konditor, Expedient.
1963 Gipsgießerei, Schlosserei, Seifenhandel, Metallwaren, Arbeiter.

ORANIENSTRASSE 193

1. Objektbeschreibung

Baujahr: 1861.
Objekt: Wohnhaus 5-geschossig; Seitengebäude 2-geschossig; Quergebäude 2-geschossig, mit Abtritt; Eiskeller im Hof.
Erschließung: mit Durchfahrt, Ladenwohnung, von der Straße begehbar, Zweispänner.
Grundriß: pro Geschoß 2 abgeschlossene Stube-Küche-Kammer-Wohnungen, ein Zimmer beliebig schaltbar.
Ausstattung: Brunnen, Gaseinrichtung.
Fassade: (Keine Zeichnung vorhanden).
Nutzung und Verwertung: Im EG Remisen und Waschküche, ansonsten nur Wohnen.

2. Bauliche Veränderungen (nicht vollständig)

1880 Abtrittgebäude, Hundehütte, Hundestall, Küchenbalkon, Closett und Badeeinrichtung, Wasserleitung, Wasserheizung, Gasleitung incl. Hoflaterne.
1882 Neubau Seitenflügel (5-geschossig, Quer- und Stallgebäude), Toilettenanlagen im Vorderhaus (Schlachtermeister H. Koch).

3. Eigentümer

1862 Erster Eigentümer: Riehmer, Wilh. F.A., Maurerpolier, (besitzt auch Nr. 194)
Eigentümerwechsel:
1867 Fabrikant Bartels, (Gas- und Wasseranlagen) (wohnt od. arbeitet dort).
1876 Schlächtermeister Koch (wohnt od. arbeitet dort).
um 1915 Scheiter, Margarete, Schlächterei
nach dem II. Weltkrieg private Eigner.

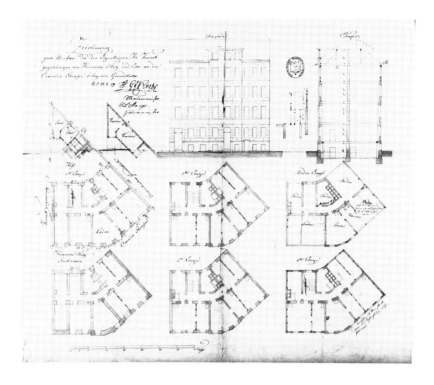

126 / Oranienstraße 191, 1859: Bauantragszeichnung für den Neubau eines viergeschossigen Wohnhauses mit Souterrain, Stall und Abtrittsgebäude

Besonderheiten: Haus ist etwa 80 Jahre in den Händen von Schlächtereibesitzern. Alle Hauseigentümer (bis auf den ersten) wohnten dort oder hatten dort ihr Geschäft.

4. Mieterstruktur

bis 1900 viele Tischler, Zimmermann, Drechsler, Schlosser, Schneiderin, Lederarbeiten, Gürtler, Schuhmacher, Arzt, Tänzerin.
bis 1943 Arbeiter, Handwerker.
1963 Kohlenhandlung, Autoersatzteile.

ORANIENSTRASSE 194/
MARIANNENSTRASSE 7a

1. Objektbeschreibung

Baujahr: 1861.
Objekt: 1 Wohnhaus, Eckgebäude u. Risalit, 5-geschossig; Stallgebäude (ab 1863); Abtritt mit Grube; Unterkellerung des Hofes (ab 1863).
Erschließung: Durchfahrt, seitlich, Keller vom Hof aus begehbar, Mehrspänner.
Grundriß: Pro Geschoß eine abgeschlossene Stube-Küche-Wohnung, sonst nicht abgeschlossene Stube-Küche-(Kammer-)Wohnungen, Zimmer beliebig schaltbar.
Ausstattung: Stallgebäude/Unterkellerung des Hofes, Grenzmauer u. Abfallbehälter mit eiserner Klappe, Wasserleitung, Gaseinrichtung, Brunnen.
Fassade: Auf Zeichnung Quadrierung mit klass. Elementen angedeutet.
Nutzung und Verwertung: Optimale Ausnutzung, relativ kleine Wohnungen, Anlage einer Bäckerei.

2. Bauliche Veränderungen (nicht vollständig erfaßt)

1899 erhebliche Veränderungen in Nr. 7a, Einbau von Innenclosetts, Errichtung einer Ladenfront, Localeinrichtung, Vergrößerung der Wohneinbauten: Zweispänner mit einer 3- und einer 4-Zimmerwohnung im I. Stock.
Nutzung und Verwertung: Wohnen/Läden.
Feuerkassenwert: 54.200 M (1863)

3. Eigentümer

1861 Erster Eigentümer: W. Riehmer, Maurerpolier, ihm gehört auch Nr. 193
Eigentümerwechsel:
1864 Schneider, J.W., Fabrikant.
1872 Schneider, Witwe (wohnt dort).

1872 Böttcher, F.M., bis etwa 1950 in den Händen dieser Familie, (wohnt dort, ab 1900 Unter den Linden).

4. Mieterstruktur

1868 nur 5 Parteien erwähnt (Kaufmann, Hutmacher, Gürtler...).
1877 3 Schutzmänner, Arzt, Handwerker.
1881 Arzt, Lehrer, Handwerker.
1886 Arzt, Arbeiter, Handwerker.
1901 Kaufmann, Tischler, Drechsler, Schraubendreher, Goldarbeiter, Buchhalter.
1911 Witwen, Goldarbeiter, Tischler.
1921 Fabrikant, Tapezierer, Metallberufe, Kontoristin, Verkäuferin, Direktrice usw. Kleine Angestellte, Arbeiter, Handwerker.

ORANIENSTRASSE 195

1. Objektbeschreibung

Baujahr: 1861.
Objekt: 5-geschossiges Wohngebäude mit Souterrain, Abtrittsgebäude und Garten.
Erschließung: seitliche Durchfahrt, Souterrain direkt von der Straße erschlossen, 3-Spänner.
Grundriß: eine abgeschlossene Wohnung: 2-3 Stuben, Küche; davon eine Stube schaltbar oder separat vermietbar; 2 nicht abgeschlossene Wohnungen: Stube, Küche.
Ausstattung: Abtritt und Brunnen im Hof, Gaseinrichtung.
Fassade: Risalit über die Durchfahrt.
Nutzung und Verwertung: 6-geschossiges Mietswohnhausobjekt mit ca. 17 Wohnungen (incl. Souterrain) und einem Laden im Souterrain.

2. Bauliche Veränderungen

1863 Erbauung eines Kegelhauses.
1874 Bau einer Remise mit Pferdestall und Heuboden.
1880 Ausbau eines Ladens.
1883 Bau eines 5-geschossigen Seitenflügels mit Souterrain; Küche-Stube-Wohnungen mit unbelüfteten Podest-WCs, Bau eines Stallgebäudes, Wasserleitung mit Kanalisationsanlage, Gasleitung.
1900 Ausbau des Ladens und Kellers als Molkereibetrieb mit Verkauf im EG.
1905 Anlage eines Schornsteins für den Molkereibetrieb.
1912 Einbau eines Bades und WC im 1. OG; Einbau einer Waschküche im Dachgeschoß.

HEINRICHPLATZ

1933 **Wohnungsteilung.**
Im Krieg wurde das Vorderhaus zerbombt. Das Erdgeschoß und das erste Stockwerk standen noch bis 1981.
Nutzungsänderung: Erhöhung der Rendite durch Umnutzung und Verdichtung: Umnutzung Keller- und Erdgeschoßwohnung zu Gewerbezwecken, Bau eines 5-geschossigen Seitenflügels zu Wohnzwecken.
Feuerkassenwert: 1861 15.125 Rthl.
1883 84.000 Mark

3. Eigentümer

1861 **Erster Eigentümer: Friedrich, Wilh. Ludwig, Kaufmann** (besitzt auch Nr. 196)
Eigentümerwechsel:
1862 **Richter**, Kaufmann.
1866 **Meyer**, Kaufmann.
1867 **Dahms**, Kanzleidirektor (wohnt dort).
1871 **Zajons**, Milchhändler (wohnt bzw. arbeitet dort).
1892 **Huth, Emil**, Kaufmann (wohnt bzw. arbeitet dort) (später wohnt er woanders)
(Die Molkerei der Familie Huth bleibt mindestens bis nach dem Krieg im Haus).
Vondran, Eduard (wohnt Oranienstraße 196).
1975 **Gemeinnützige Baugesellschaft/Sanierungsträger.**
Zusammenfassung: Der erste Eigentümer baut und verkauft; die nachfolgenden Eigentümer wohnen und/oder treiben Gewerbe im Haus; ab 1890 sind die Eigentümer der Oranienstraße 195 und 196 identisch.

4. Mieterstruktur

1868 **Kanzleidirektor** (Eigentümer), Musiker, Buchhalter, Kanzleivorsteher, Eisenbahnbeamter, Maler, Witwe, u.a.
1877 **Angestellte**, Beamte, Arzt, Graf; Weber, Schuhmacher, Maler, u.a.
1881 **Milchhändler** (Eigentümer) und handwerkliche Berufe.
1886 **Schneider**, Näherinnen, Drechsler, Maler, Tischler; Kaufleute, u.a.
1891/1911/1921: **Molkereibetrieb** (Eigentümer), vorwiegend handwerkliche Berufe.
1936/1943: **Arbeiter**, Angestellte, Selbständige.
1963: **Spritzerin**, Sprechstundenhilfe, Arztpraxis, u.a.
Zusammenfassung: bis 1880 vorwiegend Angestellte und Selbständige
ab 1880 vorwiegend handwerkliche Berufe (im Zusammenhang mit dem Neubau eines Seitenflügels, ab 1936 gemischte Sozialstruktur

5. Besondere Ereignisse

1932 **Mängelanzeige einer Mieterin:** Pferdestall im Keller belästigt die Mieterin, die direkt darüber wohnt. Ein Dispensgesuch des Hauseigentümers wird abgelehnt.

ORANIENSTRASSE 196

1. Objektbeschreibung (unvollständig, da keine Pläne vorhanden)

Baujahr: 1860.
Objekt: 5-geschossiges Wohngebäude, Abtrittgebäude.
Ausstattung: Abtritt und Brunnen im Hof, Gaseinrichtung.
Fassade: Risalit.

2. Bauliche Veränderungen (nicht vollständig erfaßt)

1883 **Ausbau von Läden.**
1884 **Seitengebäude**, Quergebäude, Closettgebäude, Wasserleitung, incl. Kanalisationsanlage, Gasleitung.
1902 **Modernisierung der Backstube.**
1976 **Einrichtung einer Imbißstube.**
Nutzungsänderung: Umnutzung von Wohnungen in Läden, Verdichtung durch den Bau von Hintergebäuden.
Feuerkassenwert: 1861 10.675 Rthl.
1884 49.300 M

3. Eigentümer

1861 **Erster Eigentümer: Friedrich, Wilh. Ludwig,** Kaufmann, besitzt auch Nr. 195.
Eigentümerwechsel:
1862 **Richter**, Kaufmann, kauft auch Nr. 195.
1863 **Simon**, Kaufmann.
1863 **Hirthe**, Rentier.
1865 **Reichel**, Kaufmann.

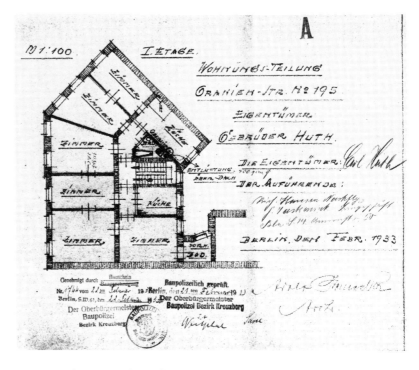

127 / Oranienstraße 195, 1933: Wohnungsteilung

1865 **Ahrends**, Gutsbesitzer.
1865 **Fermum**, Bäckermeister.
1866 **Giets**, Witwe.
1867 **Lutzmann**, Commerzienrat.
1871 **Moreau**, Kaufmann.
1872 **Hensel**, Kaufmann.
1872 **Bayer**, Kaufmann.
1875 **Lehmann**, Kommissionsrat (wohnt nicht dort).
1877 **Koch**, Rentier.
1880 **Schwieder**, Schlächtermeister (wohnt nicht dort).
1883 **Dittmer**, Goldarbeiter.
1883 **Eckelt**, Bäcker (wohnt dort).
um 1900 **Huth, E.**, Kaufmann (wohnt Oranienstr. 195, das er auch besitzt).
um 1930 **Vondran, G.**, Bäckermeister (wohnt nicht dort).
später **Vondran, Eduard** (wohnt dort).
1975 **Gemeinnützige Baugesellschaft/Sanierungsträger.**
Zusammenfassung: Von 1863-1883 extrem häufiger Eigentümerwechsel.

4. Mieterstruktur

1868 **Händler**, Seidenwirker, Weber, u.a.
1877 **Zimmermann**, Schuhmacher, Tischler, Maler, Schutzmann, u.a.
1881 **Schutzmann**, Schlosser, Photograph, Putzgeschäft, u.a.
1886 s.o., der Eigentümer ist Bäcker und wohnt und arbeitet im Haus.
1901 **Bäckerei**, Tischler, Näherinnen, Monteur, u.a.
1911 **Bäckerei**, viele Witwen, Schuhmacher, u.a.
1921 **Friseur**, Näherinnen, Maurer, u.a.
1936 **Bäckerei**, Rentier, Klöpplerin, Friseur.
1943 **Bäckerei**, s.o.
1963 **Bäckerei**, Modist, Tischler, Musiker, u.a.

ORANIENSTRASSE 197

1. Objektbeschreibung

Baujahr: 1860.
Objekt: 5-geschossiges Wohnhaus mit Souterrain, Remise mit Appartement.
Erschließung: seitliche Durchfahrt, Ladenwohnung im Souterrain von der Straße zugänglich, 2-Spänner.
Grundriß: 2 abgeschlossene Wohnungen: 2 Stuben, Küche; davon ist ein Zimmer schaltbar oder separat vermietbar.

Ausstattung: Abtritt und Brunnen im Hof, Gaseinrichtung.
Fassade: Risalit, Sockelzone, Postermauerwerk.
Nutzung und Verwertung: Miethausobjekt: Wohnen, Gewerbe im Souterrain.

2. Bauliche Veränderungen (nicht vollständig erfaßt)

1876 **Wasserleitung, Pissoir.**
1888 **Anlage einer Badeeinrichtung im 1. OG,** Ausbau eines Ladens im EG unter Beibehaltung des Souterrains.
1891 **Anlage von 3 Podest-WCs.**
1980 **Instandsetzung der Fassade.**
Nutzungsänderung: Verbesserung der Ausstattung (Bad, Podest-WC), Ausbau eines Ladens, keine Verdichtung, da die Parzelle sehr klein ist.
Feuerkassenwert: 1861 36.700 M
1876 55.300 M

3. Eigentümer

1860 **Erster Eigentümer: Wilke, C.H. Otto,** Töpfermeister.
Eigentümerwechsel:
1865 **Lenz**, Schankwirt (wohnt nicht dort).
1872 **Wilz**, Restaurateur (wohnt dort).
Wilz, Witwe (wohnt dort).
Wilz, Kaufmann (wohnt dort).
Wilz, Buchhalter (wohnt dort).
1888 **Wilz**, Buchhalter.
1880 **Wilz**, Kaufmann (wohnen später nicht mehr dort).
bis ca. 1940 **Wilz'sche Erben.**
ab 1940 **Gehm**, Bäckermeister (wohnt nicht dort).
um 1960 **Bohse.**
1971 **Gemeinnützige Baugesellschaft/Sanierungsträger.**
Auswertung: Erster Verkauf nach vier Jahren; dann relativ lange bewohnt vom Eigentümer; ca. 90 Jahre im Besitz einer Familie; 1971 zum Zwecke der Sanierung aufgekauft. Es wurde relativ viel in die Instandhaltung und Modernisierung des Hauses investiert, da der Hauseigentümer selbst im Haus gewohnt hat und auch ein Interesse an der Erhaltung des Gebrauchswertes hat.

4. Mieterstruktur

1868 **Propfenschneider**, Leistenschneider, Milchhändler, Glaser u.a.
1877 **Tischler**, Kaufleute, Schankwirt (Gaststätte im EG?).
1891 **Wäscherin**, Tischler, Kaufleute, Kurzwarenhandel.
1911 **Tischler**, Gastwirt, Schuhmacher u.a.
1936 **Gastwirt**, Möbelhandlung, Schriftsetzer, Zeichner, u.a.

1943 s.o., wenige Mietparteien.
1963 Kraftfahrer, Schaffner, Rentner, Arbeiter.
Auswertung: Die Zahl der Mietparteien schwankt, ist 1936 am höchsten; vorwiegend handwerkliche Berufe und Einzelhandel.

ORANIENSTRASSE 198

1. Objektbeschreibung

Baujahr: **1860**.
Objekt: **4-geschossiges Wohnhaus, 4-geschossiges Quergebäude, Appartementgebäude mit Stall.**
Erschließung: seitliche Durchfahrt, 2-3 Spänner.
Grundriß: 1 abgeschlossene Wohnung: 3 Stuben, Küche (evtl. 1 Stube schaltbar), 2 nicht abgeschlossene Wohnungen: 2 Stuben, Küche.
Ausstattung: Abtrittgebäude und Grube im Hof, Gaseinrichtung, Brunnen, Garten.
Fassade: keine Zeichnung.
Nutzung und Verwertung: Miethausobjekt: Wohnen, Laden und Werkstatt, Stall und Remise.

2. Bauliche Veränderungen: (nicht vollständig erfaßt)

1872 Bau eines 4-geschossigen Quergebäudes mit Souterrain.
1884/85 nach dem Verkauf an den Fabrikanten Arlt: Ausbau von Läden im EG. Aufstockung des Vorderhauses um ein Geschoß, Risalitbekrönung der Fassade, Anbau eines 5-geschossigen Seitenflügels mit Podest-WCs, Unterkellerung des ersten Hofes, Errichtung eines 4-geschossigen Seitenflügels im 2. Hof, Einbau von Gasleitungen und zwei Hoflaternen, Wasserleitung, Anschluß an die Kanalisation.
Nutzungsänderung: Umnutzung der Erdgeschoß- und Kellerwohnungen in Laden und Wirtschaftskeller, Verdichtung durch den Anbau zweier Seitengebäude im 1. und 2. Hof.
Feuerkassenwert: 1861   26.200 Rthlr.
1872   196.350 M
1885   202.800 M

3. Eigentümer

1860 Erster Eigentümer: Heldt, Friedr. Ferd., Tischlermeister
Eigentümerwechsel:
    1864 Lindemann, Tischlermeister.
    1864 Müller, Rentier.
    1867 Altschwager, Gutsbesitzer (wohnt dort).
    1871 Ballien, Rentier (wohnt nicht dort).
    1878 Arlt, Fabrikant (wohnt dort).
    1895 Arlt, Witwe (wohnt dort).
    ab 1930 Abrahamson, F., Witwe (Konfektionsgeschäft im Haus) (wohnt nicht dort).
    ab 1940 Schünemann, Gastwirt (wohnt dort).
    ab 1960 Gemeinnützige Baugesellschaft/Sanierungsträger.
Auswertung: Bauunternehmer baut 1860 zum Zwecke des Verkaufs, dann viermal Besitzerwechsel, ab 1878 ist das Haus etwa 60 Jahre im Besitz der Fabrikantenfamilie Arlt, die auch dort wohnt. Der Bauunternehmer baut das Haus, um es zu verkaufen. Der Rentner wohnt darin und lebt von den Mieterträgen. Der Fabrikant wohnt darin, hat dort seine Fabrik und lebt von den Mieterträgen.

4. Mieterstruktur

1868 Geheimer Secretair a.D., Fabrikant, Kaufmann, Cafetier; handwerkl. Berufe: Stuckateur, Tischler, Restaurateur.
1877 2 Fabrikanten (Nähmaschinen- und Möbelfabriken; Fabrik im Quergebäude), Baronin, sonst handwerkl. Berufe (Sattler, Schneider, Tischler...).
1881 Metalldruckwarenfabrikant, Lederhändler, Nähmaschinenfabrikant, Handelsmann; handwerkl. Berufe: Textil- und Baugewerbe und Drechsler, Hutmacher u.a.
1891 Lampenfabrikant (ist Eigentümer, wohnt im Haus), handwerkl. Berufe, Handelsmann, Beamte, Kaufmann.
1911 Fabrikanten und Fabriken (Metallwarenfabrik, Kronleuchterfabrik; Werkstätten: Metallgießerei, Klempnerei, Metallschleiferei, Gürtlerei, Arbeiter/innen: Metallarbeiter, Drucker, Schneiderin, Modistin, Näherinnen (viele Frauen!).
1921 Fabrikanten (s.o.), Ausbesserinnen, Büglerin, Verkäuferin, Zimmervermieterin u.a., s.o.
1936 Pianofabrikant, Fahrradzubehör, Tischlerei, Plätterinnen, Kontoristin, Arbeiter, Packer, Kochfrau, Sekretärin u.a. (viele Frauen!)

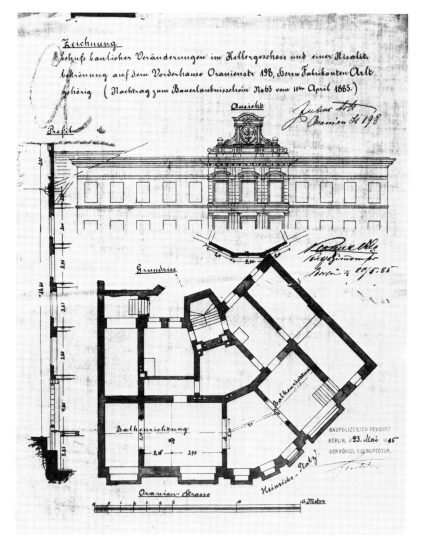

128 / Oranienstraße 198, 1885: Risalitbekrönung der Fassade

1963 keine Fabrikanten, dafür mehr Arbeiter/innen; Fahrradzubehör, Bäckerei, Gastwirtschaft im Keller.
Auswertung: Von Beginn an gibt es eine gemischte Sozialstruktur.
Mit dem Neubau des Seitenflügels vergrößert sich die Mieterschaft: Einerseits tauchen mehr Fabrikanten auf, die im Hof ihre Fabriken haben und im Vorderhaus in großen Wohnungen leben, andererseits gibt es mehr Arbeiter und Handwerker — aber auch viele Frauen —, die kleine Wohnungen im Seitenflügel bewohnen. Ab 1936 verändert sich die Mieterstruktur, und es wohnen überwiegend Kleingewerbetreibende und Arbeiter im Haus.

C. DER BLOCK 121 AM SCHLESISCHEN TOR

129 / Lageplan des Untersuchungsbereichs am Schlesischen Tor

Vorbemerkung

Die historische Untersuchung des Bereichs um das Schlesische Tor steht in Zusammenhang mit zwei von der Arbeitsgruppe Stadterneuerung der Bauausstellung Berlin GmbH ausgeschriebenen Wettbewerben für den Block 121 und seine städtebauliche, insbesondere freiräumliche Umgebung.[203]

Das Gebiet wird derzeit hauptsächlich von drei Problemkreisen gekennzeichnet:
— dem baulichen Verfall, dem der Althausbestand aufgrund mangelhafter Instandsetzung und Wartung als Folge jahrelanger Planungsunsicherheit ausgesetzt ist,
— einem starken Ausländerzuzug, dem seit den sechziger Jahren eine Abnahme der jüngeren deutschen Familien gegenübersteht,
— einem akuten Bedarf an Freiflächen und Gemeinschaftseinrichtungen.

Planerisches Ziel der Bauausstellung Berlin GmbH ist es, in diesem Gebiet preisgünstigen Wohnraum zu erhalten und diesen mitsamt dem Gewerbebestand im Rahmen einer behutsamen Erneuerung und einer Verbesserung der sozialen Infrastruktur zu sichern.

Das Gebiet ist gekennzeichnet durch:
— vergleichsweise starke Kriegszerstörungen,
— die Randlage nach der Teilung Berlins,
— Planungsfestlegungen aus dem Baunutzungsplan von

1956 und dem Flächennutzungsplan von 1965, die sich vor allem auf eine Gewerbe- und Industriezone entlang der Spree und eine Verbreiterung der Trasse Köpenicker/ Schlesische Straße unter Zurücksetzung der südlichen Baufluchtbeziehen.

Ende der 70er Jahre setzte eine baupolitische Neuorientierung ein mit einem "Änderungsvorschlag zum Flächennutzungsplan" und einem "Bereichsentwicklungsplan für den Bezirk Kreuzberg". Wesentliche Inhalte darin sind:
— der Verzicht auf die Straßenverbreiterung,
— eine Differenzierung des Konzepts für die Gewerbe- und Industriezonen,
— eine Arrondierung und Ausweitung von Grünflächen,
— die Errichtung einer Kindertagesstätte im Block 121.

Die Neuorientierung begreift Planung nicht als einen Radikalentwurf, sondern als Einwirken auf einen Entwicklungsprozeß, der in die Vergangenheit zurückreicht und dessen Erneuerung die Chance einer Verwirklichung für die Bewohner haben soll. Die Wettbewerbsausschreibung erhebt die Forderung, "die Besonderheiten der bisherigen Blockbebauung und Nutzung" zu berücksichtigen und stellt zur Diskussion, ob "die Hobrecht'sche Form der Blockrandschließung die angemessene Antwort" heute sei. Hervorgehoben werden die historisch erhaltenen Häuser Schlesische Straße 5 und 6, Wrangelstraße 86 mit ihrer Hinterhofbebauung, historische Grundstückszuschnitte sowie unterschiedliche Bau- und Erschließungstypen der Gründerzeit.

Die vorliegende Darstellung gliedert sich in zwei Teile. Der erste Teil behandelt die Entstehung des Blocks 121 vor dem Hintergrund der industriellen Stadterweiterung im Südwesten der Residenzstadt Berlin. Die Zielsetzung und die Maßnahmen, die zur Besiedlung und zur Ausbildung der baulichen und stadträumlichen Struktur beigetragen haben, werden aufgezeigt. Berücksichtigt werden die Wechselbeziehungen von staatlicher Planung und privatwirtschaftlicher Realisierung.
Konzentriert auf einen kleinräumlichen Ausschnitt der Stadterweiterung des 19. Jahrhunderts soll, ähnlich wie in der vorangestellten Studie zum Heinrichplatz, der Ursprung und die Herausbildung des baulichen und sozialen Gebietscharakters beschrieben werden. Die Kenntnis und Berücksichtigung spezifischer Stadtteilqualitäten und Mängel sowie bestimmter historisch bedingter Konstanten und Kennzeichen sind für eine auf die Kontinuität im Wohnviertel gerichtete Sanierungsplanung unerläßlich.

Der zweite Teil beinhaltet eine parzellen- und gebäudeweise Bestandsanalyse der historischen Überlieferung im Block 121. Das bedeutet, daß nicht etwa einzelne dekorative Gestaltwerte herausgestellt werden, sondern daß der bauliche und stadträumliche Zusammenhang materiell und funktional in seiner Genese beschrieben wird. Der Block 121 wird als Dokument einer bis heute andauernden Entwicklung und als ein Zeugnis der sich wandelnden Lebensbedingungen gelesen und interpretiert.

Spuren der Quartiersvergangenheit sollen identifiziert und erläutert werden. Ziel ist es zu verhindern, daß die materiellen Zeugen achtlos einer Erneuerungsplanung preisgegeben werden.

DIE STÄDTEBAULICHE ENTWICKLUNG AM SCHLESISCHEN TOR

Die städtebauliche Lage des Blocks 121, erste Besiedlung im 18. Jahrhundert

Die Lage des Blocks 121 ist gekennzeichnet durch die Nähe zur Oberspree und zum östlichen Teil des Landwehrkanals, zum ehemaligen Görlitzer Bahnhof und zum Hochbahnhof Schlesisches Tor. In der zweihundertjährigen Geschichte dieses Siedlungsausschnittes hat sich die Bedeutung des Bereichs am Schlesischen Tor innerhalb des Straßen-, Wasser- und Schienenverkehrsnetzes mehrfach geändert. Der heute als Planungseinheit aufgefaßte Block 121 entstand auf der Grundlage der staatlichen Planung Hobrechts und schloß seine bauliche Umgrenzung erst relativ spät, vor knapp einem Jahrhundert. Im Gegensatz zum Heinrichplatz erfolgte die Bebauung über einen langen Zeitraum in mehreren Schritten uneinheitlich. Der Block 121, der die Hausnummern Schlesische Straße 1-8, Falckensteinstraße 1-10, Wrangelstraße 82-88 und Oppelner Straße 39-49 umfaßt, bietet sich als Planungseinheit heute an, ohne jedoch in seiner Umgrenzung einer Quartierseinheit zu entsprechen.

Das weitere Umfeld des Blocks, d.h. der Bereich zwischen dem Schlesischen Tor und dem Landwehrkanal, gehörte seit dem 13. Jahrhundert besitzrechtlich zur sogenannten Feldmark oder dem Weichbild der Stadt Cölln, d.h. zu einer der beiden Gründungen, aus denen um 1300 die Stadt Berlin entstand. Die weit außerhalb der befestigten Stadt liegenden Flächen bestanden aus sandigem Boden mit Wiesen, Äckern und der sogenannte 'Berkheyde', einem buschreichen Heide- und Waldgebiet. Zur Entwässerung der überschwemmungsgefährdeten Cöllnischen Äcker und Wiesen wurde der 'Fluthgraben' im 15. Jahrhundert angelegt.[204] Friedrich Wilhelm I. ließ diesen, auch Schaf- oder Floßgraben genannten, Kanal 1734 in Zusammenhang mit der Anlage des Rondells am ehemaligen Belle-Alliance-Platz durch einen neuen Abschnitt regulieren. 1809 wurde am östlichen Teil des Landwehrkanals die Grenze der Stadt Berlin zum "platten Land" hin festgelegt; sie bestand bis 1908. Heute verläuft hier die südliche Grenze von Berlin-Ost.

Im Jahre 1734 wurden auf der Cöllnischen Seite der Residenzstadt die Wallanlagen abgetragen; nur der Festungsgraben blieb noch bestehen, über den die Köpenicker Brücke führte. Eine neue Stadtmauer entstand 1735 weitab der Städte Berlin, Cölln, Neucölln und Friedrichswerder unter Einbeziehung der neu angelegten Dorotheenstadt, der Friedrichstadt und der Königstadt sowie der allmählich gewachsenen Vorstädte, u.a. des Köpenicker Feldes. Die teils aus Holz, teils aus Stein er-

130 / Schlesisches Tor auf dem Glück'schen Plan von 1860 (Ausschnitt)

richtete Mauer sollte desertierenden Soldaten Einhalt gebieten und der Einnahme einer neu eingeführten Verbrauchssteuer, der sogenannten Akzise, dienen. Eines der Stadttore entstand am Ende der Köpenicker Straße, nahe der Oberbaumbrücke, das Schlesische Tor, von dem aus die Schlesische Straße ihren Ausgang nimmt (s. Abb. 12).

Unmittelbar außerhalb des Schlesischen Tores entstand ab 1769 die erste Teilbesiedlung des Blocks 121, eine Gärtnerkolonie auf sieben schmalen, tiefen Parzellen. Vermutlich handelt es sich, wie für den Bereich außerhalb des Hamburger Tores nachgewiesen wurde, um Grundstücke, die vom König mit bestimmten Auflagen zur Nutzung in Erbpacht vergeben worden waren.[205] Nicolai erwähnt die außerhalb der Akzisemauer angesiedelten Gärtner in seinem Stadtführer:

"Die Gärtnerey ist in Berlin zu einem hohen Grade der Vollkommenheit gekommen ... Ueberhaupt haben die Gärtner mit unglaublicher Industrie seit 50 Jahren den meist sandigen Boden in Berlin so zu nutzen und zu verbessern gewußt, daß nicht allein Blumen und fremde rare Gewächse sehr sorgfältig gezogen, sondern besonders Obst und alle Arten von Küchengewächsen in sehr großer Menge und Vollkommenheit hervorgebracht werden. Es sind viele Gegenden in und um Berlin, die vor 50, ja vor 30 Jahren, noch bloßer todter Flugsand waren, die jetzt in schönster Kultur stehen. ... Die Gartengewächse werden auch in und um Berlin in so großer Menge gezogen, und sind so wohlfeil, als in keiner großen Stadt Deutschlands; ... Es verdient überhaupt als eine besondere Industrie, die Berlin ganz eigen ist, angeführt zu werden, daß die Berlinischen Gärten ungefähr seit 1774 die Kunst erfunden und ins große getrieben haben, den Spargel im Winter nicht in Treibhäusern, sondern im Lande zu ziehen."[206]

Bereits ein Jahrhundert älter war die Bartholdische Meierei; 1684 hatte sie der Geheimrat Bartholdi an der Schlesischen Straße nahe dem Floßgraben angelegt. Sein Sohn erweiterte das Anwesen durch eine Brauerei und eine Branntweinbrennerei, durch einen Baum- und Küchengarten sowie eine Windmühle und verkaufte es 1730 an den Magistrat. 1786 wurde die Meierei von dem Bankier Daniel Itzig übernommen.[207]

131 / Ehemalige Bartholdische Meierei, ab 1786 im Besitz von Daniel Itzig

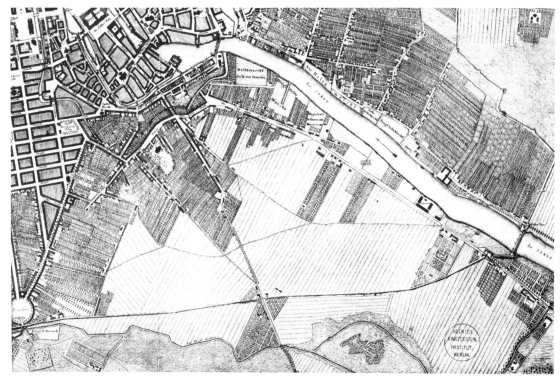

132 / Das Köpenicker Feld, am Schlesischen Tor Gärtnerparzellen, Plan von J.C. Rohde 1772 (Ausschnitt)

Die Situation des Gebietes am Anfang des 19. Jahrhunderts

Die Köpenicker Straße, zunächst als Heerstraße angelegt, später verbreitert und mit Bäumen bepflanzt, wird zu Beginn des 19. Jahrhunderts von Bachmann als "die schönste Straße auf der Luisenstadt" ausführlich beschrieben.[208] Auch in anderen Stadtführern wird sie lobend hervorgehoben. So widmet ihr Korth 1821 in seinem "Neuesten topographisch-statistischen Gemälde" "mit 175 zum Theil schöne(n) Häuser(n)" einen langen Absatz.

"Diese Straße ist breit und lang, hat sehr viel Freundliches, weil auf der rechten Seite vom Thore ab, viele Häuser im Hindergrunde am Wasser liegen und nur die Gärten nach der Straße hinaus gehen, über deren Einzäunung man von dem auf derselben Seite erhöhten, schön geebneten, mit Kies beschütteten und festgestampften Bürgersteige hinwegsehen kann. Man gewahrt hier nicht nur die Regsamkeit in den Kattunfabriken, auf den Bleichen, in den Gärten, und dann noch die mannigfaltigen Beschäftigungen anderer Gewerbe, als der Lohgerber etc., sondern über viele kleine im Grunde liegende Häuser auch die Wimpel der dahinter in der Spree liegenden Schiffe. Wahrlich, eine schöne Aussicht! Wer eine Ansicht vom Land- und Stadtleben zugleich zu haben wünscht, der durchwandle diese schöne Straße an einem heiteren Frühlingstage; er wird sich nicht nur an den mannigfaltigen Scenen, die sich ihm hier darbieten, ergötzen, sondern auch bei der reinen und heiteren Luft, — wahren Landluft — die er hier athmet, bei dem Gesange der Vögel etc. eine Erholung finden. — Dank sei es unserm jetzigen Könige, der diese herrliche Straße, durch einen schönen Bürgersteig verschönerte, der, obgleich nur schmal und ohne Bäume, der Promenade unter den Linden gleicht. Nahe dem Thore, auf der linken Seite, ist inzwischen Nr. 123-131, 133-135, 150-161 und 163 bis 164 noch Feld, welches zum Ackerbau benutzt wird."[209]

Deutlich wird aus der noch weitergeführten Darstellung vor allem die Vielfalt dieser Straße mit großen gewerblichen Einrichtungen, Lagerhäusern und Textilfabriken entlang der Spree, von Parks umgebenen Fabrikantenvillen und Gartengütern sowie landwirtschaftlich genutzten Flächen.

Zwei Einrichtungen, die Bachmann erwähnt, deuten jedoch darauf, daß in unmittelbarer Nähe des Großbürgertums zu Beginn des 19. Jahrhunderts auch bereits soziale Probleme der frühen Industrialisierung lokalisiert waren; in der Köpenicker Straße 115 wohnten in einem um zwei Höfe gebauten Wohnkomplex dichtgedrängt insgesamt 242 Menschen. Dort hatte der Luisenstädtische Wohltätigkeitsverein 1835 eine Kleinkinderbewahranstalt eingerichtet, in der 1836 174 Kinder untergebracht waren. Insgesamt unterhielt der Verein in Berlin 17 solcher Anstalten für insgesamt ca. 1.800 Kinder.[210]

Nicht weit davon entfernt, in der Köpenicker Straße 15, war in einer 1767 errichteten Kaserne nach der Verlegung des Regiments v. Pfuhl auf Anregung des Königs Friedrich Wilhelm II. um die Jahrhundertwende ein erstes Familienhaus eingerichtet worden "zum Unterkommen für die ärmere Classe der Stuhlarbeiter als Etamin- und Raschmacher, Leineweber ..."[211] Diese Notunterkunft für verarmte und arbeitslos gewordene Textilarbeiter und Weber bestand aus einer Vielzahl von nicht abgeschlossenen Stube-Kammer-Wohnungen mit gemeinschaftlich genutzten Küchen.

"Unsere meisten großen Fabriken befinden sich in der Nähe des Schlesischen Tores, der Köpenicker Straße. Viele von ihren Arbeitern wohnen weit davon in dem Viertel des Hamburger Tores, auch im Voigtlande, dem Viertel der Armut", schrieb Sass 1846 in einer erbitterten Anklage über die Wohn- und Arbeitssituation der Industriearbeiter.[212] Die Fabriken der Textilindustrie[213] wie in der Köpenicker Straße beschäftigten zum Teil mehr als 100 Personen. Ein Großteil dieser Arbeiter kam aus den ländlichen Gebieten, in denen infolge der Agrarreform viele Arbeitskräfte freigesetzt worden waren. Der Konkurrenz der Industriearbeit konnten die Weber schon sehr bald nicht mehr standhalten; viele von Ihnen verarmten — wie andere Handwerker nach der Einführung der Gewerbefreiheit 1810 — und fielen der städtischen Armenpflege anheim. Aber auch die Industriearbeiter kämpften mit dem Existenzminimum, für das Frauen und nicht selten Kinder mitverdienen mußten. Die bereits erwähnte Kinderbewahranstalt in der Köpenicker Straße 115 und eine zweite in der Cuvrystraße 39 ab 1833 sind ein Beweis für den hohen Anteil von in den Fabriken beschäftigten Frauen.[214]

Die erste Erweiterungsplanung für die Umgebung Berlins von J.C.L. Schmid

Der Bebauungsplan

Das Wirtschafts- und Sozialleben Berlins erfuhr im ersten Drittel des 19. Jahrhunderts durch die beginnende Industrialisierung und das sie begünstigende Reformwerk von Stein und Hardenberg eine entscheidende Wende.[215] Während für das zentrumsnahe Köpenicker Feld seit Beginn des 19. Jahrhunderts intensive und kontroverse Diskussionen zu dessen Planung und Entwicklung geführt worden waren — dies wurde im einleitenden Kapitel behandelt — blieb das stadtauswärts liegende Gebiet am Schlesischen Tor vorerst ohne Planungskonzept, obwohl die Stadtverordneten jahrelang für eine Ausweitung des Bebauungsplanes über die Zollmauer hinaus in die Vororte plädiert hatten. Erst am 27.07.1827 erging seitens des Innenministeriums der Auftrag an Schmid zu einer Fortschreibung der Planung für das außerhalb der Akzise liegende Gebiet der Umgebungen Berlins. Am 16.08.1827 lud Schmid die Vertreter des Magistrats, des Polizei-Präsidiums und der Baukommission zu einer Beratung über die Ausdehnung des Bebauungsplans zu sich in seine Wohnung Köpenicker Straße 113 ein.[216] Begonnen wurde mit dem Bereich zwischen Frankfurter Tor und Oberbaum; der Bereich zwischen Schlesischem und Halleschen Tor folgte als Abteilung III. Während der Planaufstellung war das Königliche

Polizeipräsidium als Oberste Bauaufsicht angewiesen, Baukonzessionen zurückzustellen, um sie in diesen Gebieten nach dem neuen Plan auszurichten. Am 26.4.1830 legte Schmid die Entwürfe für die Abteilungen I-IV mit einem Erläuterungsbericht dem König vor, der sie am 13.10.1830 genehmigte.

Gründe für die Stadterweiterung am Schlesischen Tor

Das Gebiet zwischen Akzisemauer und Landwehrkanal und darüber hinaus war, wie schon erwähnt, Cöllnisches Gemeindeland; teilweise war es zur Nutzung als Acker- und Weideland vergeben; andere Flächen — die Berkheyde — dienten zur Beschaffung von Bau- und Brennholz sowie von Torf. 1822 war der Baumbestand von einem Schädling befallen, und der Ertrag schien stark reduziert. Diese Tatsache und die Nähe zu dem neu ausgewiesenen Stadterweiterungsgebiet auf dem Köpenicker Feld, in dem sich schon seit dem 18. Jahrhundert selbständig eine Bautätigkeit entwickelt hatte, begünstigten die Entscheidung für eine Separierung und die Aufstellung eines Bebauungsplanes.[217] Zudem bot die verkehrsmäßige Lage an der Spree und entlang einer Ausfallstraße Vorteile. Als weiterer Standortvorteil wurde auch der Landwehrgraben bewertet oder zumindest seine mögliche Funktion nach einer Vertiefung und Verbreiterung des Flußlaufes. Eine Regulierung des Kanals war nachweislich schon 1816, im Zusammenhang einer Vertiefung und Verbreiterung des Flußlaufes. Eine Regulierung des Kanals war nachweislich schon 1816, im Zusammenhang mit der Planung für das Köpenicker Feld, im Gespräch. Man erwartete von ihr nicht nur eine verbesserte Belieferung für die Siedlungstätigkeit, sondern vor allem auch eine Trockenlegung des feuchten, morastigen und überschwemmungsgefährdeten Gebiets.[218]

Vorgaben für den Bebauungsplan

Schmids Bebauungsplan umgreift eine ausgedehnte, die Feldmark Rixdorf und die Hasenheide einbeziehende Fläche, d.h. weit mehr als das Weichbild, den eigentlichen Steuerbezirk der Stadt Berlin.[219] Dieser weite Umgriff entsprach mehr den Interessen der staatlichen Planung; die kommunalen Behörden, der Magistrat und die Stadtverordneten sahen zusätzliche Kosten für die Anlage von Straßen und die Armenpflege in diesem Gebiet auf sich zukommen. Wohl aus diesem Grund wurde die Stadtgrenze am Landwehrkanal zwischen der Spree und dem Kottbusser Tor für ein Jahrhundert (bis 1908) — unabhängig von der staatlichen Planung — beibehalten.

Von der äußeren Umgebung abgesehen, war Schmid jedoch bestrebt, die örtlichen Vorgaben: bestehende Straßen, Plätze und Kanäle sowie die vor der Separation vorhandene Grundstücksaufteilung samt den Gebäuden zu berücksichtigen, auch wenn es auf Kosten von Regelmäßigkeit und Symmetrie ging.

Schmid sah einen funktionalen Ausbau der bestehenden Wasserwege vor; der Schafgraben sollte zur Entwässerung des Bau- und Ackerlandes und für den Schiffahrts-

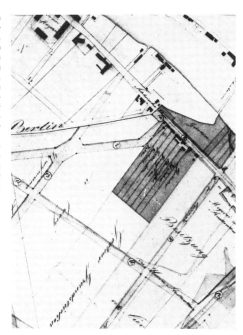

133 / Schlesisches Tor und Schlesische Straße, Ausschn. aus dem Bebauungsplan für die Umgebung Berlins Abt. III, 1830, entworfen von Schmid. Parallel zu der mit 'Berlin' bezeichneten Akzisemauer die Ringstraße. Um die Gärtnergrundstücke herum die Besitzung von Stadtrat Cuvry.

verkehr verbreitert und vertieft werden. Bei der Einmündung in die Spree plante Schmid ein Stauwehr, um die Schleuse an der Oberspree zu entlasten. Schiffe, die nicht direkt für Berlin bestimmt waren, hätten die Möglichkeit gehabt, auf dem Landwehrkanal zollfrei umgeleitet zu werden. Diese Projekte Schmids lehnte der König Friedrich Wilhelm III. im Zuge des Bebauungsplanverfahrens jedoch ab.

Ein weiterer Vorschlag Schmids, der auch vom Magistrat "zur Vorbereitung der Anlage einer Uferstraße" eingebracht worden war, stieß ebenfalls auf Ablehnung des Königs, nämlich das linke Spreeufer über die ganze Ausdehnung des Bebauungsplanes von Bebauung freizuhalten. Es wurde zur Begründung geäußert, daß Rücksicht genommen werden müsse auf Gewerbebetriebe, die nur dort sinnvoll lokalisiert seien.[220] Dieser staatliche Beschluß gegen eine Landschaftsplanung zugunsten einer uneingeschränkt die Lagevorteile nutzenden Industrieansiedlung wurde prägend für die spätere Entwicklung.

Die Gestaltung der Stadterweiterung

Charakteristisch für den Bebauungsplan ist ein konzentrisches, von den bestehenden Stadttoren in das Umland ausgreifendes Wegesystem, das mit Rücksicht auf vorhandene Landschafts-, Nutzungs- und Besitzstrukturen unregelmäßige Flächen umschließt. Die Blöcke haben ungeheure Ausmaße und gehen weit über die Größen auf dem Köpenicker Feld von etwa 250 x 300 m hinaus, am Schlesischen Tor 562 x 520 m, westlich davon 437 x 520 m; gegen die Feldmark Brix sind es sogar Gevierte von 875 x 783 m. Die Kreuzungspunkte der Straßen werden durch großflächige Plätze markiert, deren Ausformung sehr unterschiedlich der jeweiligen Trassenzusammenführung angepaßt ist; ihre Ausdehnung geht bis zu einem Durchmesser von über 200 m.[221]

Vor dem Schlesischen Tor sah Schmid einen rechtwinkligen Platz vor, aus dem die Schlesische Straße mit einer Fahrspur von 12,20 m Breite, gesäumt von Baumreihen, Trottoirs und Vorgärten, herausführen soll-

STÄDTEBAULICHE ENTWICKLUNG

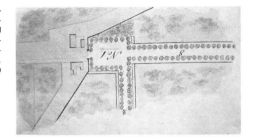

134 / Das Schlesische Tor, Detailplan von Schmid aus den Erläuterungen zum Bebauungsplan, 1830

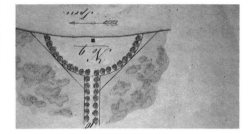

135 / Platz an der Cuvrystraße, Detailplan von Schmid aus den Erläuterungen zum Bebauungsplan, 1830

te. Mit Rücksicht auf die bestehenden Gärtnerhäuser hielt Schmid die Fahrspur relativ eng, erst jenseits des Landwehrkanals sollte sie die einer Hauptstraße angemessene Breite haben; die Baufluchten sollten dort mehr als 50 m auseinanderliegen. In einigem Abstand, parallel zu der bestehenden Zollmauer, plante Schmid eine Ringstraße, die sich vor den Toren in große Plätze weitete. Ein großer halbkreisförmiger Platz sollte am Ende der Cuvrystraße direkt an der Spree angelegt werden.[222]

Alle Straßen waren mit Alleen konzipiert, die Fahrspur und Trottoirs voneinander trennen; die Häuser sollten 3,80 m hinter den Einfriedungen liegen, d.h. Vorgärten haben; "dadurch wird verhindert", so Schmid selbst, "daß in den Umgebungen der Stadt Straßen entstehen, welche den städtischen Straßen zu ähnlich würden". Dies ist ein Hinweis darauf, daß Schmid, der sich sonst zu Einzelheiten der Bebauung nicht äußerte, die bestehende Randbebauung mit hinter Vorgärten zurückgesetzter Bauflucht beibehalten wollte; zu dieser lockeren Vorstadtbebauung gehören landwirtschaftlich oder gärtnerisch genutzte Flächen im Innern des Gevierts.
Dem Bebauungsplan legte Schmid Detailpläne für einzelne Plätze bei, aus denen ersichtlich ist, wie er sich die öffentlichen Flächen zunächst als Landschafts-, Grün- und Schmuckplätze gestaltet vorstellte.[223] Deutlich wird die Idee einer durchgrünten Vorstadt, wie sie aus früheren Entwürfen, u.a. für die Münchener Stadterweiterung von Sckell, bekannt ist.[224] Es entspricht dem klassizistischen Konzept von Stadterweiterung, den Kontrast von Stadt und Land aufzuheben zugunsten einer sich in die Landschaft allmählich öffnenden Siedlungserweiterung.

Die weitläufig ausgewiesenen Platzflächen sollten langfristig "von privaten Gebäuden freigehalten" und statt dessen "öffentlichen Zwecken dienen", heißt es in dem Erläuterungsbericht. Damit sind, entsprechend dem Schmid-Plan für das Köpenicker Feld, sicherlich Kirche, Markt, Exerzier- und Lagerplätze gemeint, im weiteren prinzipiell auch alle Gebäude, die öffentlichen Zwecken dienen: Rathaus, Schule, Krankenhaus, Gefängnis, Kaserne, Schlachthaus etc.; einer genauen Lokalisierung der Nutzungen enthielt sich Schmid.

Auswirkung der Planung

Für die 1862 verabschiedete Bebauungsplanung Hobrechts, auf die später ausführlich eingegangen wird, und die daraus abgeleitete, heute noch bestehende Baustruktur wurden zwei Tatbestände, die sich aus Schmids Bebauungsplan und seiner beginnenden Verwirklichung erklären, wichtig: die am Anfang der Schlesischen Straßen zurückgesetzte Bauflucht und der auffallende Zuschnitt des Grundstücks Schlesische Straße 1.

Schmids Bebauungsplan richtete sich grundsätzlich auf die Beibehaltung der Gärtneranwesen; die bestehende Bauflucht gab ihm den Maßstab für die Schlesische Straße vor. Einzige Ausnahme war das erste, am Schlesischen Tor gelegene Gärtnergrundstück; dieses wurde von der in einigem Abstand zur Akzisemauer geplanten Ringstraße, die an der südwestlichen Ecke im rechten Winkel aus dem Platz herausführen sollte, überschnitten (s. Abb. 133).

Zu Baumaßnahmen auf der Grundlage von Schmids Erweiterungsplan kam es erst zehn Jahre später, obwohl mit der Vermessung des Geländes bereits 1832 begonnen worden war und die Separation vergleichsweise einfach gewesen sein muß, nachdem sich 1830 bereits nahezu die gesamte Fläche im Besitz eines einzigen Stadtrats befand. Zwischen Akzise, Spree und Landwehrkanal besaß Heinrich Andreas de Cuvry eine weite, zusammenhängende Fläche, die er ab 1. Oktober 1825 erworben hatte.[225]

Auf einem Grundstück, das zuvor Cuvry gehört hatte, wurde 1827, unmittelbar nach dem Planaufstellungsbeschluß, das erste Haus errichtet. Es besteht mit einschneidenden nachträglichen Veränderungen bis heute in der Schlesischen Straße 13. Nachweisbar ist, daß der Maurer Radecke bei seinem der Planung vorgreifenden Baugesuch durch einen Brief des Stadtrats Cuvry unterstützt wurde. Der unter Zeitdruck stehende Bauherr, so teilt der Stadtrat in einem Schreiben vom 30.8.1827 der Genehmigungsbehörde mit, wolle mit diesem Haus sein Meisterstück machen; zu diesem Zwecke möge man ihm möglichst umgehend die Baugenehmigung erteilen und gleichzeitig die neue Baufluchtlinie bekanntgeben.[226]

136 / Schlesische Straße 13, 1827, erbaut, mehrfach verändert, Stand 1981

Obwohl durch diesen Winkelzug die Baufluchtlinie für die gesamte Schlesische Straße noch vor Verabschiedung der staatlichen Planung offiziell bekannt wurde, kam es erst langsam zu weiteren Bauanträgen auf dem Cuvryschen Gelände: Schlesische Straße 14 — 1834 — und Schlesische Straße 12 — 1836.[227]

137 / Schlesische Straße 1, Nordostseite um 1900

1839 errichtete der Bleicher Hochkirch auf dem heutigen Grundstück Schlesische Straße 1 ein viergeschossiges Mietshaus, traufständig auf zurückgesetzter Bauflucht, an dem von Schmid geplanten Platz. Die südöstliche Giebelseite stieß direkt an die Grundstücksgrenze gegen die geplante Ringstraße. Diese seitlich angrenzende Fläche blieb 20 Jahre für die geplante Straße frei und wurde erst dann, entsprechend dem späteren Hobrecht-Plan, bebaut.

Bis 1840 stagnierte der Bau von Wohnhäusern entlang der Schlesischen Straße weitgehend. Die meisten Gärtner ergänzten ihr Anwesen durch kleine Bauten, wie Wirtschaftsgebäude und Remisen. Lediglich das Grundstück Nr. 6 bildete eine Ausnahme; hier errichtete der Gärtner Kruschke 1846 ein tief im Grundstück an der "neuen Straße" (der späteren Görlitzer Straße) liegendes eingeschossiges Wohnhaus mit Stall. 1858 erweiterte er sein an der Schlesischen Straße gelegenes Wohnhaus um einen dreigeschossigen Seitenflügel mit Mietwohnungen.
Eine gezielte Politik der Bodenaufwertung betrieb hingegen der Stadtrat Cuvry, indem er geschickt bestimmte Siedler anwarb. Für das äußere Ende seines Bauerwartungslandes gelang es ihm, in einem alten Wirtschaftsgebäude der Bartholdischen Meierei eine Zuckersiederei und am Landwehrkanal das Eisen-, Kupfer- und Messingwerk Heckmann zu gewinnen. Beide Werke hängen funktional zusammen; der Heckmannsche Betrieb produzierte Anlagen für Brennereien, Destillationen und u.a. Kupfergefäße zur Zuckerherstellung.[228] Der von Heckmann finanzierte Schleusen- und Hafenbau trug in den folgenden Jahren zur weiteren Aufwertung des Gebietes bei. 1841 kam an der Spree, zwischen der Oberbaumbrücke und der Cuvrystraße, die Kattunfabrik Stephan hinzu. Alle drei Inhaber der Fabriken zogen in die Schlesische Straße in neu erbaute Villen, 1855 auch der Stadtrat Cuvry selbst.[229]

1847 verzeichnete das Berliner Adreßbuch für die Schlesische Straße außer den ansässigen Gärtnern und dem Großbürgertum ausschließlich Angehörige des Handwerkerstandes; ein Teil von ihnen: Viktualienhändler, Schuhmacher, Tischler, Schankwirt, war wohl auf dem gleichen Anwesen erwerbstätig. Überwiegend legen die genannten Berufe, wie Drahtzieher, Nadler, Tuchmacher, Zuckersieder, Schlosser, Kupferschmied, jedoch eine Beschäftigung in den benachbarten Betrieben nahe; es handelt sich dabei wohl vorrangig um qualifizierte Arbeiter. Die Masse der Lohnabhängigen wird, wie Sass 1846 schreibt, weitab in den billigen Quartieren im Norden Berlins gewohnt haben.

In den fünfziger Jahren wurde die Cuvrystraße südlich der Schlesischen Straße im westlichen Teil, angrenzend an die Gärtnergrundstücke, bebaut. Sie erscheint um 1835 erstmals in einem Stadtplan; ab 1852 war sie städtisch und erhielt 1858 ihren Namen.[230]
Die Cuvrystraße war jedoch die einzige Straße, die entsprechend Schmids Bebauungsplan angelegt wurde; so-

138 / Schlesische Straße 40-46, die Platzsituation um die Jahrhundertwende

wohl die Ringstraße als auch die davon in südlicher Richtung abgehenden Straßen kamen nicht zur Ausführung, obwohl die in der Hand des Stadtrats Cuvry liegenden Flächen leicht hätten parzelliert werden können, wie die nach ihm benannte Straße. Der Stadtplan von Selter 1841 mit einer Revision des Bebauungsplanes von 1826 gibt den Zeitpunkt an, zu welchem die Platz- und Ringstraßenkonzeption von Schmid aufgegeben war.[231] Voraus ging das Projekt von Lenné der Schmuck- und Grenzzüge von Berlin 1840, das diesen Bereich aussparte (s. Abb. 19).

Offenbar entwickelte sich die private Bautätigkeit langsamer als vorgesehen. Nachdem die Luisenstadt bis Ende der fünfziger Jahre weitgehend noch durch Acker- und Weideland geprägt und das Verkehrsnetz außerhalb der Akzisemauer auf die alten Ausfallstraßen reduziert war, stellte sich die Gegend zwischen Schlesischem Tor und Landwehrkanal als sehr abgelegen dar. Die für Industrieansiedlung interessanten Flächen an der Spree waren besetzt; zum Bau von Arbeiterwohnhäusern war der Grund in der Nähe von großbürgerlichen Fabrikantenvillen höchstwahrscheinlich zu teuer. Es ist anzunehmen, daß der Stadtrat Cuvry sein umfangreiches Baugelände — nicht zuletzt auch in Erwartung einer Eisenbahnerschließung, wie sie in anderen Teilen Berlins schon seit 1838 (Potsdamer und Anhalter Bahnhof) geschah und bezüglich der Görlitzer Bahn seit den fünfziger Jahren im Gespräch war — zurückhielt.[232] Auch die seit dem Schmid-Plan diskutierte Öffnung der Akzisemauer, die Anlage eines neuen Tores und davon ausgehend neuer Straßen legten eine abwartende Haltung des in diesem Gebiet das Monopol innehabenden Grundstücksbesitzers nahe.

Der zweite Bebauungsplan für die Umgebung Berlins

Staatliche Planungen
in der Nachfolge von Schmid

Keiner der in der staatlichen Planung von Schmid vorgesehenen begrünten Plätze und keine der Alleen wurde verwirklicht, nicht eines der ausgewiesenen Quartiere bebaut. Die Gemeinde hatte es versäumt, sich vor Aufstellung des Bebauungsplanes wichtiges potentielles Bauland zu sichern; ohne Bodenvorratspolitik war sie nicht mehr in der Lage, dieses für öffentliche Zwecke, wie im Bebauungsplan von Schmid vorgesehen, zu erwerben. Das einzige, was die Gemeinde angesichts der sich ausdehnenden Stadt und zunehmenden Bevölkerungsdichte verwirklichte, waren zwei öffentliche Parkanlagen jenseits des Landwehrkanals auf dem Gebiet der Cöllnischen Heide: Der Schlesische Busch und der Treptower Park.[233]

Die langsame Bauentwicklung auf dem Köpenicker Feld, die Entfernung der äußeren Luisenstadt vom Zentrum, ihre Lage außerhalb der Akzisemauer und wohl auch die besonderen Besitzverhältnisse mögen Gründe dafür gewesen sein, daß dieser Bereich aus dem

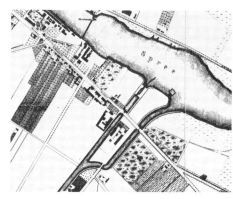

139 / Berlin-Plan von Sieneck, 1856 (Ausschnitt)

Schmuck- und Grenzzüge-Plan Lennés von 1840 ausgespart wurde. Das Interesse des Königs Friedrich Wilhelm IV. konzentrierte sich, dies wurde in den beiden vorangestellten Kapiteln deutlich, auf eine großzügige Ausgestaltung des Köpenicker Feldes.[234] Lennés nach außen hin deutlich durch Schmuck- und Grenzzüge abgegrenztes Stadtbild unterscheidet sich wesentlich von der zur Landschaft hin sich allmählich öffnenden vorstädtischen Siedlungserweiterung, die Schmids Planung zugrunde lag.

Auftrag und Vorgaben für die Planung
von J. Hobrecht

Seit 1852 wurde erneut an dem Bebauungsplan für die Umgebung Berlins gearbeitet, zunächst — wie neuere Untersuchungen ergeben haben[235] — im Polizeipräsidium durch den Bauinspektor Köbicke. Mit Unterstützung des Königs richtete das Handwerksministerium ein "Kommissarium zur Ausarbeitung der Bebauungspläne für die Umgebung Berlins" ein. Die Leitung wurde 1859, nach dem Tod Köbickes, dem Feldmesser und Baumeister für den Wasser-, Wege- und Eisenbahnbau, James Hobrecht, übertragen. Hobrecht, der den erst später nach ihm benannten Bebauungsplan bereits am 6.12.1861 vorlegte, hatte demnach nicht den Auftrag, einen völlig neuen Entwurf zu machen. Vielmehr war es seine Aufgabe, auf der Grundlage einer vollständigen Bestandsaufnahme vorhandene Teilpläne zu beurteilen, sie zu ergänzen und eine Auswertung vorzunehmen.[236]

Der von Schmid entworfene fünfteilige Bebauungsplan für die Umgebungen Berlins war 1830 in vier Teilen genehmigt worden, während an Teil V im Norden Berlins zwischen der unteren Spree und der Chaussee nach Pankow seither weitergearbeitet wurde. Vor allem durch die Anlage von Eisenbahnen und Kanälen in den vierziger Jahren hatten sich partiell notwendige Planänderungen ergeben. Ein Sachstandsbericht von 1857 stellt vor allem den Bereich südlich von der Spree als revisionsbedürftig heraus.[237]

Hobrecht war beauftragt, in Stadterweiterungsgebieten Flächen "von öffentlichem Interesse" auszuweisen, für die eine Beschränkung der privaten Verfügbarkeit geboten war. Die Kommune wollte sich damit generell die Möglichkeit offenlassen, "wenn aus der vorgeschrittenen Bebauung sich der Charakter eines Stadtteils erkennen läßt, den erforderlichen Grund und Boden" zu erwerben.[238]

In der Praxis wurde die Bauentwicklung ganz der privatwirtschaftlichen Initiative überlassen; sie konnte lediglich verkehrspolitisch gesteuert werden. Der Bodenspekulation wurde durch die Ausweisung von Flächen öffentlichen Interesses in dem Maß Vorschub geleistet, in dem die Kommune selbst nicht über diese bereits verfügte und nicht in der Lage war, sie auf Vorrat zu kaufen. Angesichts der unzureichenden öffentlichen Bodenvorratspolitik war die Realisierung der kommunalen Infrastruktur schließlich dem Marktmechanismus völlig unterworfen. Solange noch keine gesetzliche Regelung der Enteignung bestand, d.h. bis 1875, konnten die Grundstücksbesitzer beliebige Entschädigungssummen fordern, worüber die Verwaltungsberichte aus den Jahren 1861-76 berichten.[239]

Diese Auswirkungen des Planes waren für Hobrecht noch nicht absehbar; die privatwirtschaftlichbauliche Realisierung des zweiten Bebauungsplanes ergab sich vielmehr aus der Anwendung der Bauordnung von 1853 und dem Mangel an gesetzlichen Regelungen zur Einschränkung extremer baulicher Dichte.[240] Zu Beginn von Hobrechts Revision des Schmid'schen Bebauungsplanes, d.h. um 1860, war die exzessive Ausnutzungsmöglichkeit der neuen Bauordnung noch nicht in vollem Umfang erkennbar. Von den baulichen Gegebenheiten ausgehend, erschien es noch natürlich, daß die Vorderhäuser lediglich durch einzelne Seitenflügel und Nebengebäude in die Tiefe des Grundstücks hin ergänzt würden, daß jedoch die überwiegende Fläche innerhalb des Bauquartiers landwirtschaftlich oder gärtnerisch genutzt würde. Daß die rechtlich zulässige maximale Ausnutzung zur Regel würde, war eine rasante Entwicklung, die jedoch im Interesse der Mehrheit der kommunalpolitischen Vertretung lag, da der Stadtrat zu zwei Dritteln aus Hausbesitzern bestand.

Der von Hobrecht für den Bereich des Schlesischen Tores vorgelegte Bebauungsplan

Zwanzig Jahre nach Lennés Planung stellte sich die Situation für die gesamte Luisenstadt anders dar: Innerhalb der Akzise wuchs die Randbebauung um 1860 beschleunigt; die blind gegen die Zollmauer laufenden Straßen bedurften einer Fortsetzung. Für neue Siedlungsflächen bestand jetzt wegen der knapper werdenden Bauflächen und dem Ansteigen der Bodenpreise akuter Bedarf. Durch die Schiffbarmachung des Landwehrkanals war die Verkehrsverbindung für den Bereich der äußeren Luisenstadt aufgewertet (s. Abb. 41).

Hobrechts Planung zwischen Schlesischem Tor und Kottbusser Tor greift weniger weit als die Vorgängerplanung Schmids nach Süden aus; der Ortskern von Rixdorf bleibt ausgespart[241] (s. Abb. 23). Die Anlage des Straßennetzes ist durch mehr Regelmäßigkeit, durch rechte Winkel und rechtwinklige Plätze gekennzeichnet: Die Blöcke sind kleiner ausgewiesen. In gewisser Weise ähneln sich die beiden Konzepte von 1830 und 1861 — beides sind weitläufige Vorortplanungen mit Straßen verschiedener Wertigkeit, Funktion und Gestalt und unterschiedlichen Zwecken dienenden öffentlichen Plätzen. Die Nutzung der innerhalb der Blöcke liegenden Flächen war in beiden Fällen als Gartenland oder für Gewerbe gedacht.

Ein wesentlicher Unterschied zu Schmids Planung besteht in der von Hobrecht entworfenen Ringstraße, die das gesamte Stadtgebiet einfassen sollte. Das südliche Teilstück ist als breiter Boulevard mit einer Folge von Schmuckplätzen, z.T. in Sternform, repräsentativ ausgestaltet. Die von Schmid außerhalb der Akzisemauer über mehrere Plätze geführte Ringstraße ließ Hobrecht zugunsten einer entlang der Mauer verlaufenden schmaleren Kommunikation fallen, vermutlich, weil bereits mit dem Abbruch der Akzise zu rechnen war. Ebenfalls verzichtete er auf die an der Spree und vor dem Schlesischen Tor vorgesehenen Grünplätze.

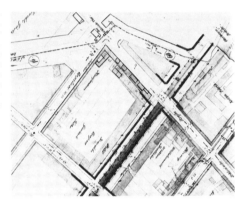

140 / "Bebauungsplan für die Umgebungen Berlins" von J. Hobrecht, 1862 (Ausschnitt) (in die Schlesische Straße hinein ragen die Gärtnerhäuser, dahinter die neue Baulinie)

Am Schlesischen Tor verlängerte Hobrecht die von Schmid für den Platz festgelegte Baulinie entlang der Schlesischen Straße, hinter die bestehenden Gärtnerhäuser zurückweichend, bis zu der von ihm neu eingeführten Falckensteinstraße. Diese durch einen baumbestandenen Mittelstreifen repräsentativ ausgestaltete Prachtstraße sollte, von der Oberbaumbrücke ausgehend, in einen großen fünfeckigen Platz in der Feldmark Rixdorf münden. Auf halber Tiefe der von Schmid festgelegten Quartiere führte Hobrecht parallel zur Schlesischen Straße eine neue Straße, die Wrangelstraße, ein. Damit wurden die Gärtnergrundstücke, die um 1860 noch allesamt entsprechend ihrer ursprünglichen Bestimmung genutzt wurden, langfristig der spekulativen Baulandverwertung preisgegeben. 1861 wurde die heute noch bestehende Blockrandbegrenzung auf dem Zeichenbrett festgelegt; ihre bauliche Realisierung erstreckte sich dann über einen Zeitraum von insgesamt dreißig Jahren.

Auswirkung des zweiten Bebauungsplanes

Der Auftrag an Hobrecht zur Aufstellung des Bebauungsplanes 1859 löste in der Schlesischen Straße unmittelbare Veränderungen aus; der Besitzer des Anwesens Schlesische Straße 2 konnte nun endlich, 1860, das für die von Schmid geplante Ringstraße bisher freigehaltene Grundstück bebauen; in Fortsetzung der ehemals an der Platzkonzeption orientierten Baufluchtlinie errichtete er ein viergeschossiges Mietshaus mit ausgebautem Dach und Keller, das Ende 1861 bereits bezogen

STÄDTEBAULICHE ENTWICKLUNG

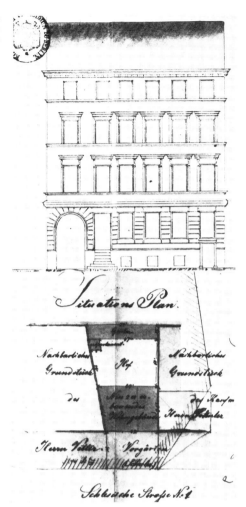

141 / Schlesische Straße 2, Neubau 1860

war.[242] Gleichzeitig wurde für die Gärtnerparzelle Nr. 4, auf der heute die Schule steht, ein Bauantrag für ein ebenso hohes Mietshaus gestellt, das jedoch nicht zur Ausführung gelangte. Die näheren Umstände mehrfachen Besitzwechsels — in den Akten taucht auch der Name des Eisenbahnkönigs Strousberg auf — sind nicht zu klären. Jedenfalls übernahm die Stadt Berlin das Grundstück am 5.4.1872 von dem Kaufmann Anton Dotti für die 54. Gemeindeschule.

Auch auf dem Nachbargrundstück Nr. 5 wurde 1861 geplant: Von den beiden vorgesehenen Mietshäusern kam nur das rückwärtige — heute zur Hälfte erhaltene — Quergebäude zur Ausführung; das alte Gärtnerhaus zur Straße hin blieb vorerst noch erhalten. In den folgenden Jahren stagnierte die Bautätigkeit in der Schlesischen Straße erneut. Grund dafür war u.a., daß die Frage der Entschädigung für die zur Verkehrsplanung notwendigen Flächen und darauf befindlichen Wohngebäude der Gärtner noch ungeklärt war.

Ursachen für eine Revision
des Planes von Hobrecht

Zwei erst nach der Verabschiedung des Hobrechtschen Bebauungsplanes vom 27.1.1862 eingetretene bauliche Maßnahmen gaben der Siedlungsentwicklung ab Mitte der sechziger Jahre einen entscheidenden Impuls: Die Anlage des Görlitzer Bahnhofs 1864-1868 und der Abbruch der Zollmauer 1867-1869. Die Nachbarschaft zu dem sowohl für die Güter- wie die Personenbeförderung wichtigen Verkehrsbau, der Anschluß an die als Wohn- und Gewerbegebiet gleichermaßen florieren-

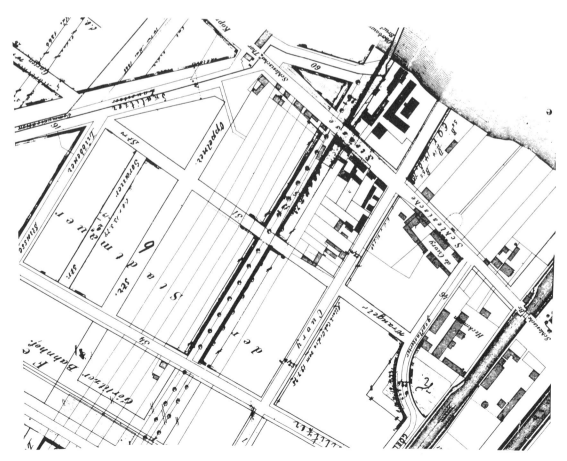

142 / **Revision des Bebauungsplanes von Hobrecht, 1864-81 (Ausschnitt)**

SCHLESISCHES TOR

de innere Luisenstadt und die neue, boulevardartig auszubauende Skalitzer Straße trugen zu einer sprunghaften Aufwertung des gesamten, zwischen Spree, Landwehrkanal, Görlitzer Straße und Skalitzer Straße gelegenen Bereichs bei.

Jetzt war die Chance für das seit dreizig Jahren im Besitz des Stadtrats Cuvry befindliche Terrain gekommen. Ein Teil der Flächen wurde für die Trasse der neuen Eisenbahn, die anstelle von sieben im Bebauungsplan ausgewiesenen Blöcken zu liegen kam, aufgekauft. Die Wohnbebauung setzte in der Nähe des Schlesischen Tores und der neu angelegten Oppelner- und Skalitzer Straße ab 1864 ein; noch waren es parzellenweise unterschiedliche Bauunternehmer.

Die Anlage des Görlitzer Bahnhofs erforderte vor allem verkehrspolitisch eine Korrektur des Hobrecht-Planes. Nachdem die große, von Friedrichshain bis Rixdorf geplante Achse nicht mehr realisierbar war, wurde die Falckensteinstraße schmaler ausgewiesen und der leicht verbreiteten Cuvrystraße angeglichen; dabei wurde die Einschnürung der Schlesischen Straße an der Ecke zur Falckensteinstraße, die schon im Plan von 1862 enthalten war, übernommen. Nach dem Abriß der Zollmauer konnte eine wichtige Ost-West-Trasse ausgebaut werden; die Skalitzer Straße gewann die Funktion einer Ringstraße.

Im Zuge dieser Entwicklung kaufte der Handschuhfabrikant Haberkern Anfang der siebziger Jahre von den Cuvry-Erben eine große, zusammenhängende Baufläche, die von der Lübbener, der Oppelner, der Görlitzer und der Skalitzer Straße eingegrenzt wird. Bereits 1864 besaß er ein Grundstück an der Oppelnerstraße. Binnen kürzester Zeit zog er 35 Mietshäuser nach einheitlichem Schema, mit Seitenflügeln und Rückgebäuden, überwiegend mit Kleinstwohnungen ausgestattet, in die Höhe. Schließlich gelang es ihm, daß eine neue, das Bauquartier durchschneidende Straße in seinem Gebiet ausgewiesen wurde.[243]

DIE ENTSTEHUNG DES BLOCKS 121

Die bauliche Entwicklung

Nach der Revision der Falckensteinstraße 1873 waren planerisch die Voraussetzungen für die Umbauung des Blocks 121 gegeben.[244] Es existierten jedoch erst zwei der vier angrenzenden Straßen, die Oppelner und die Schlesische Straße; in letzterer standen sechs bewohnte Gärtnerhäuser diesseits der Fluchtlinie im Straßenraum. Der Bebauungsplan setzte rigoros die Auflassung der noch funktionierenden Gärtnereien an der Schlesischen Straße voraus.

Bis in die achtziger Jahre blieb dieser Zustand bestehen; auf den Gärtnerparzellen veränderte sich wenig. Einzige

143 / **Plan von Liebenow, 1867** (Ausschnitt)

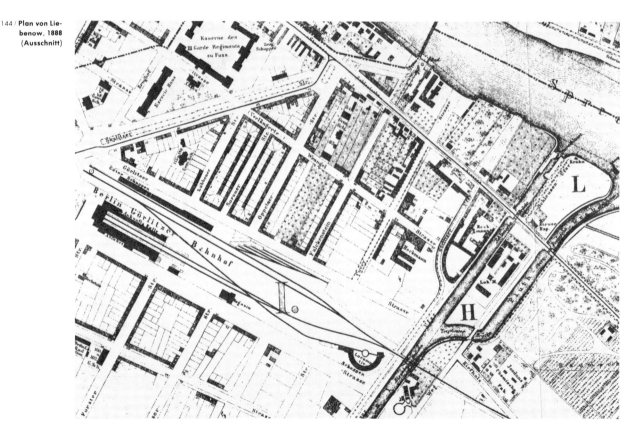

144 / **Plan von Liebenow, 1888** (Ausschnitt)

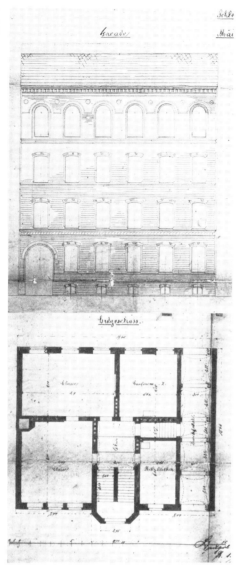

145 / Neubau der Schule Schlesische Str. 4, 1874

chen Parzellierungsverfahren unterzogenen Gärtneranwesen Schlesische Straße 7 und 8.

Der erste Bauabschnitt entlang der Oppelner Straße ab 1864 kann als auslösendes Moment für die gesamte Mietshausbebauung in diesem Gebiet gelten; ihm folgte die Umbauung der Lübbener, der Oppelner und der Sorauer Straße unmittelbar ab 1872. Die städtebauliche Entwicklung ist durch eine weitgehend gleichförmige Parzellierung gekennzeichnet, auch die Fassaden stimmen in der Gliederung weitgehend überein. Die großen, von Cuvry mehr als dreizig Jahre gehorteten Baulandflächen konnten binnen kürzester Zeit, nach Abtretung der Straßenfläche, gemäß einem standardisierten Schema verwertet werden.

Die zweite Bauphase hängt mit der Festlegung der Fluchtlinie in der Schlesischen Straße zusammen. Die zunächst auf dem Papier bestehende Planung Hobrechts mußte nach einer genauen Vermessung auf die Grundstücke übertragen werden, erst danach waren den Gärtnern die Flächen für die Erweiterung der Straßen abzuverlangen, was praktisch den Abbruch der barocken bzw. klassizistischen Wohnhäuser bedeutete. Ein Jahr nach Bekanntwerden der Hobrechtschen Bebauungsplanung hatten drei Gärtner (Nr. 6-8) eine Anfrage an das Polizeipräsidium wegen der möglichen Entschädigung für ihr verplantes Anwesen gerichtet; Initiator war der Gärtner Glanz, dessen Wohnhaus und Parzelle direkt von dem Gelände der geplanten Falckensteinstraße überschnitten wurde. Als offenbar auch lange Zeit nach dem 1875 verabschiedeten Enteignungsgesetz keine befriedigende Antwort erteilt wurde, wandte sich Glanz 1879 mit dem Schreiben direkt an den Kaiser.[245] Daß Glanz seine Gärtnerei weiterhin betreiben wollte, beweist die Tatsache, daß er neue Gewächshausbauten errichtete und auch noch Gärtnerflächen vom Nachbarn (Nr. 7) hinzukaufte.

Ausnahme bildete das Grundstück Nr. 4, das nach mehrfachem Besitzerwechsel 1872 von der Stadt erworben wurde, um dem Defizit von Schuleinrichtungen, das bei der rapid fortschreitenden Besiedlung dieses Gebiets und nach Einführung der allgemeinen Schulfreiheit bestand, Abhilfe zu schaffen. Zwischen Schlesischer Straße und der noch unbebauten Wrangelstraße wurden 1874 eine Mädchen- und eine Knabenschule mit je einem zur Straße gelegenen Wohnhaus errichtet. Da die neue Fluchtlinie, abgesehen von zwei nach 1839 entstandenen Häusern, vorerst nur auf dem Papier bestand und noch nicht einmal abgesteckt war, konnten die Rektorhäuser so aus der Flucht zurückgesetzt angeordnet werden, daß ihre Grundrisse — dem allgemeinen Bautypus entsprechend — rechte Winkel bilden.

Die Umbauung des von Hobrecht ausgewiesenen Quartiers, Block 121, entwickelte sich in Abhängigkeit von der Besitzstruktur in drei Phasen. Sie begann 1864 südwestlich der Gärtnergrundstücke auf Flächen, die einzeln von Cuvry oder seinen Erben verkauft wurden; sie setzte sich ab ca. 1882 (nach der Fluchtlinienabsteckung 1881) in der Schlesischen und der Wrangelstraße auf den Parzellen Nr. 3, 5 und 6 fort und endete um 1891 auf den zusammengelegten und einem einheitli-

Das Haus Nr. 5, das schon seit 1853 nicht mehr im Besitz eines Gärtners war, wurde 1881 durch einen Mietshausbau ersetzt. Der südliche Teil des Grundstücks gegen die Wrangelstraße ging noch für ein paar Jahre in den Besitz des angrenzenden Gärtners über, ehe es 1884 ebenfalls bebaut wurde.

Spätestens ab 1883/84 scheint die Auflassung der Gärtnereien beschlossen gewesen zu sein; ab diesem Zeitpunkt entstanden auf dem südlichen Teil der Gärtnergrundstücke einzelne Mietshausbauten. Auffallend gegenüber der Parzellierung der Oppelner Straße ist die unterschiedliche Tiefe der Grundstücke an der Wrangelstraße und davon abhängig die Vielfalt der Überbauung.

Die endgültige Schließung des Baublocks war, da das abzutretende Straßengelände sich auf zwei Gärtner verteilte, von einem größeren Umlegungsverfahren abhängig. Nachdem die staatlichen Stellen auf mehrfaches Ersuchen nicht tätig wurden, übernahm diese Aufgabe eine Maklerfirma Bloch und Bernstein; sie erwarb 1890 die Anwesen der Gärtner Glanz und Gubler.

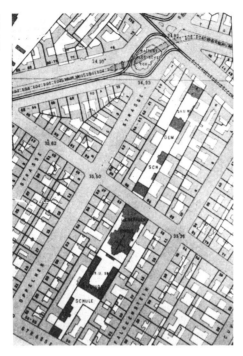

146 / Block 121 um 1900, Plan von Straube (Ausschnitt)

Nachdem sie einen Parzellenplan und einen — höchste Ausnutzung garantierenden — Architekturplan entworfen und der Stadt die nötigen Flächen für den Straßenbau abgetreten hatten, wurden die baureifen Grundstücke einzeln an Bauträger verkauft. Die beiden Gärtner erwarben jeweils die Eckgrundstücke zur Schlesischen Straße hin und bebauten diese nach den nahezu gleichgeschalteten, renditeträchtigen Miethausentwürfen der Baustellenhändler.

Bevölkerungsentwicklung und soziale Situation

Die Bevölkerungsentwicklung am Schlesischen Tor verlief in den drei Jahrzehnten nach der Verabschiedung des Bebauungsplanes unvorstellbar explosiv. Auf einer Fläche, die 1861 noch von sieben Gärtnern, einem Kaufmann, einem Drahtzieher, einem Bergmann und ihren Familien in zumeist eigenen Häusern bewohnt wurde, lebten um 1895 mehr als 450 Familien in 35 Miethäusern.[246] Allgemein war die Bevölkerungszunahme in Berlin zwischen 1871 und 1875 am größten; 1875 wurden im Durchschnitt Berlins 58 Personen pro bebautem Grundstück gezählt; die sogenannte Behausungsziffer war in der jenseitigen Luisenstadt, d. h. östlich des Luisenstädter Kanals, jedoch mehr als doppelt so hoch wie im Durchschnitt Berlins.[247] Die Wohnungen in unserem Untersuchungsgebiet hatten sehr geringe Grundflächen oder — nach den Kategorien der Statistiken ausgedrückt — bestand hier der größte Anteil von Wohnungen mit höchstens einem heizbaren Zimmer. Nach einer statistischen Karte von 1900 gehörte der Bereich um das Schlesische Tor zu den Gebieten mit den meisten Kleinwohnungen; bei einem Berliner Durchschnitt von 438 Wohnungen auf 1000 mit einem heizbaren Zimmer wurden am Schlesischen Tor 699/704 und am Heinrichplatz 501/575 angegeben.[248]

Da die Mietpreise für Kleinwohnungen vergleichsweise sehr hoch waren, jedoch etwa die Hälfte der Berliner Einwohner auf kleine billige Wohnungen angewiesen war, mußten die ärmeren Schichten häufig Untermieter, sogenannte Schlafgänger, mit in ihren Haushalt aufnehmen.[249] 15 % aller Haushaltungen in Berlin vermieten 1880 an Schlafgänger, davon 15.056 Haushaltungen, denen nur je 1 Raum zur Verfügung stand.[250] In der Sorauer Straße, die der Bebauung an der Oppelnerstraße 39-44 vergleichbar ist, waren 1893 drei Zehntel der Wohnungen, d.h. doppelt so viele wie im Berliner Durchschnitt, an Schlafgänger vergeben.[251] Hinzu kommt, daß ein nicht geringer Teil der kleinen Wohnungen im Keller lag. 1870 lebten 10 % der Berliner Bevölkerung "unter der Erde".[252]

Eine Untersuchung der Berliner Arbeiter-Sanitätskomission von 1893 zu den Wohnverhältnissen Berlins, dargestellt an dem Bereich um den Görlitzer Bahnhof, nennt als hauptsächlich von der Wohnungsnot betroffene Bevölkerungsgruppen die kleinen Handwerker, namentlich Schuhmacher, Klempner, Schlosser, Schmiede, Schlachter, aber auch die kleinen Handelsleute, wie Mehl-, Butter-, Materialwarenhändler etc., natürlich auch Dienstmänner, Tagelöhner etc. Alle diese Berufe und viele mehr rechnet Braun 1893 zu den Arbeitern; d.h., daß statistisch von ihm damals alle Handwerkstätigkeiten, unabhängig ob selbständig oder unselbständig ausgeübt, dem Begriff Arbeiter zugeordnet wurden. Daß sich darüber hinaus in der Fragebogenaktion viele Personen selbst direkt als Arbeiter bezeichnen, ist wohl so zu verstehen, daß es sich um ungelernte Arbeiter handelt.[253] Die gleichen Berufe sind in den Adreßbüchern für den Block 121 aufgeführt.

Das Wohnungsproblem, das mit der Industrialisierung der Städte entstand, war ein qualitativ neues; von ihm waren nicht mehr nur die sogenannten kleinen Leute ergriffen, sondern — wie Engel aufzeigt — große Teile der arbeitenden Bevölkerung bis hin zum Mittelstand. Das hängt mit der sprunghaften Zunahme von zur Vermietung erstellten Wohnungen zusammen.

"Nur die wenigsten Bürger der Städte bauen Häuser, um darin zu wohnen, sondern um die Wohnungen zu vermieten. Haus- oder Mietsherr zu sein, ist in allen Städten, wo das Etagenwohnen Sitte ist, ein besonderer Lebensberuf geworden, ein Beruf, bei welchem einerseits die Procente des im Hausbau oder Hauskauf angelegten Capitals, andererseits der äußere Schein der Häuser die erste Rolle spielen. ... Die meisten Bauunternehmer bauen zu gar keinem anderen Zweck, als um die erbauten Häuser wieder zu verkaufen. Dies macht das solide Bauen mehr und mehr zur Ausnahme, das unsolide zur Regel. Das Haus ist seinem Erbauer oder seinem Eigentümer gleichgültig, denn er betrachtet es nur als eine Ware, die er möglichst bald und mit Nutzen los zu werden sucht."[254]

Das Verhältnis von Einkommen und Miete erläutert Rudolf Eberstadt gestützt auf den Verwaltungsbericht von 1891; danach sollten Dreiviertel der Berliner Bevölkerung ein jährliches Einkommen von 660-1200 Mark haben: "Die Wohnungsausgabe, die aus solchem und selbst noch etwas höherem Einkommen geleistet werden kann, beträgt — je nach Kopfzahl der Familie — 150 Mark Jahresmiethe als Minimum bis 240 Mark Jahresmiethe als Maximum."[255] Wohnungen in dieser Preislage seien jedoch nur "in dem weiten, dicht bevölkerten Ring, der sich von der Tempelhofer Vorstadt bis Moabit, von Südost bis Nordwest um die innere Stadt legt" zu finden. "An Wohnungen, bestehend aus Stube und Küche zu 150 Mark, finden sich nur die Kellerhofwohnungen der älteren Häuser, deren Fenster 1/3 bis 1/2 Meter über das Hofpflaster reicht... Die Kellerwohnungen allein können indeß der Nachfrage nach billigen Wohnungen nicht genügen. Da wissen denn die Wirthe zu helfen und vermiethen auch einzelne Stuben."

Eberstadt beschreibt ein Haus in der Reichenbergerstraße: "Durch den stilvoll decorirten Hausflur gelangen wir in den Hof und zur Treppe. Die Corridorthüren stehen offen; an jedem Eingang sind drei Schilder angebracht, das Zeichen 'getheilter' Wohnungen und gemeinschaftlicher Corridore. Durch die Mittelthür treten wir in eine dieser Kochstuben, jener 'Wohnungen von nur einem heizbaren Zimmer', die schon im Jahre 1885 32 Prozent aller Wohnungen im Preise von bis 200 Mark, und 11 Prozent aller Berliner Wohnungen überhaupt, ausmachte." Diese Wohnung im vierten Stockwerk auf dem Hof, von der Eberstadt schreibt, das "dumpfe, überfüllte Gelaß gleicht eher einer Pfandkammer als einer bewohnten Stube" und in der eine fünfköpfige Familie zusammengedrängt wohne, koste im Jahr 162 Mark Miete. Billiger seien die Mieten in Moabit, wo "zum ersten Mal im Berliner Weichbild wirkliche Wohnungen von Stube und Küche zu 150 Mark angeboten werden." ... "Durchweg höher" waren die Mieten in der Falckensteinstraße, der Schlesischen Straße und der Köpenickerstraße, dort galten "240 Mark für die billigste Wohnung Hof vier Treppen".[256]

Nachdem die Nachfrage nach billigem Wohnraum größer war als das Angebot, waren die Mieter vielfältigen Disziplinierungen ausgesetzt: Hausordnungen, kürzeste Mietverträge, rasche Mietsteigerungen, kurzfristige Kündigungen. "Man hat in bezug auf die Mietskaserne des 19. Jahrhunderts mit einigem Recht von Wohnungsfeudalismus gesprochen", schreibt Schinz. "Die absolute Verfügungsgewalt des Grund- und Hausbesitzers über die Anlage und die Qualität des Hauses wurde im wesentlichen von dem Profitdenken des Eigentümers bestimmt, der mit wenig Aufwand einen möglichst hohen Gewinn erzielen wollte, und bei gesteigerter Nachfrage, also bei großer Wohnungsnot, konnten selbst schlechteste Produkte (d.h. Wohnungen) noch abgesetzt werden. So wurde aus der quantitativen Wohnungsnot ein qualitatives Wohnungselend."[257]

Auch für den Block 121 gilt, daß nicht alle Mietshäuser von den Hausbesitzern selbst bewohnt wurden. Auffallend ist in den Adreßbüchern die Tatsache, daß fast in jedem Haus ein Schutzmann unter den Mietern war. Diese Maßnahme diente vermutlich dem Schutz des Privateigentums und der Reglementierung der zusammengedrängten Mieter und Schlafgänger.

Berufsstruktur im Block 121

Die Eigentümerstruktur unterschied sich für die einzelnen Seiten des Blocks 121. An der Schlesischen Straße war sie von jeher weitgehend konstant. Nachdem die Gärtner abgelöst waren, nahmen auch die neuen Eigentümer Wohnungen in ihren Miethäusern; einige von ihnen gingen auch dort ihrem Erwerb nach: ein Gastwirt, ein Schlachter usw.; einzelne Besitzerfamilien sind noch bis zum Zweiten Weltkrieg nachweisbar. In der Oppelnerstraße überwogen Vertreter des Bauhandwerks: Maurer- und Zimmererpolier. Im übrigen wurden häufig Kaufleute, Rentiers oder einfach 'Eigentümer' als Besitzer angegeben, was darauf deutet, daß sie vorwiegend von der Vermietung lebten. Aber auch sie waren dort zumeist über längere Zeit wohnhaft.

Die Mieter im Block 121 unterschieden sich in ihrer Berufsstruktur wenig von denen der Sorauer Straße. Es sind Berufe genannt, die auf Beschäftigung in Fabriken deuten: Schraubendreher, Maschinist, Kupferschmied, Drechsler, Schlosser, Former usw. Andere handwerkliche Spezialisierungen werden in Kleinbetrieben auf dem gleichen Grundstück oder in der nächsten Umgebung ausgeführt worden sein: Tischler, Böttcher, Schuhmacher, Töpfer, Uhrmacher. Darüber hinaus zählten verschiedene Einrichtungen des täglichen Bedarfs zur Blocknutzung: Schänke, Schlachterei, Bäcker, Milchhandlung, Schmied, Fuhrunternehmer, Kohlenhändler. Angehörige der Verwaltung, des Beamtentums, des Militärs oder des Großbürgertums fehlten ebenso wie — mit wenigen Ausnahmen — akademische Berufsbezeichnungen. Die Bevölkerung des Blocks 121 war, folgt man Brauns Interpretation, überwiegend der Arbeiter- und Kleinbürgerschicht zuzurechnen, jedoch mit einer erstaunlichen Vielfalt beruflicher Spezialisierungen.

DIE ENTWICKLUNG DER INFRASTRUKTUR

Die soziale Infrastruktur

Der Hobrechtplan hatte — im Unterschied zu dem vorangegangenen Bebauungsplan — im Bereich Schlesisches Tor nur Straßen, aber keine öffentlichen Plätze ausgewiesen. Das entsprach den Interessen der Stadt, die in diesem Bereich offensichtlich nicht willens oder in der Lage war, das hochwertige Bauerwartungsland zu kaufen.

Eberstadt rühmte das Vorgehen der Verwaltung in früheren Zeiten, als sie auf ehemaligem Gemeindegebiet den Humboldthain und den Treptower Park anlegte. Zu seiner Zeit (1882/88) hingegen werde Gemeindeland zur Bebauung verkauft. Eberstadt meinte, daß "von ebenso großer, vielleicht noch größerer Wichtigkeit als die Parks... die freien Plätze im Innern einer Großstadt" seien.[258] "Für die Mehrzahl der arbeitenden Bevölkerung, ganz besonders aber für die Kinder sind die Parks an Wochentagen der Entfernung halber selten erreichbar. Die Anlage öffentlicher Plätze ist deshalb für jede

Großstadt eine Notwendigkeit, ganz besonders aber für das abnorm dicht bevölkerte Berlin."

Jedoch habe die Verwaltung an dem ursprünglichen Bebauungsplan *"einen Luxus an öffentlichen Plätzen"* gerügt. Durch gründliche Korrekturen seien *"die freien Plätze so gut wie verschwunden"*. Obwohl die Verwaltung proklamatorisch Wert auf eine große Anzahl kleiner Plätze gelegt habe, seien, so Eberstadt, nur wenige realisiert worden, nicht einmal alle vorhandenen Plätze könnten von der Bevölkerung genutzt werden. Gegen letzteres sträube sich *"das künstlerische Gefühl der Gartenverwaltung, die im Gegensatz zu ihrer architektonischen Schwester nur ästhetische Rücksichten kennt. Die Grundfläche jedes Platzes wird in sinnreiche Dreieck und Quadrate abgetheilt und durch eiserne Barrieren sorgsam von jeder Betretung abgesperrt."*[259]

"Für die Erholung der Hunderttausende, die von der Luisenstadt bis zum Wedding wohnen, ist durch ein halb Dutzend abgesperrter Plätze und durch kränkelnde Straßenbäumchen gesorgt. Das eigene Programm der Stadtbehörde ist unerfüllt geblieben, ..." Lediglich Baumpflanzungen führe die Verwaltung durch. *"Die Gartenverwaltung will Decorationsstücke schaffen Erholungen für das Auge aber nicht für die Lungen"*, so daß *"dem Notstand in der Wohnungsfrage... der Mangel an Freigärten und Spielplätzen würdig und ergänzend zur Seite"* stehe.[260]

Selbst für unerläßliche Infrastruktureinrichtungen, wie Schulen, Kirchen und Märkte, waren im Bebauungsplan von 1862 keine Flächen ausgewiesen. Nachdem der Schmid-Plan von 1830 zu keiner Nutzungsplanung geführt hatte, wurde die Stadt auf eine Anpassungsplanung festgelegt und damit auf die Notwendigkeit, je nach Gelegenheit Bauland auf dem freien Markt zu erwerben. Die 114. und 122. Gemeindeschule, für Jungen und Mädchen getrennt, entstand 1882 in der Köpenicker Straße auf dem aufgelassenen Gelände der Dannebergerschen Kattunfabrik. Die ersten Gemeindeschulen im Gebiet waren die Schulen Nr. 54 und 85 im Block 121 zwischen Schlesischer Straße und Wrangelstraße; sie wurden auf einem ehemaligen Gärtnergrundstück, das die Stadt erst nach mehrfachem Besitzwechsel 1872 erworben hatte, unmittelbar vor dem in der Nachbarschaft einsetzenden Mietshausboom errichtet. Die Schulen Nr. 54, die 1870 in der Köpenicker Straße 159 gegründet worden war, umfaßte 16, die Nr. 85 17 Klassen.

Möglicherweise auf den Grundstückserwerb Schlesische Straße/Wrangelstraße ist eine Nachricht zu beziehen, die bezüglich eines kommunalen Wohnungsprogramms überliefert ist.[261] Im Juni 1872 sei eine Magistratsvorlage bekannt geworden, die zwischen Spree und Görlitzer Bahnhof ein öffentliches Wohnungsprogramm vorgesehen habe; Einzelheiten dazu sind jedoch nicht bekannt. Denkbar wäre es, daß man die ganze, später in Teilen für Schulbauten genutzte Gärtnerparzelle zwischen Schlesischer- und Görlitzer Straße vorübergehend dafür vorgesehen hatte.

In den folgenden vierzig Jahren kamen weitere Gemeindeschulen hinzu: An der Skalitzer Straße 55, der Görlitzer Straße 51 und dem Görlitzer Ufer 15. Bezeichnend für die homogene Bevölkerungsstruktur ist das Fehlen von weiterführenden Schulen. Die Gemeindeschule, die seit 1870 unentgeltlich und für alle Schichten zugänglich war, gehörte zur Mindestausstattung; ein differenzierteres Bildungsangebot wurde in der inneren Luisenstadt bereitgehalten.

1898 wurde eine Liebfrauenkapelle auf dem Grundstück Wrangelstraße 50-51 für die neugegründete katholische Gemeinde errichtet; Muttergemeinde war St. Michael am Lausitzer Platz. Es war eine Notkapelle, ein einfacher Fachwerkbau, den Formen eines Bauernhauses verwandt; das Pfarramt bestand in der

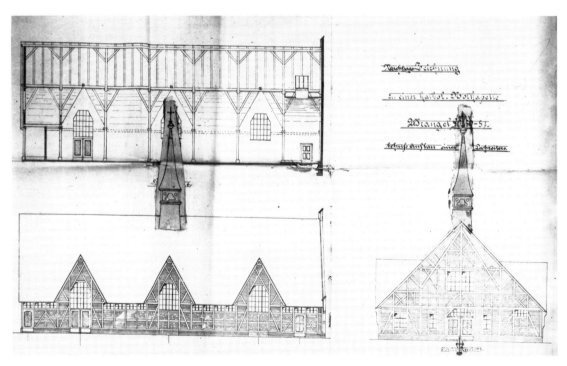

147 / **Katholische Notkirche, Wrangelstraße 50/51**

148 / **Liebfrauenkirche, Wrangelstraße 50/51**

Wrangelstraße 84. Die Gemeinde setzte sich überwiegend aus ausgewanderten, in Berlin arbeitsuchenden Schlesiern, Ost- und Westpreußen zusammen. Einzelheiten sind über sie, da eine Chronik fehlt, nicht zu erfahren. Die heutige Liebfrauenkirche entstand 1904 aus den Mitteln einer Stiftung, die von einem Wiesbadener Ehepaar für eine Marienkirche an den Bonifazverein gemacht worden war.[262] Der Architekt war Ludwig Becker aus Mainz, von dem zahlreiche Kirchenbauten stammen. 1905 wurde der Kirche ein Pfarrhaus rechts und ein Miethaus links angegliedert.

Eine katholische Schule befand sich in der Skalitzer Straße; sie wurde als konfessionelle Einrichtung nach 1933 aufgelöst.

Wie wenig von städtischer Seite für die besonderen Anforderungen dieser Bewohnerschaft getan wurde, zeigt sich auch in dem Mangel an Kindergärten bzw. Kindertagesstätten. Der Anteil an erwerbstätigen Frauen im Gebiet um den Görlitzer Bahnhof war von Beginn an nachweisbar hoch: Bei einem städtischen Durchschnitt von 421 Arbeitern auf 1.000 männliche Erwerbstätige wurden 1885 dort 639 Arbeiter und bei einem Durchschnitt von 260 Arbeiterinnen auf 1.000 weibliche Erwerbstätige dort 519 Arbeiterinnen festgestellt; d.h., mehr als die Hälfte der Frauen im Gebiet waren Arbeiterinnen.[263]

Ein Bedarf an Kindertagesstätten bestand in der Nähe der Fabriken schon früh. 1859 existierte direkt am Schlesischen Tor in der Köpenicker Straße 2 eine 'Kinderwarteschule'.[264] 1863 wurde vor dem Schlesischen Tor ein weiterer Kindergarten, der wenige Jahre später von 100 Kindern besucht wurde, eingerichtet. Es war aber nicht die Stadt, sondern ein Verein für Familien- und Volkserziehung, der diese Aufgabe übernommen hatte.[265]

Bezeichnend für die unzureichende Ausstattung des Viertels um das Schlesische Tor ist auch das Fehlen einer städtischen Markthalle. In der Luisenstadt dagegen wurde 1887 die Markthalle VII am Luisenufer/Buckower Straße erbaut und vier Jahre später die Halle IX nahe dem Lausitzer Platz.[266]

Jenseits der ehemaligen Zollmauer war der infrastrukturelle Bedarf der Privatinitiative überlassen. Ab 1881 ist ein Consum-Verein 'Vorsicht' gegenüber dem Block 121 in der Schlesischen Straße 43 nachweisbar. Diese auf "Selbsthilfe gegründete deutsche Erwerbs- und Wirtschaftsgenossenschaft" wurde 1863, unterstützt von dem Landtagsabgeordneten Kreisrichter Hermann Schulze-Delitzsch, gegründet, gleichzeitig mit einer anderen Consum-Genossenschaft in der Köpenicker Straße. 1905 bestand der Consum-Verein Vorsicht aus 1.237 Mitgliedern, von denen Spareinlagen angenommen und denen Darlehen gewährt wurden.[267]

Ein privat unterhaltener Marktplatz bestand seit den zwanziger Jahren dieses Jahrhunderts bis nach dem Zweiten Weltkrieg an der Ecke Schlesische Straße/Cuvrystraße.

Eine private Badeanstalt, die von dem Kaufmann Sachse unterhalten wurde, ist vor dem Schlesischen Tor am Landwehrkanal 1868 im Adreßbuch vermerkt; sie geht vermutlich auf das Jahr 1848 zurück. Die älteste Badeanstalt war die 1817 von dem General von Pfuel begründete nahe der Brommybrücke.[268]

Die hausbezogene Infrastruktur

Bereits 1837 waren die Gärtner zur Pflasterung der Bürgersteige angewiesen worden. Nach erneuter Mahnung, zwanzig Jahre später, erwirkte die Stadt in mehreren Fällen Ersatzvornahme, gegen die auch der Hinweis eines Betroffenen, daß selbst wohlhabende Hausbesitzer in der Köpenicker Straße dieser Pflicht nicht entsprochen hätten, nichts half. Dennoch verhinderte wohl die Unsicherheit der aus dem Hobrechtplan entstehenden Entschädigungsfrage noch für längere Zeit eine durchgehende Straßenpflasterung. Vorgärten, die auf Kosten der Hauseigentümer anzulegen waren, wurden in der Schlesischen Straße seit 1839 und später in der Oppelner Straße baupolizeilich gefordert.

Die hausbezogene Infrastruktur, d.h. Anschluß an Wasser, Kanalisation und Gas, begann in der Schlesischen Straße 1873 mit den Schulbauten; danach wurden auch Privatbauten in der Oppelner Straße angeschlossen. Vorher befanden sich auf allen bebauten Grundstücken ein Brunnen, ein Abtrittsgebäude und, je nachdem, Dung-, Aschen-, Sand- und Kalkgruben.

Eine Straßenbeleuchtung, die außerhalb der Residenzstadt um 1875 etwa eingeführt wurde, hat in der Schlesischen Straße möglicherweise noch auf sich warten lassen, da die Baufluchtlinie erst 1881 vor Ort abgesteckt wurde.

Verkehr

Die Verkehrssituation in der äußeren Luisenstadt hat sich im Laufe der 300 Jahre ihrer Besiedlung mehrfach geändert. Das Netz von Straßen-, Wasser- und Schienenwegen hatte jeweils unterschiedliche Bedeutung.

Am Beginn steht die aus der Residenzstadt herausführende Köpenicker Straße, ehemals eine Heerstraße, die 1873 im Zuge starker gewerblicher Ansiedlung, neuer Wohnhäuser und Kasernen gepflastert wurde. Jenseits der barocken Zollmauer setzte sich die Köpenicker Straße in der Schlesischen Straße fort. Auch sie wurde in den dreißiger Jahren gepflastert; jenseits des Landwehrkanals wurde sie als Chaussee, von Bäumen begleitet, durch die Cöllnische Heide fortgeführt. Bis in die Mitte des Jahrhunderts blieb sie eine Ausfallstraße, die vor allem auch für den Ausflugsbetrieb Bedeutung hatte. In den siebziger Jahren wurde eine Pferdeeisenbahnlinie nach Treptow eingerichtet. Droschkenverkehr bestand bereits seit mehreren Jahrzehnten mit je einer Haltestelle am Landwehrkanal und am Schlesischen Tor.

Neben dieser Nordwest-Südost-Verbindung bestand ebenfalls seit dem 18. Jahrhundert eine wichtige Ost-West-Verbindung über die Oberbaumbrücke; sie verband die Luisenstadt mit dem Stralauer Viertel und der Stralauer Vorstadt.

Die außerhalb der Zollmauer im Bebauungsplan von Schmid vorgesehenen Straßen einschließlich der Ringstraße blieben unverwirklicht. Dreißig Jahre später nahm Hobrecht das Ziel, eine Verbindung zwischen den alten Ausfallstraßen zu schaffen, wieder auf. Priorität hatte zu diesem Zeitpunkt jedoch die Anlage der Eisenbahn; die Görlitzer Bahn wurde in das neu geplante Wegenetz eingeführt und der Bahnhof direkt an die ehemalige Zollgrenze und neu erbaute Luisenstadt herangeführt. Damit bestand fortan innerhalb der äußeren Luisenstadt ein abgegrenzter Bereich zwischen der Skalitzer Straße, der Spree, dem Landwehrkanal und dem Görlitzer Bahnhof.

Wichtigste Voraussetzung für die Besiedlung in diesem Gebiet war die Schiffbarmachung des Landwehrkanals, sowohl zur Entwässerung des Baulandes wie auch für den Transport von Baumaterial und Rohstoffen für die industrielle Verarbeitung. Diese bereits 1818 von staatlicher Seite anerkannte Maßnahme kam erst zwei Jahrzehnte später durch Initiative privater Unternehmer wie Heckmann in Gang, ehe sie 1848 als staatliche Leistung zu Ende geführt wurde. Vergleichbar entwickelte sich die Görlitzer Eisenbahn; auch sie, die einen wesentlichen Impuls für die städtebauliche Entwicklung gab, entstand als Privatunternehmen und wurde in den achtziger Jahren verstaatlicht.

Für den innerstädtischen Verkehr bedeutet die Einrichtung der Ringbahn 1870-1877 und der Stadtbahn 1882 eine deutliche Verbesserung. Verkehrsmäßig effektiver wurde dann die ab 1902 eröffnete Hochbahn mit ihrem Bahnhof am Schlesischen Tor. Als Folge dieser verkehrstechnischen Verbesserung verlor die repräsentativ ausgestattete Skalitzer Straße bedeutend an Wohn- und Gestaltwert. Auf die Neugestaltung des Bereichs zwischen Schlesischem Tor und Oberbaumbrücke wird noch einzugehen sein.

DIE ENTWICKLUNG IM GEBIET UM DEN BLOCK 121 SEIT DEM ENDE DES 19. JAHRHUNDERTS

Die bauliche Entwicklung

In einer jüngsten Studie von Hoffmann-Axthelm ist ausführlich dargestellt worden, wie stark sich die Bevölkerungs- und Baustruktur im östlichen Teil der Schlesischen Straße jenseits der Cuvrystraße von dem Arbeiterwohnquartier nahe dem Görlitzer Bahnhof absetzte.[269]
Dort hielt sich seit der Mitte der dreißiger Jahre des 19. Jahrhunderts die Nachbarschaft von großen Industriebetrieben und großbürgerlichem Wohnambiente: Zwischen der Kattunfabrik Stephan, den Färbereien von Steinthal und Cohn und dem Kupfer-Messingwerk von Heckmann lagen, von Parks umgeben, die aufwendigen Villen ihrer Gründer.

Ab 1890 setzte in diesem Gebiet ein starker Wechsel ein: Bis zur Jahrhundertwende gaben alle Betriebe auf, und mit ihnen verschwand das Großbürgertum. Die Grunstücke hatten sowohl für gewerbliche wie auch für Wohnungsnutzung eine zu kapitalisierende Aufwertung erhalten, insbesondere begünstigt durch die Verbesserung der Verkehrsanbindung (Oder-Spree-Kanal 1886-1890, Osthafen 1907-1913, Verbreiterung des Landwehrkanals 1883-1890, Eröffnung der Hochbahn 1902). Die Umwandlung in dichte Mietshausquartiere begann 1890 auf dem ehemaligen Gelände der Stephanschen Kattunfarbik Schlesische Straße 35-38 und der Steinthal- und Cohnschen Färberei Schlesische Straße 39-40; es folgten unmittelbar die Zerstörung der Kahlbaumschen Fabrik Schlesische Straße 16-19, der Nachfolgerin der Habelschen Zuckersiederei sowie des Cuvryschen Anwesens Schlesische Straße 20-22. 1897 gab auch Heckmann seinen Betrieb in Berlin auf, verlagerte ihn nach Duisburg und verkaufte an die Vereinigten Berliner Mörtelwerke.

Zur Straße hin wurden fünfgeschossige Mietshäuser erstellt, in der gleichen Weise wie gleichzeitig gegenüber dem Block 121 und um das Schlesische Tor. Am Ufer zur Spree hin richteten sich neue Betriebe ein: Auf dem Heckmannschen Grundstück die Vereinigten Mörtelwerke, daneben die Victoria-Mühle und ein Brauereikeller, der 1919 durch die Firma Reichelt abgelöst wurde. Ohne diesen Veränderungen im einzelnen nachgehen zu können, bleibt festzustellen, daß der gesamte Bereich vom Schlesischen Tor zum Landwehrkanal innerhalb von nur zehn Jahren baulich enorm verdichtet wurde; die ehemals großen privaten Parks und Freiflächen wurden eng mit Mietwohnungen bepackt oder konzentriert gewerblichen Nutzungen zugeführt. Das Adressbuch von 1920 gibt für die Grundstücke 29 und 30 allein neunzehn gewerbliche Telefonanschlüsse an.

Der städtebauliche Boom verlief ausschließlich nach bodenpolitischen und marktwirtschaftlichen Mechanismen. Die öffentliche Hand war bei jeder Bodenvorratspolitik und ohne Nutzungsplanung dem freien Spiel der Kräfte ausgeliefert.

Verkehrsplanung zwischen den beiden Weltkriegen

Seit 1919 sind verkehrsplanerische Absichten in unmittelbarer Umgebung des Blocks 121 nachweisbar. An der Ecke Cuvrystraße/Schlesische Straße 33/34 mußten 1926 für eine beabsichtigte Straßenregulierung Schuppen abgebrochen und ein Lagerplatz aufgegeben werden. Auf einem Teil dieser Fläche fand dann nach dem Krieg ein Wochenmarkt als Privatunternehmen statt. Eben diesem Grundbesitzer Schlesische Straße 33/34 wurde 1938 aus dem Stadtplanungsamt die Absicht einer

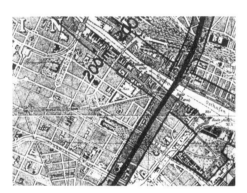

149 / Interessengebietsplan 1938 (Ausschnitt)

nordöstlichen Verbreiterung der Schlesischen Straße um 34 m mitgeteilt und außerdem die Anlage einer Uferstraße an der Spree; beiderseits der Spree "soll ein 200 m breiter Streifen zum Bereich erklärt werden".[270] Ein Lagerplatz an der Spree wurde für 10 Jahre genehmigt mit der Voraussetzung, daß ein Streifen von 50 m von jeglicher Bebauung frei bleibt, vorhandene Bäume erhalten und die ungenutzten Flächen gärtnerisch angelegt werden. Der aus dem gleichen Jahr datierende "Interessengebietsplan" zeigt neben diesem Bereich an der Spree einen anderen, der den ganzen Block 121 überlagert.[271] Es handelt sich um eine geplante Ringstraße, die als Erweiterung und Fortführung des Generalzuges von der Warschauerstraße über die Oberbaumbrücke geführt, weitgehend der bereits von Hobrecht geplanten Trasse hätte folgen sollen, d.h. über die Falckensteinstraße,

150 / Zurückgesetzte Baulinie an der Schlesischen Straße / Ecke Taborstraße

Weserstraße, Hermannplatz, Hasenheide in die Gneisenau- und Yorkstraße. Die Realisierung dieser Straße hätte mindestens den Abbruch der an der Falckensteinstraße liegenden Gebäude bedeutet.

Nach dem Krieg wurde nur die Nordwest-Südostplanung weiter verfolgt, die Verbreiterung der Schlesischen Straße mit der Zurückstellung der Bauflucht im Rahmen des Flächennutzungsplanes.

Das Schlesische Tor — Vom Stadttor zum Hochbahnhof

Das Schlesische Tor war als Zollstelle, d.h. zur Einnahme der Akzise, einer Mahl- und Schlachtsteuer, 1735 weitab der Residenzstadt eingerichtet worden. Der Glücksche Plan von 1860 zeigt die schmucklose, 1802 erbaute Anlage; andere Darstellungen sind bis auf ein Foto vom Torwärterhaus aus dem Jahr 1882 nicht bekannt. Die Straße nach Köpenick hatte vorwiegend als Heerstraße Bedeutung und als Verbindung zu den Cöllnischen Besitzungen und dem Ausflugsort Treptow. Innerhalb der Mauer verlief eine Straße zur Oberbaumbrücke, einer auf eng gesetzten Pfählen ruhenden Holzbrücke von 1724, die die Luisenstadt mit der Stralauer Vorstadt verband.

Im Laufe des 19. Jahrhunderts (bis zum Abbruch der Akzisemauer 1865-69) entwickelte sich die Schlesische Straße in Verlängerung der Köpenicker Straße zu einem dominanten Verkehrsweg und einer eindeutigen Entwicklungsachse für die städtebauliche Erweiterung bis zum Landwehrkanal. Nachdem weder die von Schmid noch die von Hobrecht geplanten Querverbindungsstraßen zur Ausführung gelangten, kam eine neue Verkehrsrichtung erst nach Abbruch der Mauer mit der Anlage der Skalitzer Straße zustande. Um 1882 wurden die letzten Hemmnisse, die sich einer neuen Verbindung zum Ostteil von Berlin stellten, abgebrochen, Reste der Mauer und der Toranlage; quer zum Verlauf der Köpenicker Straße und Schlesischen Straße entstand eine Platzfläche. Auf dem Liebenowplan von 1888 sind in der Mitte der Skalitzer Straße und zur Begrenzung dieser Fläche Baumreihen eingetragen.

Der spätere Hochbahnhof kam auf diesem Platz, über den die Hochbahn diagonal geführt wurde, zur Ausführung. Die Planung hatte zwei Richtungen berücksichtigen müssen, die Schienentrasse und den im rechten Winkel zu der alten Ausfallstraße eingerichteten Platz, dessen Breite genau der Breite der abgeschrägten Häuserfront zwischen Skalitzer Straße 72 und Oppelner Straße 1 entsprach.

Die Errichtung der Hochbahn, wenige Jahrzehnte nachdem die Skalitzer Straße zu einem repräsentativen Boulevard ausgestaltet worden war, erregte den Zorn der Anwohner. Um so mehr kümmerte man sich um eine angemessene künstlerische Gestaltung des Bahnhofs. Nach einem privaten Wettbewerb wurden die Architekten Grisebach und Dinklage 1899 mit der Planung beauftragt. Die Lösung, die das weniger auf technische

SCHLESISCHES TOR

151 / Situation am Schlesischen Tor, 1980

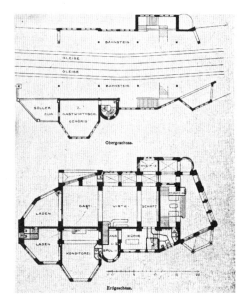

152 / Hochbahnhof Schlesisches Tor, Grundriß

154 / Hochbahnhof Schlesisches Tor

155 / Hochbahn am Schlesischen Tor, Anfang des Jahrhunderts

156 / Der Hochbahnhof, gesehen aus der Oppelner Straße

gerecht zu werden. Natürlich war dies ein typisches Stilmerkmal der eklektizistischen Bauweise des späten 19. Jahrhunderts, die in diesem Bahnhofsgebäude zur Anwendung kam. Für einen Zweckbau bildete diese Gestaltungsweise jedoch eine Ausnahme, die sich aus der Situationsgebundenheit herleitet. Die Wahl des Materials — Ziegel mit Werksteinschmuckteilen — und die historische Stilanleihe waren bereits 1896 in der Oberbaumbrücke von Stahn vorweggenommen. Dort erinnerte *"das Äußere... an märkische Backsteinbauten des Mittelalters"*.[273]

als auf Wohnungsbauten spezialisierte Büro fand, fiel städtebaulich, gestalterisch und funktional aus dem Rahmen und wurde von den Zeitgenossen gewürdigt.[272] Im Baedecker von 1904 wird der Bahnhof als der schönste Bahnhof der Hochbahn hervorgehoben.

Die alte Torsituation mußte aus Verkehrgründen ersatzlos aufgegeben werden. Der Bahnhof wurde aus der NW-SO-Achse herausgerückt, in Verlängerung der nördlichen Bauflucht der Oppelner Straße angeordnet und, als malerischer Blickpunkt, in den Straßenraum des Skalitzer Boulevards gesetzt. Die asymmetrische planerische Gliederung des Baukörpers erlaubte es, den verschiedenen funktional und stadträumlich vorgegebenen Richtungen

153 / Blick aus dem Restaurant "Die Sonnenuhr" auf die Oberbaumbrücke

Die für den Bahnhof am Schlesischen Tor gewählten Formen der "deutschen Renaissance" lassen für den Baukörper ebenso wie für die Oberflächengestaltung einen Formenreichtum zu, der sich sowohl stadträumlich wie grundrißmäßig nutzen läßt: War von fern, aus der Skalitzer Straße, die durch Kuppel, Türmchen und kleinteilge Dachflächen bewegte Silhouette des Baukörpers eine gefällige Unterbrechung der gradlinigen Dachlandschaft, so bot der Bahnhof aus der Nähe in jeder Richtung überraschende Arkaden-, Fenster- und Galeriemotive, die einem ansprechenden Innenraumangebot entsprechen. Im Unterschied zu dem üblichen Bahnhofs-

157 / Hochbahnhof Schlesische Straße, Südansicht, 1901

158 / Torwärterhaus am Schlesischen Tor, 1882

typ enthielt der Bahnhof am Schlesischen Tor Läden, eine Konditorei und eine Wirtschaft; letztere konnte möglicherweise nicht die alte im Torwächterhaus enthaltene Arbeiterkneipe ersetzen.[274] Die neuen Freizeiteinrichtungen im Bahnhof am Schlesischen Tor waren vor allem auf das sonntägliche Ausflugspublikum abgestimmt, das sich zu Fahrten auf der Spree hier traf. Gleichzeitig sollte es sicher auch eine Entschädigung für die Beeinträchtigung des Boulevards bieten und eine Aufwertung für das an Freizeiteinrichtungen unterversorgte Gebiet zwischen der Schlesischen Straße und dem Görlitzer Bahnhof.

Aus der Plangenese wie auch aus der tatsächlichen Gestaltung ist offenkundig, daß man einen städtebaulichen Akzent schaffen wollte und damit weder ein isoliertes Verkehrsmonument noch eine eigentliche Platzgestaltung anstrebte, sondern eine dekorative Einfügung des "hausartigen" Bahnhofs in eine geordnete Folge von Straßenräumen. Durch die asymmetrische Gliederung des Baukörpers in Einzelteile wurde die Wirkung einer Frontalität zu den Fassaden der Oppelner Straße und der Skalitzer Straße erreicht.

Heute ist dieser Eindruck gestört; das Bauwerk steht beziehungslos in einem mangelhaft definierten städtebaulichen Raum. Schuld an dieser Wirkung sind vor allem die Veränderungen an der Ecke Skalitzer Straße/Oppelner Straße: Die ehemals geschlossene Blockrandbebauung ist durch einen Zeilenbau, der schräg zu der alten Bauflucht steht, sowie zufällige bauliche Abstände ihrer Wirkung beraubt. Darüber hinaus hat man im Rahmen der Verkehrsberuhigung die Bürgersteige teigartig ausgewalzt und ausgebuchtet, so daß nunmehr mit dem abgewinkelten Straßenverlauf der Straßenraum in diesem Bereich völlig diffus ist. Auch die niedrige Eckbebauung zur Schlesischen Straße, der schräg gestellte Bau Oppelner Straße 48 und die Lücke dazwischen haben die ehemals gerichteten Straßenräume aufgebrochen und verunklärt.

BAUHISTORISCHE ANALYSE DES BLOCK 121

Die Beschränkung der historisch-morphologischen Untersuchung auf einem Baublock und besonders auf eine so wenig einheitlich erscheinende kleinräumliche Einheit wie den Block 121 bedarf möglicherweise der Erläuterung

Im Bewußtsein des Bewohners hat die Blockeinheit kaum Bedeutung. Er erlebt außerhalb seiner Wohnung den dazugehörigen Hof und Nachbarhäuser, vor allem aber den öffentlichen Straßenraum, d.h. die gegenüberliegende Häuserfront und weitere Straßenräume, die er, seinen täglichen Bedürfnissen nachgehend, durchquert. Auch wenn das "einmal um den Block gehen" in Berlin eine geläufige Redewendung ist, geschieht dieses doch vergleichsweise selten. Der Kiez wird weniger von Baublöcken als vielmehr von den Straßen- und Platzräumen her erlebt.

Anders stellt sich die Erfahrung für den Planer dar. Der Wettbewerb, der Ausgangspunkt für die vorliegende historische Untersuchung ist, konzentriert sich auf eine Blockeinheit mit dem Ziel, das Wohnen auch im unmittelbaren Wohnumfeld zu verbessern, d.h. auch in

SCHLESISCHES TOR

159 / Luftaufnahme des Blocks 121, Mai 1979

den hinter den Vorderhäusern liegenden halbprivaten/halböffentlichen Hofbereichen. Soweit Eingriffe der Stadterneuerung sich nicht auf den öffentlichen Straßenraum oder öffentliche Flächen beschränken, wie z.B. Verkehrsberuhigung oder eine weiträumig gestreute Infrastruktur, ist eine Erforschung der Blockstruktur unerläßliche Voraussetzung.

Der Rückblick auf die Entstehungsgeschichte des Blocks 121 vor dem Schlesischen Tor umfaßt nahezu 130 Jahre. Im folgenden sollen typische Spuren dieses Prozesses aufgezeigt und in ihrem ursprünglichen Entstehungskontext sowie den nachträglichen Veränderungen sichtbar gemacht werden.

Der Block 121 ist von seiner äußeren Gestaltung uneinheitlich: Nach allen Seiten hat er eine andere, seine spezifische Entstehungsgeschichte abbildende Erscheinung; die gegenüberliegenden Straßenfluchten sind jeweils ähnlicher als die im Block unmittelbar anschließenden. Welche Bedeutung der Blockzusammenhang für die Bebauung des jeweiligen Straßenabschnitts hatte, wird zu zeigen sein.

BAUHISTORISCHE ANALYSE

160 / Schlesische Straße vom Hochbahnhof aus

161 / Falckensteinstraße, 1981

162 / Oppelner Straße, 1981

Eine historisch geprägte, architektonisch besondere Eckausbildung kennzeichnet die Kreuzung Oppelner Straße/Wrangelstraße — nach allen vier Seiten zeigen die Eckgebäude Überhöhungen um ein Geschoß. Auch die angrenzenden Fassadengliederungen deuten auf eine einheitliche Entstehungszeit der geschlossenen Straßenfluchten in diesem Bereich.

Ein anderes Bild bietet die Schlesische Straße an ihrem Beginn; nicht nur die an den Ecken nach dem Krieg entstandenen Flachbauten, sondern auch die Altbauten in sich zeigen Unterschiede der Ausrichtung, der Höhenentwicklung, des Materials und der Fassadengestaltung.

164 / Planungsgebiet Schlesische Straße 1-8, 1980, Luftaufnahme

Parzellenstruktur

Die Straßenräume unterscheiden sich nach allen vier Seiten. Am stärksten hebt sich jedoch die Schlesische Straße als breite, von Grünstreifen begleitete Verkehrsstraße hervor. Seit der Teilung Berlins ist sie jedoch nur noch wenig befahren. Die anderen Straßen bilden vergleichsweise geschlossene städtische Räume, die in jüngster Zeit durch Maßnahmen der Verkehrsberuhigung funktional wieder mehr dem Wohnumfeld zugeordnet werden. Die nördliche Ecke des Blocks 121 wird vom Bahnhof Schlesisches Tor flankiert, in dessen Nähe sich die Fußgängerströme konzentrieren.

Ein Blick auf die Parzellenzuschnitte des Blocks 121 zeigt für die Oppelner Straße und die Falckensteinstraße ein mehr der Straße zugeordnetes Bebauungsschema, während die innen liegenden Grundstücke zwischen der Wranglerstraße und der Schlesischen Straße einen Blockzusammenhang erkennen lassen. Die den ganzen Block durchziehenden vier ehemaligen Gärtnerparzellen unterscheiden sich durch eine tiefe, mehrere Höfe umschließende Bebauung von den nordwestlich und südöstlich anstoßenden kürzeren Grundstücken des ehemaligen Großgrundbesitzers Cuvry.

163 / Ecke Oppelner/Wrangelstraße, 1981

Die sukzessive Auflassung einzelner Gärtnereibetriebe legte eine Beibehaltung des handtuchartigen Grundstückszuschnitts nahe; genauso rational war es auch, die neu ausgewiesenen Baueinheiten auf dem Bauerwartungsland Cuvrys weniger tief zu bemessen. Eine dritte, ökonomisch determinierte Form der Parzellierung zeichnet sich am südöstlichen Blockrand ab, wo drei ehemalige Gärtnereien im Zuge eines Umlegungsverfahrens für eine neue Straße, die Falckensteinstraße, und ihre Neubebauung umgewidmet wurden.

Die Bemessung der Grundstücke war jedoch nicht nur abhängig von der Besitzstruktur, sondern auch von dem Zeitpunkt der Bebauung: Die kleinteilige Aufteilung an der Oppelner Straße entspricht den Baueinheiten der sechziger und der siebziger Jahre; es entstanden, wie auch am Heinrichplatz, vorwiegend Vorderhäuser. Erst im zweiten Drittel der achtziger Jahre begann die verdichtete Bebauung in der Tiefe der Grundstücke über mehrere Höfe, besonders verstärkt in den letzten Jahren der Gültigkeit der alten Bauordnung von 1853, die noch Höfe von 28 m² zuließ. Nach der veränderten Bauordnung von 1887 waren es eher breitere Grundstückszuschnitte, die wegen des auf 6 m heraufgesetzten Abstandes von Seitenflügeln eine maximale Ausnutzung garantierten.[275] Die ungewöhnlichen Baueinheiten an den Ecken Falckensteinstraße/Schlesische Straße und Falkkensteinstraße/Wrangelstraße weisen auf eine sich ausschließlich an der Grundstücksausnutzung orientierende Bauproduktion hin; Eckgrundstücke waren bezüglich der Hofgröße, die nur 40 m² betragen mußte, begünstigt.

166 / Schlesische Straße 9

Fassaden

Nur noch wenige vollständig erhaltene historische Fassaden prägen den Block 121, jeweils drei an der Schlesischen Straße und der Oppelner Straße und eine an der Falckensteinstraße. Über einen Zeitraum von dreißig Jahren entstanden, unterscheiden sie sich baulich und gestalterisch.

Die drei Häuser an der Oppelner Straße 40, 41 und 42 lassen sich noch der Phase des in der Schinkeltradition stehenden Spätklassizismus zurechnen: Es sind glatte, horizontal in fünf Geschosse und ein hochliegendes Kellergeschoß gegliederte Putzwände mit gleichmäßig gereihten und durch Stuckrahmung und -detail verzierten Fensteröffnungen. Die Plastizität der Oberflächenbehandlung nimmt ebenso wie die Geschoßhöhe von unten nach oben ab; die Fassade ist differenziert in ein gequadertes Erdgeschoß, zwei stärker dekorierte Hauptgeschosse und zwei zurückhaltendere Obergeschosse. Nr. 41 ist über die ganze Fläche mit einer Quaderung überzogen. Je nach Grundstückszuschnitt liegt das Durchfahrtsportal in der Mitte oder seitlich; daneben bestehen Ladeneingänge in das Kellergeschoß.

Das Mietshaus Falckensteinstraße 8 wurde nach 1891 erbaut: Eine fünfgeschossige, plastisch ausgebildete Putzfassade mit großem Ladenfenster im Erdgeschoß und in zwölf gleichbreiten Achsen angeordneten Fensteröffnungen. Das zweite und dritte Obergeschoß sind plastisch hervorgehoben durch eine paarweise dekorative Zusammenfassung von Fenstern, was in der Wirkung einem Erker nahekommt; dazwischen liegen Balkone. Typisch für großdimensionierte, barock überladene Schauwände dieser Zeit ist die optische Zusammenfassung der beiden unteren Geschosse im Sinne einer Sockelzone und die Aufwertung des zweiten und dritten Obergeschosses zur Hauptgeschoßzone.

An dem Eckbau zur Schlesischen Straße 9, der gegenüberliegend im Block 121 ursprünglich eine Entsprechung hatte, sind die beiden Geschosse sogar nach dem Vorbild repräsentativer Monumentalarchitektur durch eine "große Ordnung", d.h. eine geschoßübergreifende Reihung von Pilastern, ausgezeichnet. Das zusätzliche Motiv von zweiachsigen Erkern, die der großen Ordnung und dem darunterliegenden mezzaninartig ausgebildeten Sockelgeschoß vorgesetzt sind, entspricht ebenfalls einem Bedürfnis nach auffallender plastischer Außengliederung und damit nach dekorativer Aufwertung. In der räumlichen Innendisposition mit z.T. engen Minimalgrundrissen hat diese aufwendige Gestaltung keine Entsprechung.

165 / Oppelner Straße 40-42

BAUHISTORISCHE ANALYSE

167 / Schlesische Straße von Südosten, 1981

168 / Schlesische Straße 4

Die drei historisch überlieferten Fassaden in der Schlesischen Straße unterscheiden sich nicht nur nach Material und Gliederung, sondern auch in der Ausrichtung der Bauflucht und der Höhenentwicklung; in ihnen zeichnen sich sowohl eine unterschiedliche Entstehungszeit wie auch verschiedene Bautypen ab. Der früheste Bau ist das schräg in die Bauflucht gesetzte dreigeschossige ehemalige Rektoratshaus, ein glatter Rotziegelbau mit erhöht liegendem Kellergeschoß, seitlicher Durchfahrt und segmentbogigen Fensteröffnungen. Es wurde 1873 zusammen mit zwei Schulhäusern für Knaben und Mädchen und einem weiteren Rektoratshaus auf der langgestreckten Gärtnerparzelle errichtet.

Ihm schließt sich ein fünfgeschossiges, noch im spätklassizistischen Stil gehaltenes Mietshaus an, ei-

169 / Schlesische Straße 6

ne flächige, nur durch gerahmte Fenster gegliederte Putzfassade mit einer von korinthischen Säulen gerahmten Durchfahrt. Das Nachbarhaus setzt sich hiervon durch gelbes Ziegelmauerwerk, höhere Geschoßteilung und Balkons vor dem als Hauptgeschoß gekennzeichneten zweiten Obergeschoß ab. Mit den sandfarbigen Architekturrahmungen ist es heute die einzige zweifarbig und durch Materialkontrast gestaltete Fassade im Block.

Ebenso wie die Fassade Schlesische Straße 6 hob sich auch einst das auf der gleichen Gärtnerparzelle im Südwesten liegende Mietshaus Wrangelstraße 83 durch Zweifarbigkeit und Gliederung heraus; heute hat es in fragmentarischem Zustand als einziges rundbogige Fenster im Obergeschoß. Diese Parzelle wurde, in voller Länge über den Block reichend, von einem Makler erstanden und in einer äußerst dichten Ausnutzung verwertet.

In den achtziger Jahren des 19. Jahrhunderts gewannen die Fassaden allgemein an Materialreichtum und Farbkontrast. An der Wrangelstraße entstanden mehrere Mietshäuser mit dem Wechsel von Ziegelflächen und verputzten Architekturdetails in den obe-

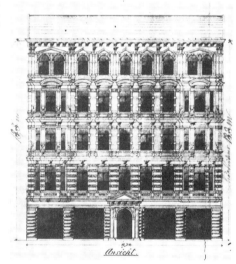

170 / Wrangelstraße 88, (heute Nr. 83) Vorderhaus

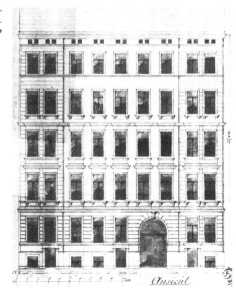

171 / Wrangelstraße 88, (heute Nr. 83) Quergebäude

ren Geschossen. Interessant sind in diesem Zusammenhang die Fassadenentwürfe für die Wrangelstraße 83: Die moderne Lösung gilt dem Vorderhaus, die traditionelle dem Quergebäude. Bis auf einzelne Ausnahmen stammen die Entwürfe für die Fassaden im Block 121 von Maurermeistern. Auf den Eingabeplänen sind die Schmuckdetails nur gelegentlich angedeutet, kaum jemals in Einzelheiten ausgeführt; sie gehörten zum Repertoire der Stukkateure. Fassaden wurden typenmäßig entworfen und hernach am Bau mit einem allgemein verfügbaren Angebot anonymer Dekorationsformen oberflächlich variiert.

Schon in der Darstellung zum Heinrichplatz wurde deutlich, daß die Ausschmückung von Mietshausfassaden weniger der Selbstdarstellung des Besitzers als vielmehr dem Verkaufsinteresse diente. A. Braun beschreibt dies treffend:
"*In dem gleichen Maße als hohe Preise für die Grundstücke bezahlt werden, auf denen die Häuser aufgebaut werden, sucht man bei der Bauausführung zu sparen. Dem Fremden, der Berlin betritt, dem Kundigen, der bloß Facaden, Portale, Treppenaufgänge betrachtet, fällt dies nicht auf, im Gegentheile, er wundert sich über den verschwenderischen Luxus, der freilich nur auf farbigen Gyps und Stuck zurückzuführen ist, und häufig selbst bei Häusern, die für proletarische Bewohner bestimmt sind, angetroffen wird. Dieser Luxus existirt unzweifelhaft, er liegt aber nicht im Interesse des Miethers, sondern im Interesse des Bauherrn, der auf baldigen Verkauf des Neubaus spekulirt. Ein Haus mit schönem Aussehen verkauft sich leichter als ein Rohziegelbau. Dem äußeren Luxus steht aber nur allzu häufig im Innern eine auf die Spitze getriebene Sparsamkeit gegnüber. Die Wohnungen werden vermiethet, bevor sie auch nur halbwegs ausgetrocknet sind, Fenster und Thüren sind aus billigstem, oft noch feuchtem Holze verfertigt, sie werden bald zu klein, schützen nicht genügend vor Wind und Wetter; Abtritte, Wasserleitung und Ausguß und hie und da auch Küchen und Korridore müssen von mehreren Parteien gemeinsam benutzt werden."*[276]

Heute wird die ehemals durch unterschiedlich ausgebildete Einzelbauten geprägte Flucht der Schlesischen Straße nur noch an den drei beschriebenen Häusern anschaulich. Dem Krieg fielen die beiden viergeschossigen, in klassizistischem Stil erbauten Häuser Schlesische Straße 1 und 2 zum Opfer, ebenfalls das rechts an die Schule angrenzende Mietshaus und der Eckbau zur Falckensteinstraße, der in seinem Pendant auf der gegenüberliegenden Seite erhalten ist. Es spiegelt sich in der Uneinheitlichkeit von Bautypen und Fassadengestaltungen der besondere Entstehungsprozeß dieser Straßenfront wider, die zwar einheitlich durch den Bebauungsplan vorgegeben, jedoch in ihrer Ausführung abhängig war von dem Zeitpunkt der Umwandlung der Gärtnerparzellen in Bauland bzw. dem Verkauf von Cuvryschem Großgrundbesitz.

Grundstücksüberbauung, Haustypen

Von der Erstbebauung des 18. Jahrhunderts auf den Gärtnergrundstücken ist außer den langgestreckten, durch Ziegelmauern getrennten Parzellen nichts mehr erhalten. Es bestanden noch um 1867, wie der Liebenow-Plan zeigt, sieben Gärtnerhäuser, sechs davon auf dem Gelände des Blocks 121, jeweils an eine seitli-

173 / Trennmauern zwischen den Grundstücken Schlesische Straße 3-5

172 / Schlesische Straße 1-9 um die Jahrhundertwende

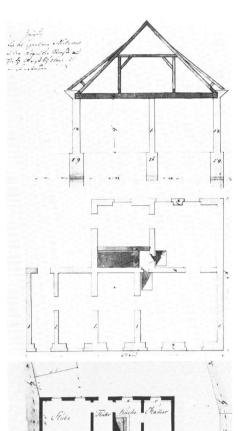

174 / **Gärtnerkolonistenhaus Schlesische Straße 8, Plan von 1827**

175 / **Gärtnerkolonistenhaus Schlesische Straße 6, Plan 1838**

aus Stube/Küche bestehende Wohnungen mit einer zusätzlichen Kammer im Dachgeschoß sowie drei gewölbten Kellerräumen. Der heutige Zustand geht auf mehrfache nachträgliche Erweiterungen und Veränderungen zurück (s. Abb. 136).

1839 wurde dann zwischen Akzise und Gärtnergrundstücken auf einem vergleichsweise kurzen Landstreifen zur Straße hin ein erstes viergeschossiges Mietshaus errichtet, das unter der Adresse Schlesische Straße 1 bis zum zweiten Weltkrieg bestand. 1860 entstand ein weiteres, diesem klassizistischen Typ entsprechendes Haus unmittelbar angrenzend.

Ab 1858 wurden vereinzelt auch bereits in der Tiefe der Gärtnergrundstücke Mietwohnungen erstellt; in einem dreigeschossigen, hinter einem eingeschossigen Gärtnerhaus errichteten Seitenflügel (Nr. 6) und in einem fünfgeschossigen Querhaus, das noch zur Hälfte erhalten ist (Nr. 5).

An der Oppelner Straße 42 begann die Bebauung 1864 mit der Errichtung eines zurückliegenden dreigeschossigen, noch bestehenden Quergebäudes, das im Bauantrag als Garage bezeichnet wurde, im Erd-

176 / **Neubau Oppelner Straße 42**

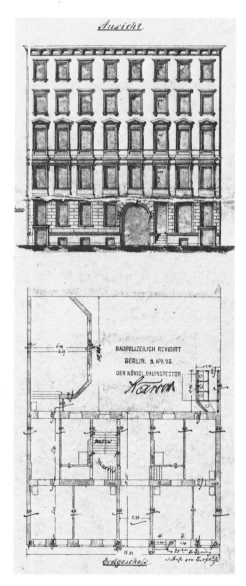

che Grundstücksgrenze gebaut; die Häuser Nr. 4 und 5 stießen aneinander, so wie es Geist/Kürvers für den Typ des Colonistenhauses jüngst ermittelt haben.[277] Leider fehlen Abbildungen der mit Sicherheit eingeschossigen Häuser.

Die in den Bauakten überlieferten Grundrisse, z.B. der für das vor 1838 auf dem Grundstück Schlesische Straße 6 entstandene Gärtnerhaus, zeigen den einfachen Typ des Gärtnerkolonistenhauses mit zwei an einem Gang liegenden Stube/Küche/Kammer-Wohnungen, in einer für nur eine Familie abgewandelten Form: An der Stelle einer zweiten Küche und einer Kammer befand sich eine dritte Stube; das Gärtnerhaus Schlesische Straße 8 umfaßte ohne Flur eine Küche, zwei Stuben und eine Kammer sowie einen durch eine Durchfahrt zugänglichen Eingangsraum. In der Tiefe der umzäunten Grundstücke lagen Stall- und Remisengebäude, je ein Brunnen sowie Abtrittsgebäude.

Zu den bestehenden Gärtnerhäusern kam als erstes Mietshaus in der Schlesischen Straße das noch erhaltene Gebäude Nr. 13 hinzu; es entspricht dem Typ des Kolonistenhauses mit ausgebautem Dachgeschoß, enthält aber zusätzlich noch ein bewohnbares Kellergeschoß. Auf den insgesamt drei Wohnebenen befanden sich drei aus Stube/Kammer/Küche bestehende und zwei

177 / Oppelner Straße 42, Quergebäude 1981

178 / Oppelner Straße 42, Vorderhaus 1981

geschoß Pferdeställe und eine Schmiede enthielt und darüber in zwei Etagen je zwei Stube/Küche-Wohnungen und eine Kochstube besaß. Das Vorderhaus, das ein Jahrzehnt später zur Ausführung kam, hat die historische Fassadengliederung gewahrt und bildet mit der originalen Hofbebauung heute die älteste authentische Grundstücksüberbauung im Block 121.

Ein erstes Vorderhaus, das von vornherein zwei Seitenflügel hatte, entstand 1886 auf dem ehemaligen Gärtnergrundstück Schlesische Straße 6/Wrangelstraße 83, auf dem dreißig Jahre zuvor der erste Seitenflügel mit Mietwohnungen an das bestehende Gärtnerwohnhaus gebaut worden war. Die gesamte Parzelle bis zur Wrangelstraße, die 1885 von einem Kaufmann erstanden worden war, wurde 1886 kurz vor Verabschiedung der neuen Bauordnung von 1887 unter maximaler Ausnutzung des bestehenden Baurechts beplant. Die Überbauung dieses Grundstücks stellt in mehrfacher Hinsicht eine Besonderheit im Block 121 dar. Auf die Heraushebung der Fassaden nach Material und Gestaltung wurde bereits hingewiesen, auf die in der Umgebung singuläre Mischung von Wohngrundrissen wird noch einzugehen sein, ebenfalls auf die einzige im Block befindliche Stockwerksfabrik, die als zweites Querhaus von der Schlesischen Straße aus ihren Zugang hatte. Die beiden Parzellen zwischen Schlesischer Straße und Wrangelstraße wurden gemeinsam bebaut; der Komplex Schlesische Straße 6, Vorderhaus mit zwei Seitenflügeln, zwei Querhäusern und einem Werkstattgebäude, ging dann 1889 in den Besitz des Fabrikanten Wobig über. Das Vorderhaus Wrangelstraße 83 mit ebenfalls zwei Querhäusern behielt das Bauunternehmen selber. Der Hof entsprach mit 5,35 m Breite genau der Bauordnung von 1853. Wenige Monate später wäre nach der Bauordnung vom 15.1.1887 ein Hofabstand von mindestens 6 m notwendig gewesen. Man geht wohl nicht fehl in der Annahme, daß hier auf dem ehemaligen Gärtnergrundstück ein

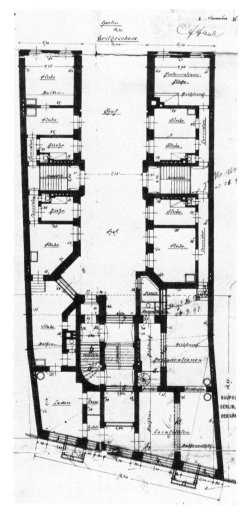

179 / Neubau Schlesische Straße 6, 1886

180 / Rückseite des Vorderhauses Schlesische Straße 6

Exempel maximaler Grundstücksverwertung gesetzt worden ist, das lokal von dem traditionellen Parzellenzuschnitt und zeitlich von der auslaufenden, minimale Höfe zulassenden Bauordnung extrem begünstigt war.
Zu ungewöhnlichen Grundstückszuschnitten und z.T. neuartigen Gebäudegrundrissen kam es nach 1890 an der Falckensteinstraße. Diese dreißig Jahre früher im Bebauungsplan ausgewiesene und im südwestlichen Teil bereits in den achtziger Jahren bebaute Straße konnte in diesem Abschnitt erst durch ein kompliziertes, drei Gärtnerparzellen betreffendes Umlegungsverfahren eines Baustellenhändlers verwirklicht werden. Nur mit größten Rechenkünsten und planerischem Geschick konnte es angesichts des vorgegebenen Straßenverlaufs schräg zu den Grundstückgrößten Rechenkünsten und planerischem Geschick konnte es angesichts des vorgegebenen Straßenverlaufs schräg zu den Grundstücksgrenzen zu einer derart günstigen baulichen Ausnutzung und gestalterischen Einheitlichkeit kommen. Besondere Probleme boten die Eckgrundstücke: An der Schlesischen Straße wurde durch eine rationelle gestalterische Entsprechung eine neue städtebauliche Zäsur gesetzt, an der Wrangelstraße hingegen das schmale Restgrundstück geschickt als Ergänzung dem bestehenden Mietshaus angefügt.
Die Grundstücksüberbauung des Blocks 121 ist deshalb so interessant, weil sich hier auf dichtem Raum nicht nur zeitliche Unterschiede, sondern auch Besonderheiten in Abhängigkeit von der Parzellenstruktur darstellen. Die Bebauung Oppelner Straße 39-45 vollzog sich auf Einzelparzellen aus der Cuvry'schen Spekulationsfläche, die Bebauung Schlesische Straße 3-6 und Wrangelstraße 83-86 auf umgewidmeten Großparzellen ehemals landwirtschaftlicher Nutzung und die Bebauung Falckensteinstraße 1-10 auf Einzelparzellen, die aus einem komplizierten Umlegungsverfahren resultieren.

Grundrisse in Vorderhäusern, in Querhäusern und in Seitenflügeln

Die frühesten erhaltenen Mietshäuser stehen in der Oppelner Straße. Das Vorderhaus Nr. 40 ist das älteste; es wurde 1865 von einem Maurerpolier erbaut; dem Adreßbuch zufolge bewohnte er dieses als "Rentier" über mehrere Jahrzehnte. Das fünf Fensterachsen breite, mit seitlicher Durchfahrt versehende Haus hat sechs vermietbare Ebenen.
Das Kellergeschoß enthält einen Ladenraum mit zwei überwölbten Anräumen und einer aus Stube/Kammer/Küche bestehenden Wohnung. Die darüberliegenden Wohnungen liegen zweispännig an einem Treppenhaus, das von der Durchfahrt her erschlossen wird: Die in den Geschossen 1-4 liegenden, aus Stube/Kammer/Küche bestehenden abgeschlossenen Kleinwohnungen umfassen nicht mehr als 38 m² Gesamtfläche. Hinzu kommt, vom Treppenhaus separat zugänglich, ein beheizbarer Raum, der, nur durch eine Fachwerkwand getrennt, einer der beiden Wohnungen zugeordnet werden kann. Im Parterre fehlt ein entsprechender Raum, ebenfalls die zweite Küche, so daß die Etage möglicherweise zusammenhängend mit zwei Stuben, zwei Kammern und einer Küche genutzt wurde, vermutlich vom Hausbesitzer selbst.

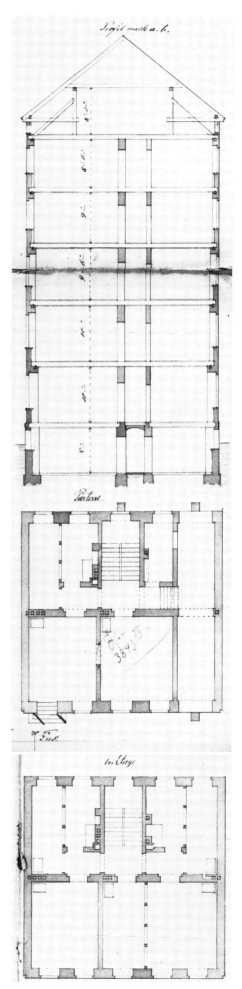

181 / Neubau Oppelner Straße 40, 1865

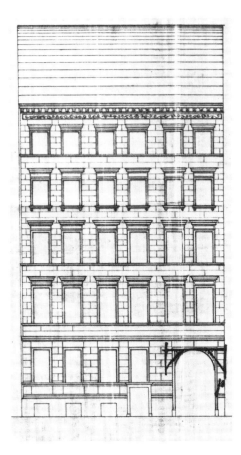

182 / Neubau Oppelner Straße 41

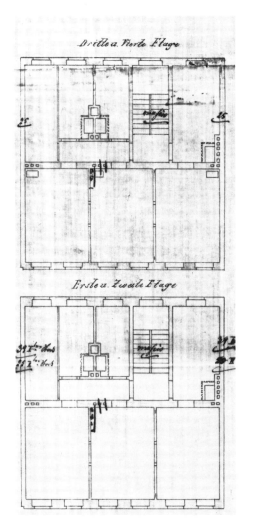

Die Grundrißeinteilung wiederholt sich geschoßweise, die größte Stube beträgt knapp 20 m², eine Wohneinheit 38,5 m², das schaltbare Zimmer knapp 11,5 m². Die ursprünglich auf dem Hof als "Appartment" eingerichteten Toiletten wurden erst 1904 auf dem Treppenabsatz eingebaut; nach außen hin sind sie bis heute als erkerartiger Anbau sichtbar.

Das etwas breitere Nachbargrundstück wurde zehn Jahre später für eine dreispännige Anlage genutzt; zur Straße hin liegen drei gleichgroße Stuben, nach hinten drei Küchen und eine sehr schmale Kammer. Die kleinste Wohneinheit mißt knapp 30 m², die größte 40 m²; das gilt auch für das Hochparterre, in dem zwei Wohnungen, eine davon nicht abgeschlossen, mit eigenen Küchen bestehen. Auch dieses Haus wurde von einem Zimmerpolier erbaut und für mehr als zehn Jahre bewohnt, ehe es an einen Töpfermeister verkauft wurde, der ebenfalls mehrere Jahre dort ansässig war.

Das Vorderhaus Oppelner Straße 42 entstand im gleichen Jahr wie das Nachbarhaus, und zwar als Vierspänner auf einer Grundstücksbreite von 18,83 m. In den vier Obergeschossen liegen jetzt seitlich des Treppenhauses je zwei Wohnungen an einem Stichflur, jeweils eine davon nicht abgeschlossen. Drei der Wohneinheiten pro Etage bestehen nur aus Stube und Küche, d.h. insgesamt ca. 35 m² (s. Abb. 165).

Übereinstimmend zeigen die Grundrisse der in der Oppelner Straße erhaltenen Vorderhäuser in allen vier Obergeschossen kleine, z.T. nicht abgeschlossene Wohnungen von ein bis zwei Zimmern mit Küche von einer maximalen Gesamtfläche bis zu 40 m². Sie entstanden vor 1875 mit Abtrittsgebäuden im Hof und wurden nachträglich mit ein oder zwei WC pro Etage auf dem Treppenpodest ausgestattet.

Diese Grundrisse sind typisch für die Arbeitermietskaserne, eine homogene Schichtung minimaler Wohneinheiten, wie sie in dem nach ihrem Begründer, einem Bankier, benannten 'Meyers-Hof', 1874 in der Ackerstraße 132-133 im Wedding, unter maximaler Bodenausnutzung ihren gründerzeitlichen Höhepunkt erreichte. Diese kasernenartigen Stube/Kammer/Küche-Einheiten verbreiteten sich über ganze Stadtviertel und besonders in der äußeren Luisenstadt auf dem Boden des Spekulanten Cuvry in der Lübbener Straße, Sorauer Straße und Oppelner Straße. Es liegt die Vermutung nahe, daß die über dreißig Jahre gehorteten Grundstücke nach Abbruch der Akzisemauer und nach Einrichtung des Görlitzer Bahnhofs so teuer gehandelt wurden, daß eine angemessene Rendite nur noch über den ertragsreichen Bau von Kleinstwohnungen möglich schien.[278]

Das erste Mietshaus, das in der Wrangelstraße 82 auf einem aufgelassenen Gärtnergrundstück errichtet wurde, zeigt mit gemischten Grundrissen einen anderen Typ: Im Erdgeschoß bestehen von Anfang an Läden mit Wohnräumen, die ersten beiden Hauptgeschosse enthalten ca. 100 m² große, abgeschlossene Wohnungen mit drei Zimmern, Kammer und Küche und, 1883 bereits, je einem 'Schrankclo' (ein winziger unbelichteter und unbelüfteter Raum),[279] die beiden Obergeschosse je zwei abgeschlossene Stuben mit Küchen und zwei unabgeschlossene Stube/Kammer/Küche-Einheiten bis max. 50 m². Der Seitenflügel enthält ebenfalls zwei Kleinstwohnungen, denen auf dem Treppenabsatz Schrankclos zugeordnet sind. Hier handelt es sich um den von Hobrecht beschriebenen Mietshaustyp mit von unten nach oben und vom Vorder- zum Hinterhaus abnehmenden Mieten, die zu einer sozialen Differenzierung der Bewohner führen.[280] Die von Anfang an vergleichsweise gute Ausstattung geht vermutlich auf die Tatsache zurück, daß der Eigentümer, ein Bäcker, selbst in das Haus einzog und hier für Jahrzehnte wohnhaft blieb.

Der in der Oppelner Straße überwiegende Mietshaustyp mit über alle Geschosse gleichen, z.T. nicht abgeschlossenen Wohngrundrissen besteht auch in der Wrangelstraße Nr. 83. Dieses Haus wurde 1886 gleichzeitig mit Schlesische Straße 6 von dem gleichen Bauunternehmer nach Plänen eines Immobilienhändlers erstellt. Wrangelstraße 83 wies durchgehend über einem Ladengeschoß Zweizimmer/Küche-Wohnungen von ca. 65 m² auf, Schlesische Straße 6 durchgehend Dreizimmer/Küche-Wohnungen von ca. 85 m²; die Kleinstwohnungen von ca. 45 m² liegen in den Seitenflügeln. Charakteristisch für diese, noch vor der neuen Bauordnung beantragte maximale Bebauung auf einer Großparzelle ist die differenzierte Zuweisung unterschiedlicher Wohnungsgrößen auf bestimmte Gebäude, die ihrerseits jedoch über alle Geschosse einheitlich aufgeteilt sind.

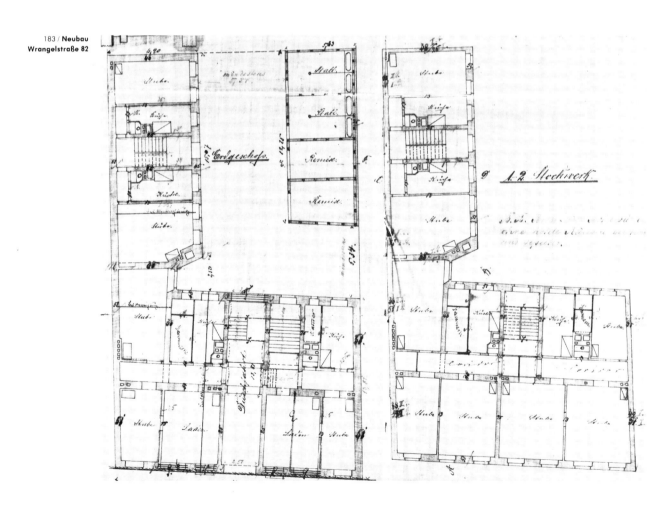

184 / Neubau Sorauerstraße 11

183 / Neubau Wrangelstraße 82

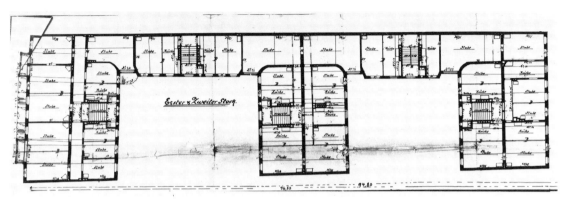

185 / **Neubau Wrangelstraße 86**

Ebenfalls homogene, geschoßweise übereinanderliegende Grundrisse enthält das fünfspännige Mietshaus Falckensteinstraße 8 von 1891, es sind z.T. nicht abgeschlossene Kleinwohnungen, ein und zwei Stuben und Küche umfassend.

Nach 1886 entstanden im Block 121 einige, heute z.T. noch bestehende Mietshäuser mit einzelnen großzügigen Wohnungen im ersten und zweiten Obergeschoß und kleinere Einheiten in den Geschossen darüber: Wrangelstraße 86 mit bis zu 170 m² bzw. 120 m² großen Wohnungen, Wrangelstraße 82, Falckensteinstraße 9 und Schlesische Straße 8 mit Wohnungen von knapp 100 m².
Dieses dichte Neben- und Übereinander sehr unterschiedlicher Mieteinheiten ist nicht typisch für den Block 121; bezeichnend für die Mischung ist aber wohl, daß es sich zumindest in zwei Fällen um relativ späte Bauvorhaben, die im Rahmen eines privaten Umlegungsverfahrens geplant wurden, handelt.

Damit läßt sich im Block 121 ein Trend zu starker gebäude- und geschoßweiser Grundrißdifferenzierung ab Mitte der achtziger Jahre nachweisen.[281] Der Frage, ob sich möglicherweise Relationen zwischen Besitzerstruktur und innerer Aufteilung der Mietshäuser feststellen lassen, soll später noch nachgegangen werden.

Grundrisse in Querhäusern

Das erste, in die Tiefe einer Parzelle auf Block 121 errichtete Querhaus ist in der Schlesischen Straße 1 nachweisbar: Eingeschossig mit ausgebautem Dach; es enthielt zwischen Kuh- und Pferdeställen eine schmale Kammer, eine Küche und Appartments sowie eine Dachkammer. Erst nach einer Aufstockung 1856 entstanden zwei Wohneinheiten mit zwei Stube/Kammer/Küche-Einheiten. Der Einbau einer winzigen Schlafkammer in Stallgebäuden ist durch das ganze 19. Jahrhundert nachweisbar, ebenso die Nutzung als solche.

Das letzte erhaltene Beispiel einer Kombination von Ställen, Werkstatt, Remise und Kleinstwohnungen ist das Querhaus Oppelner Straße 42 von 1864. Im Erdgeschoß befanden sich neben einem Pferdestall und einer Schmiede eine nur aus Zimmer und Küche bestehende Wohnung, in den beiden Geschossen darüber je zwei aus Stube und Küche bestehende Wohnungen und eine zusätzliche Küche (s. Abb. 177).

Ein frühes Querhaus von 1861, das ausschließlich Wohnungen enthält, besteht nur noch zur Hälfte auf dem Grundstück Schlesische Straße 5, viergeschossig mit ehemals bewohntem Kellergeschoß. In jedem Geschoß befinden sich zwei Stube/Kammer/Küche-

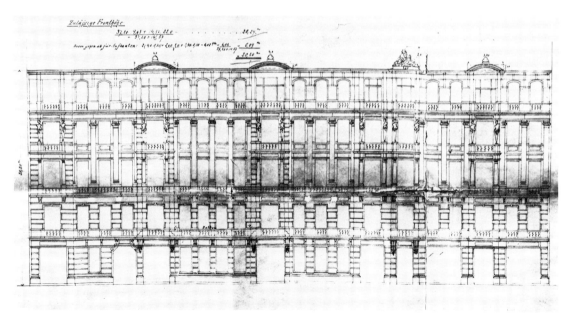

186 / **Fassade Schlesische Straße 8 / Falckensteinstraße**

Wohnungen. 1897 wurde im Treppenhaus des ersten und dritten Obergeschosses je ein Clo angelegt.

Das sechsundzwanzig Jahre später auf dem Nachbargrundstück erbaute, ebenfalls bewohnte Querhaus ist wesentlich tiefer; an einem Treppenhaus liegen nunmehr im Keller und Erdgeschoß vier, in den vier Stockwerken darüber drei abgeschlossene Stube/Kammer/Küche-Wohnungen. Die vierte Einheit, die in den oberen Geschossen nicht abgeschlossen ist, besteht aus Küche und zwei Stuben, eine Raumkombination, die auch unterteilt vermietet werden konnte.

Der Zuschnitt der meisten Stuben ist sehr schmal, z.B. 3 x 7 m, extrem sind die Kammern von 1,5 x 4,3 m. Im Vergleich zu dem Quergebäude von Nr. 5 ist eine deutliche Minderung der Grundrißqualität festzustellen. Die einzige Verbesserung besteht in der Einrichtung von vier Schrankclos pro Etage, bereits 1886.

Noch unzumutbarer fallen die Grundrisse aus, die wenige Jahre später in den Querhäusern Wrangelstraße 86 eingerichtet werden; dort bestehen u.a. Stube/Küche-Einheiten von insgesamt nur 25 m². Die Entwürfe sind allerdings so eingerichtet, daß größere Raumkombinationen möglich sind bzw. auch einfache Brettertrennwände wegfallen können, so daß die Wohnqualität wesentlich von der tatsächlichen Belegung abhängt.

Grundrisse in Seitenflügeln

Seitenflügel wurden seit Ende der fünfziger Jahre im Block 121 angelegt, z.B. hinter dem Haus Schlesische Straße 1, zweigeschossig mit bewohnbarem Keller und Wohneinheiten von jeweils zwei Zimmern und Küche. Bis 1886 sind voll bewohnbare Seitenflügel, d.h. ohne Ställe im Erdgeschoß, selten; es überwiegen Querhäuser (s. Abb. 177).

1886 entstand das Vorderhaus Schlesische Straße 6 mit zwei fünfgeschossigen unterkellerten Seitenflügeln. In den mehr als 21 m langen Seitenflügeln liegen, von einem engen Treppenhaus abgehend, jeweils zwei abgeschlossene Wohnungen. Die Stuben haben z.T. eine angenehme Größe von nahezu 25 m². Ein Nachteil dieser Wohnungen besteht jedoch in der mangelnden

188 / **Schlesische Straße 5, Quergebäude, ehemals doppelt so breit**

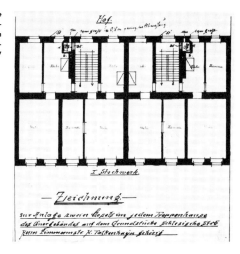

189 / **Schlesische Straße 5, Quergebäude, Plan zum Einbau von Toiletten 1897**

Querlüftung, ein Tatbestand, der bei einer Hofbreite von 5,35 m besonders problematisch ist.

Die fünf Jahre später entsprechend der neuen Bauordnung errichteten Seitenflügel Falckensteinstraße 8 und 9 entbehren zwar auch noch der Möglichkeit,

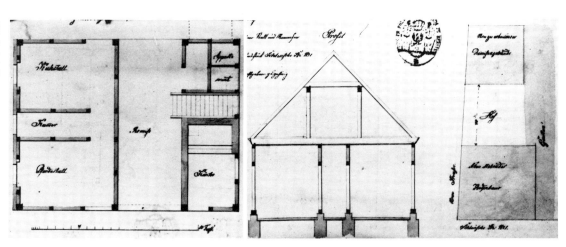

187 / **Bauantrag für ein Stall- und Remisengebäude mit Kammer, Schlesische Straße 1, vor 1842**

190 / **Ehemals gewerbliche Kellerräume, Oppelner Straße**

quer zu lüften, sie bieten jedoch bei einem Abstand von ca. 12 m bessere Belichtungsverhältnisse.

Das Angebot an Grundrissen im Block 121 ist ungewöhnlich differenziert: Während in den Vorderhäusern entlang der Oppelner Straße abgeschlossene Kleinwohnungen von ca. 35-40 m² mit einem schaltbaren Zimmer die Regel sind — in den Hinterhöfen sind sie noch kleiner —, unterscheiden sich die Wohnungszuschnitte in den übrigen Blockseiten von Haus zu Haus. In den Hinterhäusern und Seitenflügeln liegen kleinste Stube/Küche-Wohneinheiten von 25-30 m² mit zum Teil schlechtem Raumzuschnitt; im ersten und zweiten Obergeschoß der Vorderhäuser finden sich einzelne großzügige Grundrisse von 100 m² und mehr.

Die sanitäre Ausstattung besteht überwiegend aus zum Teil später eingebauten Treppenpodest-WCs oder, in den zwischen 1880 und 1886 erstellten Wohnungen, aus unbelichteten und unbelüfteten Schrankclos. Aus den Bauakten sind nur vereinzelt neue Toiletten- und Badeinrichtungen nachweisbar. Ofenheizung besteht bis auf wenige Ausnahmen durchgehend in allen Wohnungen bis heute.

Das Erdgeschoß des Blocks 121 ist mit Ausnahme der Oppelner Straße, wo sich ehemals bewohnbare und gewerbliche Räume auch im Keller befanden, durch Läden, die in Verbindung mit Wohnungen stehen, gekennzeichnet.

Besitzerstruktur

Beurteilt man die Struktur der Besitzer nach den im Adreßbuch für die Zeit der Erbauung bis zwischen den beiden Weltkriegen angegebenen Namen und Berufen, so ergibt sich eine starke Kontinuität verbunden mit überwiegender Wohn- und Gewerbenutzung durch die Eigentümer selbst. Besonders auffallend ist beides in der Falckensteinstraße, wo die Eigentümer nahezu alle über dreißig Jahre dort wohnhaft blieben: Ein Bäcker (Nr. 9/10), ein Schankwirt (Nr. 8), ein Architekt (Nr. 7) und drei als 'Eigentümer' oder 'Rentier' angegebene Besitzer (Nr. 4-6).

Ähnliches gilt auch für die Schlesische Straße; dort behaupteten sich zunächst die Gärtner sehr lange, der Gärtner Glanz noch viele Jahre nach Auflassung seiner Gärtnerei in dem von ihm nach dem Umlegungs-

191 / **Läden im Erdgeschoß, Falckensteinstraße, 1981**

verfahren erstellten prunkvollen Mietshaus Ecke Falckensteinstraße. Mit Ausnahme von einem Rentier und einem Lehrer gingen alle dort wohnhaften Eigentümer auch ihrem Beruf auf dem Grundstück selbst nach: Kaufmann, Schlachter, Zimmermeister, Fabrikant, Fleischer... Kurzfristig tauchen auch auf den meisten Grunstücken 'Kaufmänner' auf, wohl mehr im Sinne von Immobilienhändler gemeint, denn die Anlagen gehen dann bald wieder in die Hände von dort Wohnung nehmenden Besitzern über.

Die Oppelner Straße und die Wrangelstraße, ebenfalls überwiegend kontinuierlich von den Hauseigentümern bewohnt, umfassen jeweils auch als reine Renditeobjekte von Geldanlegern unterhaltene Gebäude: Oppelner Straße 43 im Besitz eines Maurerpoliers und Wrangelstraße 83 und 86 im Besitz eines Bauunternehmers bzw. mehrerer wechselnder Anleger.

Unter den langfristig dort wohnenden Hauseigentümern sind in der Oppelner Straße ein Maurer- und Zimmerpolier, Töpfermeister, Schirmmacher, Mostrichfabrikant, Schlachter und in der Wrangelstraße ein Bäcker (82), ein Fuhrunternehmer (84), Konditor (87) und Destillateur bzw. Kaufmann mit ihren Gewerben angesiedelt, soweit sie nicht bereits Rentiers sind.

Mieter

Nach den Adreßbüchern erscheint die Mieterstruktur im Block 121 weitgegehend homogen; es sind überwiegend handwerkliche Berufe genannt, in Einzelfällen Fabrikarbeiter, selten sind Angestellte, Beamte oder akademische Berufe. Eine isolierte Bewertung nach diesen alphabetischen Mieterlisten führt jedoch nicht sehr weit, da mehrere Faktoren aus dieser Quelle nicht hervorgehen:
— Ganz offensichtlich ist die Zahl der aufgeführten Hauptmieter geringer als die Anzahl der Wohnungen; das läßt auf lückenhafte statistische Erfassung schließen. Es kommt hinzu, daß die Schlafgänger und Untermieter, die bekanntlich einen extrem hohen Prozentsatz in der äußeren Luisenstadt ausmachen, grundsätzlich nicht namentlich erfaßt wurden.
— Außerdem fehlen Angaben über die Lokalisierung der Wohnungen auf dem Grundstück; es läßt sich nicht feststellen, welcher Mieter im Vorder-, Querhaus oder Seitenflügel wohnte und in welcher Etage.

Auffallend ist die häufige Nennung von Schutzmännern unter den Mietern; sie wurden vermutlich als Ornungshüter überall gern unter Vertrag genommen. Dies mag als Hinweis auf den hohen Anteil von einkommensschwachen Mietern mit entsprechend hohen sozialen Problemen gewertet werden. Über die Bewohner der herausragenden großen Wohnungen lassen sich nur vage Vermutungen aufstellen; es waren neben den Eigentümern möglicherweise die im Adreßbuch genannten 'Kaufmänner', Beamte, Rentiers und erfolgreiche selbständige Handwerker bzw. Unternehmer.

Verhältnis von Wohnung und Arbeitsplatz

Auch über das Verhältnis von Wohnung und Arbeitsplatz fehlen gesicherte Informationen im Detail. Aus dem Schriftwechsel der Bauakten ist noch am ehesten zu erfahren, welche Arbeitsstätten grundstücksweise bestanden, und wer von den dort Ansässigen auf dem gleichen Grundstück arbeitete. Kurz vor der Jahrhundertwende ist auch der im Adreßbuch verzeichnete Telefonanschluß ein Hinweis auf größere Betriebe.

Besonders häufig waren Fuhrunternehmer im Block 121 mit Ställen, Remisen und Schmiedewerkstätten, als nächstes Tischlereien. Gewerbe für den täglichen Bedarf, wie Kolonialwaren-, Milch- und Butterhändler, Schlachter, Bäcker, Schankwirtschaft, Schuster, bestanden zumeist im Kellergeschoß schon zu Beginn der siebziger Jahre im Block; sie nahmen rund um das Geviert bis zur Jahrhundertwende überwiegend im Erdgeschoß zu. Darüber hinaus gab es zahlreiche mehr oder weniger kleine Werkstätten wie z.B. eines Restaurators, eines Buchbinders, Lithographen, Töpfers, Schneiders, Sattlers und anderer selbstständiger Handwerker. Einzelne Fabri-

192 / Höfe Wrangelstraße 86, Einblick von Süden, 1981

ken, wie z.B. eine Mostrich- und eine Maschinenfabrik, werden ebenfalls genannt.

Eigentliche Fabrikbauten befanden sich nur auf einem Grundstück des Blocks, Schlesische Straße 6, dort jedoch fünf Etagen hoch in engem Abstand zu den Wohnungen.

Die Wohn- und Arbeitsbedingungen auf diesem Grundstück müssen äußerst belastend gewesen sein. 1899 sind allein 49 Mieter im Adreßbuch aufgeführt, darunter folgende gewerbliche Einrichtungen: Eine lithographische Anstalt, eine Tischlerei, ein Schankwirt, drei Schlosser, eine Buchstabenfarik, eine Buchdruckerei, eine Treibriemenfabrik, eine Gravieranstalt, eine Papierniederlage und ein Betrieb für Gasanlagen. Hier wurde jeder Zentimeter Hoffläche gewerblich genutzt, die Belästigung durch Lärm und Gerüche muß unerträglich gewesen sein. Derartige Nähe von dichtestem Wohnen und dichter gewerblicher Nutzung war der Anlaß für eine unter hygienischen und sozialen Gesichtspunkten zu fordernde Trennung der sich störenden Funktionen, wie sie wenig später propagiert und in neuen städtebaulichen Planungen verwirklicht wurde.

Hofräume

Wie bereits hervorgehoben, bildete die Bebauung Schlesische Straße 6/Wrangelstraße 83 in mehrfacher Hinsicht ein Extrem im Block 121; auf anderen Grundstücken wird die gewerbliche Nutzung weniger komprimiert gewesen sein, so daß der enge Hofraum auch zur Erweiterung des Wohnbereichs dienen konnte.

Gestaltete Grünbereiche sind jedoch überhaupt nur auf einer Parzelle überliefert: Wrangelstraße 86 hat in jedem der drei Höfe in einem eingefaßten Beet eine Linde stehen.

Als die bauliche Entwicklung im Block 121 um 1900 zum Stillstand gekommen war, bestanden hier z.T. genau die von Hegemann beklagten Mißstände. Die Höfe, die heute nach starken Kriegszerstörungen und der Aufgabe der meisten Gewerbe halböffentlicher oder privater Nutzung im Wohnumfeld dienen können, waren ursprünglich dominiert von intensiver Produktion und heftigem Anliefer- und Publikumsverkehr, d.h. einer vielfältig gemischten, sehr lebhaften, aber extrem belastenden Öffentlichkeit.

AUSWERTUNG

Die Informationen aus der Bestandsaufnahme des Blocks 121 vor dem Hintergrund der Planungs- und Sozialgeschichte haben auf mehreren Ebenen und für unterschiedliche Adressaten Bedeutung: Für den hier tätigen Planer wie für den engagierten Bewohner ist das Verständnis der heutigen Blockstruktur grundlegend; ihnen sollen Hinweise gegeben werden, um den Zeugniswert des städtebaulichen Quartiers lesen zu können. Es sollen Kenntnisse über die ursprüngliche Bestimmung und nachträgliche Veränderungen der Bauten vermittelt werden, über Planungsziele und -instrumente und die tatsächlichen Entwicklungsmechanismen im Gebiet.

AUSWERTUNG

Der Zeugniswert eines Gebäudes oder Stadtquartiers liegt in dem überlieferten materiellen Bestand. Für den Block 121 sind die Spuren der historischen Entwicklung ungewöhnlich reichhaltig; sie umfassen einen zweihundertjährigen Wachstums- und Veränderungsprozeß, der sich abzeichnet durch:

— eine Vielzahl von Gebäudetypen mit unterschiedlichem Wohnungsangebot,
— die Unterschiedlichkeit original erhaltener Fassadengestaltungen,

193 / Erster Hof Wrangelstraße 86

— den *ungewöhnlichen Verlauf der Bauflucht an der Schlesischen Straße*,
— *die besondere Grundrißbildung im Inneren des Baublocks*, d.h. unterschiedliche Parzellierung und Überbauung.

Die räumlich-bauliche Vielfalt und die augenscheinlichen gestalterischen Brüche sind eine Qualität des Baubestandes und Ausdruck seiner wechselvollen Geschichte; in ihr steckt Zeugniswert für die Ablesbarkeit der besonderen Entwicklung in diesem Bereich.

Gerade die gestalterischen ''Störungen'' des ursprünglichen Blockkonzeptes charakterisieren und beleben den Ort, Block 121, in besonderem Maße. Tendenzen zur städtebaulichen Vereinheitlichung oder auch zu einer gestalterischen Akzentuierung der Ecksituation gegenüber dem Bahnhof Schlesisches Tor würden die Erlebnismöglichkeiten allmählich gewachsener baulicher Vielfalt sowie die Ablesbarkeit baulicher Entwicklungsstufen gefährden. Die Bebauung des Blocks 121 entstand zwar auf Fluchtlinien der staatlichen Planung, in ihrer Ausführung war sie jedoch nicht auf absolutistische Gestaltungsnormen, wie sie etwa für die Immediatbauten in der Friedrichstadt bestanden, festgelegt. Aus diesem Grunde verbietet sich auch heute jedes dirigistische oder baukünstlerisch dominante Entwurfskonzept, das von der Entstehungsgeschichte des Blocks ablenkt.

Der Zeugniswert im Block 121 ist ungewöhnlich dicht, obwohl die Substanz fragmentarisch erhalten ist. Im Unterschied zum Innern der Häuser haben sich nur noch wenige Fassaden original erhalten. Für die Ablesbarkeit des allmählichen, von Einzelentscheidungen abhängigen Entstehungsprozesses auf den ehemaligen Gärtnergrundstücken ist das Nebeneinander von drei unterschiedlichen Miethaustypen mit erkennbar ungleichzeitig gestalteten Fassaden und unterbrochener Bauflucht in der Schlesischen Straße 1-8 bestimmend. Im Kontrast dazu sind die auf gleichartigen Parzellen aneinandergereihten Fassaden der Oppelner Straße 39-42 Ausdruck einer zeitlich kürzer bemessenen Phase rationalisierten und vereinheitlichten Wohnungsbaues auf neu ausgewiesenen Flächen. Die Eckdominante des pompösen Miethauses an der Schlesischen Straße/Falckensteinstraße, das im Block 121 ein Pendant hatte, steht für eine in zunehmend größeren Bau- und Finanzierungseinheiten durchgeführte Wohnungsproduktion, die das Interesse maximaler Rendite hinter Schaufassaden mit einer feudalen Repräsentationsbauten entliehenen Formensprache zu kaschieren sucht.

Auch in dem differenzierten Wohnungsangebot schlägt sich die nach bestimmten Vorgaben verlaufene Blockentwicklung nieder: Der auf Cuvryschem Großgrundbesitz entstandene Althausbestand an der Oppelner Straße wird durch die typischen Kleinwohnungen der Arbeitermietskaserne gekennzeichnet, die Bebauungsform, die zur Entstehungszeit als die einträglichste bekannt war. Entlang der nach einem großflächigen, privatwirtschaftlich bestimmten Umlegungsverfahren bebauten Falckensteinstraße besteht ein sehr vielfältiges Wohnungsangebot mit nicht nur grundstücksmäßiger, sondern auch geschoßweiser Differenzierung der Grundrisse. Die architektonisch z.T. aufwendige Gestaltung der Fassaden steht in keinem Verhältnis zu den dahinter liegenden Wohnungen, die nur vereinzelt höherem Standard genügen. Ebenfalls gebäudeweise gemischt ist das Wohnungsangebot auf den langen, sukzessive in Bauland umgewandelten ehemaligen Gärtnerparzellen zwischen Schlesischer Straße und Wrangelstraße.

Stellt man die Erkenntnisse über die Blockgeschichte in den größeren Zusammenhang städtebaulicher Entwicklung, so wird vor allem eines deutlich: Eine Kontinuität in der Resistenz gegenüber groß angelegten planerischen Veränderungen, wohl aber allmähliche Anpassung in kleinen Schritten. Die Planung Schmids von 1830 blieb in entscheidenden Punkten stecken; der Platz und die Ringstraße wurden nicht ausgeführt. Der Verwirklichung des Hobrechtplanes widersetzten sich die seit Generationen ansässigen Gärtner zum Teil über drei Jahrzehnte. Erstaunlicherweise hatte selbst der Bau der Hochbahn ab 1896, mit der Haltestelle am Schlesischen Tor, in unmittelbarer Nähe keine gestalterische Um- oder Aufwertung des Mietshausbestandes zur Folge; das Haus Schlesische Straße 1 stand unverändert über 100 Jahre bis zu seiner Zerstörung im Zweiten Weltkrieg. Die im Flächennutzungsplan eingetragene Straßenverbreiterung entlang der Schlesischen Straße beruht auf einer schon seit den dreißiger Jahren vorgesehenen Verkehrsplanung. Auch hier haben die Bewohner und Besitzer Resistenz bewiesen.

Eine Konstante im Gebiet ist die mangelnde Infrastruktur. Schmids Bebauungsplan hatte zwar große Plätze für öffentliche Zwecke ausgewiesen; der Entwurf blieb jedoch Illusion, nachdem bereits vor Beginn der Planung weite Flächen in den Besitz eines einzigen Stadtrates übergegangen waren. Lennés Schmuck- und Grenzlinienplan hatte den Bereich jenseits des Schlesischen Tores möglicherweise u.a. auch aus Gründen der Besitzverhältnisse ausgespart; Hobrechts Konzept konzentrierte sich auf die Ausweisung neuer Straßenflächen, d.h. ein öffentliches Erschließungssystem als Anreiz für private Investitionen. Jedes Grundstück, das z.B. für Schulen nötig war, wurde lange nach der Verabschiedung des Bebauungsplanes erst im Bedarfsfall gekauft. Selbst als die Gärtner sich zur Aufgabe ihrer großen Parzellen entschlossen, ließ sich die staatliche Verwaltung die Chance des Grunderwerbs von tatkräftigen Baustellenhändlern nehmen. Nachweisbar vorhandene konzeptionelle Initiativen für ein kommunales Wohnungsprogramm waren nicht durchsetzbar.

Daß es ein halbes Jahrhundert bis zur Verabschiedung eines Entschädigungsgesetzes dauerte, welches zur Durchsetzung einer staatlichen Infrastrukturplanung seit Schmid unerläßlich gewesen wäre, wirft ein Licht auf die politischen Macht- und Interessenverhältnisse. Dem zu zwei Dritteln aus Hausbesitzern zusammengesetzten Gemeinderat war eine weitgehend auf die Sicherung von öffentlichen Verkehrsflächen reduzierte Stadtplanung genehm, die dem Grundbesitzer das Recht der Bebaubarkeit nach liberalistischem Prinzip möglichst uneingeschränkt garantierte.

Im Bereich um das Schlesische Tor ist deutlich ablesbar, wer an dem Bau von Mietwohnungen verdiente; es waren vor allem die Großgrundbesitzer und später die Baustellenhändler, die sowohl die Parzellierung wie die Grundstücksüberbauung bis hin zu den Grundriß- und Fassadenplänen bestimmten. Die von Maurermeistern oder auch Baufirmen erstellten Gebäude wurden zumeist gleich weiterveräußert, blieben dann aber überwiegend in kontinuierlichem Besitz von Eigennutzern.

Ein Vergleich der baulichen Entwicklung in den beiden Fallstudiengebieten Heinrichplatz und Schlesisches Tor macht die weitreichenden, bis heute spürbaren Folgen der anfänglichen Bodenbesitzverhältnisse anschaulich: Das aus einer kleinteiligen Grundbesitzerstruktur erwachsene Quartier um den Heinrichplatz wies eine größere soziale und funktionale Mischung auf und analog dazu, unterstützt durch die vom König Friedrich Wilhelm IV. protegierte Planung Lennés, ein differenziertes Angebot öffentlicher Frei- und Grünflächen. Das Gebiet zwischen Görlitzer Bahnhof und Schlesischem Tor, das überwiegend einem Mann gehörte, war von Anfang an durch soziale Segregation, verbunden mit Unterversorgung an öffentlichen Einrichtungen, gekennzeichnet.

Die Entwicklung am Schlesischen Tor zeigt auf, daß sich in diesem kleinräumlichen Bereich Probleme abgezeichnet haben, die als reine Widerspiegelung der vom Liberalismus gekennzeichneten Stadtgeschichtsperiode des 19. Jahrhunderts verstanden werden können.

Spurensicherung und quartiersgeschichtlicher Rückblick sollen weder der historischen Rekonstruktion noch als Entwurfshilfe in irgendeinem Stil dienen. Die Untersuchung versucht vielmehr, auf die Frage zu antworten, welche Bedeutung und welche Qualität heute die als Arbeitermietskasernenviertel abqualifizierten Wohngebiete für ihre Bewohner noch haben und möglicherweise haben können.

Welches sind die Werte, die in der überlieferten Quartiersstruktur des Blocks 121 enthalten bzw. angeeignet werden können? Für die Bewohner definiert sich der Gebrauchswert in aller Regel nicht historisch mit dem Zeugnis- oder Erkenntniswert; für sie zählen die baulichen und stadträumlichen Gegebenheiten sowie ihre langfristige Nutzbarkeit. Wesentliche Vorteile, die traditionell zum Gebiet gehören, sind:
— der Vorrat unterschiedlicher Wohnungstypen
— die Anbindung an den öffentlichen Verkehr
— ein reiches Angebot an Läden
— eine Differenzierung öffentlicher und halböffentlicher Freiräume
— eine vertretbare Mischung ethnischer Gruppen.

Ein Teil der aufgezählten Qualitäten, die zu einer Neubewertung des Gebrauchswertes der Arbeitermietskaserne heute beitragen, beruht auf Veränderungen, die seit der Jahrhundertwende, vor allem aber nach dem Zweiten Weltkrieg, hier stattgefunden haben.

Um nur die wichtigsten Punkte zu nennen:
— Im Blockinnern hat insbesondere infolge von Kriegszerstörungen bereits eine deutliche Entkernung stattgefunden. Fabriken und verschiedenartigste Gewerbe, die ehemals das Wohnumfeld durch Geräusche, Gerüche und Besetzung von Freiflächen stark beeinträchtigten, sind nahezu vollständig ausgeräumt. D.h. heute gäbe es die Möglichkeit, gewerbliche Nutzungen, soweit sie sich mit dem Wohnen vereinbaren lassen, zu unterstützen und zu reaktivieren.
— Private und öffentlich nutzbare Frei- und Grünflächen sind hinzugekommen; sie tragen zu einer deutlichen Verbesserung des Wohnwertes bei.
— Die Belegungsdichte der Mietshäuser ist entschieden zurückgegangen. Es gibt heute praktisch keine Kellerwohnungen mehr; die Familien sind kleiner und verteilen sich gelegentlich auch bereits auf mehr als eine der aus Stube, Küche, Kammer bestehenden Kleinwohnungen. Auch ist es nicht mehr üblich, an außerhalb der Familie Stehende, wie ehemals an Schlafgänger, zu vermieten.

In eine aktuelle Bewertung müssen natürlich auch die negativen Veränderungen eingehen. Dazu gehört die langfristige Unterlassung der Instandhaltung einzelner Gebäude ebenso wie der Mangel an haustechnischer Modernisierung, die nicht zuletzt die Folge langjähriger Planungsunsicherheit sind. Die von Ausländern bewohnten Häuser sind auch heute noch zumeist überdurchschnittlich dicht belegt. Die mangelnde Infrastruktur gehört zu den konstanten Problemen des Gebiets; sie bestand von Beginn an in Abhängigkeit von der in diesem Stadtbereich konzentrierten sozial benachteiligten Bevölkerungsstruktur.

Die Geschichte des Quartiers gibt auch heute angesichts des großen Anteils ausländischer Bewohner ohne politisches Wahlrecht kaum Anlaß, auf eine Infrastrukturplanung zu hoffen, die das unumgängliche Minimum überschreitet.

Astrid Debold-Kritter

ANMERKUNGEN

1 / Die vorliegende planungs- und sozialgeschichtliche Studie ist Ergebnis eines Forschungsvorhabens, das die Bauausstellung GmbH, Arbeitsgruppe Stadterneuerung im März 1980 in Auftrag gegeben hatte. Die verantwortliche Koordinatorin des Projektes, Frau Prof. Dr. Kristiana Hartmann, erarbeitete mit Frau Dipl. Ing. Christiane Bascón-Borgelt, Frau Dr. Phil. Astrid Debold-Kritter und Frau Dipl. Ing. Karin Ganssauge das Forschungs-Konzept. Die individuelle Ausarbeitung, die kontinuierliche gemeinsame Abstimmung und Redaktion fand zwischen Juli 1980 und Juli 1982 statt. Dem Auftraggeber wurden Zwischenberichte gegeben. Die Endredaktion erfolgte im März 1983. Das Gesamtergebnis soll inhaltliche Basis einer gesonderten Ausstellung: "Sozial- und Planungsgeschichte der Luisenstadt" sein.

2 / Ingrid Thienel, "Industrialisierung und Städtewachstum. Der Wandel der Hauptsiedlungsformen in der Umgebung Berlin, 1800-1850", in: Otto Büsch (Hrsg.), Untersuchungen zur Geschichte der frühen Industrialisierung vornehmlich im Wirtschaftsraum Berlin/Brandenburg, Berlin 1971, S. 112.

3 / ebd., S. 112 u. 114.

4 / Karl Friedrich Wilhelm Dieterici, Statistische Übersicht der Stadt Berlin (mit Karte: Darstellung von Berlin, wie es sich nach und nach erweitert hat), in: Berliner Kalender, Berlin 1844, S. 171.

5 / I. Thienel, Industrialisierung..., a.a.O., S. 115 f.

6 / vgl. Johann Friedrich Geist, Klaus Kürvers, Das Berliner Mietshaus 1740-1862. Eine dokumentarische Geschichte der von Wülcknitzschen Familienhäuser vor dem Hamburger Tor, der Proletarisierung des Berliner Nordens und die Stadt im Übergang von der Residenz zur Metropole, München 1980, S. 42-44.

7 / I. Thienel, Industrialisierung..., a.a.O., S. 117, zit. nach: Johann David Friedrich Rumpf, Berlin und Potsdam. Eine Beschreibung aller Merkwürdigkeiten dieser Städte und ihrer Umgebungen, Bd. 1, Berlin 1804, S. 63 f.

8 / Paul Clauswitz, Die Städteordnung von 1808 und die Stadt Berlin, Berlin 1908, S. 9.

9 / Friedrich Nicolai, Beschreibung der königlichen Residenzstädte Berlin und Potsdam, aller daselbst befindlicher Merkwürdigkeiten, und der umliegenden Gegend, Band I, Berlin 1786, S. 140.

10 / K. F. W. Dieterici, Statistische Übersicht...,a.a.O., S. 213.

11 / Johann Friedrich Bachmann, Die Luisenstadt. Versuch einer Geschichte derselben und ihrer Kirche, Berlin 1838, S. 28.

12 / Katharina Altmann u.a., Die Luisenstadt. Ein Heimatbuch. Berlin 1927, S. 77.

13 / J. F. Bachmann, Die Luisenstadt...,a.a.O., S. 72 f., zit. nach: Küster in seinem alten und neuen Berlin, ohne Orts- und Zeitangabe, T. I, S. 17 und T. III, S. 123.

14 / ebd., S. 73.

15 / ebd., S. 159 u. 160, zit. nach: Kosmann, Denkwürdigkeiten des Preußischen Staates, 5. Bd., ohne Ortsangabe, 1803, S. 243, 249.

16 / ebd., S. 160 f.

17 / ebd.

18 / ebd., S. 20.

19 / ebd., S. 116.

20 / K. Altmann, Die Luisenstadt..., a.a.O., S. 77.

21 / J.F. Bachmann, Die Luisenstadt..., a.a.O., S. 115, zit. nach: Nicolai, ohne weitere Angaben.

22 / Berliner Leben 1806-1847. Erinnerungen und Berichte. Ruth Köhler und Wolfgang Richter (Hrsg.), Potsdam 1954, S. 8 f., zit. nach: Heinrich Eduard Kochhann, Tagebücher, Albert Kochhann (Hrsg.), I. im Vaterhause, II. Zeitbilder aus den Jahren 1830-1840, III. Mitteilungen aus den Jahren 1839-1848, Berlin 1905, 1906.

23 / Horant Fassbinder, Berliner Arbeiterviertel 1800-1918, Berlin 1975, S. 32; Ernst Kaeber, "Die Epochen der Berliner Wirtschaftsgeschichte", in: Beiträge zur Berliner Geschichte, Veröffentlichungen der historischen Kommission zu Berlin, Bd. 14, Berlin 1964, S. 181.

24 / Andreas Voigt, "Die Bodenbesitzverhältnisse, das Bau- und Wohnungswesen in Berlin und seinen Vororten", in: Schriften des Vereins für Sozialpolitik, Neue Untersuchungen über die Wohnungsfrage in Deutschland und im Ausland. Deutschland und Österreich, Leipzig 1901, S. 169-173.

25 / Werner Hegemann, Das steinerne Berlin, Bauwelt Fundamente 3, Frankfurt/M. 1963, zitiert nach: Nicolai, keine Angaben, S. 185.

27 / "Preußisches Allgemeines Landrecht" (ALR), von Friedrich d. Gr. befohlene Kodifikation des gesamten in Preußen geltenden Rechts; es trat am 1.6.1794 in Kraft. Die Gesetzgebung, die unter dem Einfluß der Naturrechtslehre und Aufklärung stand und deshalb von konservativen Hof- und Adelskreisen stark bekämpft wurde, lag in den Händen von C.G. Suarez und wurde eine durchgreifende Reform, die im öffentlichen Recht verfassungsgebenden Charakter gewann. Es enthält Staats-, Stände-, Lehn-, Kirchen-, Straf- und Privatrecht. Nicht aufgenommen sind Verwaltungs-, Prozeß- und Militärrecht. Seine allzu große Ausführlichkeit erklärt sich aus dem Gedanken, die Gesetze sollten herrschen, nicht die Menschen." Nach: Brockhaus Enzyklopädie, 17. völlig neu bearbeitete Aufl., 19. Bd., Wiesbaden 1974, S. 526.

28 / W. Hegemann, Das steinerne Berlin..., a.a.O., S. 117-118.

29 / A. Voigt, Die Bodenbesitzverhältnisse..., a.a.O., S. 185.

30 / Dies wird in einem Organ der öffentlichen Feuerschutzversicherungsanstalt bestätigt, in dem festgestellt wird, daß "eine vollständige Verwilderung des Taxwesens eingerissen ist, und daß die Auftreibung den Zweck hat, eine höhere Hypothekenbeleihung und damit einen höheren Verkaufswert zu erreichen", zit. nach: Rudolf Eberstadt, Handbuch des Wohnungswesens und der Wohnungsfrage, 4. Aufl., Jena 1920, S. 157.

31 / Die Ablösung betrug ca. das fünfundzwanzigfache der jährlichen Pachtsumme, vgl.: A. Voigt, Die Bodenbesitzverhältnisse..., a.a.O., S. 154.

32 / Günter Liebchen, "Zu den Lebensbedingungen der unteren Schichten im Berlin des Vormärz", in: Otto Büsch (Hrsg.), Untersuchungen zur Geschichte der frühen Industrialisierung vornähmlich im Wirtschaftsraum Berlin/Brandenburg, Berlin 1971, S. 271.

33 / Die Städteordnung, 1810 vom König verabschiedet, war eine Reaktion auf die bisherige staatliche Bevormundung mit dem Ziel der Wiedereinführung städtischer Selbstverwaltung, durch welche sich die Interessen der Bürger besser durchsetzen ließen (Einführung der bürgerlichen Gesellschaft), aber auch Bürger zur ehrenamtlichen und politischen Arbeit motiviert werden sollten. Die Städteordnung war eine Reform von oben; sie entsprach noch nicht dem Bewußtsein der Bürger, die ihre Rolle als Untertanen und die Funktion des absolutistischen Staates — Fürsorge und Kontrolle — als gegeben hinnahmen.

34 / Lothar Baar, Die Berliner Industrie in der industriellen Revolution (Veröffentlichungen des Instituts für Wirtschaftsgeschichte an der Hochschule für Ökonomie Karlshorst), Berlin 1966, S. 15.

35 / Luisenstädtischer Kanal 1848-52, Schöneberger Hafen 1853, Landwehrkanal 1850, Spandauer Schiffahrtskanal 1855.

36 / Potsdamer- (1838), Stettiner- (1842), Schlesische- (1842), Anhalter- (1841), Görlitzer- (1865) Bahn.

37 / L. Baar, Die Berliner Industrie..., a.a.O., S. 23.

38 / G. Liebchen, Zu den Lebensbedingungen..., a.a.O., S. 270.

39 / L. Baar, Die Berliner Industrie..., a.a.O., S. 38.

40 / Ingrid Thienel, Städtewachstum im Industrialisierungsprozeß des 19. Jahrhunderts. Das Berliner Beispiel. Veröffentlichungen der Historischen Kommission zu Berlin, Band 39, Berlin 1974, S. 86; Statistisches Jahrbuch der Stadt Berlin, 34. Jg., Berlin 1920.

41 / G. Liebchen, Zu den Lebensbedingungen..., a.a.O., S. 278.

42 / L. Baar, Die Berliner Industrie..., a.a.O., S. 169.

43 / I. Thienel, Städtewachstum..., a.a.O., S. 97 f.

44 / vgl. ebd., S. 99; G. Liebchen, Zu den Lebensbedingungen..., a.a.O., S. 281; L. Baar, Die Berliner Industrie..., a.a.O. , S. 172 f.

45 / vgl. Friedrich Sass, Berlin in seiner neuesten Zeit und Entwicklung, Leipzig 1846; Sass berichtet ausführlich über die Proletarisierung im Seidenwirker- und dem Tischlerhandwerk, S. 258 ff.

46 / ebd., S. 250 f.

47 / "Verlagssystem, eine Form dezentralisierter Gütererzeugung, wobei der Verleger die Rohstoffe beschafft, vorschußweise ausgibt (vorlegt) und den Absatz organisiert, manchmal auch kostspieligere Arbeitsgeräte leiht, während die Arbeit in Heimarbeit (Hausgewerbe, Hausindustrie) ausgeführt wird. Es wurde auch als 'dezentralisierter Großbetrieb' bezeichnet, da der Produzent darin von der kaufmänn. Planung des Verlegers abhängt, und hieß im 18. Jahrhundert häufig 'Fabrik'. In der Tat ist er neben der Manufaktur eine Hauptwurzel des modernen Fabrikwesens." Nach: Brockhaus..., a.a.O., 15. Bd., Wiesbaden 1972, S. 129.

48 / L. Baar, Die Berliner Industrie..., a.a.O., S. 177.

49 / J.F. Geist, K. Kürvers, Das Berliner Mietshaus..., a.a.O., S. 470.

50 / Gemeinheitsteilungsgesetz von 1821; ein "Erlaß, der die 'Allmende', Wald, Gewässer und Weiden der Gemeinden aufteilt und in privaten Besitz überführt. Da diese sogenannten Gemeinheitsteilungen nicht zu gleichen Teilen erfolgen, sondern proportional zum Landbesitz des einzelnen, verschiebt sich der Landbesitz zugunsten der Junker". Zit. nach: J.F. Geist, K. Kürvers, Das Berliner Mietshaus..., a.a.O., S. 72.

51 / A. Voigt, Die Bodenbesitzverhältnisse..., a.a.O., S. 153.

52 / J.F. Geist, K. Kürvers, Das Berliner Mietshaus..., a.a.O., S. 471.

53 / Manfred Hecker, "Die Luisenstadt — ein Beispiel der liberalistischen Stadtplanung und baulichen Entwicklung Berlins zu Beginn des 19. Jahrhunderts", in: Berlin zwischen 1789 und 1848, Facetten einer Epoche, Ausstellungskatalog der Akademie der Künste Berlin, Berlin 1981, S. 125.

54 / vgl. ebd., S. 127-131.

55 / ebd., S. 131

56 / J.F. Bachmann, Die Luisenstadt..., a.a.O., S. 234.

57 / Manfred Hecker, Die Bauwerke und Kunstdenkmäler von Berlin, Bezirk Kreuzberg. Karten und Pläne, Berlin 1980, Plan 20.

58 / P. Clauswitz, Die Städteordnung..., a.a.O., S. 167.

59 / vgl. J.F. Geist, K. Kürvers, Das Berliner Mietshaus..., a.a.O., S. 76-94.

60 / ebd., S. 473.

61 / Das Weichbild beinhaltet ein Gebiet, das über die Stadtmauer hinausreicht und Ländereien umfaßt, die von der Bürgerschaft bewirtschaftet werden und abgabepflichtig sind. Das Weichbild deckt sich mit der städtischen Gerichtsbarkeit. In Berlin taucht der Begriff "Weichbild" erst in der Städteordnung von 1808 auf. Dort wird das Stadtgebiet als "Stadt und Vorstädte" nur ungenau definiert, so daß jahrelange Kompetenzstreitigkeiten zwischen Staat und Landkreis folgten. 1831 wurde die Weichbildgrenze erweitert. 1846 erschien die erste amtliche Karte mit der eingetragenen Weichbildgrenze. 1861 fand die zweite große Weichbilderweiterung statt. Die Grenze des Bebauungsplans von 1862 ist nicht mit dieser Weichbildgrenze identisch. (Vgl. J.F. Geist, K. Kürvers, Das Berliner Mietshaus..., a.a.O., S. 468 f.)

62 / Paul Otto Rave, Karl Friedrich Schinkel, Lebenswerk Berlin. Stadtpläne, Brücken, Straßen, Tore, Plätze, Berlin 1948, S. 27-28.

63 / zit. nach: ebd.

64 / zit. nach: ebd.

65 / M. Hecker, Die Luisenstadt..., a.a.O., S. 134.

66 / zit. nach: Gerhard Hinz, Peter Josef Lenné und seine bedeutendsten Schöpfungen in Berlin und Potsdam, Berlin 1937, S. 178-180.

67 / zit. nach: ebd., S. 184.

68 / ebd., S. 182.

69 / ebd., S. 181.

70 / Manfred Hecker, Die Berliner Mietskaserne, in: Die Stadt im 19. Jahrhundert, Ludwig Grote, (Hrsg.), München 1974, S. 274.

71 / M. Hecker, Die Luisenstadt..., a.a.O., S. 136.

72 / Bericht über die Gemeindeverwaltung der Stadt Berlin von 1861-1875, Bd. 2, Berlin 1879, S. 5.

73 / Neben den Versuchen Lennés, eine integrierte Gesamtplanung für die Residenz aufzustellen, die ihm durch die sinkende Macht des Königs in den 40er Jahren und die fehlenden öffentlichen Geldmittel nicht ohne Kompromisse gelang, war Lenné beauftragt, Bebauungspläne für die Umgebung Berlins zu erarbeiten. Die bauliche Entwicklung der 40er Jahre, wie z.B. die Tatsache, daß sich die Eisenbahngesellschaften an entscheidenden Stellen große Areale von Grund und Boden zu sichern begannen, brachte es mit sich, daß der Plan der "Schmuck- und Bauanlagen der Residenz" von 1843, im Gegensatz zum nur fünf Jahre vorher aufgestellten "Plan der Schmuck- und Grenzzüge" in verschiedene Teilbereiche zerfällt (Geist, S. 479).
In den 50er Jahren entwickelte Lenné Teilpläne für den südlichen, westlichen und östlichen Vorortbereich, also auch für das Köpenicker Feld außerhalb der Stadtmauer, die den Schmidplan ersetzen sollten. Nur noch einer dieser Pläne, die Section IV — sie enthält Teile des Generalzugs — ist heute überliefert. Da dieser mit nur geringfügigen Änderungen in die Abteilung III des daraufolgenden Bebauungsplans von 1862 übernommen worden ist, liegt der Schluß nahe, daß die übrigen Entwürfe Lennés ebenfalls in diesen Plan, jedoch in die Abteilungen I und II, die den östlichen und südlichen an das Köpenicker Feld grenzenden Bereich betreffen, eingeflossen sind. Hinz, a.a.O., S. 110.

74 / Allgemeine Erläuterungen des Bebauungsplans vom 18.7.1862, zit. n. J.F. Geist, K. Kürvers, Das Berliner Mietshaus..., a.a.O., S. 500 f.

75 / vgl. Emmy Reich, Der Wohnungsmarkt in Berlin 1840-1910, München und Leipzig 1912

76 / J.F. Bachmann, Die Luisenstadt..., a.a.O., S. 200.

77 / I. Thienel, Städtewachstum..., a.a.O., Tab. V, S. 371.

78 / Im Jahr 1828 schätzte der Magistrat die Zahl der minderbemittelten Familien auf etwa 37.000, also auf fünf Siebtel aller Berliner Familien; vgl. Statistische Uebersicht von der gestiegenen Bevölkerung der Haupt- und Residenzstadt Berlin in den Jahren 1815 bis 1828 und der Communal-Einnahmen und Ausgaben derselben in den Jahren 1805 bis 1828, Berlin 1829. Ende 1830 trat eine verhältnismäßige Besserung ein, so daß sich die Zahlen etwa auf 25 Prozent beliefen; G. Liebchen, Zu den Lebensbedingungen..., a.a.O., S. 293-297.

79 / K. Altmann, Die Luisenstadt..., a.a.O., S. 78.

80 / I. Thienel, Städtewachstum..., a.a.O., S. 110.

81 / Allgemeiner Wohnungsanzeiger bzw. Boike's Allgemeiner Wohnungsanzeiger für Berlin, Charlottenburg und Umgebungen auf das Jahr 1850. Berlin 1850, T. 2, S. 72, 113 ff.

82 / I. Thienel, Städtewachstum..., a.a.O., S. 111.

83 / ebd., S. 78.

84 / J.F. Geist, K. Kürvers, Das Berliner Mietshaus..., a.a.O., S. 89, 91.

85 / J.F. Bachmann, Die Luisenstadt..., a.a.O., S. 213.

86 / ebd., S. 223, 224.

87 / Acta des Kgl. Polizei-Präsidii zu Berlin, betr. das Grundstück Oranienstr. 48-51, Bauaktenarchiv Bezirksamt Kreuzberg.

88 / H. Fassbinder, Berliner Arbeiterviertel..., a.a.O., S. 62.

89 / I. Thienel, Industrialisierung..., a.a.O., S. 124.

90 / vgl. K. Altmann, Die Luisenstadt..., a.a.O.

91 / Die Schulen standen seit 1826 teils unter königlichem Patronat, teils unter der städtischen Verwaltung. Das Schulwesen bestand aus Gymnasien, Bürgerschulen, den späteren Realschulen und den Elementarschulen, wovon nur die Communal- oder Armenschulen städtische Einrichtungen waren. Vgl. Verwaltungsbericht der Stadt Berlin 1829-1840.

92 / Die meisten Gewerbe zählten nicht mehr als fünf Beschäftigte: das traf auf 99 % der Konfektionsbetriebe, 78 % der Metallverarbeitungsbetriebe, 68 % der Betriebe des Werkzeug-, Instrumenten-, und Apparatebaues zu. Von 1875 13966 bestehenden Betrieben hatten lediglich 1168 mehr als fünf Beschäftigte. Vgl. I. Thienel, Städtewachstum..., a.a.O., S. 366.

93 / K. Altmann, Die Luisenstadt..., a.a.O., S. 102-104.

94 / I. Thienel, Städtewachstum..., a.a.O., S. 147.

95 / ebd., S. 366.

96 / vgl. Philipp Nitze, Die Entwicklung des Wohnungswesens in Groß-Berlin, Berlin 1913, S. 55-59 und Heinz Ehrlich, Die Berliner Bauordnungen, ihre wichtigsten Bauvorschriften und deren Einfluß auf den Wohnhausbau der Stadt Berlin, Berlin 1933, S. 25-30 ff.

97 / Die Zuständigkeiten von Staat und Kommune wurden in der Städteordnung von 1853 geregelt.

98 / Gerhard Geissler, Paul Langner, Werden und Wachsen des Bezirks Kreuzberg, Berlin 1953, S. 102.

99 / K. Altmann, Die Luisenstadt..., a.a.O., S. 50.

100 / Die privaten Eisenbahnen wurden ab 1880 verstaatlicht; vgl. Ingrid Krau, Die Entwicklung des Industriestandortes Berlin 1870-1914, in: Fassbinder, Berliner Arbeiterviertel..., a.a.O., S. 133.

101 / Alfred Zimm, Die Entwicklung des Industriestandortes Berlin, Berlin 1959, S. 80-120 ff.

102 / "Wohn- und Arbeitsstätten am selben Ort haben:
im Kleingeschäftshandel   86,47 %
im Großgeschäftshandel   73,77 %
im Handwerk   92,12 %
im Großhandel   70,00 %
im Fabrikwesen   66,60 %
der Rest hat eine viertel Stunde Weg..."

vgl. Ilse Balg, Werner March, Umsetzung von Gewerbebetrieben im Sanierungsgebiet Kreuzberg von Berlin, Berlin 1967, S. 18.

103 / In der Luisenstadt war ebenfalls bis 1890 ein starker Zustrom von Einwanderern zu verzeichnen, der danach aufgrund der fortschreitenden Verdrängung der Wohnnutzung durch Gewerbe abnahm:
1875   177.377   Einwohner
1890   201.681   Einwohner
1910   157.162   Einwohner

vgl. A. Zimm, Die Entwicklung des Industriestandortes..., a.a.O., S. 75, 116.

104 / I. Krau, Die Entwicklung des Industriestandortes..., a.a.O., S. 139.

105 / A. Zimm, Die Entwicklung des Industriestandortes, ..., a.a.O., S. 62.

106 / ebd., S. 103.

107 / P. Nitze, Die Entwicklung des Wohnungswesens..., a.a.O., S. 62.

108 / Manfred Semmer, Sanierung von Mietskasernen, Berlin 1970, S. 21.

109 / Die Auswirkungen der Bauordnung stellt I. Thienel dar: Mit der Intention der sozialen und funktionalen Gliederung des Siedlungsraumes durch die Einteilung in Bauklassen und durch das Verbot von Produktionsstätten in bestimmten Ortsteilen wurde der Prozeß der sozialen Segregation und Funktionstrennung in der Stadt gefördert. Ingrid Thienel, "Verstädterung, städtische Infrastruktur und Stadtplanung, Berlin zwischen 1850 und 1914", in: Zeitschrift für Stadtgeschichte, Stadtsoziologie und Denkmalpflege, H. 1, 4. Jg. 1977, Stuttgart, Berlin, Köln, Mai 1977, S. 77.

110 / H. Fassbinder, Berliner Arbeiterviertel..., a.a.O., S. 105.

111 / Acta des Kgl. Polizei-Präsidii zu Berlin betr. das Grundstück Naunystr. 7-11, Landesarchiv Berlin.

112 / K. Altmann, Die Luisenstadt..., a.a.O., S. 151.

ANMERKUNGEN

113 / I. Balg, W. March, Umsetzung von Gewerbebetrieben..., a.a.O., S. 21.

114 / K. Altmann, Die Luisenstadt..., a.a.O., S. 155.

115 / ebd., S. 74.

116 / ebd., S. 127.

117 / ebd., S. 80-82.

118 / E. Reich, Der Wohnungsmarkt..., a.a.O., S. 30.

119 / vgl. ebd., S. 29-47; R. Eberstadt, Handbuch des Wohnungswesens..., a.a.O., S. 100-158.

120 / vgl. F. Sass, Berlin in seiner neuesten Zeit..., a.a.O., S. 36-43; sowie Adolf Braun, Berliner Wohnungsverhältnisse. Denkschrift der Berliner Arbeiter-Sanitäts-Kommission, Berlin 1893, der in seinem Anhang einen Mietskontrakt beigefügt hat.

121 / vgl. Ernst Engel, "Die Wohnungsnoth. Ein Vortrag auf der Eisenacher Conferenz am 6. October 1872", in: Zeitschrift des Königlich Preußischen Statistischen Bureaus, Jg. 12, S. 379-402.

122 / Richard Boeckh, Die Bevölkerungs-, Gewerbe- und Wohnungsaufnahme vom 1. Dezember 1875 in der Stadt Berlin, H. 1-4, Berlin 1879. Werden im folgenden zu den Statistiken keine Belege genannt, beziehen sie sich auf dieses Material.

123 / vgl. ebd., Tabelle Bd. 1, S. 108.

124 / E. Reich, Der Wohnungsmarkt..., a.a.O., S. 120.

125 / vgl. I. Thienel, Städtewachstum..., a.a.O., Tab. XII, S. 391.

126 / vgl. ebd., Tab. XIII, S. 393 und S. 160.

127 / vgl. ebd.

128 / R. Boeckh, Die Bevölkerungs-, Gewerbe- und Wohnungsaufnahme..., a.a.O., H. 2, Tab. II, 1a, S. 36.

129 / E. Reich, Der Wohnungsmarkt..., a.a.O., S. 121.

130 / R. Boeckh, Die Bevölkerungs-, Gewerbe- und Wohnungsaufnahme..., a.a.O., H. 1, S. 93.

131 / ebd., H. 2, Tab. I, 1a, S. 12^+.

132 / Stern Nr. 5, 22.1.1981, zit. nach: Berliner Handpresse Nr. 2 (ohne weitere Angaben).

133 / vgl. I. Thienel, Städtewachstum..., a.a.O., Tab. XIII, S. 393.

134 / R. Boeckh, Die Bevölkerungs-, Gewerbe- und Wohnungsaufnahme..., a.a.O., H. 2, Tab. I, 1, 2, S. 25^+ und Tab. III, 1c, S. 56^+.

135 / Hermann Schwabe, "Die Berliner Kellerwohnungen nach ihrer Räumlichkeit und Bewohnerschaft", in: Berlin und seine Entwicklung, Städtisches Jahrbuch für Volkswirtschaft und Statistik, 5. Jg., Berlin 1871, S. 95.

136 / A. Braun, Berliner Wohnungsverhältnisse..., a.a.O., S. 32 f.

137 / ebd., S. 36 f.

138 / H. Fassbinder, Berlin Arbeiterviertel..., a.a.O., S. 93 f., zit. nach: Der Volksstaat Nr. 63, 25 Juli 1873.

139 / E. Engel, Die Wohnungsnoth..., a.a.O., S. 382.

140 / ebd.

141 / A. Braun, Berliner Wohnungsverhältnisse..., a.a.O., S. 22.

142 / vgl. I. Thienel, Städtewachstum..., a.a.O., Tab. XI, S. 390.

143 / R. Boeckh, Die Bevölkerungs-, Gewerbe- und Wohnungsaufnahme..., a.a.O., H. 2, S. 48 f.

144 / A. Braun, Berliner Wohnungsverhältnisse..., a.a.O., S. 22.

145 / F. Sass, Berlin in seiner neuesten Zeit..., a.a.O., S. 11 f.

146 / vgl. I. Thienel, Städtewachstum..., a.a.O., Tab. XI, S. 389.

147 / F. Sass, Berlin in seiner neuesten Zeit..., a.a.O., S. 24-26.

148 / A. Zimm, Die Entwicklung des Industriestandortes Berlin..., a.a.O., zit. nach: Statistisches Jahrbuch der Stadt Berlin, 1872, S. 249.

149 / Vossische Zeitung, 28.8. 1873.

150 / vgl. E. Engel, Die Wohnungsnoth..., a.a.O., S. 379-402.

151 / ebd., S. 381.

152 / ebd., S. 380.

153 / vgl. Carl Wilhelm Hoffmann, Die Berliner Gemeinnützige Baugesellschaft (Die Wohnungen der Arbeiter und Armen, H. 1), Berlin 1852.

154 / "Die 'Berliner Gemeinnützige Baugesellschaft' und vor allem die beabsichtigte Verwandlung des eigentumslosen Arbeiters in einen arbeitenden Eigentümer war zur Zeit ihrer Konzeption in den Jahren 1847/48 in erster Linie ein politisches Instrument im Zusammenhang mit dem zur Staatsbedrohung werdenden Proletariat. Das Geheimnis dieser 'Verwandlung' liegt darin, daß sich die Aktionäre mit einer 4 %igen statt der üblichen 6 %igen Verzinsung ihrer Aktien begnügten und die verbleibenden 2 % einsetzen, eine staatstreue, 'vor dem Proletariat gesicherte' Zwischenschicht von 'kleinen Leuten' materiell und ideologisch an sich zu binden. Mit der zunehmenden Konsolidierung bürgerlich-kapitalistischer Wohnverhältnisse in Preußen muß folgerichtig die Motivation zu einem solchen Profitverzicht wegfallen, so daß die finanzielle Grundlage der Gemeinnützigen Baugesellschaft zunehmend in Widerspruch tritt mit den tatsächlich sich entwickelnden gesellschaftlichen Verhältnissen.", J.F. Geist, K. Kürvers, Das Berliner Mietshaus, a.a.O., S. 458; vgl. auch ebd. S. 425-463.

155 / Ernst Bruch, "Berlin's bauliche Zukunft", in: Deutsche Bauzeitung, Berlin 1870, S. 55.

156 / "Liebenowplan von 1867", vgl. Manfred Hecker, Die Bauwerke und Kunstdenkmäler von Berlin, Bezirk Kreuzberg Karten und Pläne, Plan 24, Berlin 1980.

157 / Vgl. Rudolf Eberstadt, Handbuch des Wohnungswesens und der Wohnungsfrage, 4. Auflage, Jena 1920, S. 100-158.

158 / ebd.

159 / Zur Entwicklung des Berliner Mietshauses vgl.: Philipp Nitze, Die Entwicklung des Wohnungswesens in Groß-Berlin, Berlin 1913; Albert Gut, Das Berliner Wohnhaus, Beitrag zu seiner Geschichte und seiner Entwicklung in der Zeit der landesfürstlichen Bautätigkeit, 17. und 18. Jahrhundert, Berlin 1917; Heinz Ehrlich, Die Berliner Bauordnungen, ihre wichtigsten Bauvorschriften und deren Einfluß auf den Wohnhausbau der Stadt Berlin, Berlin 1933; Manfred Hecker, "Die Berliner Mietskaserne", in: Die Stadt im 19. Jahrhundert, hrsg. v. Ludwig Grote, München 1974; Goerd Peschken, "Das Berliner Mietshaus und die Sanierung", in: Architektur, Stadt und Politik: Julius Posener zum 75. Geburtstag; hrsg. v. Burkhard Bergius u.a., Werkbund-Archiv, Jahrbuch 4, Gießen 1979.

160 / Baupolizeiordnung für den Stadtkreis Berlin vom 21. April 1853, vgl. § 5.

161 / Magrit Christensen, Renate Peiffer, Instandsetzung und Modernisierung von Altbauten in Berlin unter Berücksichtigung von Kosten- und Energieeinsparung, Diplomarbeit am Fachbereich 8, Institut für Wohnungsbau und Stadtteilplanung, TU Berlin 1979, Berlin.

162 / P. Nitze, Die Entwicklung des Wohnungswesen..., a.a.O., S. 64.

163 / Die tatsächlichen Wohnungsgrößen sind nicht genau erfaßbar, der Plan gibt nur die Möglichkeit der Nutzung; die Anzahl der Mietparteien in den Adreßbüchern entsprechen in den seltensten Fällen den gezeichneten Wohnungsgrundrissen.

164 / Ingrid Thienel, Städtewachstum im Industrialisierungsprozeß des 19. Jahrhunderts, Veröffentlichungen der Historischen Kommission zu Berlin, Band 39, Berlin 1973, S. 147 und Tab. XIII, S. 394.

165 / 1856 gab es das erste Wasserwerk, das als privates Unternehmen nach Nachfrage arbeitete, 1873 wurde es von der Stadt übernommen und im Zusammenhang mit der Kanalisation die Wasserversorgung systematisch betrieben.

166 / 1825 entstand die erste Gasanstalt vor dem Halleschen Tor, die vorwiegend Straßen- und Hofbeleuchtungen einführte, seit 1870 auch Wohnungsanschlüsse belieferte.

167 / Theodor Goecke, "Das Berliner Arbeiter-Mietshaus", in: Deutsche Bauzeitung, Berlin 1890, S. 501.

168 / Die Wohnungszwangswirtschaft besteht z.T. bis heute noch; sie wurde mit der geplanten Beendigung der Mietpreisbindung für Altbauten in Berlin endgültig aufgehoben.

169 / "Soweit Balkons über die Fluchtlinie hinausgehen, müssen sie eine Entfernung von der Nachbargrenze von mindestens 5 Fuß und von dem Straßenpflaster von 10 Fuß haben, und dürfen höchstens 6 Fuß, niemals über die ganze Breite des Bürgersteigs, vorspringen." § 13 der Bauordnung von 1853.
Nach der Änderung von 1864 mußten solche vorstehenden Bauteile von der Nachbargrenze einen Abstand von 5 Fuß (1,60 m) haben. Im Erdgeschoß waren, außer in Vorgärten, Vorbauten nicht gestattet. In den oberen Geschossen durfte ihre Ausladung 4 Fuß (1,30 m) nicht überschreiten; vgl. Johannes Scheer, Die Baugesetze für Berlin bis zum Jahre 1887, Berlin 1954, S. 146.

170 / G. Peschken, Das Berliner Mietshaus..., a.a.O., S. 214.

171 / Berlin und seine Bauten, Architektenverein zu Berlin (Hg.), Berlin 1877, Teil I, S. 446.

172 / Es gibt Interpretationen, die das Interesse des preußischen Staats am Klassizismus damit erklären, daß er sich zu den Idealen reinen Menschentums und bürgerlicher Freiheit, die dieser Stil verkörperte, bekennen konnte, ohne jedoch die damals notwendigen gesellschaftlichen Reformen für Freiheit und Demokratie durchsetzen zu müssen. Preußens Bekenntnis zum griechischen Klassizismus habe vor allem auch den Zweck, sich vom römisch geprägten Baustil Frankreichs abzugrenzen, weil man allzulange unter der Vormachtstellung des nach Rom tendierenden Napoleons gelitten hatte. Der griechische Einfluß habe aber auch ökonomische Gründe. Für das besonders nach den Befreiungskriegen wirtschaftlich schwache Preußen sei Sparsamkeit für öffentliche wie private Bauten oberstes Gebot gewesen. Die Einfachheit, Zweckmäßigkeit und Logik hellenistischer Architektur hätten als Anregung und Vorbild für einen schlichten preußischen Klassizismus gedient. Vgl. Rolf Bothe, "Antikenrezeption in Bauten und Ent-

würfen Berliner Architekten zwischen 1790 und 1870", in: Berlin und die Antike, Ausstellungskatalog, Wilmuth Arenhövel (Hrsg.), Berlin 1979, S. 296.

173 / Vorbilder für Fabrikanten und Handwerker, hrsg. von der Kgl. Technischen Deputation für Gewerbe, Berlin 1821-36 (1 Textbd., 3 Tafelbde.); Vorlegeblätter für Baumeister, hrsg. von der Kgl. Technischen Deputation für Gewerbe in Berlin, Potsdam 1851; Vorlegeblätter für Maurer; Vorlegeblätter für Zimmerleute. Nach der Originalausgabe der Königlich Technischen Deputation für Gewerbe mit deren Bewilligung herausgegeben, in: Grundlage der praktischen Baukunst, Teil I (Maurerkunst), Teil II (Zimmerwerkskunst), Berlin 1830-1850.

174 / Eva Börsch-Supan, Berliner Baukunst nach Schinkel 1840-1870, München 1977, S. 13.

175 / vgl. Gustav Stier, Vorlegeblätter für Bauhandwerker, insbesondere für Maurer- und Zimmerleute, in: Grundlage der praktischen Baukunst, Berlin 1844, 1862.

176 / vgl. Johann Matthäus Mauch, Die architektonischen Ordnungen der Griechen und Römer, Berlin 1875.

177 / vgl. Carl Boetticher, Architektonische Formenschule in Ornament-Erfindungen als Vorbilder zum Unterricht für Technische Institute, Kunst- und Bau-Schulen, Architekten, Bau-Handwerker, Potsdam 1847;
Carl Boetticher, Ornamentbuch zum praktischen Gebrauch für Architekten, Decorations- und Stubenmaler, Tapeten-Fabrikanten usw., Berlin 1834-1856;
Carl Boetticher, Ornament-Vorbilder. Erfunden und gezeichnet von Carl Boetticher, Berlin 1858-1860.

178 / E. Börsch-Supan, Berliner Baukunst nach Schinkel..., a.a.O., S. 12.

179 / ebd.

180 / Ferdinand Wilhelm Holz, Architektonische Details zum praktischen Gebrauche, Berlin 1844-1845.

181 / E. Börsch-Supan, Berliner Baukunst nach Schinkel..., a.a.O., S. 13.

182 / Wolf-Dieter Heilmeyer, Hartwig Schmidt, "Antike Motive an Berliner Mietshäusern der zweiten Hälfte des 19. Jahrhunderts", in: Berlin und die Antike, Ausstellungskatalog, Wilmuth Arenhövel (Hrsg.), Berlin 1979, S. 380.

183 / Berlin und seine Bauten 1877..., a.a.O., Teil II., S. 276.

184 / "Im vorigen Jahrhundert sind Berliner Wohnhäuser in Putzbau normalerweise in Natursteintönen — hell ocker, hell gebrannter Ocker, hellgrau, blaßgrün, Villen auch wohl gebrochen weiß in einer Farbe gestrichen worden, und die Fensterflügel braun, wie jeder der noch Augen hat sehen kann." Gerd Peschken, "... und löschte aus ihren Namen", in: Berlin im Abriß, Berlinische Galerie (Hrsg.), Berlin 1981, S. 218.

185 / Alfred Woltmann, Die Baugeschichte Berlins bis auf die Gegenwart, Berlin 1872, S. 256 f.

186 / In den Adreßbüchern des vorigen Jahrhunderts sind nur die Namen und Berufe der Hauptmieter erfaßt; Dienstboten, Tagelöhner bzw. Untermieter werden nicht erwähnt.

187 / Die vorhandenen offiziellen Unterlagen — Adreßbuch und Bauakten — erlauben leider keine Schlüsse auf die Lebensverhältnisse einzelner Bewohner. Aber unter der Verwendung allgemeinen Materials zur Geschichte der Wohn- und Lebensbedingungen in der Luisenstadt lassen sich Analogschlüsse ziehen.

188 / Ilse Balg, Werner March, Umsetzung von Gewerbebetrieben..., a.a.O., S. 18.

189 / ebd.

190 / Die Bauordnung von 1853 bestimmte, daß neu erbaute Häuser erst nach Ablauf von 9 Monaten nach Vollendung des Rohbaus bezogen werden durften. Wollte man früher vermieten, mußte das Polizeipräsidium um Erlaubnis gebeten werden, das die Frist bis auf drei Monate ermäßigen konnte. 1864 wurde diese Vorschrift verändert: Nun durften die Wände — nach erfolgter Rohbauabnahme — im Sommer schon nach sechs, im Winter nach drei Monaten geputzt werden. 1865 wurde diese Frist für die Zeit im Winter noch einmal verkürzt (§ 90, BBauO 1853). J. Scheer, Die Baugesetze für Berlin..., a.a.O., S. 165.

191 / vgl. Teil I, Kap.: Wohnverhältnisse.

192 / Die durchschnittliche Jahresmiete betrug 1831: 85 Taler 1 Silbergroschen 8 Pfennig; 1870: 150 Taler 1 Silbergroschen; 1871: 160 Taler 6 Silbergroschen (s. Städtisches Jahrbuch 1872, S. 22), wobei zu berücksichtigen ist, daß die hohen Mieten im Verhältnis weniger gesteigert wurden als die niedrigen und daß schon 20 Taler mehr für viele eine hohe Summe war.

193 / Berliner Städtisches Jahrbuch für Volkswirtschaft und Statistik, Erster Jahrgang, Berlin 1874, S. 231.

194 / vgl. Teil I, Kap.: Wohnverhältnisse und der Mietskontrakt im Anhang von Adolf Braun, Berliner Wohnungsverhältnisse. Denkschrift der Berliner Arbeiter-Sanitäts-Kommission, Berlin 1893.

195 / Berlin und seine Bauten 1896, Architektenverein zu Berlin (Hrsg.), Berlin 1896, II, S. XXI.

196 / Berlin und seine Entwicklung. Städtisches Jahrbuch für Volkswirtschaft und Statistik, 5. Jg., Berlin 1871, S. 235.

197 / vgl. Teil A, Kap.: Wohnverhältnisse.

198 / vgl. ebd.

199 / Acta des Kgl. Polizei-Präsidii zu Berlin, betr. die Grundstücke am Heinrichplatz, Bauaktenarchiv Bezirksamt Kreuzberg.

200 / vgl. Sabine Bohle-Heintzenberg, Architektur der Berliner Hoch- und Untergrundbahn, Berlin 1980.

201 / vgl. ebd.; in diesem Buch werden die Arbeiten Grenanders ausführlich gewürdigt.

202 / Berlin und seine Bauten 1896..., a.a.O., I, S. 38 bis 47: "Die Benutzung der Straßenoberfläche zu gemeinnützigen baulichen Anlagen".

203 / Beide Wettbewerbsveröffentlichungen enthalten Beiträge zur geschichtlichen Entwicklung von Dieter Hoffmann-Axthelm, die die hier vorliegende Untersuchung in Teilen ergänzen, mit ihren Ergebnissen jedoch nicht immer übereinstimmen:
— D. Hoffmann-Axthelm, "Zur geschichtlichen Entwicklung am Schlesischen Tor", in: Stadterneuerung rund um das Schlesische Tor, Entwürfe für die Schlesische Straße 1-8, Internationale Bauausstellung Berlin GmbH 1984 (Hrsg.), Berlin, Dezember 1980, S. 6-8
— D. Hoffmann-Axthelm, "Bau und Stadtgeschichte am Schlesischen Tor", in: Wettbewerb Schlesisches Tor, SO 36, Kreuzberg, Internationale Bauausstellung Berlin GmbH 1984 (Hrsg.), Berlin, Juni 1981, S. 50-75.
Unterschiede ergeben sich vor allem aus der Tatsache, daß Hoffmann-Axthelm die Hobrecht-Planung als die entscheidende städtebauliche Determinante für dieses Gebiet wertet und den ersten, dreißig Jahre vorher entstandenen Bebauungsplan von Schmid aus seiner Betrachtung ausspart. Wenn auch die Auswirkungen dieser ersten staatlichen Planung nur noch in wenigen Spuren erhalten sind, so lassen sich doch manche Merkmale des Gebiets nur aus dieser frühen Entwicklung verstehen.

Vgl. außerdem für das Gebiet: Dieter Hoffmann-Axthelm, "Zur Baugeschichte des Blocks 133", in: Wettbewerb Kindertagesstätte im Block 133, SO 36, Berlin-Kreuzberg, Internationale Bauausstellung Berlin GmbH 1984 (Hrsg.), Berlin, Januar 1981, S. 34-67.

204 / Grundbuch der Stadtgemeinde oder historische Darstellung des Grundvermögens der Stadtgemeinde, 1. Abteilung. Das Weichbild der Stadt, Berlin 1872, S. 37 ff und S. 56 ff.

205 / Johann Friedrich Geist, Klaus Kürvers, Das Berliner Mietshaus 1740-1862. Eine dokumentarische Geschichte der "von Wülcknitzschen Familienhäuser" vor dem Hamburger Tor, der Proletarisierung des Berliner Nordens und der Stadt im Übergang von der Residenz zur Metropole, München 1980, S. 45 ff.

206 / Friedrich Nicolai, Beschreibung der königlichen Residenzstädte Berlin und Potsdam, aller daselbst befindlicher Merkwürdigkeiten und der umliegenden Gegenden, Bd. I., 3. Auflage, Berlin 1786, S. 569 ff.

207 / Johann Friedrich Bachmann, Die Luisenstadt. Versuch einer Geschichte derselben und ihrer Kirche, Berlin 1838, S. 19 ff. Zur Geschichte der alten cöllnischen Vorstädte sowie der Luisenstadt siehe auch: Ernst Fidicin, Berlin historisch und topographisch dargestellt, 2. Auflage, Berlin 1852, S. 136-141 bzw. S. 176-187, bes. S. 178 f und S. 186.

208 / J.F. Bachmann, Die Luisenstadt..., a.a.O., S. 209 ff.

209 / David Korth, Neuestes topographisch-statistisches Gemälde von Berlin und dessen Umgebung, Berlin 1821, S. 103 f.

210 / J.F. Bachmann, Die Luisenstadt..., a.a.O., S. 173 f. und Anm. 1, S. 213.

211 / J.F. Geist, K. Kürvers, Das Berliner Mietshaus..., a.a.O., S. 83 ff.

212 / Friedrich Sass, zitiert nach: Berliner Leben 1806-1847, Erinnerungen und Berichte, Ruth Köhler/Wolfgang Richter (Hg.), Berlin 1954, S. 310 f.

213 / E. Fidicin, Berlin historisch..., a.a.O., S. 47.

214 / Siehe dazu D. Hoffmann-Axthelm, "Zur geschichtlichen Entwicklung", in: Wettbewerb Kindertagesstätte im Block 133..., a.a.O., S. 40.

215 / "Die wirtschaftliche Entwicklung in den anderthalb Jahrzehnten nach 1815 schuf die ersten Voraussetzungen für die spätere Rolle Berlins als Industriestadt. Berlin erlebte eine wirtschaftlich-gesellschaftliche Umstrukturierung, deren Kennzeichen darin bestanden, daß alte herkömmliche Produktions- und Betriebsformen verdrängt wurden und ein schnelles Wachstum der gewerblichen Produktion einsetzte, vor allem aber darin, daß mit dem sich mehr und mehr ausbreitenden Fabriksystem neben dem Bürgertum als Trägerschicht der Industrialisierung eine industrielle Arbeiterschaft entstand."
Günter Liebchen, "Zu den Lebensbedingungen der unteren Schichten im Berlin des Vormärz", in: Otto Büsch (Hg.), Untersuchungen zur Geschichte der frühen Industrialisierung vornehmlich im Wirtschaftsraum Berlin/Brandenburg, Berlin 1971, S. 271-314, hier S. 271 f.

216 / J.F. Geist, K. Kürvers, Das Berliner Mietshaus..., a.a.O., S. 473.

217 / Die Stadtverordneten zu Berlin an ihre Mitbürger über die Verwaltung ihrer Communal-Angelegenheiten, Berlin 1822, S. 101 ff.

218 / Hartwig Schmidt, Das Tiergartenviertel. Baugeschichte eines Berliner Villenviertels 1790-1870, Berlin 1981, S. 132; vgl. außerdem Landesarchiv Berlin, Pr. Br. Rep. 30 Polizeipräsidium Nr. 196, Abschrift eines Briefes des Ministeriums des Innern an den Königlichen Magistrat vom 26. April 1830, unterzeichnet v. Schuckmann, S. 21 ff.

219 / vgl. zum Weichbild: J.F. Geist, K. Kürvers, Das Berliner Mietshaus..., a.a.O., S. 468.

ANMERKUNGEN

220 / Siehe dazu: Landesarchiv Berlin, Pr. Br. Rep. 30 Polizeipräsidium Nr. 196, S. 19-28.

221 / Siehe dazu Manfred Hecker, Die Bauwerke und Kunstdenkmäler von Berlin, Bezirk Kreuzberg, Karten und Pläne, Berlin 1980, Plan 8 und S. 23.

222 / Siehe: Landesarchiv Berlin, Pr. Br. Rep. 30 Polizeipräsidium Nr. 196, S. 47 ff: Erläuterungen des Bebauungsplanes für die Umgebungen Berlins, Abtheilung III.

223 / Landesarchiv, Pr. Br. Rep. 30 Polizeipräsidium Nr. 196, S. 75 ff.

224 / Siehe dazu: Hans Lehmbruch, "Aspekte der Stadtentwicklung Münchens 1775-1825", in: Klassizismus in Bayern, Schwaben und Franken, Architektur-Zeichnungen 1775-1825, Ausstellungskatalog, München 1980, S. 29 ff und S. 199 ff.

225 / Das geht aus dem Vermerk in den Akten der Städtischen Feuersocietät zu Berlin für die Grundstücke Schlesisches Tor 20-21 im Landesarchiv Berlin p. 180 Acc. 750 Bd. 79 hervor.
J.F. Bachmann, Die Luisenstadt..., a.a.O., S. 19, berichtet, daß der Bankier Daniel Itzig die Bartholdische Meierei 1786 vom Magistrat gekauft habe. Von welchem Vorbesitzer Heinrich Andreas Cuvry das Anwesen erwarb, ist ungeklärt.

226 / Acta des Kgl. Polizei-Präsidii zu Berlin betr. das Grundstück Schlesische Straße 13 (ehemals 10), Bauakten des Bezirk Kreuzberg.

227 / Siehe dazu die Akten der Städtischen Feuersocietät zu Berlin im Landesarchiv Berlin.

228 / Lothar Baar, Die Berliner Industrie in der industriellen Revolution (Veröffentlichungen des Instituts für Wirtschaftsgeschichte an der Hochschule für Ökonomie Berlin-Karlshorst), H. Mottek (Hrsg.), Bd. 4, Berlin 1966, S. 117; vgl. zu C. Heckmann: Groch, Carl Heckmann in: Altmann, Luisenstadt S. 256 ff.

229 / Heinrich Andreas Cuvry wurde am 30. Mai 1785 als Sohn des Kaufmanns de Cuvry, Inhaber einer Tuch- und Seidenhandlung, an der Schloßfreiheit in Berlin geboren. Von 1802-1805 studierte er in Frankfurt a.O. Rechte, danach trat er beim Stadtgericht Berlin ein und arbeitete ab 1811 als preußischer Sekretär bei der Grenzregulierungs- und Liquidations-Kommission in Magdeburg. 1813 trat er freiwillig beim Militär bei, wurde Lieutenant im V. Reicheschen Jägerbataillon; er wurde noch im gleichen Jahr verwundet und Invalide. Im Juli 1814 wurde Cuvry zum besoldeten Stadtrat gewählt, ebenso 1826 und 1838; 1850 lehnte er eine Wiederwahl ab und wurde nach seinem Ausscheiden am 27. Sept. 1850 Stadtältester. Während seiner Dienstzeit vertrat Cuvry 1824-27 und 1833-45 die Stadt Berlin im Provinziallandtag, einem Gremium, das Friedrich Wilhelm III. 1823 als Ersatz für eine gesamtpreußische Volksvertretung eingerichtet hatte. 1840 war Cuvry unter den Stadträten, die dem König für die Oberbürgermeisterstelle präsentiert wurden, der zweite. Lange Jahre führte Cuvry den Vorsitz in der Armen-Direction; bei seinem Ausscheiden 1850 wurde ihm von diesem Gremium sein Bild verehrt. Noch elf Jahre blieb Cuvry als Bürgerdeputierter in der Armenverwaltung. Heinrich Andreas Cuvry starb am 21. Oktober 1869. So weit die Information aus dem II. Gedenkbuch der Ältesten der Stadt Berlin seit der Einführung der Städteordnung vom 19.11.1808, im Landarchiv Berlin.
Die Beteiligung der Hugenotten an der Selbstverwaltung war erst 1808 möglich geworden. Die Berliner Börsen-Zeitung vom 17. Oktober 1935 schreibt unter dem Titel: "Hugenotten in der Berliner Selbstverwaltung" über H.A. Cuvry: "Manche dieser Mitarbeiter in der Berliner Selbstverwaltung steigen um ihrer Verdienste willen zur Ehrensprosse eines Stadtältesten empor, so der besoldete Stadtrat de Cuvry, der auch dreimal wiedergewählt wurde und nach dem der Grüne Weg vor dem Schlesischen Tor benannt worden ist..."

230 / Siehe den Neuesten Plan von Berlin, Lith. v. J. Thormann, Berlin um 1835, Staatsbibliothek Kart. 9165, aufgeführt in: Berlin im Kartenbild, Zur Entwicklung der Stadt 1650-1950, Ausstellung der Staatsbibliothek Preussischer Kulturbesitz Berlin/Wiesbaden 1981, S. 53 und D. Hoffmann-Axthelm, "Zur Baugeschichte des Block 133...", a.a.O., S. 35.

231 / Siehe M. Hecker, Die Bauwerke und Kunstdenkmäler..., a.a.O., Plan 7. Ein Jahr später, 1842, wurde auf die jetzige Grundstücksnummerierung umgestellt.

232 / Dr. Strousberg und sein Wirken von ihm selbst geschildert, Berlin 1876, S. 260.

233 / vgl. dazu: P. Clauswitz, Die Städteordnung..., a.a.O., S. 196 und Goerd Peschken, "Die ersten kommunalen Parkanlagen Berlins. Ein Beitrag zur Geschichte des Stadtgrüns", in: Das Gartenamt, 24. Jg. (1975), Heft 8, S. 1-7, hier S. 2 mit der Vermutung, die beiden Parks seien bereits 1802/03 angelegt worden.

234 / Die Lennésche Planung war von der "Grundidee, den eigentlichen städtischen Anbau auf ein geringes Gebiet einzuschränken und dasselbe durch boulevardartige Straßen einzuschließen" geleitet, so ein undatiertes Gutachten des geh. Finanzrates Komowitz, zitiert nach: Alfred Schinz, Berlin, Stadtschicksal und Städtebau, Braunschweig 1964, S. 117; siehe dazu auch S. 225, Anm. 80, vgl. Hecker, Die Bauwerke und Kunstdenkmäler,..., a.a.O, Plan 12.

235 / J.F. Geist, K. Kürvers, Das Berliner Mietshaus..., a.a.O., S. 466 ff. und 481 ff.

236 / J.F. Geist, K. Kürvers, Das Berliner Mietshaus..., a.a.O., S. 485.

237 / J.F. Geist, K. Kürvers, Das Berliner Mietshaus..., a.a.O., S. 481.

238 / J.F. Geist, K. Kürvers, Das Berliner Mietshaus..., a.a.O., S. 486.

239 / Bericht über die Gemeindeverwaltung 1861-1876, 2. Heft, Berlin 1880, S. 20 f.

240 / Siehe dazu J.F. Geist, K. Kürvers, Das Berliner Mietshaus..., a.a.O., S. 496; vorher: Ernst Heinrich, unter Mitarbeit von Hannelore Juckel, Der "Hobrecht-plan", in: Jahrbuch für Brandenburgische Landesgeschichte, 13. Band, Berlin 1962.

241 / M. Hecker, Die Bauwerke und Kunstdenkmäler..., a.a.O., Plan 20 und Plan 21.

242 / Die Informationen über Einzelgrundstücke leiten sich aus den Bauakten des Bezirks Kreuzberg her sowie aus alten Adreßbüchern.

243 / Hartwig Schmidt, "Haberkerns Hof — Berliner Mietskasernenbau 1872-1875", in: Festschrift Ernst Heinrich, G. Peschken, D. Radicke, T.J. Heinisch (Hrsg.), Berlin 1974, S. 75-111, bes. S. 100.

244 / M. Hecker, Die Bauwerke und Kunstdenkmäler ..., a.a.O., Plan 27.

245 / Siehe dazu den Bauakt Schlesische Straße 8, im Bezirk Kreuzberg.

246 / Diese Angaben sind dem Adreßbuch entnommen, die jedoch eher zu niedrig sind, da erfahrungsgemäß weniger Mieter aufgeführt sind als Wohnungen vorhanden sind.

247 / Adolf Braun, Berliner Wohnverhältnisse, Denkschrift der Berliner Arbeiter-Sanitätskommission, Berlin 1893, bes. S. 24.

248 / Die Karte ist dem Statistischen Jahrbuch der Stadt Berlin 1900-02 beigelegt.

249 / A. Braun, Berliner Wohnverhältnisse,..., a.a.O., S. 64 f und S. 26.

250 / Paul Hirsch, Kommunale Wohnungspolitik, Berlin 1906, S. 13.

251 / A. Braun, Berliner Wohnverhältnisse..., a.a.O., S. 53.

252 / Ernst Bruch, Berlin's bauliche Zukunft und der Bebauungsplan, besonderer Abdruck aus der Deutschen Bauzeitung, Berlin 1870, S. 14.

253 / A. Braun, Berliner Wohnverhältnisse..., a.a.O., S. 49; Lothar Baar, Die Berliner Industrie in der industriellen Revolution, Berlin 1966, S. 179.

254 / Ernst Engel, "Die Wohnungsnoth." Ein Vortrag auf der Eisenacher Conferenz am 6. Oktober 1872, in: Zeitschrift des Königl. Preußischen Statistischen Bureaus, Jg. 12 (1872), S. 380 f.

255 / Eberstadt, Städtische Bodenfragen, S. 2 ff.

256 / Eberstadt, Städtische Bodenfragen, S. 4.

257 / Alfred Schinz, Das mehrgeschossige Mietshaus von 1896 bis 1945, in: Berlin und seine Bauten, Teil IV, Bd. B, S. 2.

258 / Eberstadt, Städtische Bodenfragen, S. 27.

259 / Eberstadt, Städtische Bodenfragen, S. 29.

260 / Eberstadt, Städtische Bodenfragen, S. 30 f.

261 / E. Engel, Die Wohnungsnoth..., a.a.O., S. 397 f.

262 / Wichtige Informationen, die über die Nachrichten in dem Bauakt Wrangelstraße 50-51 hinausgehen, verdanke ich Pfarrer Fulge der Liebfrauengemeinde.

263 / Paul Nathan, Die Wohnungsfrage und die Bestrebungen der Berliner Baugenossenschaft, Berlin 1890, S. 54.

264 / Siehe Adreßbuch von 1859.

265 / Siehe die Entwicklungsgeschichte der Kindergärten in Berlin, in: Städtisches Jahrbuch 2. Jahrg. (1868), S. 164-179 und S. 253 f.

266 / Alfred Daleit, "Unsere Markthallen", in: Katharina Altmann, Alfred Daleit u.a. (Hrsg.), Die Luisenstadt. Ein Heimatbuch, Berlin 1927, S. 126 ff.

267 / Paul Lange, Die Konsum-Genossenschaft Berlin und Umgegend und ihre Vorläufer, Berlin 1924, S. 18 ff und S. 22 f.

268 / Goltz, "Wo wir baden", in: K. Altmann, A. Daleit (Hrsg.), Die Luisenstadt..., a.a.O., S. 174 f.

269 / D. Hoffmann-Axthelm, "Bau- und Stadtgeschichte am Schlesischen Tor", in: Wettbewerb Schlesisches Tor..., a.a.O., S. 60 f.

270 / vgl. dazu die Bauakte Schlesische Straße 33-34 im Landesarchiv Berlin.

271 / "Interessengebietsplan" des Generalinspektors für die Reichshauptstadt vom 01.01.1938, Landesarchiv Berlin Acc. 1394, Nr. 11 + 12.

272 / Sabine Bohle-Heintzenberg, Architektur der Berliner Hoch- und Untergrundbahn. Planungen, Entwürfe, Bauten bis 1930, Berlin 1980, S. 45 ff und Klaus Konrad Weber, "Betriebshöfe und Werkstätten", in: Berlin und seine Bauten, Teil X, Bd. B Berlin, S. 102 f.

273 / Otto Hach, Kunstgeschichtliche Wanderungen durch Berlin. Beschreibung der hervorragenden Sehenswürdigkeiten der Reichshauptstadt, Berlin 1903[2], S. 169.

274 / vgl. Harald Brost, Laurenz Demps, Berlin wird Weltstadt, mit 277 Photographien von F. Albert Schwartz, Hof-Photograph, Leipzig 1981, S. 26 f.

275 / Fritz Monke, Grundrißentwicklung und Aussehen des Berliner Mietshauses von 1850 bis 1914, dargestellt an Beispielen aus dem Stadtteil Moabit, Diss. TU Berlin

1968, S. 49 f. und Philipp Nitze, Die Entwicklung des Wohnungswesens von Groß-Berlin, Berlin 1913, S. 58 ff und S. 84 ff.

276 / A. Braun, Berliner Wohnverhältnisse..., a.a.O., S. 21.

277 / vgl. J.F. Geist, K. Kürvers, Das Berliner Mietshaus..., a.a.O., S. 55 f. und M. Hecker, Die Bauwerke und Kunstdenkmäler von Berlin..., a.a.O., Plan 27.

278 / A. Braun, Berliner Wohnverhältnisse..., a.a.O., S. 52 ff und Tabelle, S. 60; siehe dazu auch: R. Eberstadt, Städtische Bodenfragen..., a.a.O., S. 49 f.

279 / A. Schinz, Das mehrgeschossige Mietshaus..., a.a.O., S. 4.

280 / Zu Hobrecht siehe A. Schinz, Stadtschicksal und Städtebau,..., a.a.O., Anm. 83, S. 226.

281 / A. Schinz, Das mehrgeschossige Mietshaus ..., a.a.O., S. 5.

282 / Eberstadt, Städtische Bodenfragen, zitiert nach: Berliner Leben 1870-1900, Erinnerungen und Berichte, R. Glatzer (Hrsg.), Berlin-Ost 1963, S. 319.

BIBLIOGRAPHIE

SYSTEMATISCHE BIBLIOGRAPHIE

1.0 ÜBERGEORDNETE DARSTELLUNGEN ZUR PLANUNGS- UND SOZIALGESCHICHTE
1.1 räumliche und bauliche Entwicklung
1.2 soziale Entwicklung
1.3 wirtschaftliche Entwicklung
1.4 Materialien
1.41 Handbücher
1.42 Statistiken, Adressbücher
1.43 Stadtführer
1.44 Bibliografien
1.45 Architekten, Planer

2.0 STAATLICHE UND KOMMUNALE PLANUNG
2.1 Planungsinstrumente, Baurecht
2.2 Wohnungs- und Sozialpolitik
2.3 Infrastruktur
2.4 Verkehr

3.0 PRIVATWIRTSCHAFTLICHE MASSNAHMEN
3.1 Industrie und Gewerbe
3.2 Bauproduktion
3.3 Wohnungswirtschaft

4.0 SOZIALE BEWEGUNG
4.1 Institutionen (Parteien, Gewerkschaften, Verbände, Vereine, Genossenschaften
4.2 Selbstorganisation

5.0 QUARTIERSGESCHICHTE
5.1 Einzelobjekte, Ensembles
5.2 Alltag

1.0 ÜBERGEORDNETE DARSTELLUNGEN ZUR PLANUNGS- UND SOZIALGESCHICHTE

Büsch, Otto, Industrialisierung und Gewerbe im Raum Berlin/Brandenburg, 2 Bde., Einzelveröffentlichungen der Historischen Kommission Bd. 1, Die Zeit um 1800, Berlin 1971; Bd. 2, Die Zeit um 1875, Berlin 1977

Berlin-Atlas zu Stadtbild und Stadtraum, Heft 2, Versuchsgebiet Kreuzberg, Der Senator für Bau- und Wohnungswesen (Hrsg.), Berlin 1973

Dronke, Ernst, Berlin, Frankfurt/Main 1846

Dronke, Ernst, Berlin, Nachdruck der Erstausgabe Frankfurt/Main 1846, R. Nitsche (Hrsg.), Darmstadt und Neuwied 1974. Staa Bi Ser. 14086

Hecker, Manfred, Die Bauwerke und Kunstdenkmäler von Berlin, Bezirk Kreuzberg, Karten und Pläne, Berlin 1980, Plan 20. IBA

Hegemann, Werner, Das steinerne Berlin, Lugano 1930, 2. Auflage Frankfurt 1963, Bauwelt Fundamente 3

Hegemann, Werner, Der Städtebau nach den Ergebnissen der Städtebauausstellung in Berlin und Düsseldorf, Berlin 1911 und 1913. Staa Bi 4° 6115

Herzfeld, Hans (Hrsg.), Berlin und die Provinz Brandenburg im 19. und 20. Jahrhundert, Veröffentlichungen der Historischen Kommission zu Berlin, Band 25, Berlin 1968. Se Bi Ser 601-25

Kaeber, Ernst, Werner Hegemanns Werk: "Das steinerne Berlin. Geschichte der größten Mietskasernenstadt der Welt" oder: Der alte und der neue Hegemann, in: E. Kaeber, Beiträge zur Berliner Geschichte. Veröffentlichungen der Historischen Kommission zu Berlin, Band 14, Berlin 1964. Staa Bi Ser 6215-14

Lange, Annemarie, Berlin zur Zeit Bebels und Bismarcks, zwischen Reichsgründung und Jahrhundertwende, Berlin 1972

Lange, Annemarie, Das Wilhelminische Berlin, zwischen Jahrhundertwende und Novemberrevolution, Berlin 1967

Nitsche, Rainer (Hrsg.), Häuserkämpfe, 1872, 1920, 1945, 1982, Berlin 1981

Schinz, Alfred, Berlin, Stadtschicksal und Städtebau, Braunschweig 1964. Se Bi 4° Oe 59

Thienel, Ingrid, Verstädterung, städtische Infrastruktur und Stadtplanung, Berlin zwischen 1850 und 1914, in: Zeitschrift für Stadtgeschichte, Stadtsoziologie und Denkmalpflege, Jg. 4, Heft 1, 1977, S. 55-84. IBA

Thienel, Ingrid, Industrialisierung und Städtewachstum. Der Wandel der Hauptsiedlungsformen in der Umgebung Berlins, 1800-1850, in: Otto Büsch (Hrsg.), Untersuchungen zur Geschichte der frühen Industrialisierung vornehmlich im Wirtschaftsraum Berlin/Brandenburg, Berlin 1971. Staa Bi Ser. 11207/6

1.1 RÄUMLICHE UND BAULICHE ENTWICKLUNG

Altmann, Katharina, u.a. (Hrsg.), Die Luisenstadt. Ein Heimatbuch, Berlin 1927. Se Bi O56

Arminius (Gräfin Dohna Poninsky), Die Großstädte in ihrer Wohnungsnoth und die Grundlagen einer durchgreifenden Abhülfe, Leipzig 1874. Se Bi 73/398

Bachmann, Johann Friedrich, Die Luisenstadt. Versuch einer Geschichte derselben und ihrer Kirche, Berlin 1838. Staa Bi LS Td 52

Berlin im Kartenbild: Zur Entwicklung der Stadt, 1650-1950; Ausstellung der Staatsbibliothek Preußischer Kulturbesitz Berlin, 20. Mai 1981 bis 22. August 1981, Wiesbaden 1981

Berlin und seine Bauten. Architekten- und Ingenieurverein Berlin, München, Düsseldorf (Hrsg.), Teil IV, Bd. B: Die Wohngebäude — Mehrfamilienhäuser, Berlin 1974

Berlin und seine Bauten. Architekten- und Ingenieurverein Berlin, München, Düsseldorf (Hrsg.), Teil IV, Bd. A: Wohnungsbau. Die Voraussetzungen. Die Entwicklung und die Wohngebiete, Berlin 1970

Berlin und seine Bauten 1896, Architektenverein zu Berlin (Hrsg.) Teil I Ingenieurwesen, Teil II + III Hochbau, Berlin 1896

Berlin und seine Bauten 1877, Architektenverein zu Berlin (Hrsg.), 2 Teile, Berlin 1877

Börsch-Supan, Eva, Berliner Baukunst nach Schinkel 1840-1870, München 1977. Staa Bi Ser. 10374-25

Bollerey, Franziska und Kristiana Hartmann, Die Mietskaserne, in: Lernbereich Wohnen Bd. 2, Michael Andritzky/Gerd Selle (Hrsg.), 1979

Bruch, Ernst, Berlin's bauliche Zukunft und der Bebauungsplan, besonderer Abdruck aus der Deutschen Bauzeitung, Berlin 1870. Se Bi Oa 802

Clauswitz, Paul, Lothar Zögner, Die Pläne von Berlin von den Anfängen bis 1950, Nachdruck der Ausgabe von 1906 mit bibliographischen Ergänzungen und Standortverzeichnis, Berlin 1979. IBA

Clauswitz, Paul, Die Städteordnung von 1808 und die Stadt Berlin, Festschrift zur hundertjährigen Gedenkfeier der Einführung der Städteordnung, Berlin 1908. Staa Bi 111755

Christoph Benjamin Wackenrode's Corpus Bonorum des Magistrats für Königliche Residenzien Berlin 1771, in: Schriften des Vereins für die Geschichte Berlins, Heft 24, Berlin 1888. Geh. Preuß. Staa Arch.

Die Stadtverordneten zu Berlin an ihre Mitbürger über die Verwaltung ihrer Communal-Angelegenheiten, Berlin 1822. La Arch Soz. 1467 1822 R

Dronke, Ernst, Berlin, Nachdruck der Erstausgabe Frankfurt/Main 1846, R. Nitsche (Hrsg.), Darmstadt und Neuwied 1974. Staa Bi Ser. 14086

Dronke, Ernst, Berlin, Frankfurt/Main 1846

Fassbinder, Horant, Berliner Arbeiterviertel 1800-1918, mit einem Beitrag von Ingrid Krau, Berlin 1975

Fidicin, Ernst, Berlin, historisch und topographisch dargestellt von E. Fidicin. Mit 1 Doppel-Kt.: Berlin im Jahre 1640 und im Jahre 1842, Berlin 1843, 2. Aufl. 1852. Staa Bi 111758

Geist, Johann Friedrich, Klaus Kürvers, Das Berliner Mietshaus 1740-1862. Eine dokumentarische Geschichte der "von Wülcknitzschen Familienhäuser" vor dem Hamburger Tor, der Proletarisierung des Berliner Nordens und der Stadt im Übergang von der Residenz zur Metropole, München 1980

Goecke, Theodor, Das Berliner Arbeiter-Mietshaus, Deutsche Bauzeitung, Berlin 1890

Grundbuch der Stadtgemeinde oder historische Darstellung des Grundvermögens der Stadtgemeinde, 1. Abtlg. Das Weichbild der Stadt, Berlin 1872. Se Bi Od 898

Hecker, Manfred, Die Luisenstadt — ein Beispiel der liberalistischen Stadtplanung und baulichen Entwicklung Berlins zu Beginn des 19. Jahrhunderts, in: Berlin zwischen 1789 und 1848, Facetten einer Epoche, Ausstellungskatalog der Akademie der Künste Berlin, Berlin 1981

Hecker, Manfred, Die Berliner Mietskaserne, in: L. Grote (Hrsg.), Die deutsche Stadt im 19. Jahrhundert, S. 273-294, Studien zur Kunstgeschichte des 19. Jahrhunderts, Bd. 24, München 1974. Ku Bi E 11946

Hofmann, Wolfgang, Wachsen Berlins im Industriezeitalter. Siedlungsstruktur und Verwaltungsgrenzen. Probleme des Städtewesens im industriellen Zeitalter. H. Jäger (Hrsg.), Städteforschung: Reihe A, Darstellung; Bd. 5, Wien 1978, S. 159-177. Staa Bi Ser. 24369/5

Huber, Victor Aimé, Die Wohnungsnot der kleinen Leute in den großen Städten, Berlin 1857

Kaeber, Ernst, Das Weichbild der Stadt Berlin seit der Steinschen Städteordnung, in:
Beiträge zur Berliner Geschichte, Veröffentlichung der Historischen Kommission Bd. 14, S 234-385, Berlin 1964. Staa Bi Ser 6215-14

Korth, David, Neuestes topographisch-statistisches Gemälde von Berlin und dessen Umgebung, Berlin 1821. Se Bi O 401

Peschken, Goerd, Das Berliner Mietshaus und die Sanierung, in: Architektur, Stadt und Politik: Julius Posener zum 75. Geburtstag, Werkbund-Archiv Jahrbuch 4, Bergius, Frecot, Radicke (Hrsg.), Gießen 1979. Se Bi 80/704

Ribbe, Wolfgang, Von der Residenz zur City. 275 Jahre Charlottenburg, Berlin 1980

Schachinger, Erika, Alte Wohnhäuser in Berlin, Berlin 1969

Schmidt, Hartwig, Das Tiergartenviertel. Baugeschichte eines Berliner Villenviertels 1790-1870. Beiheft Kunstdenkmäler Berlin, Berlin 1981. Se Bi 4° Ob 85a, Beih. 4.1

Sichelschmidt, Gustav, Berlin 1900. Rembrandt-Verlag, Berlin 1977, Reprint

Thienel, Ingrid, Städtewachstum im Industrialisierungsprozeß des 19. Jahrhunderts. Das Berliner Beispiel. Veröffentlichungen der Historischen Kommission zu Berlin, Band 39, Berlin 1973. Se Bi 73/2171a

Thienel, Ingrid, Industrialisierung und Städtewachstum. Der Wandel der Hauptsiedlungsformen in der Umgebung Berlins, 1800-1850, in: Otto Büsch (Hrsg.), Untersuchungen zur Geschichte der frühen Industrialisierung vornehmlich im Wirtschaftsraum Berlin/Brandenburg, Berlin 1971. Staa Bi Ser. 11207/6

Wendland, Folkwin, Berliner Gärten und Parks von der Gründung der Stadt bis zum ausgehenden 19. Jahrhundert, Frankfurt/Berlin/Wien 1979

1.2 SOZIALE ENTWICKLUNG

Baron, Alfred, Der Haus- und Grundbesitzer in Preußens Städten einst und jetzt, Jena 1911. Se Bi Ha 62

Beimann, Karin, Bevölkerungsentwicklung und Frühindustrialisierung in Berlin 1800-1850, in: Geschichte der frühen Industrialisierung, O. Büsch (Hrsg.), Berlin 1971, S. 150-190. IBA

Berger-Thimme, Dorothea, Wohnungsfragen und Sozialstaat. Untersuchungen zu den Anfängen staatlicher Wohnungspolitik in Deutschland (1873-1918), in: Europäische Hochschulschriften Reihe III. Geschichte und ihre Hilfswissenschaften, Bd. 68, Frankfurt/Main 1976. Staa Bi Ser 13 289-68

Bergmann, Jürgen, Das Berliner Handwerk in den Frühphasen der Industrialisierung, in: Publikationen zur Geschichte der Industrialisierung der Historischen Kommission zu Berlin, Bd. 11, Berlin 1973. Staa Bi Ser 6215-11

Bernstein, Eduard, Die Geschichte der Berliner Arbeiter-Bewegung. Ein Kapitel zur Geschichte der deutschen Sozialdemokratie, Teil III: Fünfzehn Jahre Berliner Arbeiterbewegung unter dem gemeinen Recht, Berlin 1910. Se Bi O 548

Bollerey, Franziska und Kristiana Hartmann, Die Mietskaserne, in: Lernbereich Wohnen, Bd. 2, Michael Andritzky/Gerd Selle (Hrsg.), 1979

Braun, Adolf, Berliner Wohnverhältnisse. Denkschrift der Berliner Arbeiter-Sanitäts-Kommission, Berlin 1893. Se Bi Oe 201

Das Verfahren bei Enqueten über soziale Verhältnisse. Gutachten von G. Embden, G. Cohn, W. Stieda, J.M. Ludlow, in: Schriften des Vereins für Sozialpolitik 13, 1877

Dronke, Ernst, Berlin, Nachdruck der Erstausgabe Frankfurt/Main 1846, R. Nitsche (Hrsg.), Darmstadt und Neuwied 1974. Staa Bi Ser. 14086

Dronke, Ernst, Berlin, Frankfurt/Main 1846

Engel, Ernst, Die moderne Wohnungsnoth, Signatur, Ursachen und Abhilfe, Leipzig 1873

Engel, Ernst, Die Wohnungsnoth. Ein Vortrag auf der Eisenacher Conferenz am 6. October 1872, in: Zeitschrift des Königl. Preußischen Statistischen Bureaus, Jg. 12 (1872), S. 380 f. Se Bi 4° 77/1121

Engels, Friedrich, Zur Wohnungsfrage, in: Karl Marx, Friedrich Engels, Werke Bd. 18, Berlin 1972

Fassbinder, Horant, Berliner Arbeiterviertel 1800-1918, mit einem Beitrag von Ingrid Krau, Berlin 1975

Geist, Johann Friedrich, Klaus Kürvers, Das Berliner Mietshaus 1740-1862. Eine dokumentarische Geschichte der "von Wülcknitzschen Familienhäuser" vor dem Hamburger Tor, der Proletarisierung des Berliner Nordens und der Stadt im Übergang von der Residenz zur Metropole, München 1980

Günther, Sonja, Aussagen über deutsche Arbeiterwohnungen im 19. Jahrhundert anhand zeitgenössischer Berichte, in: Zwischen Kunst und Industrie, 2. Jahrbuch des Werkbund-Archivs, Frecot, Janos und Eckhard Siepmann (Hrsg.), Berlin 1977

Hausen, Karin, Technischer Fortschritt und Frauenarbeit im 19. Jahrhundert. Zur Sozialgeschichte der Nähmaschine, in: Geschichte und Gesellschaft 4 (1978), Heft 2, S. 148-169. Staa Bi HB Zsn 44537

Hohorst, Gerd, Jürgen Kocka und Gerhard A. Ritter, Sozialgeschichtliches Arbeitsbuch. Materialien zur Statistik des Kaiserreiches 1870-1914, München 1975. Se Bi 75/3390

Huber, Victor Aimé, Die Wohnungsnot der kleinen Leute in den großen Städten, Berlin 1857

Kaeber, Ernst, Berlin 1848, Berlin 1948. Staa Bi 110 103

Kaelble, Hartmut, Kommunalverwaltung und Unternehmer in Berlin während der frühen Industrialisierung, in: O. Büsch (Hrsg.), Untersuchungen zur Geschichte der frühen Industrialisierung, Einzelveröffentlichungen der Historischen Kommission, Bd. 6, Berlin 1971, S. 371-415. IBA

Kuczynski, Jürgen, Die Theorie der Lage der Arbeiter — die Geschichte der Lage der Arbeiter unter dem Kapitalismus, Teil 3 Bd. 36, Berlin 1968

Kutzsch, Gerhard, Verwaltung und Selbstverwaltung in Berlin unter der ersten Städteordnung, in: Jahrbuch für brandenburgische Landesgeschichte, 13. Bd., Berlin 1962. Se Bi Zs 279

Liebchen, Günter, Zu den Lebensbedingungen der unteren Schichten im Berlin des Vormärz, in: Otto Büsch (Hrsg.), Untersuchungen zur Geschichte der frühen Industrialisierung vornehmlich im Wirtschaftsraum Berlin/Brandenburg, Bd. 6, Berlin 1971, S. 271-314. IBA

Lindemann, Hugo, Wohnungsstatistik, in: Schriften des Vereins für Sozialpolitik, Bd. 94 (1901), S. 263-384. Se Bi Ser 76-94

March, Werner, Ilse Balg, Umsetzung von Gewerbebetrieben im Sanierungsgebiet Kreuzberg von Berlin. Eine wirtschaftliche und soziologische Untersuchung, Berlin 1967. Se Bi 4° Oe 991

Niethammer, Lutz, Wie wohnten Arbeiter im Kaiserreich? in: Archiv für Sozialgeschichte 16 (1976), S. 127 ff. Staa Bi Zsn 13685

Ostwald, Hans, Sittengeschichte Berlins, Berlin 1912. Staa Bi 4° 2048

Ranke, Winfried, Heinrich Zille, Photographien Berlin 1890-1910, Heyne Verlag, München 1975

Reulecke, Jürgen und W. Weber (Hrsg.), Fabrik, Familie, Feierabend. Beiträge zur Sozialgeschichte des Alltags im Industriezeitalter, Wuppertal 1978. Se Bi 78/4578

Rühle, Otto, Illustrierte Kultur- und Sittengeschichte des Proletariats, Bd. 1 (1930), Neudruck, Frankfurt/M. 1971, Bd. 2, Gießen 1977

Sass Friedrich, Berlin in seiner neuesten Zeit und Entwicklung, Leipzig 1846. Se Bi Oc 914

Schmidt, Hartwig, Haberkerns Hof — Berliner Mietskasernenbau 1872-1875, in: Festschrift Ernst Heinrich, G. Peschken, D. Radicke, T.J. Heinisch (Hrsg.), Berlin 1974, S. 75-111

Schneider, Lothar, Der Arbeiterhaushalt im 18. und 19. Jahrhundert. Dargestellt am Beispiel des Heim- und Fabrikarbeiters, Berlin 1967. Staa Bi Ser 27545-4

Schulz, Ursula, Die deutsche Arbeiterbewegung 1848-1919, in: Augenzeugenberichten, München 1976

Thienel, Ingrid, Städtewachstum im Industrialisierungsprozeß des 19. Jahrhunderts. Das Berliner Beispiel. Veröffentlichungen der Historischen Kommission zu Berlin, Band 39, Berlin 1973. Se Bi 73/2171a

Die Wohnungsnoth der ärmeren Klassen in deutschen Großstädten und Vorschläge zu ihrer Abhilfe, Bd. 1 und 2, in: Schriften des Vereins für Sozialpolitik Bd. 30 und 31, 1886

1.3 WIRTSCHAFTLICHE ENTWICKLUNG

Baar, Lothar, Die Berliner Industrie in der industriellen Revolution (Veröffentlichungen des Instituts für Wirtschaftsgeschichte an der Hochschule für Ökonomie Berlin-Karlshorst, H. Mottek (Hrsg.), Bd. 4, Berlin 1966. Se Bi Oe 832

Engels, Friedrich, Zur Wohnungsfrage, in: Karl Marx, Friedrich Engels, Werke Bd. 18, Berlin 1972

Heiligenthal, Roman, Berliner Städtebaustudien, Berlin 1926. FU/UB 75-26933

Henning, F.-W., Die Industrialisierung in Deutschland 1800 bis 1914, Bd. 2 der Wirtschafts- und Sozialgeschichte, Paderborn 1978[4]. Staa Bi HB Au 1805-2

Jersch-Wenzel, Stefi, Der Einfluß zugewanderter Minoritäten als Wirtschaftsgruppe auf die Berliner Wirtschaft in vor- und frühindustrieller Zeit, in: O. Büsch (Hrsg), Untersuchungen zur Geschichte der frühen Industrialisierung vornehmlich im Wirtschaftsraum Berlin/Brandenburg, Einzelveröffentlichungen der Historischen Kommission, Bd. 6, Berlin 1971. IBA

Kaeber, Ernst, Die Epochen der Berliner Wirtschaftsgeschichte, in: Beiträge zur Berliner Geschichte, Veröffentlichungen der Historischen Kommission zu Berlin, Bd. 14, Berlin 1964. Staa Bi Ser 6215-14

Krau, Ingrid, Die Entwicklung des Industriestandortes Berlin 1870-1914, in: H. Fassbinder (Hrsg.). Berliner Arbeiterviertel. Berlin 1975

Lobes, Lucie, Exportviertel Ritterstraße, in: Die unzerstörbare Stadt. Die raumpolitische Lage und Bedeutung Berlins. Hrsg. vom Institut für Raumforschung, Bonn, Köln-Berlin 1953. Se Bi Oa 552

March, Werner, Ilse Balg, Umsetzung von Gewerbebetrieben im Sanierungsgebiet Kreuzberg von Berlin. Eine wirtschaftliche und soziologische Untersuchung, Berlin 1967. Se Bi 4° Oe 991

Mottek, Hans, Wirtschaftsgeschichte Deutschlands, Ein Grundriß, Bd. II. Von der Zeit der Französischen Revolution bis zur Zeit der Bismarckschen Reichsgründung, Berlin-Ost 1976. Staa BI HB 9 Au 1815/2

Thienel, Ingrid, Städtewachstum im Industrialisierungsprozeß des 19. Jahrhunderts. Das Berliner Beispiel. Veröffentlichungen der Historischen Kommission zu Berlin, Band 39, Berlin 1973. Se Bi 73/2171a

Zimm, Alfred, Die Entwicklung des Industriestandortes Berlin. Tendenzen der geo-

BIBLIOGRAPHIE

graphischen Lokalisation bei den Berliner Industriezweigen von überörtlicher Bedeutung sowie territoriale Stadtentwicklung bis 1945. Se Bi Od 25

1.4 MATERIALIEN
1.41 HANDBÜCHER

Bitter, Rudolf von, Handwörterbuch der Preußischen Verwaltung, 3. Aufl., Berlin und Leipzig 1928. La Arch

Clauswitz, Paul, Lothar Zögner, Die Pläne von Berlin von den Anfängen bis 1950, Nachdruck der Ausgabe von 1906 mit bibliographischen Ergänzungen und Standortverzeichnis, Berlin 1979. IBA

Eberstadt, Rudolf, Handbuch des Wohnungswesens und der Wohnungsfrage, 4. Auflage, Jena 1920. Se Bi H 420

Handbuch über den Königlich Preußischen Hof und Staat für das Jahr ab 1795-1939

Handwörterbuch des Wohnungswesens im Auftrag des Deutschen Vereins für Wohnungsreform e.V., Dr. Albrecht u.a. (Hrsg.), Jena 1930

Hecker, Manfred, Die Bauwerke und Kunstdenkmäler von Berlin, Bezirk Kreuzberg, Karten und Pläne, Berlin 1980, Plan 20. IBA

Henning, Eckhart, Berliner Archive, in: Arbeitsgemeinschaft Berliner Archivare, Berlin 1977. Staa Bi HB 76 1800

Mottek, Hans, Wirtschaftsgeschichte Deutschlands, Ein Grundriß, Bd. II. Von der Zeit der Französischen Revolution bis zur Zeit der Bismarkschen Reichsgründung, Berlin-Ost 1976. Staa Bi HB 9 Au 1815/2

Wagener, Hermann, Staats- und Gesellschafts-Lexikon, Berlin 1859 ff. Se Bi Ci 329a LS

Zedlitz, Leopold Frhr. von (Hrsg.), Neuestes Conversationshandbuch für Berlin und Potsdam. Zum täglichen Gebrauch der Einheimischen und Fremden aller Städte. (Nachdruck der Ausgabe Berlin 1834), Berlin 1979. Staa Bi Kart LS 507 968

1.42 STATISTIKEN, ADRESSBÜCHER

Berlin und seine Entwickelung. Gemeinde-Kalender und städtisches Jahrbuch, 1867-1872.

Berlin und seine Entwickelung. Städtisches Jahrbuch für Volkswirtschaft und Statistik, 5. Jg., Berlin 1871. Se Bi Zs 198

Berliner Städtisches Jahrbuch für Volkswirtschaft und Statistik, Erster Jahrgang, Berlin 1874

Boeckh, Richard, Die Bevölkerungs-, Gewerbe- und Wohnungsaufnahme vom 1. Dezember 1875 in der Stadt Berlin, H. 1-4, Berlin 1879. Se Bi 4° 542

Boeckh, Richard, Die Bevölkerungs- und Wohnungsaufnahme vom 1. Dezember 1980 in der Stadt Berlin, 1., 2., 3. Heft, Berlin 1883-1888. Se Bi 4° Nb 399

Clauswitz, Paul, Die Städteordnung von 1808 und die Stadt Berlin, Festschrift zur hundertjährigen Gedenkfeier der Einführung der Städteordnung, Berlin 1908. Staa Bi 111755

Die Resultate der Berliner Volks-Zählung vom 3. Dezember 1864, Berlin 1866. Se Bi O 540

Dieterici, C.F.W., Statistische Übersicht der Stadt Berlin, in: Berliner Kalender, Berlin 1844. Staa Bi Zsn 29789 R

Adressbücher: Allgemeiner Wohnungsanzeiger oder Allgemeiner Straßen- und Wohnungsanzeiger, ab 1799 für Berlin in unregelmäßiger Folge. La Arch zs 134

Hohorst, Gerd, Jürgen Kocka und Gerhard A. Ritter, Sozialgeschichtliches Arbeitsbuch. Materialien zur Statistik des Kaiserreiches 1870-1914, München 1975. Se Bi 75/3390

Kutzsch, Gerhard, Verwaltung und Selbstverwaltung in Berlin unter der ersten Städteordnung, in: Jahrbuch für brandenburgische Landesgeschichte 13. Bd., Berlin 1962. Se Bi Zs 279

Liebchen, Günter, Zu den Lebensbedingungen der unteren Schichten im Berlin des Vormärz, in: Otto Büsch (Hrsg.), Untersuchungen zur Geschichte der frühen Industrialisierung vornehmlich im Wirtschaftsraum Berlin/Brandenburg, Berlin 1971, S. 271-314. IBA

Lindemann, Hugo, Wohnungsstatistik, in: Schriften des Vereins für Sozialpolitik, Bd. 94 (1901), S. 263-384. Se Bi Ser 76-94

March, Werner, Ilse Balg, Umsetzung von Gewerbebetrieben im Sanierungsgebiet Kreuzberg von Berlin. Eine wirtschaftliche und soziologische Untersuchung, Berlin 1967. Se Bi 4° Oe 991

Schwabe, Hermann, Die königliche Haupt- und Residenzstadt in ihren Bevölkerungs-, Berufs- und Wohnverhältnissen — Resultate der Volkszählung vom 1.12.1871, Berlin 1874. Se Bi 4° O525

Schwabe, Hermann, Die Berliner Kellerwohnungen nach ihrer Räumlichkeit und Bewohnerschaft, in: Berlin und seine Entwickelung. Städtisches Jahrbuch für Volkswirtschaft und Statistik, 5. Jg., (1871), S. 93-96. Se Bi Zs 198

Schwabe, Herman, Das Verhältnis von Miethe und Einkommen in Berlin, in: Berlin und seine Entwickelung, Gemeinde-Kalender und statistisches Jahrbuch, 2. Jahrgang, Berlin 1868. La Arch Zs 191/1868

Statistisches Jahrbuch der Stadt Berlin, 1873-1919.

Statistisches Jahrbuch der Stadt Berlin, 34. Jg., Berlin 1920. Se Bi Zs 144

Statistische Uebersicht von der gestiegenen Bevölkerung der Haupt- und Residenzstadt Berlin in den Jahren 1815 bis 1828 und der Communal-Einnahmen und Ausgaben derselben in den Jahren 1805 bis 1828, Berlin 1829. Staa Bi Td 732

1.43 STADTFÜHRER

Baedecker Berlin, 1883 ff. La Arch A 710

Baedecker, Karl, Berlin-Kreuzberg, Freiburg 1977.

Berlin und seine Bauten 1896, Architektenverein zu Berlin (Hrsg.), Teil I Ingenieurwesen, Teil II + III Hochbau, Berlin 1896

Cosmar, Alexander von, Ganz Berlin und Potsdam. Neuester Fremdenführer durch die beiden Residenzen und ihre Umgegend, Berlin 1865. Staa Bi Tc 9456 ^{a}

Grieben, Berlin und Umgebung, Reiseführer Bd. 6 mit 12 Karten und 10 Grundrissen, Berlin 1932. Staa Bi Ps 4212

Hach, Otto, Kunstgeschichtliche Wanderungen durch Berlin, Beschreibung der hervorragenden Sehenswürdigkeiten der Reichshauptstadt. In 13 Wanderungen vorgeführt, 2. Aufl., Berlin (1903). Staa Bi Td 1566

Korth, David, Neuestes topographisch-statistisches Gemälde von Berlin und dessen Umgebung, Berlin 1821. Se Bi O 401

Nicolai, Friedrich, Beschreibung der Königlichen Residenzstädte Berlin und Potsdam, aller daselbst befindlicher Merkwürdigkeiten, und der umliegenden Gegenden, 2 Bände, 1. Auflage 1769, 3. Auflage Berlin 1786, Neudruck 1968. Staa Bi 111848 LS

Rumpf, Johann David Friedrich, Berlin und Potsdam. Eine Beschreibung aller Merkwürdigkeiten dieser Städte und ihrer Umgebungen, 5. Ausg., Berlin 1833. Staa Bi Tc 8996-2

Wachenhusen, Hans, Berliner Photographien, 2. Theil, Berlin (1867). Staa Bi Tc 9518

1.44 BIBLIOGRAFIEN

Berger-Thimme, Dorothea, Wohnungsfragen und Sozialstaat. Untersuchungen zu den Anfängen staatlicher Wohnungspolitik in Deutschland (1873-1918), in: Europäische Hochschulschriften Reihe III. Geschichte und ihre Hilfswissenschaften, Bd. 68, Frankfurt/Main 1976. Staa Bi Ser 13 289-68

Berlin-Bibliographie (bis 1960), Veröffentlichungen der Historischen Kommission zu Berlin, Bd. 15 Bibliographien Bd. 1, Berlin 1965. IBA

Günther, Sonja, Aussagen über deutsche Arbeiterwohnungen im 19. Jahrhundert anhand zeitgenössischer Berichte, in: Zwischen Kunst und Industrie, 2. Jahrbuch des Werkbund-Archivs, Frecot, Janos und Eckhard Siepmann (Hrsg.), Berlin 1977

Lange, Annemarie, Das Wilhelminische Berlin, zwischen Jahrhundertwende und Novemberrevolution, Berlin 1967

Lange, Annemarie, Berlin zur Zeit Bebels und Bismarcks, zwischen Reichsgründung und Jahrhundertwende, Berlin 1972

Verzeichnis Berliner Zeitungen in Berliner Bibliotheken, Arbeitsgruppe Bibliothekar. Regionalplanung, (Hrsg.), Berlin 1978. Staa Bi HB 1 Gs 420

1.45 ARCHITEKTEN UND PLANER

Hecker, Manfred, Die Berliner Mietskaserne, in: L. Grote (Hrsg.), Die deutsche Stadt im 19. Jahrhundert, S. 273-294, Studien zur Kunstgeschichte des 19. Jahrhunderts, Bd. 24, München 1974. Ku Bi E 11946 $^{o\ hl}$

Heinrich, Ernst, unter Mitarbeit von H. Juckel, Der "Hobrechtplan", in: Jahrbuch für brandenburgische Landesgeschichte 13 (1962), S. 41 ff. Se Bi 4° Zs 279-13 1962

Hinz, Gerhard, Peter Josef Lenné und seine bedeutendsten Schöpfungen in Berlin und Potsdam, Berlin 1937

Hinz, Gerhard, Peter Josef Lenné. Landschaftsgestalter und Städteplaner, in: Persönlichkeit und Geschichte Bd. 98, Göttingen 1977. Se Bi 77/2855

Rave, P.O., K.F. Schinkel, Lebenswerk, Berlin 1948

Schmidt, Hartwig, Das Tiergartenviertel. Baugeschichte eines Berliner Villenviertels 1790-1870. Beihefte Kunstdenkmäler Berlin, Berlin 1981. Se Bi 4° Ob 85a, Beih. 4.1

2.0 STAATLICHE UND KOMMUNALE PLANUNG

Berger-Thimme, Dorothea, Wohnungsfragen und Sozialstaat. Untersuchungen zu den Anfängen staatlicher Wohnungspolitik in Deutschland (1873-1918), in: Europäische Hochschulschriften Reihe III. Geschichte und ihre Hilfswissenschaften, Bd. 68, Frankfurt/Main 1976. Staa Bi Ser 13 289-68

Bericht über die Gemeinde-Verwaltung der Stadt Berlin 1861-1876, 1. Heft, Berlin 1879. Se Bi 4° Ver. 139

Bericht über die Gemeindeverwaltung der Stadt Berlin, Bd. 1. 1829-1840, erschienen 1842; Bd. 2 1841-1850 erschienen 1853; Bd. 3 1851-1860 erschienen 1863; Bd. 4 1861-1876 erschienen 1879. Se Bi 4° Ver. 139

Bezirksamt Kreuzberg, Die Stadtplanung im Bezirk Kreuzberg, Berlin (um 1955). La Arch B 338

Bruch, Ernst, Berlin's bauliche Zukunft und der Bebauungsplan, besonderer Abdruck aus der Deutschen Bauzeitung, Berlin 1870. Se Bi Oa 802

Clauswitz, Paul, Die Berliner Bau- und Bodenpolitik, in: Schriften des Vereins für die Geschichte Berlins Nr. 50 (1917), S. 37 f.

Clauswitz, Paul, Die Städteordnung von 1808 und die Stadt Berlin, Festschrift zur hundertjährigen Gedenkfeier der Einführung der Städteordnung, Berlin 1908. Staa Bi 111755

Die Stadtverordneten zu Berlin an ihre Mitbürger über die Verwaltung ihrer Communal-Angelegenheiten, Berlin 1822. La Arch Soz. 1467 1822 R

Dietrich, Richard, Verfassung und Verwaltung, in: Hans Herzfeld (Hrsg.), Berlin und die Provinz Brandenburg im 19. und 20. Jahrhundert, Veröffentlichungen der Historischen Kommission zu Berlin, Band 25, Berlin 1968. Se Bi Ser 601-25

Hecker, Manfred, Die Luisenstadt — ein Beispiel der liberalistischen Stadtplanung und baulichen Entwicklung Berlins zu Beginn des 19. Jahrhunderts, in: Berlin zwischen 1789 und 1848, Facetten einer Epoche, Ausstellungskatalog der Akademie der Künste Berlin, Berlin 1981

Hecker, Manfred, Berlin-Kreuzberg, Sanierung mit der Absicht der Erhaltung der Stadtstruktur, S. 264-279, in: Die Kunst unsere Städte zu erhalten, Hrsg. vom Arbeitskreis Städtebauliche Denkmalpflege der Fritz Thyssen Stiftung, Redaktion Hiltrud Kier, Stuttgart 1976

Heiligenthal, Roman, Berliner Städtebaustudien, Berlin 1926. FU/UB 75-26933

Heinrich, Ernst, unter Mitarbeit von H. Juckel, Der "Hobrechtplan", in: Jahrbuch für brandenburgische Landesgeschichte 13 (1962), S. 41 ff. Se Bi 4° Zs 279-13 1962

Hinz, Gerhard, Peter Josef Lenné und seine bedeutendsten Schöpfungen in Berlin und Potsdam, Berlin 1937

Kaeber, Ernst, Werner Hegemanns Werk: "Das steinerne Berlin. Geschichte der größten Mietskaserne der Welt" oder: Der alte und der neue Hegemann, in: E. Kaeber, Beiträge zur Berliner Geschichte. Veröffentlichungen der Historischen Kommission zu Berlin, Band 14, Berlin 1964. Staa Bi Ser 6215-14

Kappelmann, H., Die Städteordnung für die sechs östlichen Provinzen der Preußischen Monarchie vom 30. Mai 1853, Berlin 1901. Staa Bi Gv 15329

March, Werner, Ilse Balg, Umsetzung von Gewerbebetrieben im Sanierungsgebiet Kreuzberg von Berlin. Eine wirtschaftliche und soziologische Untersuchung. Berlin 1967

Orth, August, Zur baulichen Reorganisation der Stadt Berlin, Berlin 1875. Staa Bi Td 1552

Peschken, Goerd, Berliner Stadtplanung im 19. Jahrhundert, in: J. Frecot (Hrsg.), Werkbund-Archiv Jahrbuch 2, Gießen 1977, S. 39-53

Paul Hirsch, Kommunale Wohnungspolitik, in: Sozialdemokratische Gemeindepolitik, Kommunalpolitische Abhandlungen H. 4, Berlin 1906. Se Bi Ha 321

Sanierung — Hauptaufgabe Kreuzbergs für ein schönes Stadtbild, in: Industrie-Spiegel, Jg. 18, Nr. 13 (1968), S. 8-10. La Arch B 570

Thienel, Ingrid, Verstädterung, städtische Infrastruktur und Stadtplanung, Berlin zwischen 1850 und 1914, in: Zeitschrift für Stadtgeschichte, Stadtsoziologie und Denkmalpflege, Jg. 4, Heft 1, 1977, S. 55-84. IBA

Vogel, Werner (Bearb.), Grundriß zur deutschen Verwaltungsgeschichte 1815-1945, Reihe A: Preußen, Bd. 5 Brandenburg, Marburg 1975. Geh. Preuß Staa Arch. LS 212

Wir bauen die neue Stadt. Die städtebauliche Neugestaltung der Luisenstadt im Bezirk Kreuzberg, Berlin 1956. La Arch B 339

2.1 PLANUNGSINSTRUMENTE, BAURECHT

Baltz, C., Preußisches Baupolizeirecht, 4. Aufl., Berlin 1910

Baupolizeiordnung für den Stadtkreis Berlin vom 21. April 1853

Berlin und seine Bauten. AIV (Hrsg.), Teil II: Rechtsgrundlagen und Stadtentwicklung, Berlin 1964. Se Bi Oc 58-2

Bruch, Ernst, Berlin's bauliche Zukunft und der Bebauungsplan, besonderer Abdruck aus der Deutschen Bauzeitung, Berlin 1870. Se Bi Oa 802

Clauswitz, Paul, Die Städteordnung von 1808 und die Stadt Berlin, Festschrift zur hundertjährigen Gedenkfeier der Einführung der Städteordnung, Berlin 1908. Staa Bi 111755

Doehl, Carl, Repertorium des Bau-Rechts und der Baupolizei für den Preußischen Staat sowohl im Allgemeinen als im Besonderen für die Haupt- und Residenz-Stadt Berlin, Berlin 1867. Se Bi 71/2191

Ehrlich, Heinz, Die Berliner Bauordnungen, ihre wichtigsten Bauvorschriften und deren Einfluß auf den Wohnungsbau der Stadt Berlin, Diss TH Berlin, Jena 1933. Se Bi 4° 70-597

Förster, Hans, Die Entwicklung des Baurechts in Berlin seit der Jahrhundertwende, in:
Berlin und seine Bauten, Teil II, Architekten- und Ingenieurverein (Hrsg.), Berlin und München 1964

Günther, Hans und Jürgen Pergande, Die Gesetzgebung auf dem Gebiet des Wohnungswesens und des Städtebaus (S. 11-209), in:
Festschrift der Deutschen Bau- und Bodenkreditbank Aktien Gesellschaft 1923-1973, Frankfurt 1973

Heinrich, Ernst, unter Mitarbeit von H. Juckel, Der "Hobrechtplan", in: Jahrbuch für brandenburgische Landesgeschichte 13 (1962), S. 41 ff. Se Bi 4° Zs 279-13 1962

Hinz, Gerhard, Peter Josef Lenné und seine bedeutendsten Schöpfungen in Berlin und Potsdam, Berlin 1937

Paul Hirsch, Kommunale Wohnungspolitik, in: Sozialdemokratische Gemeindepolitik, Kommunalpolitische Abhandlungen H. 4, Berlin 1906. Se Bi Ha 321

Niethammer, Lutz, Ein langer Marsch durch die Institutionen. Zur Vorgeschichte des preußischen Wohnungsgesetzes von 1918, L. Niethammer (Hrsg.), Wohnen im Wandel, Wuppertal 1979, S. 363-384

Nitze, Philipp, Die Entwicklung des Wohnungswesens in Groß-Berlin, Berlin 1913. Se Bi O 197

Scheer, Johannes, Die Baugesetze für Berlin bis zum Jahre 1887, (Maschinenmanuskript) Berlin 1954. Se Bi 4° Ob 268

2.2 WOHNUNGS- UND SOZIALPOLITIK

Arminius (Gräfin Dohna Poninsky), Die Großstädte in ihrer Wohnungsnoth und die Grundlagen einer durchgreifenden Abhülfe, Leipzig 1874. Se Bi 73/398

Berger-Thimme, Dorothea, Wohnungsfragen und Sozialstaat. Untersuchungen zu den Anfängen staatlicher Wohnungspolitik in Deutschland (1873-1918), in: Europäische Hochschulschriften Reihe III. Geschichte und ihre Hilfswissenschaften, Bd. 68, Frankfurt/Main 1976. Staa Bi Ser 13 289-68

Braun, Adolf, Berliner Wohnverhältnisse. Denkschrift der Berliner Arbeiter-Sanitäts-Kommission, Berlin 1893. Se Bi Oe 201

Bruch, Ernst, Berlin's bauliche Zukunft und der Bebauungsplan, besonderer Abdruck aus der Deutschen Bauzeitung, Berlin 1870. Se Bi Oa 802

Clauswitz, Paul, Die Städteordnung von 1808 und die Stadt Berlin, Festschrift zur hundertjährigen Gedenkfeier der Einführung der Städteordnung, Berlin 1908. Staa Bi 111755

Engel, Ernst, Die moderne Wohnungsnoth, Signatur, Ursachen und Abhülfe, Leipzig 1873

Engel, Ernst, Die Wohnungsnoth. Ein Vortrag auf der Eisenacher Conferenz am 6. Oktober 1872, in: Zeitschrift des Königl. Preußischen Statistischen Bureaus, Jg. 12 (1872), S. 380 f. Se Bi 4° 77/1121

Paul Hirsch, Kommunale Wohnungspolitik, in: Sozialdemokratische Gemeindepolitik, Kommunalpolitische Abhandlungen H. 4, Berlin 1906. Se Bi Ha 321

Hoffmann, Carl Wilhelm, Die Berliner Gemeinnützige Bau-Gesellschaft (Die Wohnungen der Arbeiter und Armen, H. 1), Berlin 1852. Se Bi Ha 825

Nathan, Paul, Die Wohnungsfrage und die Bestrebungen der Berliner Baugenossenschaft, Berlin 1890. Se Bi Ob 968

Peschken, Goerd, ...und löschte aus ihre Namen, in: Berlin im Abriß, Berlinische Galerie (Hrsg.), Berlin 1981

Reich, Emmy, Der Wohnungsmarkt in Berlin 1840-1910, in: Staats- und sozialwissenschaftliche Forschungen H. 164, München und Leipzig 1912. Se Bi Of 542

Sass, Friedrich, Berlin in seiner neuesten Zeit und Entwicklung, Leipzig 1846. Se Bi Oc 914

Schinz, Alfred, Das mehrgeschossige Mietshaus von 1896 bis 1945, in: Berlin und seine Bauten, Teil IV, Bd. B, Berlin 1974. Se Bi Oe 58-4, B

Witt, Peter-Christian, Inflation, Wohnungszwangswirtschaft und Hauszinssteuer, in: L. Niethammer (Hrsg.), Wohnen im Wandel, Wuppertal 1979, S. 385-407

2.3 INFRASTRUKTUR

Die Entwicklungsgeschichte der Kindergärten in Berlin, in: Städtisches Jahrbuch 2. Jahrg. (1868), S. 164-179 und S. 253 f.

Die städtischen Gaswerke in Berlin 1847-1897. Rückblick am 50. Jahrestage ihres Bestehens, Berlin 1897. La Arch B 132

Hobrecht, James, Über öffentliche Gesundheitspflege und die Bildung eines Central-Amts für öffentliche Gesundheitspflege im Staate, Stettin 1868

Senator für Bau- und Wohnungswesen (Hrsg.), 300 Jahre Straßenbeleuchtung in Berlin, Berlin 1979

Siewert, Horst-H, Die Bedeutung der Stadtbahn für die Berliner Stadtentwicklung im 19. Jahrhundert, Diss. TU Hannover 1978. Staa Bi Hsn 2040 79

2.4 VERKEHR

Boeckh, Richard, Die Bevölkerungs-, Gewerbe- und Wohnungsaufnahme vom 1. Dezember 1875 in der Stadt Berlin, H. 1-4, Berlin 1879. Se Bi 4° 542

Bohle-Heintzenberg, Sabine, Die Architektur der Berliner Hoch- und Untergrundbahn bis 1930, Berlin 1980

Dehmel, Wilhelm, Platzwandel und Verkehr — Zur Platzgestaltung im 19. und 20. Jahrhundert in Berlin unter dem Einfluß wachsenden und sich verändernden Verkehrs. Dissertation TU Berlin, Berlin 1976. Sta Bi Hsn 148819

Radicke, Dieter, Die Entwicklung des öffentlichen Personennahverkehrs in Berlin bis zur Gründung der BVG, in: Berlin und seine Bauten Teil X, Bd. B, Anlagen und Bauten für den Verkehr (1) Städt. Nahverkehr, Berlin 1979

Siewert, Horst-H., Die Bedeutung der Stadtbahn für die Berliner Stadtentwicklung im 19. Jahrhundert, Diss. TU Hannover 1978. Staa Bi Hsn 2040 79

3.0 PRIVATWIRTSCHAFTLICHE MASSNAHMEN
3.1 INDUSTRIE UND GEWERBE

Baar, Lothar, Die Berliner Industrie in der industriellen Revolution (Veröffentlichungen des Instituts für Wirtschaftsgeschichte an der Hochschule für Ökonomie Berlin-Karlshorst), H. Mottek (Hrsg.), Bd. 4, Berlin 1966. Se Bi Oe 832

Fassbinder, Horant, Berliner Arbeiterviertel 1800-1918, mit einem Beitrag von Ingrid Krau, Berlin 1975

March, Werner, Ilse Balg, Umsetzung von Gewerbebetrieben im Sanierungsgebiet Kreuzberg von Berlin. Eine wirtschaftliche und soziologische Untersuchung, Berlin 1967. Se Bi 4° Oe 99[1]

Thienel, Ingrid, Städtewachstum im Industrialisierungsprozeß des 19. Jahrhunderts. Das Berliner Beispiel. Veröffentlichungen der Historischen Kommission zu Berlin, Band 39, Berlin 1973. Se Bi 73/2171a

Werner, Frank, Stadtplanung Berlin — Theorie und Realität. Teil I, 1900-1960, Berlin 1976. Se Bi 76/5710

Wiedfeldt, Otto, Statistische Studien zur Entwicklungsgeschichte der Berliner Industrie von 1720-1890, in: G. Schmoller (Hrsg.), Staats- und sozialwissenschaftliche Forschungen Bd. 16, Heft 2, Leipzig 1898. Se Bi Oc 726

Zimm, Alfred, Die Entwicklung des Industriestandortes Berlin. Tendenzen der geographischen Lokalisation bei den Berliner Industriezweigen von überörtlicher Bedeutung sowie territoriale Stadtentwicklung bis 1945. Se Bi Od 25

3.2 BAUPRODUKTION

Berlin und die Antike, Ausstellungskatalog, Willmuth Arenhövel (Hrsg.), Berlin 1979

Börsch-Supan, Eva, Berliner Baukunst nach Schinkel 1840-1870, München 1977. Staa Bi Ser. 10374-25

Boetticher, Carl, Ornament-Vorbilder. Erfunden und gezeichnet von Carl Boetticher, Berlin 1858-60. Ku Bi J 1956 [qu]

Boetticher, Carl, Ornamentenbuch zum praktischen Gebrauch für Architekten, Decorations- und Stubenmaler, Tapeten-Fabrikanten usw., Berlin 1834-56. Ku Bi J 1941 [qu]

Boetticher, Carl, Architektonische Formenschule in Ornament-Erfindungen als Vorbilder zum Unterricht für Technische Institute Kunst- und Bau-Schulen, Architekten, Bau-Handwerker, Potsdam 1847. Ku Bi J 1947 [qu]

Bothe, Rolf, Antikenrezeption in Bauten und Entwürfen Berliner Architekten zwischen 1790 und 1870, in: Berlin und die Antike, Ausstellungskatalog, Wilmuth Arenhövel (Hrsg.), Berlin 1979

Christensen, Margrit, Renate Peiffer, Instandsetzung und Modernisierung von Altbauten in Berlin unter Berücksichtigung von Kosten- und Energieeinsparung, Diplomarbeit am Fachbereich Institut für Wohnungsbau und Stadtteilplanung, TU Berlin, Berlin 1979

Ehrlich, Heinz, Die Berliner Bauordnungen, ihre wichtigsten Bauvorschriften und deren Einfluß auf den Wohnungsbau der Stadt Berlin, Diss TH Berlin, Jena 1933. Se Bi 4° 70-597

Hecker, Manfred, Die Berliner Mietskaserne, in: L. Grote (Hrsg.), Die deutsche Stadt im 19. Jahrhundert, S. 273-294, Studien zur Kunstgeschichte des 19. Jahrhunderts, Bd. 24, München 1974. Ku Bi E 11946 o [hl]

Heilmeyer, Wolf-Dieter, Hartwig Schmidt, Antike Motive an Berliner Mietshäusern der zweiten Hälfte des 19. Jahrhunderts, in: Berlin und die Antike, Ausstellungskatalog, Willmuth Arenhövel (Hrsg.), Berlin 1979

Holz, Ferdinand Wilhelm, Architektonische Details zum praktischen Gebrauche, Berlin 1844-45. Ku Bi J 1946 [hl]

Gut, Albert, Das Berliner Wohnhaus, Beitrag zu seiner Geschichte und seiner Entwicklung in der Zeit der Landesfürstlichen Bautätigkeit, 17. und 18. Jahrhundert, Berlin 1917. Se Bi 2° O 162

Mauch, Johann Matthäus, Die architektonischen Ordnungen der Griechen und Römer, Berlin 1875. Ku Bi Ca 9043

Monke, Fritz, Grundrißentwicklung und Aussehen des Berliner Mietshauses von 1850 bis 1914 dargestellt an Beispielen aus dem Stadtteil Moabit. Dissertation TU Berlin, Berlin 1968. Se Bi 4° Of 511-12

Peschken, Goerd, Das Berliner Mietshaus und die Sanierung, in Architektur, Stadt und Politik: Julius Posener zum 75. Geburtstag, Werkbund-Archiv Jahrbuch 4, Bergius, Frecot, Radicke (Hrsg.), Gießen 1979. Se Bi 80/704

Semmer, Manfred, Sanierung von Mietskasernen, Berlin 1970. Se Bi 70/2204

Schinz, Alfred, Das mehrgeschossige Mietshaus von 1896 bis 1945, in: Berlin und seine Bauten, Teil IV, Bd. B, Berlin 1974. Se Bi Oe 58-4, B

Stier, Gustav, Vorlegeblätter für Bauhandwerker, insbesondere für Maurer- und Zimmerleute, in: Grundlage der praktischen Baukunst, Berlin 1844, 1862. Ku Bi E 203

Vorbilder für Fabrikanten und Handwerker, hrsg. von der Kgl. technischen Deputation für Gewerbe, Berlin 1821-36 (1 Textbd., 3 Tafelbde.). Ku Bi J 1632

Vorlegeblätter für Maurer; Vorlegeblätter für Zimmerleute. Nach der Originalausgabe der Königlich technischen Deputation für Gewerbe mit deren Bewilligung herausgegeben, in: Grundlage der praktischen Baukunst, Teil I (Maurerkunst), Teil II (Zimmerwerkskunst), Berlin 1830-1850. Ku Bi E 203

Vorlegeblätter für Baumeister, hrsg. von der Kgl. technischen Deputation für Gewerbe in Berlin, Potsdam 1815. Ku Bi E 13615

Zahn, W., Auserlesene Verzierungen aus dem Gesamtgebiet der bildenden Kunst; zum Gebrauch für Künstler und kunstbeflissene Handwerker, zugleich als Vorlegeblätter in Zeichenschulen, 5 Hefte, Berlin 1844. Ku BI CA 11150 mtl

Woltmann, Alfred, Die Baugeschichte Berlins bis auf die Gegenwart, Berlin 1872. Ku Bi E 770 [hl]

3.3 WOHNUNGSWIRTSCHAFT

Baron, Alfred, Der Haus- und Grundbesitzer in Preußens Städten einst und jetzt. Jena 1911. Se Bi Ha 62

Berger-Thimme, Dorothea, Wohnungsfragen und Sozialstaat. Untersuchungen zu den Anfängen staatlicher Wohnungspolitik in Deutschland (1873-1918), in: Europäische Hochschulschriften Reihe III. Geschichte und ihre Hilfswissenschaften, Bd. 68, Frankfurt/Main 1976. Staa Bi Ser 13 289-68

Nitze, Philipp, Die Entwicklung des Wohnungswesens in Groß-Berlin, Berlin 1913. Se Bi 0 197

Reich, Emmy, Der Wohnungsmarkt in Berlin 1840-1910, in: Staats- und sozialwissenschaftliche Forschungen H. 164, München und Leipzig 1912. Se Bi Of 542

Dr. Strousberg und sein Wirken von ihm selbst geschildert, Berlin 1876. Se Bi F 708

Voigt, Andreas, Die Bodenbesitzverhältnisse, das Bau- und Wohnungswesen in Berlin und seinen Vororten, in: Schriften des Vereins für Sozialpolitik, Neue Untersuchungen über die Wohnungsfrage in Deutschland und im Ausland. Deutschland und Österreich, Leipzig 1901. Ge Bi Ser. 76-94

Voigt, Paul, Grundrente und Wohnungsfrage in Berlin und seinen Vororten. Eine Untersuchung ihrer Geschichte und ihres gegenwärtigen Stands, Jena 1901. Se Bi O 389-1

4.0 SOZIALE BEWEGUNGEN

Baar, Lothar, Der Kampf der Berliner Arbeiter während der industriellen Revolution, in: Jahrbuch für Regionalgeschichte, Weimar 1967. Se Bi Zs 2236

Kaeber, Ernst, Berlin 1848, Berlin 1948, Staa Bi 110 103

Thienel, Ingrid, Städtewachstum im Industrialisierungsprozeß des 19. Jahrhunderts. Das Berliner Beispiel. Veröffentlichungen der Historischen Kommission zu Berlin, Band 39, Berlin 1973

4.1 INSTITUTIONEN

Berger-Thimme, Dorothea, Wohnungsfragen und Sozialstaat. Untersuchungen zu den Anfängen staatlicher Wohnungspolitik in Deutschland (1873-1918), in: Europäische Hochschulschriften Reihe III. Geschichte und ihre Hilfswissenschaften, Bd. 68, Frankfurt/Main 1976. Staa Bi Ser 13 289-68

Bernstein, Eduard, Die Geschichte der Berliner Arbeiter-Bewegung. Ein Kapitel zur Geschichte der deutschen Sozialdemokratie, Teil III: Fünfzehn Jahre Berliner Arbeiterbewegung unter dem gemeinen Recht, Berlin 1910. Se Bi O 548

Boese, Franz, Geschichte des Vereins für Socialpolitik 1872-1932, Berlin 1939. Staa Bi FC 286-188

Cohn, Louis, Die Wohnungsfrage und die Sozialdemokratie, München 1900. Se Bi Hb 662

Fassbinder, Horant, Berliner Arbeiterviertel 1800-1918, mit einem Beitrag von Ingrid Krau, Berlin 1975

Nathan, Paul, Die Wohnungsfrage und die Bestrebungen der Berliner Baugenossenschaft, Berlin 1890. Se Bi Ob 968

Thienel, Ingrid, Industrialisierung und Städtewachstum. Der Wandel der Hauptsiedlungsformen in der Umgebung Berlins, 1800-1850, in: Otto Büsch (Hrsg.), Untersuchungen zur Geschichte der frühen Industrialisierung vornehmlich im Wirtschaftsraum Berlin/Brandenburg, Berlin 1971. Staa Bi Ser 11207/6

4.2 SELBSTORGANISATIONEN

Hoffmann, Carl Wilhelm, Die Berliner Gemeinnützige Bau-Gesellschaft (Die Wohnungen der Arbeiter und Armen, H. 1), Berlin 1852. Se Bi Ha 825

Lange, Paul, Die Konsum-Genossenschaft Berlin und Umgegend und ihre Vorläufer, Berlin 1924. Se Bi Oa 414

Nathan, Paul, Die Wohnungsfrage und die Bestrebungen der Berliner Baugenossenschaft, Berlin 1890. Se Bi Ob 968

5.0 QUARTIERSGESCHICHTE

Altmann, Katharina, u.a. (Hrsg.), Die Luisenstadt. Ein Heimatbuch, Berlin 1927. Se Bi 056

Bachmann, Johann Friedrich, Die Luisenstadt. Versuch einer Geschichte derselben und ihrer Kirche, Berlin 1838. Staa Bi LS Td 52

Berlin-Atlas zu Stadtbild und Stadtraum, Heft 2, Versuchsgebiet Kreuzberg, Der Senator für Bau- und Wohnungswesen (Hrsg.), Berlin 1973

Geissler, Gerhard, Paul Langner, Werden und Wachsen des Bezirks Kreuzberg, Berlin 1953. Se Bi Oa 652

Günther, Sonja, Die Luisenstadt. "Bürgerliches Gewimmel" und "sanfte Gartenlust", in: Berlin zwischen 1789 und 1848, Facetten einer Epoche, Akademie-Katalog 132, Berlin 1981

Hecker, Manfred, Die Luisenstadt — ein Beispiel der liberalistischen Stadtplanung und baulichen Entwicklung Berlins zu Beginn des 19. Jahrhunderts, in: Berlin zwischen 1789 und 1848, Facetten einer Epoche, Ausstellungskatalog der Akademie der Künste Berlin, Berlin 1981

Hoffmann-Axthelm, Dieter, Zur Baugeschichte des Blocks 133, in: Wettbewerb Kindertagesstätte im Block 133, SO 36, Berlin-Kreuzberg, Internationale Bauausstellung GmbH 1984 (Hrsg.), Berlin Januar 1981, S. 34-67

Hoffmann-Axthelm, Dieter, Bau- und Stadtgeschichte am Schlesischen Tor, in: Wettbewerb Schlesisches Tor, SO 36, Kreuzberg, Internationale Bauausstellung Berlin GmbH 1984 (Hrsg.), Berlin Juni 1981, S. 50-75

Hoffmann-Axthelm, Dieter, Zur geschichtlichen Entwicklung am Schlesischen Tor, in: Stadterneuerung rund um das Schlesische Tor, Entwürfe für die Schlesische Straße 1-8, Internationale Bauausstellung Berlin GmbH 1984 (Hrsg.), Berlin Dezember 1980, S. 6-8

Lobes, Lucie, Exportviertel Ritterstraße, in: Die unzerstörbare Stadt. Die raumpolitische Lage und Bedeutung Berlins. Hrsg. vom Institut für Raumforschung, Bonn, Köln-Berlin 1953. Se Bi Oa 552

Noël, W., Die ersten zweihundert Jahre der Gemeinde der Luisenstadtkirche zu Berlin. 1694-1894. Zur Feier des zweihundertjährigen Bestehens der Luisenstadt-Gemeinde, Berlin 1894. Se Bi Oa 80

Schmidt, Hartwig, Haberkerns Hof — Berliner Mietskasernenbau 1872-1875, in: Festschrift Ernst Heinrich, G. Peschken, D. Radicke, T.J. Heinisch (Hrsg.), Berlin 1974, S. 75-111

5.1 EINZELOBJEKTE — ENSEMBLES

Schmidt, Hartwig, Haberkerns Hof — Berliner Mietskasernenbau 1872-1875, in: Festschrift Ernst Heinrich, G. Peschken, D. Radicke, T.J. Heinisch (Hrsg.), Berlin 1974, S. 75-111

Stein, Theodor, Das Krankenhaus der Diakonischen-Anstalt "Bethanien" zu Berlin, Berlin 1850. Se Bi 2° 80/3866

5.2 ALLTAG

Altmann, Katharina, u.a (Hrsg.), Die Luisenstadt. Ein Heimatbuch, Berlin 1927. Se Bi 056

Berliner Leben 1870-1900, Erinnerungen und Berichte, Ruth Glatzer (Hrsg.), Berlin-Ost 1963. Se Bi Od 823

Berliner Leben 1806-1847, Erinnerungen und Berichte, Ruth Köhler, Wolfgang Richter (Hrsg.), Berlin 1954. Se Bi Oa 838

Berliner Leben 1648-1806, Erinnerungen und Berichte, Ruth Glatzer, Berlin 1956. Se Bi Ob 505

Berlin und seine Bauten 1877, Architektenverein zu Berlin (Hrsg.), 2 Teile, Berlin 1877

Berstl, Julius, Berlin Schlesischer Bahnhof, Berlin 1964. Se Bi Od 746

Brennglas, Adolf, Berliner Volksleben. Ausgewähltes und Neues, Leipzig 1847. Se Bi Od 479

Dronke, Ernst, Berlin, Nachdruck der Erstausgabe Frankfurt/Main 1846, R. Nitsche (Hrsg.), Darmstadt und Neuwied 1974. Staa Bi Ser 14086

Fontane, Theodor, Frau Jenny Treibel, Berlin 1893

Geissler, Gerhard, Paul Langner, Werden und Wachsen des Bezirks Kreuzberg, Berlin 1953. Se Bi Oa 652

Kretzer, Max, Meister Timpe, Stuttgart 1976, Erstausgabe Bvrlin 1888. Staa Bi Ser 262 9829

Leibusch, Wilhelm, Einer aus der Lausitzer Straße. Eine katholische Jugend in Berlin-Kreuzberg zu Anfang des Jahrhunderts, Berlin 1968. AGB B 328 Leib 1

Nicolas, Ilse, Kreuzberger Impressionen, in: Berlinische Reminiszenzen 26, Berlin 1969. AGB B 152 Kreu 8d

Sass, Friedrich, Berlin in seiner neuesten Zeit und Entwicklung, Leipzig 1846. Se Bi Oc 914

Viebig, Clara, Die vor den Toren, Stuttgart, Berlin, Leipzig 1922, Erstausgabe 1910. Staa Bi Yc 10764

Wegener, Fritz, So lebten wir 1913 bis 1933 in Berlin. Kindheit in der Luisenstadt (Kreuzberg). Erster Weltkrieg und Schulzeit. Studien- und Verlobungszeit, Berlin 1971. Se Bi 72/1665

137

BILDQUELLEN

Archiv Bollerey/Hartmann: **49, 56, 64, 65**

Archiv Kramer: **37, 40, 47, 50, 61, 116, 130, 131, 137, 138, 148, 153, 154, 155, 158, 172**

Archiv für Kunst und Geschichte: **70, 72**

Astrid Debold-Kritter: **100, 101, 102, 103, 112, 113, 119, 120, 136, 150, 160-171, 173, 177, 178, 188, 190-192**

Gedenkbibliothek (Postkartensammlung): **48, 57, 58, 60, 62, 68, 69, 98, 99, 118**

Geheimes Staatsarchiv Preußischer Kulturbesitz: **16, 17, 18, 20, 133, 140**

Landesarchiv: **12, 15, 23, 25, 41, 55, 75, 91, 134, 135, 149**

Landesbildstelle: **1, 2, 3, 22, 42, 43, 44, 45, 46, 51, 59, 66, 67, 73, 132, 134, 139**

Plansammlung TU Berlin: **21**

Stephan Schraps: **110, 111**

Verwaltung der Staatlichen Schlösser und Gärten: **19**

Margarete Zimmermann: **31**

Die nicht aufgeführten Abbildungsnummern beziehen sich auf das Bauaktenarchiv im Bezirksamt Kreuzberg.

BÜCHER

Altmann: **8, 9, 28, 36**

Bachmann: **4, 7**

Berliner Architekturwelt, Jg. 4, 1902 Abb. 404: **157**

Berliner Leben 1806-1847: **21**

Berlin und seine Bauten, 1877: **54**

Berlin und seine Bauten, 1896: **117**

Berlin zwischen 1789 und 1848, Facetten einer Epoche, Katalog der Akademie der Künste, Berlin 1981: **13, 14, 39**

Blätter für Architektur und Kunsthandwerk, Jg. 15, 1902, S. 65: **152**

Fassbinder, H., Berliner Arbeiterviertel: **26, 52**

Gut, Albert, Das Berliner Wohnhaus, 1916: **83, 84**

IBA-Broschüre "Wettbewerb Schlesisches Tor", S. 10: **159**

March/Balg, Die Umsetzung von Gewerbebetrieben, 1963: **53**

Ostwald: **15**

Pobl, Wilhelm, Der praktische Feuer- und Ofenbaumeister, Leipzig 1834, S. 285: **39**

Preußen, Versuch einer Bilanz (Ausstellungskatalog, Berlin 1981): **5**

Puppe, Fibel, Schießgewehr, Katalog der Akademie der Künste, 1977, S. 82: **38**

Zentralblatt der Bauverwaltung H. 59, 1939, S. 391: **30**

Zille, Fotografien, S. 93: **71**

HÄUSERKÄMPFE 1872, 1920, 1945, 1982

194 / Rainer Nitsche (Hrsg.), Häuserkämpfe 1872, 1920, 1945, 1982. 272 Seiten, 100 Abbildungen, englische Broschur, glanzfolienkaschiert. Im guten Buchhandel. :TRANSIT Buchverlag, Gneisenaustr. 2, 1000 Berlin 61.

"Über die Berliner Häuserkämpfe ist im täglichen Journalismus schon jede Menge geschrieben worden — jetzt endlich ist eine umfassende Text-, Dokumenten- und Bildsammlung erschienen, die das aktuelle Instandbesetzer-Problem in grössere zeitliche und soziale Zusammenhänge stellt. Die heutigen Auseinandersetzungen werden in einen historischen Kontext eingereiht, der ganz verblüffende Parallelen zutage fördert."(TIP)

Das Einfache ist das Verblüffende. Auf die Kontinuität, die im Untertitel des Buches (1872/1920/1945/1982) angedeutet ist, stößt jeder, der auch nur einigermaßen energisch an der Oberfläche unserer Geschichte kratzt.

Dokumente, Reportagen und Positionen zu Bodenspekulation, Wohnraumzerstörung, Selbsthilfe und Widerstand im 19. und 20. Jahrhundert: Slums, Straßenkämpfe zwischen Mietern und der Polizei 1872, Mietskasernen, Gründungen von Mietergenossenschaften 1920 und ihr trauriges Ende bis zur Neuen Heimat, Besetzungen und Instandbesetzungen 1945, Konzepte der 50er und 60er Jahre, Wohnformen und Perspektiven der Hausbesetzungen heute.

Mit Beiträgen von Otto Glogau, Dr. Strousberg, Paul Voigt, Rudolf Eberstadt, Arthur Mülberger, Friedrich Engels, Petr Kropotkin, Klaus Novy, Günther Uhlig, Peter Kurt, Christa Reinig, Uli Hellwig, Franziska Eichstädt-Bohlig, Detlef Hartmann, Beate Ziegs, Luca und Heinrich Heine.

ZÜGE AUS DER VERGANGENHEIT, DIE BERLINER S-BAHN

195 / G. Armanski, W. Hebold-Heitz (Hg.), Züge aus der Vergangenheit. Die Berliner S-Bahn. 240 Seiten, 100 Abbildungen, glanzfolienkaschiert, englische Broschur. Im guten Buchhandel. :TRANSIT Buchverlag, Gneisenaustr. 2, 1000 Berlin 61.

"Mit Hilfe der S-Bahn habe ich Zugang zur Hinterhofvisage Berlins, zur Jausenkultur im 'Jrünen', zu den verborgenen Kanälen der preußischen Geschichte gefunden. Unter der Patina des Verfalls lag etwas Karges, Märkisches, Altproletarisches, das mich anzog, halbdunkle Schatten im westberliner Weltstadtglanz, Reste einer eisenhaften Industriekultur inmitten von Plastikschnickschnack und getünchter Betoneleganz. Ich mochte die breiten Sonnenstreifen auf den Vorortbahnsteigen, den Geruch des Gemäuers, am frühen Morgen, die zwei Schwünge durch die Stadt, Fahrten zu den Rändern, Sonnenallee, Frohnau und andere, rotblütige Kastanien, Kopfsteinplaster, geduckte Häuser, verlorene Pinten. Ich las die 'Wahrheit', Brecht-Sprüche und Ankündigungen des Berliner Ensembles. Die S-Bahn brachte mich über den trüben deutsch-deutschen Grenzbahnhof Friedrichstraße 'nach drüben', wo sie übrigens noch floriert." (G. Armanski)

Die S-Bahn entstand, wuchs und schrumpfte mit dem preußisch-deutschen Reich, dessen Namen sie bis heute trägt. Sie hat Arbeiter, Ausflügler und Armeen transportiert, auf märkischem Sand, auf Viadukten und unter der Erde. Noch in den Resten, eingezwängt zwischen Ost und West, lebt ihr alter Glanz.

"... in Photos und Texten erfaßt es das Auffindbare: eine Stadtlandschaft zwischen Gartenlauben und Gleisfeldern, intakten und bereits verfallenen Bahnhöfen ... eine Allegorie deutscher Geschichte, die in der Industriegeschichte wieder lebendig wird. Das vorliegende Buch ist ein aktuelles Kompendium zu Geschichte, Gegenwart und Zukunft der S-Bahn — einem Transportmittel von Menschen und Ideologien." (ZITTY)

:TRANSIT

"EIN BISSCHEN RADAU..." ARBEITSLOSE MACHEN GESCHICHTE

196 / Gudrun Fröba, Rainer Nitsche, "Ein bißchen Radau..." Arbeitslose machen Geschichte. 136 Seiten, 30 Abbildungen. Im guten Buchhandel. :TRANSIT Buchverlag, Gneisenaustr. 2, 1000 Berlin 61.

Von den 30.000 in Berlin registrierten Arbeitslosen der Jahre 1892-94 zogen 5.000 in wilden Haufen umher, warfen Gendarmen ins Wasser, lieferten sich heiße Straßenschlachten mit der Polizei und plünderten nicht etwa Bäckereien, sondern Schnaps-und Tabakläden, um ihre Versammlungen zu beflügeln. Die hielten sie lautstark in konspirativen Lokalen ab, die Anarchisten stritten sich mit Sozialdemokraten, die sich von dem "Pöbel" öffentlich zwar eiligst distanzierten, heimlich aber doch ihren Nachrichtendienst zur Enttarnung der verhaßten Polizeispitzel zur Verfügung stellten.

Mit Liberalen und Marxisten entwarf man abenteuerliche Konzepte, wie die Arbeitslosigkeit politisch zu nutzen sei. Am Ende des Aufruhrs standen spektakuläre Prozesse und rigorose Strafen, aber auch die ersten Anfänge des sozialen Netzes, in dem wir jetzt zappeln.

Ihre spontanen Nachfahren sind heutzutage die Verfasser des hier erstmals übersetzten "Manifest der bewußt arbeitsscheuen Elemente", Arbeitslose in Dänemark, die seit 1978 einen so unerbittlichen wie phantasievollen Kampf gegen die Vermittlungspraktiken der Arbeitsämter führen.

TANKSTELLEN. DIE BENZINGESCHICHTE

194 / **Bernd Polster. Tankstellen. Die Benzingeschichte.** 216 Seiten, 100 Abbildungen, englische Broschur, glanzfolienkaschiert. Im guten Buchhandel. : TRANSIT Buchverlag, Gneisenaustr. 2, 1000 Berlin 61.

Die ersten Benzinkanisterdepots liefern mit Pferdekarren aus, die ersten Tankhäuser ähneln Mausoleen, exotische Ungetüme. Um Lastwagen zu betanken, müssen die Tankwarte auf ein Podest kraxeln, sonst könnten sie die meterhohen Säulen nicht bedienen; als Berufsstand sind sie noch gar nicht erfunden...

Bernd Polster erzählt hundert Jahre Benzingeschichte in Deutschland: von der Petroleumlampe als Köder für Millionen, Essos erstem Segeltankschiff "Andromeda" (s.o.), vom Dapolin-Indianer und den "tanks" auf den Schlachtfeldern des ersten Weltkrieges. Von den wahrhaft "roaring twenties", als Gastwirte und Friseure plötzlich Kraftstoff zapften. Von den Treibstoff-Fabriken im Nationalsozialismus, aus denen der "Sprit" für den "Blitzkrieg" kam, und dem synthetischen Benzin der IG-Farben im Hydrierwerk Auschwitz. Vom Tankholzhacken und schwarzen Rabatten. Von von den Ölkrisen des "motorisierten Biedermeier" der 50er Jahre, ihren Tankstellenlandschaften und abenteuerlichen Dachkonstruktionen. Wie sich das Treibstoffkartell gebildet hat, warum Aral die Farbe wechseln mußte, wem Fina, wem Fanal gehört, wie die Freien Tankstellen ausgetrocknet wurden, warum ein Stationspächter weniger verdient, wenn er mehr verkauft, und ob Benzin bald unbezahlbar wird.

Von den Werbekampagnen, dem "Tiger im Tank", vom Benzin in der Lunge und der tagtäglichen Arbeit auf der Tankstelle bis zur heutigen Rationalisierung, dem Großen Tankstellensterben, verlassenen Stationen, durch die der Wind pfeift...

ENDE